21世纪经济管理新形态教材·冷链物流系列

冷链装备与设施

田长青　邵双全　徐洪波　张海南◎编　著

清华大学出版社
北　京

内容简介

本书内容包括冷链装备与设施概述、冷链装备制冷原理、易腐食品及其保鲜原理、食品冷加工装备与设施、冷藏装备与设施、冷藏运输装备、冷藏销售装备和冷链物流信息化。本书以冷链装备与设施为对象，突出系统性、基础性、新颖性、针对性和实用性，力图在介绍冷链装备与设施涉及的基础知识和整体情况基础上，反映冷链物流领域国内外新技术和新趋势。

本书是物流工程专业、物流管理专业（冷链物流方向）的本科生及研究生教材，也可作为能源与动力及相关专业的本科生和研究生学习冷链装备与设施的教材和参考书，还适合冷链物流与冷链装备研究、设计、生产与建造、运营管理等从业人员阅读和自学使用。

图书在版编目（CIP）数据

冷链装备与设施 / 田长青等编著. —北京：清华大学出版社，2021.6
21世纪经济管理新形态教材·冷链物流系列
ISBN 978-7-302-57463-7

Ⅰ. ①冷…　Ⅱ. ①田…　Ⅲ. ①冷冻食品－物流管理－设备－高等学校－教材　Ⅳ. ①F252.8

中国版本图书馆CIP数据核字（2021）第023332号

责任编辑：张　伟
封面设计：汉风唐韵
责任校对：王荣静
责任印制：杨　艳

出版发行：清华大学出版社
　网　　址：http://www.tup.com.cn，http://www.wqbook.com
　地　　址：北京清华大学学研大厦A座　　**邮　　编**：100084
　社 总 机：010-62770175　　**邮　　购**：010-62786544
　投稿与读者服务：010-62776969，c-service@tup.tsinghua.edu.cn
　质量反馈：010-62772015，zhiliang@tup.tsinghua.edu.cn
　课件下载：http://www.tup.com.cn，010-83470332
印 装 者：北京国马印刷厂
经　　销：全国新华书店
开　　本：185mm×260mm　**印　　张**：19.75　**字　　数**：449千字
版　　次：2021年6月第1版　**印　　次**：2021年6月第1次印刷
定　　价：56.00元

产品编号：084347-01

丛书编写指导委员会

丛书序

根据物流管理与物流工程专业教学的需要，由李学工、魏国辰、田长青、兰洪杰、曹献存、岳喜庆、陆国权等组成的教材编委会，组织国内高等院校的专业教师共同编写冷链物流系列教材，共十余本。这是多个大学、多个学科领域的学者联手合作，覆盖冷链物流的方方面面，特别注重理论与实践结合的一次很有价值的尝试，对物流教育的高质量发展一定会起到很好的推动作用。

讲到冷链，一定与食品与药品有关。而食品与药品是民生工程，民以食为天，食以安为先，而安一定与冷链有直接关系，所以，在《物流业调整和振兴规划》《农产品冷链物流发展规划》《物流业发展中长期规划》中，都把冷链物流列为重点工程，每年的中央1号文件，都十分关注生鲜农产品的冷链发展。

讲到冷链，一定与国民经济的发展有关。在国民经济处于温饱型阶段，冷链是一种奢望，高不可及。但进入小康阶段，人们对生活质量的要求有极大的提升，冷链必须加速发展，目前中国正处于冷链产业发展的黄金时代。

讲到冷链，一定与冷链物流的系统工程有关。在这个系统工程中，有冷链对象即冷链商品学，有冷链基础设施，有冷链技术与装备，有冷链流通，有冷链企业，有冷链行政管理以及冷链消费。哪个环节出了问题都会影响全局。

讲到冷链，一定与互联网、供应链有关。现在是互联网、供应链时代，正是互联网与供应链从技术到模式改变着人们的生产与生活方式。产业链是基础，价值链是根本，而供应链是灵魂。

讲到冷链，一定与人才有关。人才是国民经济发展的第一资源，目前对冷链物流人才的需求很大，但在校与在职冷链教育都比较滞后，所以，必须有一支高素质的冷链教师队伍、一批高质量的教材和一些高水平的教学实践基地。

我深信，在习近平总书记国民经济高质量发展的召唤下，冷链产业、冷链物流、冷链教育都会有一个高质量的发展。

丁俊发

中国物流与采购联合会原常务副会长、教授、研究员

2019年5月1日

前言

长期以来，我国易腐食品产量巨大，腐烂损失较为严重。易腐食品中绝大部分需要采用冷链物流方式进行流通，以确保其品质并降低流通腐损率。冷链装备与设施是冷链物流体系的核心组成部分，在易腐食品加工、储存、运输、销售、信息可追溯、食品安全等领域发挥着重要作用。这些装备与设施的使用直接影响到环境、能源、食品价格、食品品质，是冷链物流绿色可持续发展的关键。发展先进的冷链装备与设施，对于保障易腐食品流通、质量和安全，降低冷链流通中食品浪费和能耗具有重要意义。本书旨在为物流工程专业、物流管理专业(冷链物流方向)本科生、研究生提供课堂教学教材，也可作为能源与动力及相关专业本科生和研究生学习冷链装备与设施的教材和参考书，还适合冷链物流与冷链装备研究、设计、生产与建造、运营管理等从业人员阅读和自学使用。

本书内容包括冷链装备与设施概述、冷链装备制冷原理、易腐食品及其保鲜原理、食品冷加工装备与设施、冷藏装备与设施、冷藏运输装备、冷藏销售装备和冷链物流信息化。本书以冷链装备与设施为对象，内容上突出系统性、基础性、新颖性、针对性和实用性，具备足够的深度和广度。考虑到物流工程专业学生的专业特点，教材包含了认识冷链装备与设施必需的食品保鲜和制冷原理知识，从而为学生和读者更加深入理解和掌握冷链装备与设施知识奠定基础。

本书共8章，第1、4章由田长青编写，第2、3章由张海南编写，第5、8章由邵双全编写，第6、7章由徐洪波编写，全书由田长青统稿。

由于本书涉及领域广泛，编者水平有限，有欠妥和疏漏之处，恳请各位读者批评指正。

编　者

2020年12月

目录

第 1 章 冷链装备与设施概述 …… 1

1.1 冷链的定义、作用和意义 …… 1

1.2 冷链装备与设施体系 …… 8

1.3 国内外技术现状与发展方向 …… 10

第 2 章 冷链装备制冷原理 …… 16

2.1 热工基础 …… 16

2.2 蒸气压缩式制冷原理 …… 36

2.3 蒸气压缩式制冷系统与设备 …… 44

第 3 章 易腐食品及其保鲜原理 …… 59

3.1 易腐食品的组成与性质 …… 59

3.2 易腐食品腐败变质及其影响因素 …… 70

3.3 食品物理保鲜 …… 75

第 4 章 食品冷加工装备与设施 …… 88

4.1 果蔬预冷装备 …… 88

4.2 动物性食品冷却装备与设施 …… 109

4.3 食品冷冻装备与设施 …… 115

第 5 章 冷藏装备与设施 …… 141

5.1 冷藏装备与设施概述 …… 141

5.2 冷库的建筑结构 …… 151

5.3 冷库制冷系统 …… 159

5.4 气调库 …… 174

5.5 其他新型冷库 …… 181

5.6 冷链物流中心 …… 187

第 6 章 冷藏运输装备 …… 192

6.1 冷藏运输装备技术概述 …… 192

6.2 公路冷藏运输装备 …… 194

6.3 铁路冷藏运输装备 …… 202
6.4 船舶冷藏运输装备 …… 210
6.5 航空冷藏运输装备 …… 217
6.6 冷藏集装箱 …… 220

第7章 冷藏销售装备 …… 238

7.1 冷藏销售装备的定义 …… 238
7.2 冷藏销售装备价格 …… 239
7.3 自助生鲜便利店 …… 254
7.4 生鲜配送柜 …… 258
7.5 冷藏销售装备技术发展趋势 …… 260

第8章 冷链物流信息化 …… 271

8.1 食品冷链物流信息化技术体系及作用 …… 271
8.2 冷链物流信息化技术构成 …… 274
8.3 未来冷链物流信息技术 …… 282
8.4 信息化在冷链监控中的应用 …… 284
8.5 信息化在冷库自动化控制中的应用 …… 293

第 1 章

冷链装备与设施概述

【本章导航】

本章介绍冷链的定义、作用和意义；归纳了冷链装备与设施体系，并对冷链各环节典型冷链装备与设施进行了简述；最后介绍了国内外冷链装备与设施技术现状与发展方向。

1.1 冷链的定义、作用和意义

1.1.1 冷链的定义与组成

1. 冷链的定义

根据国家标准《制冷术语》(GB/T 18517—2012)的定义，冷链(该标准中又称冷藏链)是以制冷技术为手段，使易腐食品或货物在原料、生产、加工、运输、贮藏、销售等各个环节中始终保持适宜温度的系统。冷链主要是指易腐食品从生产到消费的各个环节中，连续不断采用冷藏的方法来保存食品的一个系统。随着食品供应模式从小规模就地产销的手工业方式到大规模生产加工和异地产销的现代工业模式的转变，冷链成为现代食品工程决定食品安全、优质与低耗的最终环节。冷链系统的基础是创造低温环境的制冷设备，是食品物理保质保鲜最可靠的手段。

2. 冷链的组成

冷链是由冷加工、冷冻冷藏、冷藏运输、销售末端 4 个环节组成，要求在各个环节下始终处于规定的低温环境下，以保证食品质量和减少食品损耗的一项系统工程，涉及交通运输工程、管理科学与工程、工业工程、计算机技术、机械工程、环境工程、食品科学与工程、制冷技术、建筑与土木工程等众多学科和领域。由于冷链物流是以保证易腐食品品质为目的、以保持低温环境为核心要求的供应链系统，所以它比一般常温物流系统的要求更高、更复杂。

冷链物流的适用范围包括：①易腐食品：蔬菜、水果、肉、禽、水产品、蛋、奶及其制品等；②其他货物：药品、生物制品、血液、花卉等。本书主要介绍易腐食品冷链，而不同种类易腐食品的全程冷链物流流程不同，下面对典型的果蔬、肉禽类和水产品全程冷链进行介绍。

1）果蔬全程冷链

果蔬是浆果类、瓜果类、柑橘属、坚果类、核果类等水果和根茎类、瓜果类、叶菜类、花菜类、鲜豆类等蔬菜的简称，是人们不可或缺的重要副食品，提供人体营养的重要来源，特别是微量元素、必需的维生素及矿物营养、纤维素以及多种生物活性物质。果蔬采后仍为活体，过强的呼吸作用会造成放出的热量增加，使温度升高，微生物侵袭增强，使果蔬变质和腐烂。

果蔬全程冷链指果蔬采收以后从田间到餐桌，即果蔬采后商品化分级处理、预冷、冷藏、冷藏运输、冷藏销售（批发和零售）、冷藏消费（消费者的家庭冷藏保鲜），其整个链条的各个环节始终处于适宜的低温环境下，最大限度地保证果蔬新鲜品质和营养，降低损耗，如图 1-1 所示。

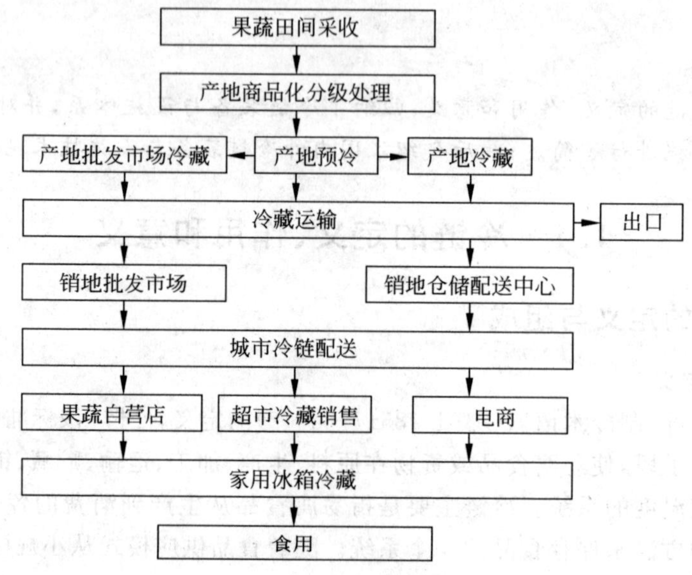

图 1-1 果蔬全程冷链

果蔬田间采收后进行产地商品化分级处理，立即产地预冷后即进入冷藏运输环节，直接冷藏运输或产地冷藏或在产地批发市场冷藏后冷藏运输，运输路径有 3 条，即运往销地批发市场或销地仓储配送中心，也可以出口到国外；在销地批发市场和仓储配送中心通过城市冷链配送至果蔬自营店或超市进入冷藏销售环节，消费者从自营店或超市购买果蔬后置于家用冰箱冷藏，电商则从销地配送中心直接冷链配送到家，以供消费者食用。

2）肉禽类全程冷链

肉禽是猪牛等哺乳动物和鸡鸭等禽类动物屠宰后胴体的统称，是人类食品中蛋白质、脂类、维生素和矿物质的重要来源，是迄今为止人类社会赖以生存的物质基础之一。但是猪牛等哺乳动物和鸡鸭等禽类动物屠宰后其体内的生命循环会立刻停止，从而使其肌体丧失了抵抗外界微生物侵袭、控制自身酶催化反应等功能，将导致腐败与变质，不仅丧失了其作为食品所具有的营养和风味，而且会严重影响食用者的健康甚至生命的安全，因此防止肉禽在消费前腐败与变质是实现其价值的首要前提。

肉禽在不改变其商品属性的前提下，降低温度不仅能够抑制外界微生物侵袭，而且能够减弱自身酶的催化反应，是防止其在贮存和运输过程中腐败与变质的最佳方法。随着消费的不断升级、个性化需求的不断深入，现代肉禽加工业不再仅仅是简单的宰杀，而且是在进行越来越精细的分割与深加工，这些生产过程都需要时间，因此在生产阶段也需要通过降低温度保持肉禽品质，上述所有生产过程构成了肉禽全程冷链，如图 1-2 所示。肉禽冷链是工业化和城市化国家及地区整合畜牧生产与餐饮消费的主要生产方式，肉禽全程冷链是保障食品安全与品质的基本条件。

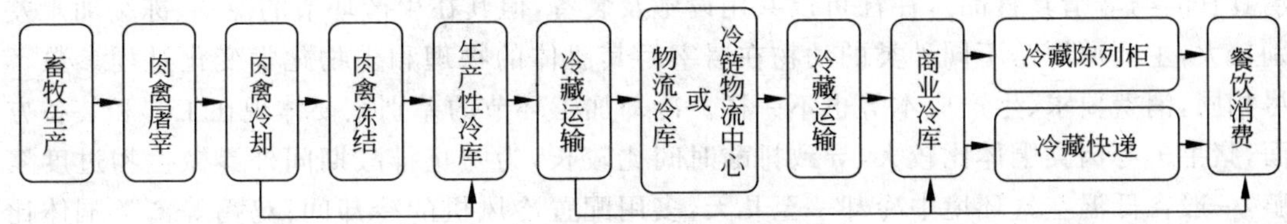

图 1-2　肉禽全程冷链

肉禽全程冷链涵盖猪牛等哺乳动物和鸡鸭等禽类动物屠宰后到餐饮消费前的所有生产与流通环节，包括在肉类联合加工厂的冷却、冻结加工，生产性冷库内的冷藏贮存，通过冷藏车、冷藏集装箱等交通工具的冷藏运输，物流冷库内的冷藏贮存，商业冷库、冷柜及冰箱内的冷藏贮存，冷藏陈列柜内的冷藏展示，通过冷藏或保温箱的配送。肉禽全程冷链大体分为加工环节、贮存环节、运输环节和销售环节，加工环节主要包括在肉类联合加工厂的冷却和冻结加工，贮存环节包括在生产性冷库、物流冷库内的冷藏贮存，运输环节主要包括从生产性冷库到物流冷库、从物流冷库到商业冷库、从物流冷库或商业冷库直接到消费终端的冷藏运输或配送，销售环节包括商业冷库、冷柜及冰箱暂存和(或)冷藏陈列柜内的展示。由于任何一个环节或上下两个环节之间的失控都有可能导致肉禽品质降低甚至腐败，并且这种变化不可逆，因此所有环节都有特定的温度和时间要求，各环节之间要求“无缝连接”，整个过程都不允许温度超出控制范围，否则就是“断链”，导致整个冷链失去价值。

肉禽全程冷链的加工环节由肉类联合加工厂实现，现代肉类联合加工厂能够完成从活体畜禽到商品肉禽的所有加工过程，一般包括屠宰、放血、去除毛(羽)、去除及处理头蹄(爪)和内脏、胴体冷却、低温分割及去骨、分割肉和副产品冻结、低温包装、入库冷藏等工序，胴体冷却是肉禽全程冷链的开始，加工环节是连接畜牧生产与肉禽冷链的唯一节点。肉禽全程冷链的贮存环节由冷库实现，存储时间一般几天到几个月，贮存环节不仅需要承担平衡肉禽生产与消费的功能，而且需要发挥物流枢纽的作用；物流冷库是其中最核心的节点，甚至具备汇聚人流、信息流和资金流的批发销售功能；现代物流冷库一般设立在城市或港口附近，汇集各地甚至海外生产的肉禽商品，再配送至商超、企业和个人消费者。肉禽全程冷链的运输环节由各类冷藏运输工具实现，远洋运输绝大多数采用海运冷藏集装箱，可以和其他货物同船运输，非常灵活，因此专业的冷藏船越来越少；陆地运输多采用冷藏车或保温车，对于长途干线运输，保温车很难满足冷链的要求，则需要采用冷藏车；由于成本高昂，除个别特殊需要，肉禽冷藏运输基本不采用航空方式。肉禽全程冷链的销售环节主要由传统的商超体系实现，通过商超内的商业冷库、冷柜及冰箱暂存，配合冷藏陈列柜展示，从而完成冷链的最后一个环节；销售环节近几年变化较大的是生鲜电商的崛起，电商通过互联网获取肉禽商品销售订单，使用保温箱或保温盒直接给客户配送，目前的总体状况很难符合冷链要求，因此如何做到既能满足冷链标准确保商品品质，又能满足客户对时效、便利、价格等要求是电商与传统商超及各电商之间竞争的焦点；生鲜电商对传统销售体系产生了巨大冲击，目前还处于初步发展阶段，最终格局有待进一步观察。

对于不同种类的肉禽，其冷链的贮存、运输和销售环节基本相同，除非特殊要求(例如清真食品与非清真食品)，往往可以共用设施及装备，但其在生产环节的冷却、冻结加工差别较大，主要原因是不同种类的动物在屠宰后其肌体的物理和生物化学变化过程参数不尽相同，消费要求、生产成本等也不一样。冷却加工环节的差别主要体现在工艺和装备方面，猪牛羊等肉类胴体比较大，导致排酸时间比较长，为防止排酸期间外界微生物过度繁殖，一般在低温空气环境中冷却一至几天，多用配置冷风机的冷却间；鸡鸭等禽类胴体比较小，导致排酸时间比较短，需要快速冷却，另外还需要考虑消费习惯等因素，因此多用冰水在螺旋槽内冷却，冷却时间仅几十分钟。对于需要长期冷藏贮存的肉禽，冷却后还需要冻结，冻结方式的选择主要由商品品质要求和生产成本决定，冻结加工的商品品质主要取决于冻结速度，生产成本的构成比较复杂，包括设施和装备投资、设施和装备维护费用、能源、人工和耗材等。与冻结间相比，速冻机的投资、维护费用、能源消耗都比较高，但是其冻结速度快，不仅商品品质好，而且人工成本低，因此随着消费升级和装备技术的进步，速冻机在肉禽冻结加工中应用比例会越来越高。

3）水产品全程冷链

水产品是海洋和淡水渔业生产的水产动植物产品及其加工产品的总称。水产品捕捞致死后，由于体内各种酶及外部细菌作用，会发生一系列物理、化学及生理上的变化，僵直、解僵、自溶直至腐败。水产品冷链是指水产品从捕捞起水后，在海上或陆地贮存、运输到销售等各个环节，都保持在规定的低温下流通，以保持其鲜度和质量的低温流通体系。根据对水产品不同质量要求和相应的允许货架期，中国水产品冷链主要有两类：水产品保持在 0～2 ℃的冰鲜冷链和保持在－18 ℃以下的低温冷链。

冰鲜冷链中的鱼类流通期短，就近供应大、中城市，流通环节少，通常由图 1-3 所示的各个环节组成。

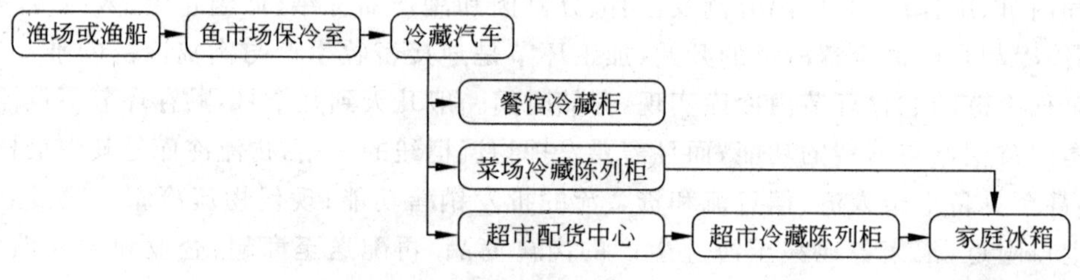

图 1-3　水产品冰鲜全程冷链

冰鲜鱼如在船上捕获时直接加冰放入保温鱼箱，则之后的运输、销售等环节可一箱到底。

低温冷藏链中流通的冷冻水产品，其品温必须保持在－18 ℃以下，整个流通期较长。以冷冻水产品冷链为例，其全程冷链如图 1-4 所示。

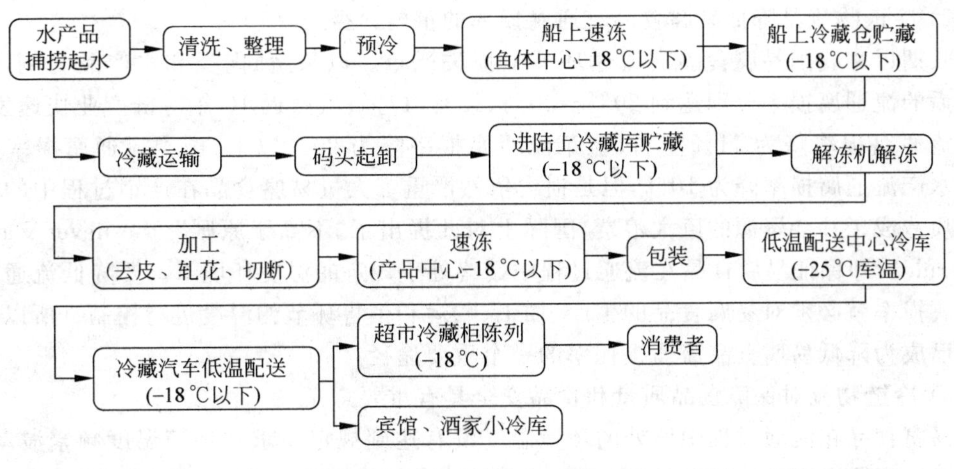

图 1-4　冷冻水产品全程冷链

1.1.2　冷链的作用和意义

1. 减少易腐食品损失与保障食品安全

1）冷链物流是易腐食品流通的重要手段

首先,我国的易腐食品产量和消费量都非常巨大。根据国家统计局发布的 2015—2019 年数据,我国各类易腐食品的总产量巨大且总体上呈现逐年递增的趋势(表 1-1)。这些易腐食品中绝大部分需要采用冷链物流方式进行流通,以确保其品质并降低流通腐损率。其次,我国的易腐食品产供销具有地域性、季节性和习惯性特征,这使得易腐食品产业发展在多样化、流通效率以及产品增值等方面受到不同程度的限制。在地域性方面,以水产品为例,靠近产地的水产品价格普遍偏低,产品增值的空间相对较小,同时远离产地的地区水产品价格较高,品质较产地略差,品种也较少。在季节性方面,以蔬菜为例,季节性蔬菜主要是区域内供应,在大方向上不流通,这在一定程度上造成了蔬菜价格的波动,影响了人们的生活质量。在习惯性方面,以肉类为例,由于我国居民传统的饮食习惯,热鲜肉仍然占据肉类消费的主导,而营养价值和风味更佳的冷鲜肉则占比较小。冷链物流能够为上述问题提供很好的解决方案,甚至改善传统的易腐食品产供销格局,能为消费者提供种类更加丰富的食品。

表 1-1　2015—2019 年我国主要易腐食品总产量　万 t

年份	水果	蔬菜	肉类	水产品	禽蛋	牛奶
2015	24 525	66 425	8 750	6 211	3 046	3 180
2016	24 405	67 434	8 628	6 379	3 161	3 064
2017	25 242	69 193	8 654	6 445	3 096	3 039
2018	25 688	70 347	8 625	6 458	3 128	3 075
2019	27 401	72 103	7 759	6 480	3 309	3 201

2）冷链物流是降低易腐食品流通腐损率的重要途径

长期以来我国易腐食品在流通环节中损失严重。以果蔬、肉类和水产品为例，2010年前后的流通腐损率分别达到20%～30%、12%、15%；虽然近10年冷链产业快速发展，水果流通腐损率降为11%左右，蔬菜流通腐损率降为20%以上，肉类流通腐损率降为8%，水产流通腐损率降为10%，但是损失依然严重。大量易腐食品在产销过程中的损耗和变质造成了社会资源的巨大浪费，国际上对此提出了“不高于原则”(the never warmer than rule)，即保证易腐食品在流通过程中始终处于规定的温度环境下。要降低流通过程中的腐损率就必须对易腐食品的生产、加工、贮运和销售环节的温度进行控制。所以冷链物流已成为降低易腐食品流通损耗率的一个重要途径。

3）冷链物流对保障食品质量和食品安全具有重要意义

易腐食品在流通过程中所处的环境温度没有达到规定要求和环境温度频繁波动，都会在一定程度上影响易腐食品的品质，甚至导致食品的腐败变质，进而给民众带来食品安全隐患。特别需要注意的是温度波动对冻品品质的影响，这主要是因为波动的温度会使冷冻食品中的微生物、酶恢复活性，加速分解食品中的营养成分，同时冷冻食品在反复的冻结、解冻过程中，组织细胞会遭到破坏，使细胞汁液外流，加速细菌的繁殖过程。但是通常厂家所定义的货架期是在恒定适宜的贮藏条件下测定的，并没有考虑温度波动对货架期的影响，因此不能准确反映食品的真实品质，这在一定程度上加重了食品的安全隐患问题。冷链物流能够实现食品信息的全程可追溯以及食品流通过程中环境温度的精确控制，因此对于保障食品品质以及降低食品安全隐患至关重要。

2. 支撑新经济增长点

1）增加农产品附加值

在我国，农产品中的易腐食品的冷链物流所占比重较低，较低的冷链物流普及率给农民造成了巨大的经济损失；同时，由于保鲜、贮运能力较差，农民增产不增收的现象时有发生，而冷链物流可以为易腐食品增值提供支撑。一方面，随着我国居民收入水平逐步提高，对果蔬的新鲜度、营养性、安全性等提出了更高要求，易腐食品冷链物流可以为消费者提供多样化的农产品，保证生鲜农产品品质和安全，减少营养成分的损失，提高农产品的附加值；另一方面，生鲜农产品流通出现了大规模、长距离、反季节等新趋势，这种流通特点本身就需求易腐食品冷链流通体系的服务规模和效率有所提高，与传统的产地自销模式相比，经过冷链物流的农产品也就更具价值；另外，发展冷链物流可以提高我国农产品出口的竞争力，冷链技术的应用可以提升农产品质量和突破贸易壁垒，能够显著提高农产品的附加值。

2）支撑生鲜电商发展

近10年来，我国电子商务行业进入快速发展阶段。从2016年以后电商行业迎来洗牌期，每年保持着50%左右的增长率。根据商务部《中国电子商务报告》数据，2017年全国电子商务交易额达29.16万亿元，同比增长11.7%；线上零售额为7.18万亿元，同比增长32.2%。生鲜电商属于电子商务中极其重要的一部分，据资料显示，2017年中国生鲜电商市场交易规模约为1 391.3亿元，同比增长59.7%，2018年中国生鲜电商市场交易规模达到2 103.2亿元，同比增长51.16%。生鲜电商、跨境生鲜电商的市场规模和用户接受度都在不断扩大。

由于食品安全问题频发，消费者对食品安全的意识越来越强，在网上购买易腐食品时愈加重视产品质量。而全程冷链物流是保持易腐食品从产地到消费者整个过程产品品质的重要手段，是生鲜电商快速发展的重要支撑和条件保障。

3. 支撑国家发展战略

1）南菜北运

南菜北运是将南方种植的蔬菜运到北方，它也是与南水北调、西气东输齐名的国内供需大流通，是为了缓解全国冬春淡季果蔬供需矛盾、丰富果蔬品类、稳定生鲜果蔬市场供应、保障北方人民群众日常生活的重要举措。北方冬季作物易受低气温影响，冬春季节，我国北方地区气候寒冷，农作物生长缓慢，但是北方人口较多，对于果蔬需求量大，存在着严重的供需矛盾。而在南方地区，纬度低，冬季气温高，有利于果蔬的成长。针对这种情况，商务部、农业农村部、广西、海南、云南各级政府积极支持南菜北运发展，开通并运行了铁路冷链专列，为平衡北方冬季蔬菜水果供需矛盾和推动产区人民脱贫致富作出了重要贡献。而冷链物流是保证南菜北运长距离输配过程中蔬菜品质的重要手段，是我国南菜北运发展战略的重要保障。

2）西果东送

我国西部基于天然的自然条件和广阔的区域，是优质农产品生产基地，尤其盛产特色水果。为了长效解决西部地区农产品“卖难”和东部地区“买贵”的问题，在我国形成了典型的“西果东送”的现代农产品流通格局，国家也通过相应政策来引导和鼓励这一特别农产品网络体系建设，其中商务部办公厅、财政部办公厅共同发布的《关于2012年开展西果东送农产品现代流通综合试点有关问题的通知》（财办建〔2012〕108号）的文件中就提出，要特别引导符合条件的各西部地区加快对“西果东送”农产品现代流通综合试点的推进，而冷链物流建设是重要内容。

3）“一带一路”倡议

当前，随着“一带一路”倡议的实施，上海、广东、天津、福建等自贸区的建成，中澳、中韩等贸易协定的签署，中国与相关国家的进出口贸易更加密切，物流需求快速增长，其中易腐食品占有相当大的比重，冷链物流技术和装备是跨境易腐食品贸易的重要保障。

中欧班列（郑州）是全国第一家开发冷链运输的班列，每个集装箱的实时温度都可以被监测和控制。依托中欧班列（郑州）和卫星定位系统云服务信息平台，能实现郑州到欧洲1万公里以外的国际冷链物流，为推进“一带一路”倡议作出了积极贡献。

“农业合作”居中国与东盟各国合作领域之首，双方农产品贸易发展大有空间，但其前提条件就是如何进一步提升双方的冷链技术水平。具体来看，东盟成员国越南、老挝、缅甸、柬埔寨及泰国，都是农业国家，又是中国近邻，双方农产品贸易有一定基础。在“一带一路”倡议推行的大背景下，中国与这些国家未来贸易农业仍将占据重要地位，同时，进出口农产品、食品、药品量也将越来越大。另外，鉴于国家支持跨境电子商务发展，以及“公转铁、公转水”国家政策的不断贯彻，除了公路冷藏运输，航空、海运冷链及临港、临空冷链都将作为与东盟易腐食品贸易的设备设施保障。

南向通道是在中新（重庆）战略性互联互通示范项目框架下，以重庆为运营中心，以广西北部湾港为重要出海口，以沿线相关省区物流枢纽为关键节点，旨在联动“一带一路”，促进中国西部省区与新加坡等东盟国家经贸合作的国际陆海新通道。这条通道以其“陆海统筹，内外联动”的鲜明特点，蕴含着“一带一路”倡议的深刻内涵，西部地区的冷链企业将率先享受到这得天独厚的地理条件并为“南向通道”提供冷链物流支撑。

1.2 冷链装备与设施体系

冷链装备与设施是冷链物流体系的核心组成部分，是冷链物流的基础设备和设施，在易腐食品加工、保鲜、储运、销售、信息可追溯、食品安全等领域发挥着重要作用，这些装备的使用直接影响到环境、能源、食品价格、食品品质，是冷链物流绿色可持续发展的关键。

广义上讲，冷链装备与设施是指包括冷加工、冷藏、冷藏运输、销售消费等冷链全程各环节应用的各种装备和设施，而其中的储存设备、搬运设备、输送设备、拣选设备、分拣设备和包装设备等这类物流仓储装备可应用于所有物流体系，不属于冷链物流专用，所以未列入本书。在本书中，冷链装备与设施只涉及冷链全程各环节直接应用的制冷装备和设施，一些未直接参与食品冷加工和贮运的装备和设施，比如为铁路冷藏车、冷藏汽车服务的制冰站、集装箱站也不在本书讨论之列。

表 1-2 列出了冷链全程各环节主要冷链装备与设施，其中冷链装备是指贯穿于冷链全程的制冷设备；而冷链设施是指应用于冷链全程的冷冻冷藏建筑，如冷却间、冻结间、冷库、冷链物流中心等。

表 1-2 冷链全程各环节主要冷链装备与设施

冷链环节	装备与设施	
冷加工	果蔬预冷装备	压差预冷装备、冷水预冷装备、真空预冷装备、冰预冷装备
	动物性食品冷却装备与设施	肉禽冷却装备与设施、水产品冷却装备与设施、奶及其制品冷却装备与设施
	食品冷冻装备与设施	鼓风式冷冻装备与设施（冻结间、隧道式冷冻装备、螺旋式冷冻装备、流态化冷冻装备）、间接接触式冷冻装备、直接接触式冷冻装备
冷藏	冷库	土建式冷库、装配式冷库、气调库、自动化立体冷库、冰温库
	冷链物流中心	市场型冷链物流中心、仓储型冷链物流中心、综合型冷链物流中心
冷藏运输	冷藏汽车	机械式冷藏汽车、机械式冷藏挂车、蓄冷板式冷藏车、液氮/干冰冷藏车、保温车
	铁路冷藏车	机械冷藏车、蓄冷保温车、铁路隔热车
	冷藏船	渔业冷藏船、商用冷藏船
	航空冷藏运输装备	主动式航空冷藏箱、被动式航空冷藏箱
	冷藏集装箱	耗用冷剂式冷藏集装箱、机械式冷藏集装箱、制冷/加热集装箱、隔热集装箱、气调冷藏集装箱
销售消费	冷藏销售装备	制冷陈列柜、厨房冰箱、饮料冷藏陈列柜、葡萄酒储藏柜、自动售卖机、自助生鲜便利店、生鲜配送柜
	冷藏消费装备	冰箱、冷柜、小型冷库

1.2.1　冷加工装备与设施

1. 果蔬预冷装备

果蔬预冷装备是指将果蔬从采后初始温度迅速降至所需要冷藏温度的设备，其目的是迅速排除田间热，抑制其呼吸作用，保持果蔬的鲜度，延长贮藏期。常用的果蔬预冷装备有压差预冷装备、冷水预冷装备、真空预冷装备和冰预冷装备。

2. 动物性食品冷却装备与设施

动物性食品是动物来源的食物，包括畜禽肉、蛋类、水产品、奶及其制品等。动物性食品冷却装备与设施是将这些食品从初温降低到冰点以上未冻结状态的设备和设施，按照动物性食品种类可分为肉禽冷却装备与设施、水产品冷却装备与设施、奶及其制品冷却装备与设施等。

3. 食品冷冻装备与设施

食品冷冻装备与设施是在规定时间内将食品中的液体水冻结成固态的装备和设施，主要有鼓风式冷冻装备与设施（冻结间、隧道式冷冻装备、螺旋式冷冻装备、流态化冷冻装备）、间接接触式冷冻装备和直接接触式冷冻装备。

1.2.2　冷藏装备与设施

1. 冷库

冷库是采用人工制冷降温并具有保冷功能的仓储建筑，包括库房、制冷机房、变配电间等，常用的冷库有土建式冷库、装配式冷库、气调库、自动化立体冷库、冰温库等。

2. 冷链物流中心

冷链物流中心是以物流冷库为核心，配套交易（批发和拍卖）、加工与配送、检验检疫、信息发布、质押融资等单项或多项服务功能的从事冷链物流活动的场所，按照不同功能主要有市场型冷链物流中心、仓储型冷链物流中心和综合型冷链物流中心。

1.2.3　冷藏运输装备

冷藏运输装备主要包括冷藏汽车、铁路冷藏车、冷藏船、航空冷藏运输装备和冷藏集装箱。

1. 冷藏汽车

公路冷藏运输由于具有机动灵活、方便快捷等优点，是应用最广泛的冷藏运输方式。冷藏汽车主要包括机械式冷藏汽车、机械式冷藏挂车、蓄冷板式冷藏车、液氮/干冰冷藏车和保温车。保温车由于只有车厢内采用隔热层，没有制冷装置，只适用于短途运输；蓄冷板式冷藏车存在蓄冷板占用空间和适时蓄冷问题，而液氮/干冰冷藏车需要定时充注液氮/干冰，因此机械式冷藏车为主流。

2. 铁路冷藏车

铁路冷藏运输具有运输量大和速度快等优点，适用于远距离和大运量冷藏运输。铁路冷藏车主要包括机械冷藏车、蓄冷保温车、铁路隔热车，其中机械冷藏车应用最广。

3. 冷藏船

水路冷藏运输具有运量大和长距离运输经济性高等优点，且是远洋渔业必不可少的运输方式。冷藏船主要有渔业冷藏船和商用冷藏船。

4. 航空冷藏运输装备

航空冷藏运输是所有运输方式中最快的一种，但是运量小、运价高，适用于附加值高且品质下降快的易腐食品的冷藏运输。目前航空冷藏运输装备主要有主动式航空冷藏箱和被动式航空冷藏箱。

5. 冷藏集装箱

冷藏集装箱是具有良好隔热性和气密性，且能维持箱内低温要求，适用于易腐食品贮运的特殊集装箱。按照不同制冷方式和功能，冷藏集装箱主要分为耗用冷剂式冷藏集装箱、机械式冷藏集装箱、制冷/加热集装箱、隔热集装箱、气调冷藏集装箱；按照不同运输方式，冷藏集装箱可分为公路冷藏集装箱、铁路冷藏集装箱、水路冷藏集装箱、航空冷藏集装箱。为了确保国际范围内良好的互换性，以及实现公路、铁路、水路、航空之间的多式联运，冷藏集装箱尺寸和重量应该标准化。

1.2.4 冷藏销售和消费装备

1. 冷藏销售装备

冷藏销售装备是指应用于冷链末端销售环节的易腐食品冷藏设备，主要有制冷陈列柜、厨房冰箱、饮料冷藏陈列柜、葡萄酒储藏柜、自动售卖机、自助生鲜便利店及生鲜配送柜，其中自助生鲜便利店和生鲜配送柜是为满足近年来生鲜电商发展需求而开发的新型冷藏销售装备。

2. 冷藏消费装备

冷藏消费装备是指应用于冷链终端用户的易腐食品冷藏设备，主要包括冰箱、冷柜、小型冷库等。

1.3 国内外技术现状与发展方向

1.3.1 国内外技术现状

1. 冷加工装备

1）果蔬预冷装备

预冷的概念是 Powell 及其合作者在 1904 年提出的，美国从 20 世纪 40 年代开始对预冷技术进行研究，70—80 年代，预冷技术在实践中得以广泛应用。20 世纪 60 年代，日本开始进行果蔬预冷技术的研究，现在 90%以上的进入冷链的蔬菜都要预冷。压差预冷装备、真空预冷装备、冷水预冷装备等果蔬预冷装备在美国、日本、欧洲等发达国家和地区已十分成熟并得到广泛应用。

我国果蔬预冷技术研究始于 20 世纪 80 年代中期。在果蔬压差预冷装备方面，1988 年引进日本集装箱式压差预冷装备，1998 年至 2007 年处于消化吸收阶段，2008 年至

2019 年在消化吸收的基础上进入集成创新阶段，例如增加喷雾加湿系统和预冷风机风量调控，研制出高效果蔬高湿压差预冷装备。针对现有压差预冷装备存在造价高、使用率低等问题，开发了撬装式压差预冷技术，装备可移动，解决了原有压差预冷装备移动性差的问题，提高了设备使用率。在果蔬冷水预冷装备方面，研制出接触式冷水预冷装备和喷淋式冷水预冷装备，代替传统冰水池冷水预冷，预冷效率高，节能效果显著。研制了果蔬流态冰预冷装备，利用流态冰预冷具有比热容大、流动性好等优点，既可以直接对果蔬预冷又可以制取低温高湿空气对果蔬预冷，还可以与冰水预冷、压差预冷和真空预冷进行结合，形成不同组合预冷方式，降低设备和运行成本。

2）食品速冻装备

速冻是指食品迅速通过最大冰结晶生成带并使得其中心温度达到 −18 ℃以下的快速冻结方法，速冻装备是食品冷冻装备中十分重要的组成。20 世纪 20 年代世界上第一台快速冷冻机在美国试制成功，速冻加工品随即问世，但是发展十分缓慢，直到第二次世界大战后，速冻食品才迅速发展起来。目前美国速冻食品人均消费量达到 60 kg/年，欧洲达到 35 kg/年，日本也达到了 20 kg/年，速冻食品的品种美、欧、日均保持在 2 500 种以上。在速冻装备方面，隧道式速冻机、螺旋式速冻机、流化床式速冻机、平板式速冻机在国外发达国家已比较成熟，并在近年研制生产了自堆积螺旋式速冻机和冲击式速冻机。

我国速冻食品工业起步较晚，20 世纪 80 年代，我国开始引进隧道式、螺旋式、流态化等速冻技术。近年来我国速冻行业正处于成长期，发展空间巨大，截至 2018 年，国内速冻食品制造行业规模以上企业达到了 461 家，2018 年我国速冻食品行业产量达 1 035 万 t，同比增长 8.72%。国内速冻机生产厂家为适应中国市场需要，已研制出多种形式的速冻机，并占据了 90%以上的市场份额。但与国外先进技术相比，国产速冻机在制造水平和设计水平上还存在很大差距，主要反映在制造工艺、可靠性、自动控制、清洗系统等方面，并存在多品种适应性差、自动化程度低、能耗大等问题，速冻设备的耗电量约占冷冻食品加工厂总耗电量的 30%～50%。

近年来，国内企业在消化吸收国外技术基础上，研制开发了全自动堆积式螺旋速冻机和冲击式速冻机。全自动堆积式螺旋速冻机由输送带、螺旋自堆积传动系统、链条驱动系统、换热系统、空气除霜系统、冷气流对流系统、制冷系统、CIP(clean in place，原位清洗)系统、检测监控系统、控制系统等组成。在链条驱动系统及螺旋线导轨系统的共同作用下，输送带实现自堆积螺旋线运动，并根据不同冻品要求可以无级调速，具有产能高、自动化程度高和占地面积小等特点。冲击式速冻机相比于传统的鼓风式速冻机，由于采用高速冷气流冲击食品方式，具有冻结迅速、冻品品质高、冻结能耗低等优势，适用于诸如鸡肉片、牛肉饼、鱼肉片、扇贝等扁平、小颗粒的食品速冻。

超低温速冻技术主要是利用低温工质[如液氮、液体 CO_2、LNG(liquefied natural gas，液化天然气)等]对食品进行速冻处理，目前国内在对典型易腐食品速冻工艺研究基础上，将速冻工艺包植入控制系统，已开发出智能化隧道式和螺旋式速冻机，并应用于如金枪鱼、虾、蟹等高经济价值水产品速冻。

3）物理场辅助冻结装备

物理场辅助冻结是近年来出现的新技术，主要有电场辅助冻结、磁场辅助冻结、微波辅助冻结、射频辅助冻结、超声波辅助冻结、压力辅助冻结(高压辅助冻结和压力转换辅助冻结)等。这些技术需要进一步系统研究其对冻品品质的影响,探索其作用机理,除了电场辅助冻结装备、磁场辅助冻结装备、压力辅助冻结装备有少量应用外,目前大部分技术仍处于实验室研究阶段。

2. 冷冻冷藏装备与设施

北美、欧洲、日本等发达国家和地区冷库行业起步早、技术先进、成熟规范。美国和加拿大由于地广人稀,单层冷库较多;这些单层冷库均采用钢结构固定式货架,托盘采用叉车装卸;除了早期建造的冷库,均采用封闭月台;库内冷却设备采用冷风机。美国和加拿大80%以上的冷库采用氨作为制冷剂,其中少部分采用R22、R502、R507、R404A制冷剂。冷库中的制冷系统广泛采用了自动控制。一些果蔬冷库采用气调库,提高果蔬贮藏品质和延长货架期。一些项目在冷库屋顶安装太阳能光伏电池板,进行可再生能源在冷库应用的尝试。2018年美国冷库总容量达1.31亿m^3,位居全球第二,人均冷库容积达到0.49 m^3。

欧洲大型食品冷库也以单层冷库居多,主要采用钢货架做结构支撑,用金属面聚氨酯夹芯板做保温墙体。其越来越多采用自动化立体冷库,货物存放采用高货架自动堆码形式,库内操作完全采用机械化,基本没有人员进入;一些自动化冷库采用了注氮控氧技术,库内氧含量始终控制在小于16%,满足可燃物不致燃烧状态,冷库内不再采用喷水灭火系统。果蔬贮藏采用气调技术,像法国、意大利一些国家气调贮藏苹果已达到冷藏苹果总量的一半以上。在丹麦的屠宰工厂,将制冷系统的冷凝热利用热泵技术制取热水,用于生产工艺用热,实现了废热再利用。荷兰依托发达的交通网络,建立了大型物流中心,如坐落于荷兰东南部芬洛的Venlo物流园,作为荷兰政府指定的5个生鲜物流集群之一,致力于新鲜食品的冷链,在水果、蔬菜、鱼及肉类加工销售方面具有特色优势。

日本是目前世界上自动化立体仓库应用最广泛的国家之一。日本建造的立体化仓库能实现存取货物的自动化,高程度的自动化节约了大量人工成本。日本是一个地震多发国家,为了防止不可抗拒自然灾害引起的危及生命事件发生,在采用NH_3制冷剂的冷库的最高层或屋顶露天层必须配备一套NH_3泄漏自动排放装置。日本开发了NH_3制冷剂/CO_2载冷剂制冷系统,实现节能和环保目标,为了金枪鱼速冻和低温贮藏,近年来利用空气制冷原理研制出基于开放式空气制冷的超低温制冷机组系列,并已有近百套投入使用。

1949年中华人民共和国成立时,全国冷藏库约23座,总容量仅为3.3万t左右。经过计划经济发展时期(1949—1978年)、改革开放发展30年(1979—2009年),尤其是高速发展时期(2010年之后),冷库容量得到极大增长。2014—2018年,我国冷库总容量保持10%以上增速平稳增长,截至2018年底,全国冷库总量达到5 238万t,是1949年的1 587倍。并且随着社会和行业发展需求,大型冷链物流中心在各地迅速发展。为了实现安全、节能、环保的目标,国内近年来开发了NH_3/CO_2载冷剂制冷系统和复叠系统,即把氨作为高温级制冷剂对载冷剂或低温循环制冷剂进行冷却,再通过冷却后的载冷剂或低温循环对库内进行降温。该系统可以有效减少氨的使用量,而且还能做到将用氨区域和库内区域分离,使得人员操作更加安全。近年来国内开始建造冰温冷库,主要采用变频压缩机无级容量调节、均匀分布顶排管、库内均匀送风等技术，提高了果蔬品质，延长了货架期。自动化立体冷库具有货物装卸和堆垛自动智能化、节省人力、货物装卸和堆垛迅速、管理效率高等优点，在国内应用也呈现逐步增加的趋势。为了实现节能目的，国内开发了宽温区冷热联供集成系统，主要是回收利用制冷系统的冷凝热，集成低温制冷、高温制热、谷电蓄热、微压蒸气及蒸气增压等系统于一体，目前该系统可提供 50～180 ℃的热水，2～8 bar的蒸气，实现节能目的。

3. 冷藏运输装备

作为冷藏运输的载体——冷藏运输装备而言，已有百余年的历史。20 世纪初，已开始生产冷藏运输工具；第二次世界大战前铁路运输在易腐货物运输中占主要地位；50 年代和 60 年代冷藏保温汽车和冷藏船舶发展较快；20 世纪 70 年代以来，冷藏集装箱发展迅速。欧、美、日等发达国家和地区的冷藏运输率为 80%～90%，发展中国家一般只有 10%～20%。近年来，公路冷藏运输的运量占冷藏运输总运量的比率不断上升：欧洲和日本达 60%～80%，美国为 80%～90%。欧洲铁路冷藏运输公司的铁路冷藏运输装备主要有加冰冷藏车、机械冷藏车、隔热车，还有少量液氮冷藏车。日本通常将冷藏保温汽车分为保冷汽车、冷藏汽车、冷冻汽车；欧美各国习惯于分为保温(隔热)汽车、冷藏汽车和机械冷藏汽车三大类。冷藏集装箱在海运和多式联运方面具有明显优势，得到越来越广泛的应用。欧、美、日等发达国家和地区的冷藏运输装备在箱体结构、隔热保温、制冷机组、冷藏运输信息化等方面具有技术优势。

我国在新中国成立初期，铁路运输已开始使用加冰冷藏车运输易腐食品。在 20 世纪 90 年代初期，铁路冷链运量达到高峰 1 669 万 t，占全国冷链总运量的 70%，为物资流通发挥了积极的作用。但是铁路冷链物流在运价、时效性、灵活性方面的竞争力明显下降，铁路冷链运输总量逐年下滑。为改变铁路冷链物流低迷的局势，2016 年 2 月《铁路冷链物流网络布局“十三五”发展规划》正式向社会公布，标志着铁路冷链运输发展进入新的时代。截至 2017 年底，铁路货物发送量超 100 万 t。为积极响应“一带一路”倡议，中欧班列开发冷链运输的班列，能实现到欧洲 1 万公里以外的国际冷链物流。铁路集装箱和多式联运的实践，实现了农副产品从田间到市场的冷链集装化运输，开启了冷链物流的公铁联运模式。目前我国铁路冷藏运输装备主要包括机械冷藏车、铁路冷藏集装箱、加冰冷藏车、保温车，其中机械冷藏车应用最广，而铁路冷藏集装箱发展前景广阔。

公路冷藏运输方面，20 世纪 50 年代起，我国开始采用保温车运送易腐货物，60—70 年代从苏联和东欧等地采购了少量冷藏车用于国内运输。从 80 年代起，随着国内汽车工业的迅速发展，冷藏车制造业也逐步发展起来。在 20 世纪 80 年代初，我国拥有的各类冷藏车制造厂家不超过 10 家，而到 20 世纪末激增到 70 余家，但随着竞争的日渐激烈和市场的逐步开放，部分规模小、质量差的小型冷藏车制造厂逐渐被兼并、收购或淘汰出市场，到 21 世纪初，有 40 余家。在品种上，公路冷藏运输车以卡车、拖车为主，制冷方式多样，包括冰、干冰、蓄冷板、低温制冷剂系统、机械制冷等。其中机械制冷已经成为公路冷藏运输的主要制冷方式。在陆路运输方面，冷藏车在数量上已占据主导地位。统计数据显示，2011—2018 年我国公路冷藏及保温车保有量由 32 100 台增至 180 000 台，年均增速超 28%，远超同期公路营运载货汽车拥有量增速。由于公路冷藏及保温车保有量快速增长，其占公路营运载货汽车拥有量的比重已经由2011年的0.25%上升至2018年的1.32%。

近年来我国在公路冷藏车的主要技术发展包括：厢体隔热材料与隔热厢体制作技术，减少厢体的漏热损失；冷藏运输用压缩/喷射制冷系统，降低制冷系统能耗；多温区和多空间冷藏车，实现多种货物同一批次的运输，降低运输成本；气调冷藏车，通过气调来控制车厢内的气体成分，抑制果蔬的呼吸作用，延长果蔬储存寿命；蓄冷式冷藏车，蓄冷效率高，减少车用燃油；小型电动冷藏车，可满足城市冷链配送的“最后一公里”需求。

4. 冷藏销售和消费装备

1910年，世界上第一台压缩式制冷的家用冰箱在美国问世。1925年，瑞典丽都公司开发制造了家用吸收式冰箱。1927年，美国通用电气公司研制成功全封闭式冰箱。随之以后，冰箱、冷柜、冷藏陈列柜得到迅速发展和广泛应用。近年来，随着生鲜电商的发展，自提冷冻冷藏柜(生鲜配送柜)在欧洲、日本、新加坡等国家和地区得到较为广泛的应用。欧洲的超市冷柜制冷系统十分重视采用CO_2天然工质制冷剂，为了解决CO_2制冷系统在炎热地区高室外温度制冷性能不佳的问题，近年来发展了喷射器辅助压缩制冷系统。当喷射器全部开启时，在保持超市冷柜温度不变的情况下中温压缩制冷系统的蒸发温度可由−8 ℃提高到−2 ℃，喷射器和并联压缩机系统比常规系统节能可达18%以上。

我国为了改变商用冷冻冷藏设备落后的面貌，商业系统在“七五”期间组织所属企业进行了技术改造、技术设备引进、产品升级换代。1985年，商业部洛阳制冷机械厂从美国泰勒公司引进了中国第一条食品陈列柜生产线。“八五”期间，商业系统有关企业开始引进外资进行冷藏陈列柜、软冰淇淋机等商用冷冻冷藏设备的合资生产。随着我国超级市场的发展，国内外的一些制冷设备制造企业开始进行合资或独资生产冷藏陈列柜系列产品。至20世纪末，随着我国冷冻冷藏用半封闭和全封闭制冷压缩机制造水平的提高，我国用于餐饮业的非零售用的食品冷藏柜以及以超市应用为主的冷藏陈列柜产品制造基本上达到发达国家的同等水平，一些合资企业的冷藏陈列柜产品已开始出口返销。2018年我国冷藏陈列柜市场增长较快，销售量达12.1万台，增速15%左右。国内主要生鲜电商近年来开始在社区、学校、线下门店布设生鲜配送柜，实现了冷链物流“最后一公里”的无缝衔接。国内制冷企业为了满足生鲜电商的需求，已开发出具有冷藏、冷冻功能的生鲜智能配送柜。

近年来我国在冷藏销售和消费装备的主要技术发展包括：① 制冷系统优化，如对系统部件优化以降低末端设备能耗，采用高效的两级压缩制冷循环、喷射器增效的压缩制冷循环等；② 绝热提高技术，如优化发泡策略、VIP(vacuum insulation panel，真空隔热板)、新型门封的应用等；③制冷剂替代技术，如R290(碳氢化合物制冷剂丙烷)的推广使用；④换热增强技术，如换热器翅片结构的优化、表面涂层的应用。

1.3.2 发展方向

1. 高效节能

发展低温环境强化换热技术、低温环境下蒸发器抑霜除霜技术、物理场辅助冻结技术、变容量制冷技术、冷热一体化、可再生能源和自然冷能利用等技术，开发全程冷链各环节高效冷链装备系列，并开展冷链装备与设施能效评价标准制定和能效评价工作。

2. 安全环保

开展零 ODP(ozone depletion potential,消耗臭氧层潜值)、低 GWP(global warming potential,全球变暖潜值)环境友好型制冷剂的制冷系统和冷链装备研究工作。对于可燃制冷剂(如碳氢类)和可燃有毒制冷剂(如氨),开展制冷剂充注减量技术、制冷剂泄漏检测及应急处置技术;深入研究和完善 CO_2 制冷系统,包括跨临界、亚临界、压缩一喷射等的制冷系统。

3. 精准环控

研究储运环境参数及其波动对易腐食品品质的影响,综合制冷系统容量调节、均匀供冷末端设备、气流组织优化等技术,发展储运环境参数精准控制的冷链装备和设施。

4. 信息化与智慧化

发展食品品质感知技术、环境参数感知技术、产品位置感知技术、食品安全溯源技术,应用于冷链装备与设施中,建立冷链物流数据中心,实现冷链流通体系的信息化;发展大数据智能、群体智能、跨媒体智能、数字孪生技术、区块链溯源技术等智慧冷链物流技术,并应用于冷链装备与设施中,实现冷链流通体系的智慧化。

【扩展阅读】

国内外生鲜电商运营模式

【参考文献】

[1] 周远，田绅，邵双全，等. 发展冷链装备技术，推动冷链物流业成为新的经济增长点[J]. 冷藏技术，2017，40(1)：1-4.

[2] 田长青. 中国战略性新兴产业研究与发展 · 冷链物流[M]. 北京:机械工业出版社,2020.

【思考题】

1. 何谓冷链？冷链由哪些主要环节组成？
2. 冷链与常温供应链的主要区别是什么？冷链为什么要做到全程“无缝连接”？
3. 何谓冷链装备？何谓冷链设施？
4. 冷库和冷链物流中心的区别是什么？
5. 冷藏运输装备主要有哪些种类？
6. 冷链装备和设施的发展方向是什么？

第 2 章

冷链装备制冷原理

【本章导航】

本章将首先介绍学习制冷原理所需要的热工基础知识，了解这些知识有助于更好地了解冷链装备的制冷原理。进而，将介绍冷链装备最常用的制冷方法——蒸气压缩式制冷，并结合实际应用，介绍常见的制冷系统与设备。

2.1 热工基础

2.1.1 工程热力学基础

热力学是研究物质的热力性质，以及能量和能量相互转换的一门基础理论学科。工程热力学则从工程的观点出发，研究以上问题，从而更高效地利用能源。它是设计计算和分析各种动力装置、制冷机、锅炉及各种热交换器的理论基础。

本节将首先介绍工程热力学所涉及研究对象的基本概念，进而介绍热力学第一定律和热力学第二定律两个热力学的基本定律，最后介绍理想气体、实际气体等涉及物质性质方面的知识。

1. 系统和状态

1）系统、边界与外界

热力学分析方法的首要步骤就是选取热力系统，从而明确所研究的范围与界限。

系统：为了便于研究与分析问题，将所要研究的对象与周围环境分隔开来，这种人为分隔出来的研究对象，称为热力系统，简称系统。如图 2-1 所示，气缸中虚线包围的气体就是我们的研究对象，而气体便是热力系统。

边界：分隔系统与外界的分界面，称为边界，其作用是确定研究对象，将系统与外界分隔开来。边界可以是真实的（如图 2-1 和图 2-2 中取气体工质为热力系统时，气缸内壁和活塞内壁可以认为是真实存在的界面），也可以是假设的（如图 2-2 中的假想边界）；可以是固定的，也可以是变动的（如图 2-1 中当活塞移动时界面发生变化）。

外界：边界以外与系统相互作用的物体，称为外界或环境。系统与外界相互作用通常有 3 种形式，即热、功和物质的交换，于是可以设想外界存在能够分别接受或给予系统热量、功量和质量的热力源或物体。如系统的外界是大气环境，则可看作是热容量为无限大的热源（或冷源）和质量为无限大的质源。

根据系统与外界相互作用的不同情况，可将热力系统分为以下 4 种类型。

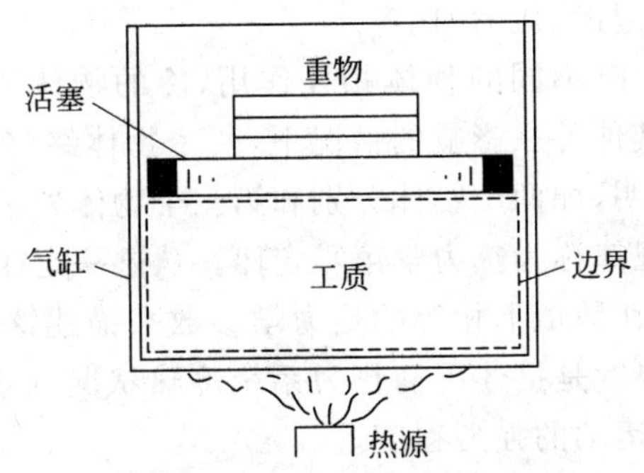

图 2-1　热力系统

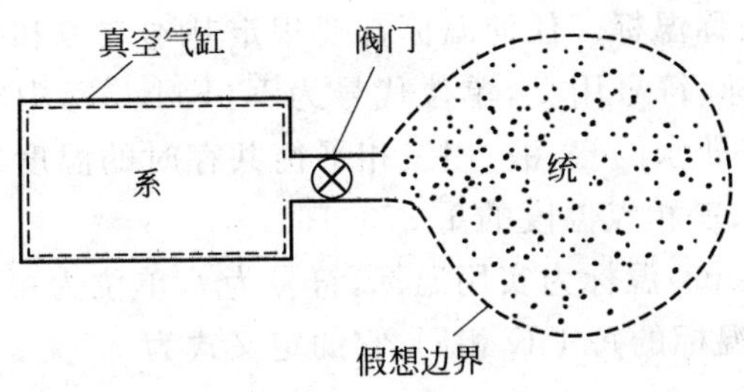

图 2-2　边界可变形系统

(1) 闭口系统：在所研究的时间内，系统与外界只有热量和机械能等能量的交换而无物质的交换。如图 2-1 所示，气缸中的工质在膨胀时，工质的质量不变，但从外界吸入热量并举起重物提高了它们的势能。

(2) 开口系统：在所研究的时间内，系统与外界不仅有热量和机械能等能量的交换，而且有物质的交换。

(3) 绝热系统：在所研究的时间内，系统与外界无热量交换，但有其他能量的交换。

(4) 孤立系统：在所研究的时间内，系统与外界既无能量交换，也无质量交换。

真正的绝热系统和孤立系统是不存在的。例如，研究气体在气缸中的压缩或膨胀过程，不可避免地与外界有热量的交换。但是，为了突出主要矛盾，忽略所交换的微小能量和质量，抽象成为绝热系统或孤立系统，使问题得以简化。

2) 状态与状态参数

系统与外界之间能够进行能量交换（传热或做功）的根本原因，在于两者之间的热力状态存在差异。例如，锅炉中的热量传递是由于燃料燃烧生成的高温烟气与汽锅内汽水之间存在着温度差；又如热力发动机中能量的转换是由于热力发动机中的高温高压工质与外界环境的温度、压力有很大的差别。这种温度、压力上的差异标志着工质物理特性数值的不同。我们把系统中某瞬间表现的工质热力性质的总状况称为工质的热力状态，简称为状态。热力状态反映出工质大量分子热运动的平均特性。

我们把描述工质状态特性的各种物理量称为工质的状态参数。状态参数是状态的函数，对应一定的状态，状态参数都有唯一确定的数值。工质状态变化时，初、终状态参数的变化值，仅与初、终状态有关，而与状态变化的途径无关。

基本的状态参数包括温度、压力、比容。

(1) 温度：两个冷热状况不同的物体相互作用，冷的物体要变热，热的物体要变冷。经过相当长时间，在没有其他外来影响的情况下，两个物体终将达到相同的冷热状况，即所谓热平衡状态。实践证明，如两个物体分别和第三个物体处于热平衡，则它们彼此之间也必然处于热平衡，这一规律称为热力学第零定律。从这一定律可以推论，相互间处于热平衡的系统必然具有一个在数值上相等的热力学参数来描述这一热平衡的特性，这个参数就是温度。由此可知，温度是描述平衡热力系统冷热状况的物理量。温度的微观概念表示物质内部大量分子热运动的强烈程度。

工程上经常需要定量地测定系统的温度。当被测系统与已标定过的带有数值标尺的温度计达到热平衡时，温度计指示的温度值就等于被测系统的温度值。

温度的数值标尺，简称温标。任何温标都要规定基本定点和每一度的数值。国际单位制(SI)规定热力学温标，符号用 T，单位代号为 K(Kelvin)，中文代号为开。热力学温标规定纯水三相点温度(即水的汽、液、固三相平衡共存时的温度)为基本定点，并指定为 273.16 K，每 1 K 为纯水三相点温度的 1/273.16。

SI 还规定摄氏(Celsius)温标为实用温标，符号为 t，单位为摄氏度，代号为 ℃。摄氏温标的每 1 ℃与热力学温标的每 1 K 相同，它的定义式为

$$t = T - 273.15 \tag{2-1}$$

式中273.15的值是按国际计量会议规定的。可见摄氏温度与热力学温度差值为 273.15 K，当 $t=0$ ℃时，$T=273.15$ K。两种温标换算，在工程上采用式(2-2)已足够准确：

$$T = t + 273 \tag{2-2}$$

(2) 压力：单位面积上承受的垂直作用力，即

$$p = \frac{F}{A} \tag{2-3}$$

式中，p 为压力，Pa；F 为垂直作用力，N；A 为面积，m^2。

根据分子运动论，气体的压力是大量分子向容器壁面撞击的平均结果。式(2-3)算出的压力是气体的真正压力，称为绝对压力。工程上使用的压力表指示的压力是气体的绝对压力与外界大气压力的差值，称为相对压力。

由于大气压力随地理位置及气候条件等因素而变化，因此，绝对压力相同的工质，在不同的大气压力条件下，压力表指示的相对压力并不相同。在本书中如不注明是“相对压力或表压力”，都应理解为“绝对压力”。绝对压力才是状态参数。

绝对压力与相对压力和大气压力之间关系如图 2-3 所示。

$$当\ p > B\ 时\ p = B + p_g \tag{2-4}$$

$$p < B\ 时\ p = B - H \tag{2-5}$$

式中，B 为当地大气压力，Pa；p_g 为高于当地大气压力时的相对压力，称为表压力，Pa；H 为低于当地大气压力时的相对压力，称为真空值，Pa。

(3) 比容：工质所占有的空间称为工质的容积，单位质量工质所占有的容积称为工质的比容，如工质的容积为 V，质量为 m，那么比容则为

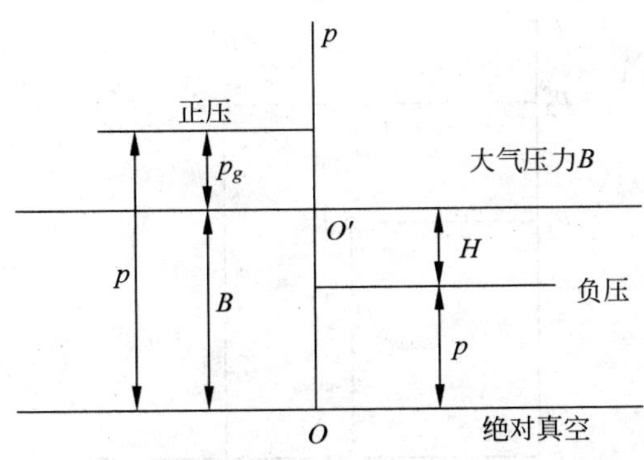

图 2-3　各种压力之间的关系

$$v = \frac{V}{m}(\text{m}^3/\text{kg}) \tag{2-6}$$

单位容积的工质所具有的质量，称为工质的密度，即

$$\rho = \frac{m}{V}(\text{kg}/\text{m}^3) \tag{2-7}$$

显然，工质的比容与密度互为倒数。即

$$\rho v = 1 \tag{2-8}$$

可知，比容与密度二者知其一，则另一个也就确定了。

3) 平衡状态和状态方程

系统在不受外界影响的条件下，如果宏观热力性质不随时间而变化，系统内外同时建立了热和力的平衡，这时系统的状态称为热力平衡状态，简称为平衡状态。如果是有化学反应的系统，还应考虑化学平衡。总之，欲使系统达到热力平衡，系统内部及相联系的外界，起推动力作用的强度性参数，如温度、压力等都必须相等，否则在某种势差作用下平衡将被破坏。显然，完全不受外界影响的系统是不存在的，因此，平衡状态只是一个理想情况。对于偏离平衡状态不远的实际状态按平衡状态处理将使分析计算大为简化。

描述系统特性的诸多参数之间，具有内在联系，当某些参数确定后，便确定了其他参数，即确定了系统的平衡状态。纯物质的温度、压力、比容 3 个基本状态参数之间存在的函数关系，称为状态方程：

$$f(p,v,t) = 0 \tag{2-9}$$

也就是说，3 个状态参数之间存在内在的联系，3 个状态参数中只有两个是彼此独立的。因此，用 3 个状态参数中的任意两个参数就可以表明工质所处的状态。这样，只要用 3 个基本参数中的任意两个独立参数，就可以作为一个平面直角坐标图的横坐标和纵坐标作出参数坐标图，就能清晰地表示工质所处的热力状态。如图 2-4 所示的 $p-v$ 图（称为压容图），是以压力作为纵坐标，比容作为横坐标。此坐标图任意一点（如点 1 和点 2）对应工质某一确定的状态（p_1,v_1 或 p_2,v_2）。除以上介绍的 $p-v$ 图以外，热力学中还用到由其他状态参数组成的坐标图，下面将陆续介绍。

4) 热力过程、准静态过程和可逆过程

(1) 热力过程：当工质受到外界影响时，例如，外界对工质加热，工质所处的平衡状态

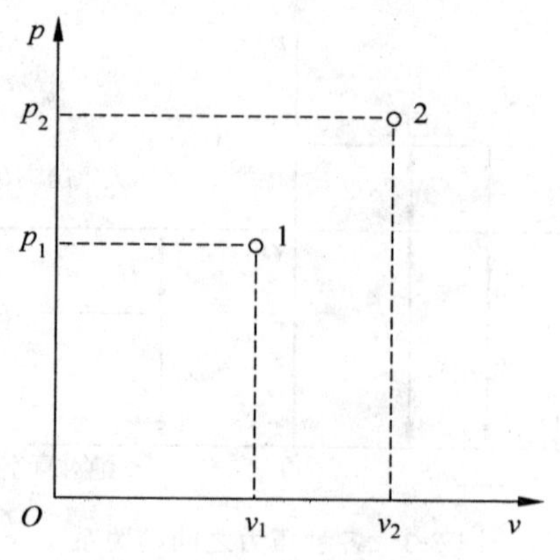

图 2-4　参数坐标图($p-v$ 图)

遭到破坏,工质的状态就会发生变化。工质从一个状态经过一系列的中间状态变至另一状态,我们就将这种工质的状态发生变化的过程称为热力过程,简称过程。

(2) 准静态过程:考察系统内部状态变化过程,发现系统内、外都有引起系统状态变化的某种势差,如温差、压差等,所以系统内部状态变化难免偏离平衡状态。例如,系统吸热时靠近热源界面的温度高于系统其他部位的温度;又如活塞式气缸中气体膨胀做功时,靠近活塞顶面的气体压力低于其他部位的压力等。内、外势差越大,过程进行越快,则系统偏离平衡态也越远。系统内部的这种不平衡势差在系统向新的平衡过渡时,并不能对外做功,而是成为一种损失,称为非平衡损失。然而,这种损失很难定量计算,而且,对于非平衡状态,也无法用少数几个状态参数来描述。因此,理论研究可以设想一种过程,这种过程进行得非常缓慢,使过程中系统内部被破坏了的平衡有足够的时间恢复到新的平衡态,从而使过程的每一瞬间系统内部的状态都非常接近平衡状态,于是整个过程就可看作是由一系列非常接近平衡态的状态所组成,并称之为准静态过程。准静态过程在坐标图上可以用一系列平衡状态点的轨迹所描绘的连续曲线表示,如图 2-5 所示实线 1—2。如果工质由状态 1′变化到状态 2′所经过的不是一个准静态过程,则该过程无法在坐标图上表示,仅可标出其 1′和 2′两个平衡状态,而其过程用虚线表示。

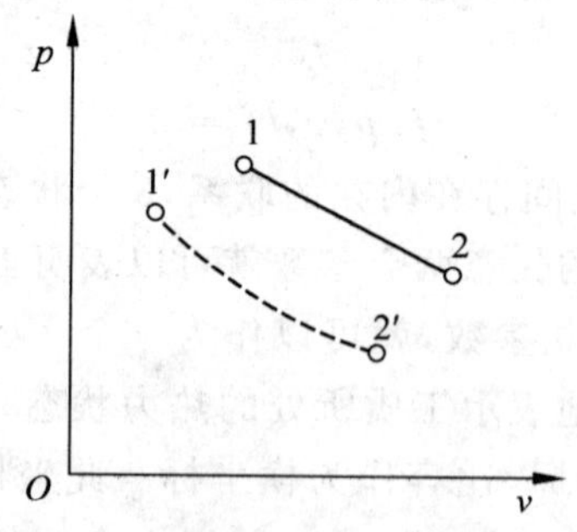

图 2-5　准静态过程和非准静态过程

(3) 可逆过程:当系统由始态变化到终态,又由终态沿原来途径返回始态时,若参与该变化过程的系统及外界均能完全返回原来的状态,则称该变化过程为可逆过程。反之,则为不可逆过程。实现可逆过程的具体条件，一是过程没有势差(或势差无限小)，如传热没有温差，做膨胀功没有压力差等；二是过程没有耗散效应，如机械运动没有摩擦，导电没有电阻等。显然，可逆过程是理想化过程，是实际过程的一种极限，实际上不可能实现。引入可逆过程只是一种研究方法，是一种科学抽象。一个可逆过程必定是准静态过程，而过程的不平衡必然导致过程的不可逆。

2. 系统储存能及与外界传递的能量

1）系统储存能

系统的总储存能包括内储存能与外储存能。

内储存能简称为内能，在工程热力学中，内能是分子内动能和内位能的总和，或称物理内能。温度的高低是内动能大小的反映，内动能大则气体的温度就高。气体内部还具有因克服分子之间的作用力所形成的内位能。内位能的大小与分子间的距离有关，亦即与气体的比容有关。

系统的总储存能 E 为内储存能(内能)与外储存能之和。

$$E = U + E_k + E_p \tag{2-10}$$

式中，E_k 为宏观动能；E_p 为宏观重力势能。

对 1 kg 质量的物体的总储存能为

$$e = u + e_k + e_p = u + \frac{1}{2}c^2 + gz \tag{2-11}$$

如果没有宏观运动，并且高度为零，系统的总储存能就等于内能，即

$$E = U \quad 或 \quad e = u \tag{2-12}$$

2）热量

当温度不同的两个物体相互接触时，高温物体会逐渐变冷，低温物体会逐渐变热。显然，有一部分能量由高温物体传给了低温物体。热力学中，将这种依靠温差而传递的能量称为传热量或简称为热量。因此，热量是在热传递过程中物体内部热能改变的量度。它不是状态参数，而是和过程紧密相关的一个过程量。所以，我们不应该说“系统在某状态下具有多少热量”，而只能说“系统在某个过程中与外界交换了多少热量”。

热量用符号 Q 表示，在工程热力学中，由于常常分析单位质量气体的热能传递，所以常以 q 表示单位质量所传递的热能。在法定单位制中，Q 的单位为 J，q 的单位为 J/kg，热力学中通常规定，热力系统从外界吸热为正($Q>0$)，热力系统向外界放热为负($Q<0$)。

3）功

功的基本概念起源于力学，含义是力与沿力的作用方向所产生位移的乘积。在工程热力学里，热力系统通过界面和外界进行的机械能交换量称为做功量，简称为功(机械功)，以符号 W 表示。由于工程热力学中常以单位质量的工质来分析和计算能量转换的情况，故用 w 表示 1 kg 质量气体所做的功。在法定单位制中，w 的单位采用 J/kg。

工程热力学主要研究热能与机械能的转换，而膨胀功是热转换为功的必要途径，另外，热工设备的机械功往往通过机械轴传递。因此，我们最感兴趣的是膨胀功和轴功。

下面首先来介绍膨胀功。观察图 2-6 气缸内的气体。设有 1 kg 的气体在气缸中进行膨胀，经历一个可逆过程从 1 状态到 2 状态。当气体膨胀推动活塞右移一个微小的距

离 dx 时，按照物理学中功的定义式：功＝力×距离，气体对外所做的微元功为

$$\delta w = F dx \tag{2-13}$$

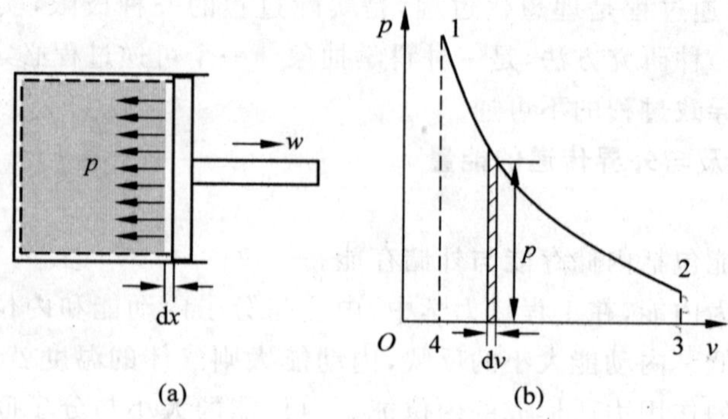

图 2-6 膨胀功示意图

假如热力过程是可逆过程，内外没有势差，作用在活塞上的外力与工质作用在活塞上的力相等，则

$$F = pA \tag{2-14}$$

式中，A 为活塞截面积。

于是，单位质量工质在微元热力过程中克服外力所做的功为

$$\delta w = pA dx = p dv \tag{2-15}$$

可逆过程 1-2 所做膨胀功为

$$w = \int_1^2 p dv \tag{2-16}$$

系统通过机械轴与外界传递的机械功称为轴功。图 2-7 为开口系统与外界传递的轴功 W_s（输入或输出），工程上许多动力机械，如汽轮机、内燃机、风机、压气机等都靠机械轴传递机械功。轴功可来源于能量的转换，如汽轮机中热能转换为机械能；也可能是机械能的直接传递，如水轮机、风车等。轴功的符号采用 w_s（单位质量工质的轴功）。通常规定系统输出轴功为正功，输入轴功为负功。

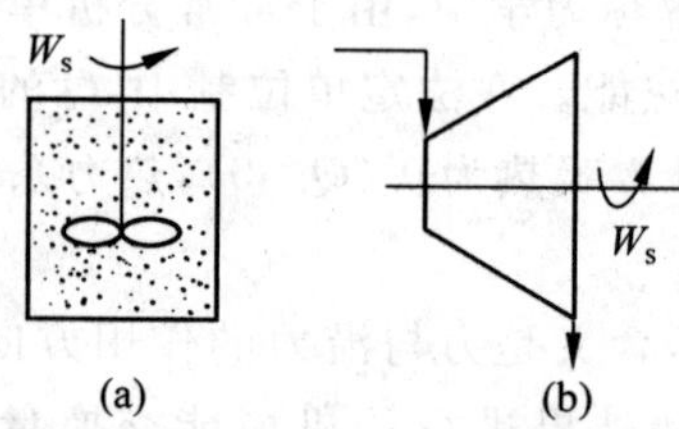

图 2-7 开口系统与外界传递的轴功

4）随物质流传递的能量

开口系统与外界随物质流传递的能量包括以下两部分。

一是流动工质本身具有的内能、宏观动能和重力位能，随工质流进或流出控制体而带入或带出控制体。在前文已经有描述。

二是流动功：当工质在流进和流出控制体界面时，后面的流体推开前面的流体而前进，这样后面的流体对前面的流体必须做流动功。因此，流动功是为推动流体通过控制体界面而传递的机械功，它是维持流体正常流动所必须传递的能量。流动功计算公式的推导如图 2-8 所示：设有微元质量为 δm 的工质将要进入控制体，在控制体界面处流体的状态参数为压力 p、比容 v，管道截面积为 A，当流体通过界面时必将从左边流体得到一定数量的流动功。根据力学中功的定义式：流动功＝力×距离，即在后面流体的推动下，δm 流体移动距离 $\mathrm{d}S$ 进入系统。这时流动功为

$$\delta W_{\mathrm{f}} = pA\mathrm{d}S \tag{2-17}$$

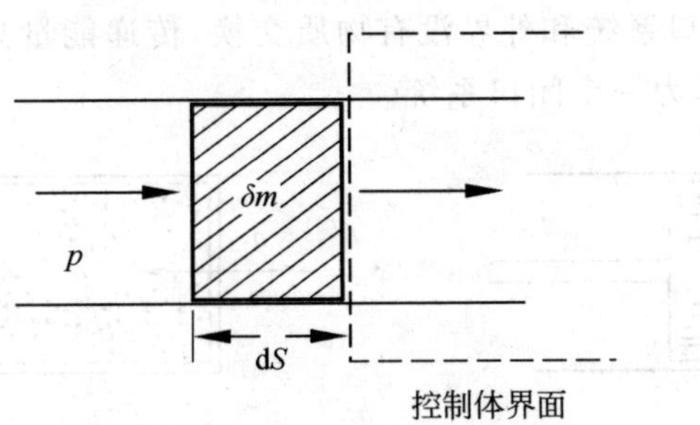

图 2-8　流动功计算公式的推导

又因为 $A\mathrm{d}S$ 等于流体所占据的容积，所以

$$A\mathrm{d}S = v\delta m \tag{2-18}$$

当界面处热力参数恒定时，质量为 m 的流体的流动功为

$$W_{\mathrm{f}} = \int_{(m)} pv\delta m = pvm \tag{2-19}$$

对于单位质量的流体：

$$w_{\mathrm{f}} = pv \tag{2-20}$$

由式(2-20)可得，推动工质进入控制体内所需的流动功，可按入口界面处的状态参数来计算。同理将工质推出控制体外需的流动功可按出口界面处状态参数计算。因此移动单位质量的工质体进出控制体的净流动功为

$$w_{\mathrm{f}} = p_1 v_1 - p_2 v_2 \tag{2-21}$$

5）焓

物质流动传递的能量可表示为流动物质本身的总储存能和流动功，即

$$u + \frac{1}{2}c^2 + gz + pv \tag{2-22}$$

其中 u 和 pv 取决于工质的热力状态，为简化计算，引入一个新的物理量——焓 h，令

$$h = u + pv \tag{2-23}$$

因为 u 和 pv 都是工质的状态参数，因此焓也是工质的状态参数。焓的引入给开口系统热工问题的分析和计算带来很大的便利，我们在下面章节将经常用到它。

焓的物理意义：对于流动工质，焓＝内能＋流动功，即焓具有能量意义，它表示流动工质向流动前方传递的总能量中取决于热力状态的那部分能量。如果工质的动能和位能可以忽略，则焓代表随流动工质传递的总能量。对于不流动工质，焓只是一个复合状态参

数，没有明确的物理意义。

3. 热力学第一定律

热力学第一定律是热力学的基本定律，它适用于一切热力过程，是工程上进行热力分析和热工计算的主要基础。当用于分析实际问题时，需要将它表示为数学解析式，即根据能量守恒原则，列出参与过程的各种能量之间的数量关系，这种关系式也称为能量平衡方程式。对于不同种类的系统，其能量方程形式也有区别。下面将分别对闭口系统、稳定流动两种情况进行讨论。

1）闭口系统能量方程

前文已经介绍，闭口系统和外界没有物质交换，传递能量只有热量和功量两种形式。如图 2-9 的气缸系统即为一个闭口系统。

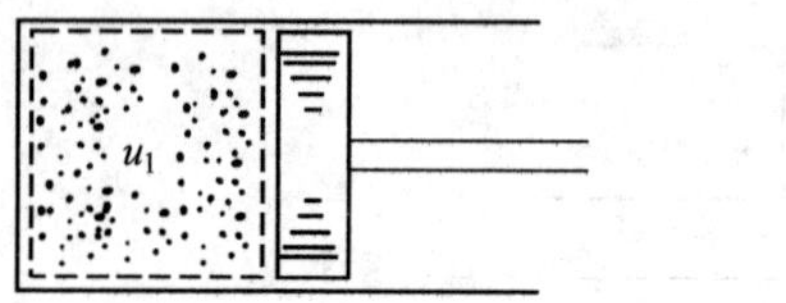

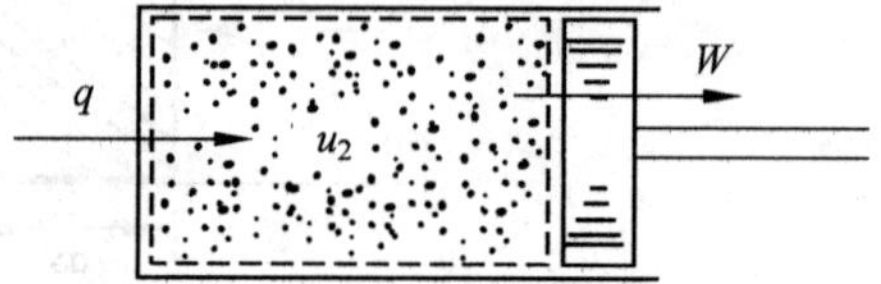

图 2-9 气缸系统

假设气缸内有 1 kg 工质，若系统储存能中的宏观动能和重力位能均不发生变化，热力过程中系统总储存能的变化等于系统内能的变化，即

$$\Delta e = \Delta u = u_2 - u_1 \tag{2-24}$$

当工质从外界吸入热量 q 后，从状态 1 膨胀到状态 2，并对外界做功 W，即

$$q = \Delta u + w \tag{2-25}$$

对于 m kg 工质，可写为

$$Q = \Delta U + W \tag{2-26}$$

对于微元过程，可写为

$$\delta q = \mathrm{d}u + \delta w \tag{2-27}$$

对于可逆过程

$$q = \Delta u + \int_1^2 p\mathrm{d}v \tag{2-28}$$

$$\delta q = \mathrm{d}u + p\mathrm{d}v \tag{2-29}$$

式(2-25)、式(2-26)、式(2-27)为闭口系统的热力学第一定律表达式，适用于闭口系统的一切过程，不受过程性质和工质性质的影响。而式(2-28)、式(2-29)只适用于可逆过程。

2）稳定流动系统能量方程

热能工程中遇到的许多设备，如汽轮机、压气机、风机、锅炉、换热器等，在工作过程中都有工质流进、流出设备，都是开口系统，通常选取控制体进行分析。如果在流动过程中，热力系统在任何截面上工质的一切参数都不随时间而变，则称这种流动过程为稳定流动过程。

如图 2-10 所示，工质不断地经由 1—1 截面进入系统，同时系统不停地从外界吸收热量，并不断地通过轴对外界输出轴功，做功以后的工质则不断地通过截面 2—2 流出系统。这样一种工质与外界不仅有能量的交换，而且有质量交换的系统，即为开口系统。

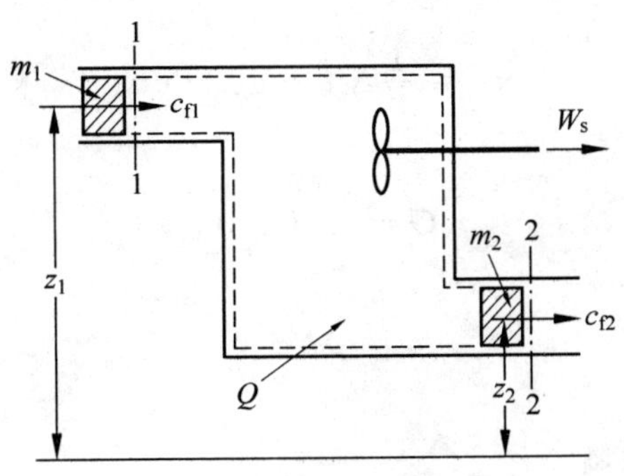

图 2-10　开口系统稳定流动示意图

假设在时间 τ 内，质量为 m_1 的工质以流速 c_{f1} 跨过截面 1—1 流入系统，与此同时，质量为 m_2 的工质以流速 c_{f2} 跨过截面 2—2 流出系统，系统与外界交换的热量为 Q。工质通过机轴对外输出的功 W_s 称为轴功。

于是，在 τ 时间内进入系统的能量为

$$m\left(u_1 + p_1 v_1 + \frac{1}{2}c_{f1}^2 + gz_1\right) + Q \tag{2-30}$$

离开系统的能量为

$$m\left(u_2 + p_2 v_2 + \frac{1}{2}c_{f2}^2 + gz_2\right) + W_s \tag{2-31}$$

由于在稳定流动过程中系统内工质的数量和状态参数都不随时间而改变，系统与外界交换的热量、功量也不随时间而改变，所以系统的总能量也保持不变。于是，由热力学第一定律可得

$$\left[m\left(u_1 + p_1 v_1 + \frac{1}{2}c_{f1}^2 + gz_1\right) + Q\right] - \left[m\left(u_2 + p_2 v_2 + \frac{1}{2}c_{f2}^2 + gz_2\right) + W_s\right] = 0 \tag{2-32}$$

根据焓的定义 $h=u+pv$ 有

$$Q = m\left(h_2 + \frac{1}{2}c_{f2}^2 + gz_2\right) - m\left(h_1 + \frac{1}{2}c_{f1}^2 + gz_1\right) + W_s \tag{2-33}$$

将 $H=mh$ 代入公式，可得

$$Q = \Delta H + \frac{1}{2}m\Delta c_f^2 + mg\Delta z + W_s \tag{2-34}$$

式(2-34)称为开口系统的稳定流动能量方程式。对于单位质量工质而言，稳定流动能量方程式为

$$q = \Delta h + \frac{1}{2}\Delta c_f^2 + g\Delta z + w_s \tag{2-35}$$

在稳定流动能量方程式中，等号右边除焓差外，其余三项是不同类型的机械能，它们都是工程技术上可以直接利用的。在工程热力学中，将这三项之和称为技术功，用 W_t 表

示，即

$$W_t = \frac{1}{2}m\Delta c_f^2 + mg\Delta z + W_s \tag{2-36}$$

$$w_t = \frac{1}{2}\Delta c_f^2 + g\Delta z + w_s \tag{2-37}$$

于是

$$Q = \Delta H + W_t \tag{2-38}$$

对于单位质量工质

$$q = \Delta h + w_t \tag{2-39}$$

4. 热力学第二定律和熵

与热力学第一定律揭示的能量在转换与传递过程中数量守恒的客观规律不同，热力学第二定律则揭示了能量在转换与传递过程中具有方向性及能质不守恒的客观规律。所有热力过程都必须同时遵守热力学第一定律和热力学第二定律。

1）热力学第二定律

热力过程归纳起来可分为两大类，一类是不需要任何附加条件就可以自然地进行的过程，称为自发过程，例如，热量自高温物体传递给低温物体、高压气体膨胀为低压气体等。这些过程都具有一定方向性，它们的反向过程不可能自发地进行，因此，自发过程都是不可逆过程。另一类是自发过程的反向过程，称为非自发过程，它们必须要有附加条件才能进行，例如，热量自低温物体传递给高温物体、低压气体变为高压气体。这些非自发过程都必须要有一定的补偿条件才能实现。总之，无论是自发或有补偿条件的非自发的实际热力过程都是不可逆过程。可逆过程只是一种理想概念。

热力过程具有方向性这一客观规律，归根结底是由于不同类型或不同状态下的能量具有质的差别，而过程的方向性缘于较高位能质向较低位能质的转化。例如，热量由高温传至低温、高压气体膨胀为低压气体，按热力学第一定律能量的数量保持不变，但是，以做功能力为标志的能质却降低了，称之为能质的退化或贬值。因此，热力学第二定律的实质便是论述热力过程的方向性及能质退化或贬值的客观规律。热力学第二定律告诫我们，自然界的物质和能量只能沿着一个方向转换，即从可利用到不可利用，从有效到无效。热力学第二定律除广泛应用于分析热力过程和能源工程外，还被应用于分析社会、经济发展等许多领域。

热力学第二定律有两种表述：

克劳修斯(Clausius)说法：不可能把热量从低温物体传到高温物体而不引起其他变化。

开尔文-普朗克(Kelvin-Planck)说法：不可能制造只从一个热源取热使之完全变成机械能而不引起其他变化的循环发动机。只冷却单一热源而连续做功的机器称为第二类型永动机，实践证明这种发动机是制造不出来的。

2）熵与熵增原理

熵是系统的状态参数。热量是除功以外，没有物质流的系统与外界传递能量的又一种形式。热量传递中作为推动力的强度性参数是温度，而作为广义位移的广延性参数的变化是熵的增量。于是可逆过程中热量计算有类似于膨胀功的计算公式，为

$$\delta q = T\mathrm{d}s \tag{2-40}$$

系统熵的定义式为

$$\mathrm{d}s = \frac{\delta q}{T} \tag{2-41}$$

系统吸热，q 为正值；系统对外放热，q 为负值。相应地，可逆过程中熵的变化为：系统吸热，$\mathrm{d}s>0$；系统放热，$\mathrm{d}s<0$；绝热过程，$\mathrm{d}s=0$。

可以证明，绝热闭口系统或孤立系统的熵只能增加（不可逆过程）或保持不变（可逆过程），而绝不能减少。任何实际过程都是不可逆过程，只能沿着使孤立系统熵增加的方向进行，这就是熵增原理。

熵增原理的意义：可通过孤立系统的熵增原理判断过程进行的方向；熵增原理可作为系统平衡的判据——当孤立系统的熵达到最大值时，系统处于平衡状态；熵增原理与过程的不可逆性密切相关，不可逆程度越大，熵增也越大，由此可以定量地评价过程热力学性能的完善性。

综上所述，熵增原理表达了热力学第二定律的基本内容。通常把热力学第二定律称为熵定律。

5. 理想气体的性质和热力过程

1）理想气体的性质

实际气体就是实际存在的气体。从分子运动论可知，各种气体均由庞大数目的分子所组成，分子占有一定的体积，分子间有相互作用力，分子不停地做热运动。这种运动情况相当复杂，不可能用简单的数学模型来描述其状态及其变化规律。

为了简化分析，热力学提出理想气体这个概念。从微观看，理想气体是分子本身的体积和分子间的相互作用力都可忽略不计，完全实现了弹性碰撞的一种气体。

工程上常按照气体是接近液态还是远离液态来区分是实际气体还是理想气体。刚刚脱离液态的蒸气比容较小，分子间的作用力及分子本身的体积均不能忽略，属于实际气体；远离液态的气体温度越高、比容越大就越接近理想气体。某种工质能否当作理想气体处理要看它所处的状态，例如锅炉中产生的水蒸气、制冷剂蒸气等靠近液态，属于实际气体；而大气中的水蒸气，相对来讲因为分子压力低、比容大却可当作理想气体处理。

理想气体状态方程式为

$$pv = RT \tag{2-42}$$

式中，p 为绝对压力，Pa；v 为比容，$\mathrm{m^3/kg}$；T 为热力学温度，K。

以上为 1 kg 理想气体的状态方程。两边乘以总质量 m，即得到 m kg 理想气体的状态方程：

$$pmv = mRT \tag{2-43}$$

$$PV = mRT \tag{2-44}$$

式中，V 为质量为 $m$kg 理想气体所占有的容积。

2）理想气体的热力过程

系统与外界的能量交换是通过热力过程实现的，如工质在热力设备中进行吸热、膨胀、放热、压缩等。实际过程一般都比较复杂，不宜分析计算，复杂过程按其特征近似地简化为简单的过程或几个简单过程的组合。例如热力学方法对定容、定压、定温和定熵过程的表示。

可以证明，凡过程方程均可写成

$$pv^n = 常数 \tag{2-45}$$

符合式(2-45)的过程称为多变过程，其中 n 为多变指数，对于一定的多变过程，n 为一常数，但不同的多变过程有不同的值，如：

$n=0$ 时，$p=$常数，表示定压过程；

$n=1$ 时，$pv=$常数，表示定温过程；

$n=\kappa$ 时，$pv^\kappa=$常数，表示定熵过程，其中 $\kappa=c_p/c_v$，称为绝热指数；

$n=\pm\infty$时，$v=$常数，表示定容过程。

定容、定压、定温和定熵过程为基本热力过程，可见，四个基本热力过程是多变过程的特例。n 可在 $0\sim\pm\infty$ 范围内变化，每个 n 值代表一个多变过程。实际过程往往比较复杂，过程中 n 值也可能是变化的，如果变化不大，则仍可用一定的多变过程近似地表示该过程；如果 n 值变化较大，则可把实际过程分作几段，各段 n 值各不相同，但在每一段中 n 值保持不变。

6. 实际气体的性质

前文提到，气体状态接近液态时需要看作实际气体。实际气体在封闭容器内的蒸发过程中，随着蒸发的进行，气相空间蒸气分子的浓度不断增大，返回液体的分子也不断增多，当汽化分子数和凝结分子数处于动态平衡时，宏观上蒸发现象将停止。这种汽化和凝结的动态平衡状况称为饱和状态。饱和状态的压力称为饱和压力，温度称为饱和温度。可见当气体状态处于饱和状态附近时则为实际气体。

1）制冷剂的状态

制冷剂是冷链制冷设备中常见的工质，这里以制冷剂为例说明实际气体的状态。制冷剂的定压发生过程分为 3 个阶段，包含 5 种状态，如图 2-11 所示。

定压预热阶段：制冷剂温度低于饱和温度时称为过冷液体，如图 2-11(a)所示。对过冷液体加热，温度逐渐升高，比容稍有增大，熵增大，焓增大，当温度达到压力 p 所对应的饱和温度 t_s 时，制冷剂开始沸腾，这时的制冷剂为饱和液体，如图 2-11(b)所示。在定压下从未饱和状态加热到饱和状态，即为预热阶段。

饱和液体定压汽化阶段：把预热到 t_s 的饱和液体继续加热，饱和液体开始沸腾，在定温下产生蒸气而形成饱和液体和饱和蒸气的混合物，这种混合物称为湿饱和蒸气，简称湿蒸气，如图 2-11(c)所示。湿蒸气的体积随着蒸气的不断产生而逐渐加大，直至全部变为蒸气，这时的蒸气称为干饱和蒸气(即不含饱和液体的饱和蒸气)，如图 2-11(d)所示。把饱和液体定压加热为干饱和蒸气的过程称为汽化阶段。其中，湿蒸气的成分用干度 x 表示：

$$干度\ x = \frac{湿蒸气中含干蒸气的质量}{湿蒸气的总质量} \tag{2-46}$$

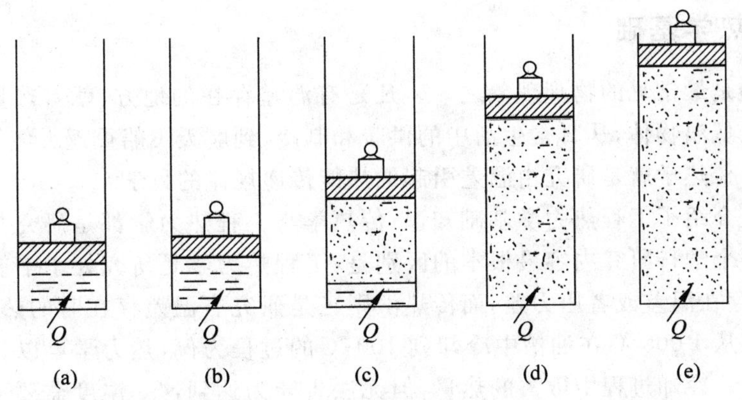

图 2-11　制冷剂的定压发生过程

(a)过冷液体；(b)饱和液体；(c)湿饱和蒸气；(d)干饱和蒸气；(e)过热蒸气

在这一阶段中，容器内的温度不变，所加入的热量用于由液体变为蒸气所需的能量和容积增大对外做出的膨胀功。这一热量称为汽化潜热，即将 1 kg 饱和液体转变成同温度的干饱和蒸气所需要的热量。

干饱和蒸气定压过热阶段：干饱和蒸气再继续加热时，蒸气温度自饱和温度起往上升高，比容增大。这一过程就是蒸气的定压过热阶段，如图 2-11(e)所示。由于这时蒸气的温度已超过相应压力下的饱和温度，故称为过热蒸气。其温度超过饱和温度之值称为过热度。

2）压焓图

进行制冷循环热力分析与计算时常使用图 2-12 所示的压焓图，即 lg p—h 图。压焓图的纵坐标是压力，为了清楚地表示低压部分，采用对数分格。横坐标是比焓 h。需要注意，从图上读取的压力是绝对压力值，而不是压力的对数值。

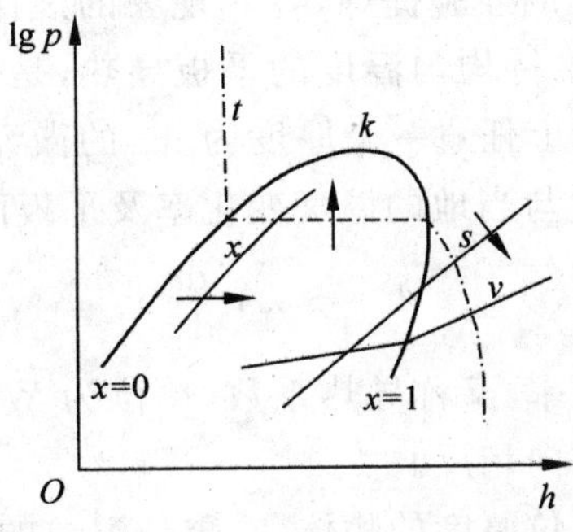

图 2-12　压焓图

图 2-12 共绘有 6 种状态参数簇，即等压线(p)、等温线(t)、等焓线(h)、等熵线(s)、等容线(v)和等干度线(x)，箭头表示各参数的增值方向。干度等于 0 的曲线是饱和液线，干度等于 1 的曲线是饱和蒸气线，这两条线将图分为三个区：饱和液线左侧为过冷液体区，饱和蒸气线右侧为过热蒸气区，两线之间为湿蒸气区。

2.1.2 传热学基础

热量传递是最常见的物理现象之一。凡是有温差存在的地方，就有热量自发地从高温物体传递给低温物体，从日常生活中的供暖和制冷，到航天飞船重返大气层的热防护都伴随着传热。传热学就是研究由温差引起的热能传递规律的科学。

前文已经介绍了工程热力学基础知识，传热学与工程热力学都是研究与热现象有关的科学。这两个学科研究内容最根本的区别是：工程热力学是研究处于平衡状态的热力系统，其中不存在温差或者压力差，而传热学则正是研究有温差存在时的热能传递规律。以将一个钢锭从 1 000 ℃在油槽中冷却到 100 ℃的过程为例，热力学可以告诉我们每公斤的钢锭在这一冷却过程中散失的热量，但无法告知为达到这一温度需要多长时间。这一时间取决于油温、油的流动、油的热物理性质等，这正是传热学的研究内容。

本节将首先介绍传热学涉及的基本概念，进而针对热量传递的三种基本方式：热传导、热对流与热辐射分别进行简述，最后通过介绍换热器和传热过程的增强和削弱，进行拓展和总结。

1. 热传导

1）导热

物体各部分之间不发生相对位移而依靠分子、原子及自由电子等微观粒子的热运动产生的热能传递称为热传导，简称导热。例如，固体内部热量从温度较高的部分传递到温度较低的部分，以及温度较高的固体把热量传递给与之接触的温度较低的另一固体都是导热现象。

在传热学中，单位时间传递的热量称为热流量，用 Φ 表示，单位为 W。单位时间通过单位面积的热流量称为热流密度，用 q 来表示，单位为 $\mathrm{W/m^2}$。

2）傅里叶定律与导热系数

通过对大量实际导热问题的经验提炼，导热现象的规律被总结为傅里叶定律。考察如图 2-13 所示的两个表面均维持均匀温度的平板导热，是个一维导热问题，即温度仅在 x 方向发生变化。对于 x 方向上任意一个厚度为 $\mathrm{d}x$ 的微元层来说，根据傅里叶定律，单位时间内通过该层的导热热量与当地的温度变化率及平板面积 A 成正比，即

$$\Phi = -\lambda A \frac{\mathrm{d}t}{\mathrm{d}x} \tag{2-47}$$

式中，λ 为比例系数，称为热导率，又称导热系数，单位为 W /(m·K)。公式中负号表示热量传递方向与温度升高的方向相反。

导热系数的物理意义是单位厚度的物体，在单位温差的作用下，单位时间内垂直通过单位面积的导热量。因此，导热率是表征物质导热能力大小的物性参数。材料的导热系数越大，其导热能力就越强。一般而言，金属的导热系数高于非金属，物质的固态比它们的液态导热系数高，而液态又比气态的导热系数高。金属的导热系数一般在 12～418 W/(m·K)范围内，液体的导热系数约在 0.07～0.7 W/(m·K)范围内，气体的导热系数约为 0.006～0.6 W/(m·K)。同一种物质，其导热系数还与物质的温度、压力等因素有关。

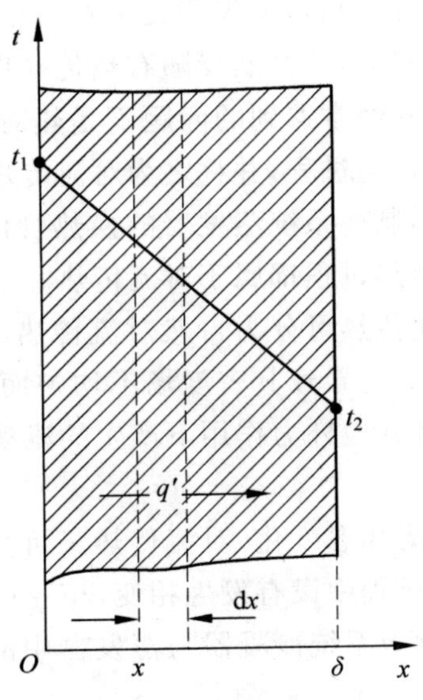

图 2-13　大平壁导热

3）稳态导热

一维大平壁稳态导热是最常见的导热问题，例如通过建筑围护结构的导热。这里只讨论导热系数为常数的情形。

已知一个厚度为 δ、没有内热源的平壁，其两个表面分别维持在均匀而恒定的温度 t_1，t_2，取坐标如图 2-13 所示。由傅里叶定律可知，平壁导热量与平壁的面积 A 及两侧表面的温差(t_1-t_2)成正比，与平壁的厚度 δ 成反比，并与平壁材料的导热系数 λ 成正比。通过平壁的导热量的计算公式为

$$\Phi = A\lambda \frac{t_1 - t_2}{\delta} \tag{2-48}$$

热流密度为

$$q = \lambda \frac{t_1 - t_2}{\delta} \tag{2-49}$$

在传热学中，通常将热流密度计算式比拟成电学欧姆定律表达式的形式，即热流＝温度差/热阻，则

$$\Phi = \frac{t_1 - t_2}{\dfrac{\delta}{A\lambda}} \tag{2-50}$$

$$q = \frac{t_1 - t_2}{\dfrac{\delta}{\lambda}} \tag{2-51}$$

$\dfrac{\delta}{A\lambda}$、$\dfrac{\delta}{\lambda}$ 都称为平壁的导热热阻，单位为 K/W 和 $m^2 \cdot K/W$。平壁的厚度越大，导热热阻越大；屏蔽材料的导热系数越大，导热热阻越小。

2. 热对流

热对流是指由于流体的宏观运动而引起的流体各部分之间发生相对位移，冷、热流体

相互掺混所导致的热量传递过程。热对流仅能发生在流体中，而且由于流体中的分子同时在进行不规则的热运动，因而热对流必然伴随有热传导现象。

因此，在日常生活和工程中，经常遇到的问题不是热对流，而是流体流过一个物体表面时流体与物体表面间的热量传递过程，并称之为对流传热（也可称为对流换热），以区别于一般意义上的热对流。例如，制冷系统蒸发器的换热管内外壁各自与制冷剂或者空气两种流体接触，其间所发生的传热过程都属于对流传热。本书只讨论对流传热。

根据流动的起因不同，对流传热可分为自然对流传热与强制对流传热两大类。自然对流是由于流体内部温度场不均匀导致其密度场不均匀而产生浮升力引起的流动，强制对流是指流体在风机、水泵或者其他外力作用下产生的流动。一般地说，自然对流流速较强制对流低。

根据流体在对流传热中有无相态变化，对流传热又可分为单相对流传热和相变对流传热。单相对流传热是指传热过程中没有发生相变，相变对流传热则相反，包括蒸气遇冷凝结、液体受热沸腾等现象。制冷系统冷凝器与蒸发器中的传热过程就是典型的凝结与沸腾现象。

对流传热的基本计算式是牛顿冷却公式：

$$\text{流体被加热时}\quad q = h(t_w - t_f) \tag{2-52}$$

$$\text{流体被冷却时}\quad q = h(t_f - t_w) \tag{2-53}$$

式中，t_w 和 t_f 分别为壁面温度和流体温度，℃。如果把温差记为 Δt 并约定永远取正值，则牛顿冷却公式可表示为

$$q = h\Delta t \tag{2-54}$$

$$\Phi = hA\Delta t \tag{2-55}$$

式中，h 为表面传热系数，也习惯称之为对流换热系数，W/(m^2·K)。

表面传热系数的大小与对流传热过程中的许多因素有关。它不仅取决于流体的物性以及换热表面的形状、大小与布置，而且还与流速有密切的关系。式(2-54)或式(2-55)并不是揭示影响表面传热系数种种复杂因素的具体关系式，而仅仅是给出了表面传热系数的定义。研究对流传热的基本任务，就在于用理论分析或实验方法具体获得各种场合下 h 的计算关系式。

表 2-1 给出了几种典型对流传热的表面传热系数数值范围。由表 2-1 可见，就介质而言，水的对流传热比空气强烈；就对流传热方式而言，有相变的优于无相变的，强制对流高于自然对流。例如，空气自然对流传热的 h 为 1～10 的量级，而水的强制对流的 h 的量级则是“成千上万”。

表 2-1　典型对流传热的表面传热系数数值范围　W/(m^2·K)

对流传热类型	表面传热系数 h	对流传热类型	表面传热系数 h
空气自然对流	1～10	水沸腾	2 500～35 000
水自然对流	200～1 000	水蒸气凝结	5 000～25 000
空气强制对流	10～100	氟利昂	600～2 000
水强制对流	100～15 000	氨	1 000～8 000

3. 热辐射

发射辐射能是各类物质的固有属性。物体可因各种原因产生电磁波向空间传播辐射能量,称为辐射。物体由于自身温度或热运动而激发产生的电磁波传播,称为热辐射。

自然界中各个物体都不停地向空间发出热辐射,同时又不断地吸收其他物体发出的热辐射。物体间靠热辐射方式进行的热量传递称为辐射换热。辐射换热是基于电磁波的传播,因此辐射换热能在真空中进行,也能在介质中进行。当物体与周围环境处于热平衡时,辐射传热量等于零,但这是动态平衡,辐射与吸收过程仍在不停地进行。

实验表明物体的辐射能力与温度有关,同一温度下不同物体的辐射与吸收本领也大不一样。在探索热辐射规律的过程中,一种称作绝对黑体(简称黑体)的理想物体概念具有重大意义。所谓黑体,是指能吸收投入其表面上的所有热辐射能量的物体。黑体的吸收本领和辐射本领在相同温度的物体中是最大的。

黑体在单位时间内发出的热辐射热量由斯忒藩-玻耳兹曼(Stefan-Boltzmann)定律揭示:

$$\Phi = A\sigma T^4 \tag{2-56}$$

式中,T 为黑体的热力学温度,K;σ 为斯忒藩-玻耳兹曼常量,即通常说的黑体辐射常数,它是个自然常数,其值为 5.67×10^{-8} W/($\mathrm{m^2\cdot K^4}$);A 为辐射表面积,$\mathrm{m^2}$。

斯忒藩-玻耳兹曼定律又称四次方定律,是辐射传热计算的基础。

一切实际物体的辐射能力都小于同温度下的黑体。实际物体辐射热流量的计算可以采用斯忒藩-玻耳兹曼定律的经验修正形式:

$$\Phi = A\varepsilon\sigma T^4 \tag{2-57}$$

式中,ε 为该物体的发射率(习惯也称为黑度)。它反映了实际物体辐射力接近黑体的程度,其数值总小于 1,与物体的种类及表面状态有关。

应当指出,式(2-56)、式(2-57)中的 Φ 是物体自身向外辐射的热流量,而不是辐射传热量。要计算辐射传热量还必须考虑投射到物体上的辐射热量的吸收过程,也就是计算吸收和放出热量的净差值。

物体之间的辐射换热量既与物体本身的温度、辐射特性有关,也与物体的大小、几何形状及相对位置有关,这部分知识不再详细讨论。

4. 传热过程与换热器

综合前文介绍的传热学基础知识,介绍传热学在工程实际中应用所涉及的传热过程、换热器以及传热的增强和削弱的内容。

1) 传热过程与传热系数

传热过程指冷热两种流体通过固体壁进行热量交换的过程,即热量从固体壁一侧的高温流体通过壁传递给另一侧低温流体的过程。传热过程一般由固体壁的导热过程和壁两侧流体与壁面的对流换热过程组成,有时在壁两侧还存在着壁面与其所处空间物体间的辐射换热。

图 2-14 展示了通过平壁的传热过程。热、冷流体被一无限大平壁隔开。已知热流体和冷流体的温度分别为 t_{f1} 和 t_{f2};平壁厚度为 δ,平壁表面积为 F,导热系数为 λ;热、冷流体对壁面的表面传热系数分别为 α_1 和 α_2。需确定热流体给冷流体的热流量 Q 及两侧壁面

温度 t_{w1}，t_{w2}。

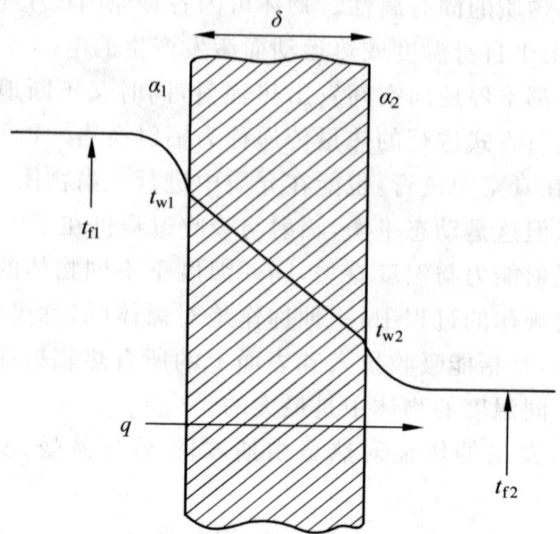

图 2-14 通过平壁的传热过程

热流体传给壁面的对流换热量为

$$Q_1 = \alpha_1 (t_{f1} - t_{w1}) F \tag{2-58}$$

平壁的一面传给另一面的导热量为

$$Q_2 = \frac{\lambda}{\delta} (t_{w1} - t_{w2}) F \tag{2-59}$$

平壁的另一面传给冷流体的对流换热量为

$$Q_3 = \alpha_2 (t_{w2} - t_{f2}) F \tag{2-60}$$

在稳态传热情况下有 $Q_1 = Q_2 = Q_3 = Q$，从而

$$Q = k (t_{f1} - t_{f2}) F \tag{2-61}$$

式中

$$k = \frac{1}{\frac{1}{\alpha_1} + \frac{\delta}{\lambda} + \frac{1}{\alpha_2}} \ [\mathrm{W/(m^2 \cdot ℃)}] \tag{2-62}$$

传热系数 k 的大小反映传热过程的强弱，它是指在冷热流体间每单位温差作用下，单位壁面积上，单位时间内传递的热量。传热系数的倒数称为传热热阻。不同的传热过程，传热系数与传热热阻计算表达式不同。实际工程中经常遇到的传热过程如建筑围护结构的传热和各种换热设备中的传热，包括制冷系统冷凝器、蒸发器中的工质与冷却介质、被冷却介质间的换热等。

2）换热器

把热量从一种较热流体传给另一种较冷流体的设备称为“换热器”或“热交换器”。

换热器类型按照其工作原理不同，可分为混合式、回热式（或称蓄热式）及间壁式三大类。其中，间壁式换热器的应用最广泛。间壁式换热器是将冷热流体用固体壁隔开，热量由热流体通过壁面传到冷流体的换热设备，如制冷系统中的冷凝器、蒸发器，冷库中的冷却排管等。这些设备中的热交换过程均为上述的传热过程。

间壁式换热器冷热两种流体相对流动方向，可分为顺流、逆流、交叉流等流动形式，如图 2-15 所示。流动形式将影响冷、热流体的出口温度、传热温差、换热量以及换热器内的温度分布，进而影响换热器的热应力分布。

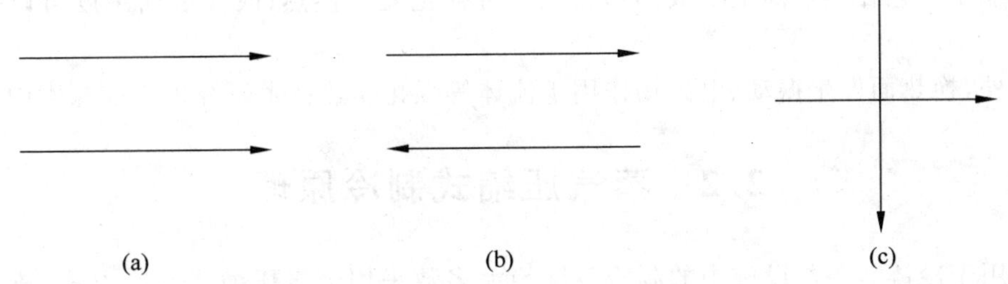

图 2-15　间壁式换热器中流体流动形式示意图

(a)顺流；(b)逆流；(c)交叉流

一种常见的套管式换热器的结构如图 2-16 所示，其流动形式有顺流和逆流两种。后文将结合蒸气压缩式制冷系统介绍常见的换热器。

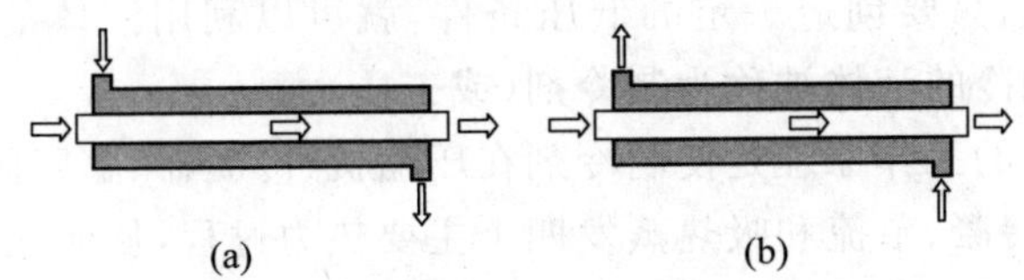

图 2-16　套管式换热器的结构

(a)顺流；(b)逆流

3）传热的强化和削弱

在工程实践中，常常需要强化传热过程以节约能源、缩小设备尺寸、减轻重量，或使受热部件得到有效的冷却，保证设备安全运行。另外也有需要削弱热量传递过程以减少冷、热损失的情形。这是热量传递过程的控制问题，构成了传热学中两类目标相反的命题：传热的强化和传热的削弱。

根据前文介绍，传热量主要取决于传热温差和传热热阻。由此，强化传热过程的途径有两条：增大传热温差和减小传热热阻。其中，传热温差往往受客观条件限制，所以通过加大传热温差来强化传热的途径很有限。因此，增强传热的积极措施是设法减小传热热阻，主要方法有以下几种。

（1）扩展表面传热系数小的一侧面积：例如采用加肋等方法，使换热设备单位体积换热面积增加，达到高效紧凑的效果。

（2）改变流体的流动状况：增加流速，增强扰动、搅拌，采用旋流及射流等能增强对流传热的效果，但这些措施都将使流动阻力增大，增加动力消耗。

（3）改变流体物性：在流体中掺混入少量其他物质的小颗粒可以强化换热，比如在气流中悬浮的固体小颗粒能明显地强化换热。

（4）改变换热面的形状、大小和位置：比如采用直径小的管子或者在管内流通截面面积相同的条件下，采用椭圆管代替圆管来减小当量直径；又如管外自然对流换热和凝结换热，管子水平放置时的表面传热系数一般要高于垂直放置。

(5) 改变表面状况：增加换热面的表面粗糙度，可以强化单相流体的紊流换热；用烧结、钎焊、火焰喷涂、机加工等工艺在换热表面形成多孔层可以强化沸腾换热；用切削、轧制等机加工工艺在换热面上形成沟槽或螺纹可强化凝结换热；改变表面黑度可以强化辐射换热。

此外，换热面发生振动、电磁场作用于流体等强化换热技术研究也正在探索中。

2.2 蒸气压缩式制冷原理

应用于冷链装备与设施中的制冷系统绝大多数采用蒸气压缩式制冷方式，故本节将对该制冷原理进行介绍，为后面学习冷链装备与设施提供理论基础。

2.2.1 蒸气压缩式制冷的理论循环

液体汽化过程需要吸收汽化潜热，而且其沸点(饱和温度)与压力有关，压力越低，饱和温度也越低。因此，只要创造一定的低压条件，就可以利用液体的汽化获取所需的低温。这种用于汽化制冷的液体被称为制冷剂(或工质)。

蒸气压缩式制冷的工作原理是使制冷剂在压缩机、冷凝器、膨胀阀和蒸发器等热力设备中进行压缩、放热冷凝、节流和吸热蒸发四个主要热力过程，从而完成制冷循环，实现对被冷却介质的制冷效果。由于是采用压缩机使气态制冷剂增压，故称蒸气压缩式制冷。

1. 系统与循环

蒸气压缩式制冷系统如图 2-17 所示，由压缩机、冷凝器、膨胀阀、蒸发器组成，其工作过程组合称为制冷循环。

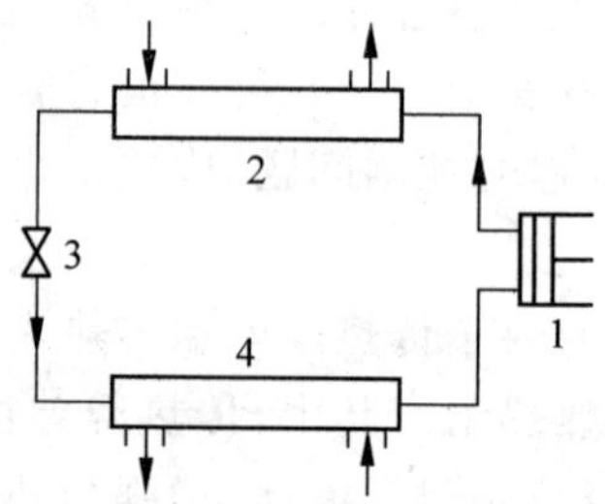

图 2-17 蒸气压缩式制冷系统

1—压缩机；2—冷凝器；3—膨胀阀；4—蒸发器

蒸发器内：制冷剂在压力 p_0、温度 t_0 下沸腾，t_0 低于被冷却物体的温度。为了不将液滴吸入压缩机，通常制冷剂液体在蒸发器中完全蒸发后仍然要继续吸收一部分热量，这样，制冷剂蒸气在到达压缩机之前已处于过热状态。

压缩机内：压缩机不断地抽吸蒸发器内产生的制冷剂蒸气，并将它压缩到冷凝压力 p_k，然后送往冷凝器。

冷凝器内：在压力 p_k 下等压冷却并冷凝成液体。制冷剂冷却和冷凝时放出的热量传给冷却介质(通常是水或空气)，与冷凝压力 p_k 相对应的饱和温度(冷凝温度)t_k 高于冷却介质的温度，制冷剂液体离开冷凝器进入膨胀阀之前往往有一定的过冷度。

膨胀阀内：制冷剂通过膨胀阀时，压力从 p_k 降到 p_0，部分液体汽化，离开膨胀阀的制冷剂为温度为 t_0 的两相混合物。

在整个系统中，压缩机起着压缩和输送制冷剂蒸气并保持蒸发器中低压力、冷凝器中高压力的作用，它的作用类似人体的心脏，是整个系统的核心；膨胀阀对制冷剂起节流降压作用并调节进入蒸发器的制冷剂流量；蒸发器是输出冷量的设备，制冷剂在蒸发器中吸收被冷却物体的热量达到制冷的目的；冷凝器是输出热量的设备，从蒸发器中吸取的热量连同压缩机消耗的功所转化的热量在冷凝器中被冷却介质带走。压缩机、冷凝器、膨胀阀和蒸发器被称为蒸气压缩式制冷系统的"四大件"。

2. 循环在压焓图上的表示

图 2-18 是在压焓图上表示的蒸气压缩式制冷理论循环。1→2 为绝热压缩过程，即等熵压缩过程；2→3 为制冷剂在冷凝器中等压放热过程，其中 2→2′放出过热热量，2′→3′放出汽化潜热，3′→3 是液体再冷却放出的热量；3→4 为节流过程，绝热节流前后制冷剂比焓不变，故为垂直线（但由于节流过程是不可逆过程，不是等焓过程，故用虚线表示）；4→1为制冷剂在蒸发器内的等压吸热过程，其中 4→1′为液态制冷剂的蒸发过程，1′→1 为蒸气过热过程。

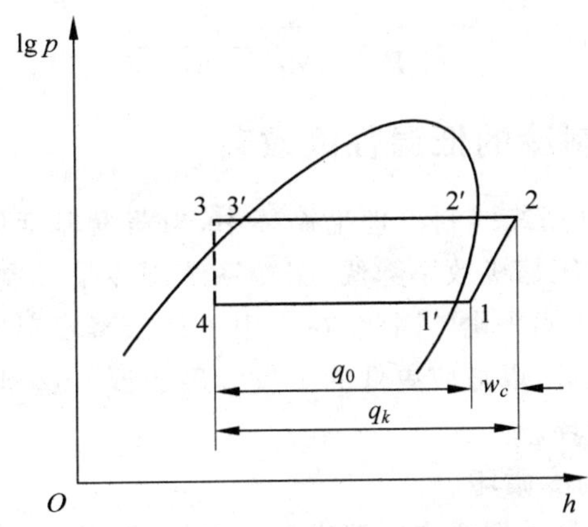

图 2-18　蒸气压缩式制冷理论循环

根据稳定流动能量方程式可得：

蒸发器中等压吸热过程，单位质量制冷剂的制冷能力为

$$q_0 = h_1 - h_4 \quad \text{kJ/kg} \tag{2-63}$$

冷凝器中等压放热过程，单位质量制冷剂的冷凝负荷为

$$q_k = h_2 - h_3 \quad \text{kJ/kg} \tag{2-64}$$

单位质量制冷剂在压缩机中被绝热压缩时，压缩机的耗功量为

$$w_c = h_2 - h_1 \quad \text{kJ/kg} \tag{2-65}$$

节流前后，制冷剂的比焓不变，即

$$h_3 = h_4 \quad \text{kJ/kg} \tag{2-66}$$

由于压焓图上的比焓差用水平线段的长度表示，故从图中可以明显地看出

$$w_c = q_k - q_0 \quad \text{kJ/kg} \tag{2-67}$$

单位容积制冷能力 q_v，即指压缩机吸入 1 m^3 制冷剂所产生的冷量：

$$q_v = \frac{q_0}{v_1} = \frac{h_1 - h_4}{v_1} \quad \text{kJ/m}^3 \tag{2-68}$$

式中，v_1 为压缩机入口气态制冷剂的比容，m^3/kg。

制冷系统中制冷剂的质量流量 M_r 及体积流量 V_r（即压缩机每秒钟实际吸入的气态制冷剂体积量）为

$$M_r = \frac{\phi_0}{q_0} \quad \text{kg/s} \tag{2-69}$$

$$V_r = M_r v_1 = \frac{\phi_0}{q_v} \quad \text{m}^3/\text{s} \tag{2-70}$$

式中，ϕ_0 为制冷系统的制冷量，kW。

冷凝器的热负荷（即冷凝负荷）ϕ_k 为

$$\phi_k = M_r q_k = M_r(h_2 - h_3) \quad \text{kW} \tag{2-71}$$

压缩机的理论耗功率 P_{th} 为

$$P_{th} = M_r w_c = M_r(h_2 - h_1) \quad \text{kW} \tag{2-72}$$

理论制冷系数 ε_{th}，其值越高表示系统制冷效率越高：

$$\varepsilon_{th} = \frac{\phi_0}{P_{th}} = \frac{q_0}{w_c} = \frac{h_1 - h_4}{h_2 - h_1} \tag{2-73}$$

2.2.2 蒸气压缩式制冷的低温性能改善

在图 2-18 所示的蒸气压缩式制冷理论循环中，当蒸发温度低于一定值时，会出现以下问题：压缩比增大，导致压缩机效率降低，制冷系统制冷量和制冷系数下降；同时，压缩机排气温度升高，润滑油性能恶化。因此，在应用于较低蒸发温度时，有必要对蒸气压缩式制冷的循环流程进行改进，以适应更低的蒸发温度工况。这里将介绍两种可改善低温性能的蒸气压缩式制冷循环。

1. 双级蒸气压缩式制冷循环

双级压缩的基本构想是采用两次压缩代替一次压缩，从而降低每次压缩的压缩比和排气温度。来自蒸发器压力为 p_0 的低压制冷剂蒸气先进入低压压缩机，在其中压缩到中间压力 p_m，经过中间冷却后再进入高压压缩机，将其压缩到冷凝压力 p_k，进入冷凝器中。这样，可使各级压力比适中，又由于经过中间冷却，压缩机的耗功减少，可靠性、经济性均有所提高。

双级压缩制冷循环常采用闪发蒸气分离器和中间冷却器两种形式，虽然可以提高循环的制冷系数，却要增加压缩机等设备投资，一般只有当压缩比较大时采用。不过对于涡旋式和螺杆式制冷压缩机来说，可以方便地进行中间补气，形成“准双级”蒸气压缩制冷循环，这里也一并介绍。

1）采用中间冷却器的双级压缩制冷循环

闪发蒸气分离器与中间冷却器虽然都是利用制冷剂冷却来自低压级压缩机的排气，但闪发蒸气分离器只能使其温度稍有下降，仍保持过热蒸气状态，故称为不完全中间冷却，不适用于氨制冷系统；而中间冷却器可将低压级压缩机的排气温度冷却至饱和状态，达到完全中间冷却。此外，中间冷却器中还可设有液体冷却盘管，使来自冷凝器的高压液获得较大的再冷度，既有节能作用，又利于制冷系统的稳定运行。

图 2-19 为一次节流、中间完全冷却的双级压缩制冷循环。从蒸发器流回的低压制冷剂蒸气 1 经低压级压缩机绝热压缩成中间压力的过热蒸气 2，在中间冷却器中，被少部分旁通、通过膨胀阀①节流成中间压力的两相制冷剂冷却至饱和蒸气状态 3，同时旁通节流部分吸收低压级排气和未被旁通部分液态制冷剂的热量，蒸发成状态 3，两路制冷剂一同进入高压级压缩机，被压缩成高压过热状态的制冷剂 4 进入冷凝器，冷凝成高压液体状态(可能有一定的过冷)；从冷凝器流出的大部分制冷剂经中间冷却器冷却成过冷液体 7，再经膨胀阀②节流降压进入蒸发器。

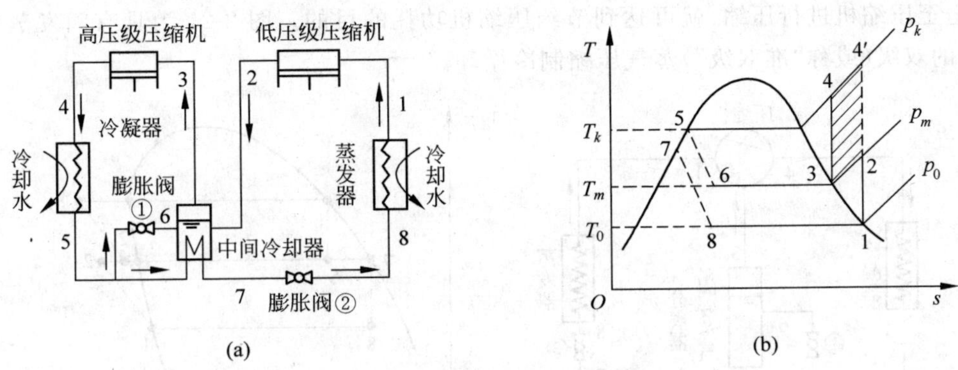

图 2-19 一次节流、中间完全冷却的双级压缩制冷循环

(a)工作流程；(b)理论循环

图 2-20 为一次节流、中间不完全冷却的双级压缩制冷循环。在氟利昂制冷系统中广泛采用。它与一次节流、中间完全冷却双级压缩制冷循环的主要区别是：低压级压缩机排气 2 不进入中间冷却器，而与中间冷却器中被旁通部分的高压液体蒸发后的状态点 3′混合成过热蒸气 3，即低压级压缩机排气 2 被中间冷却器流出的低过热度蒸气 3′冷却至过

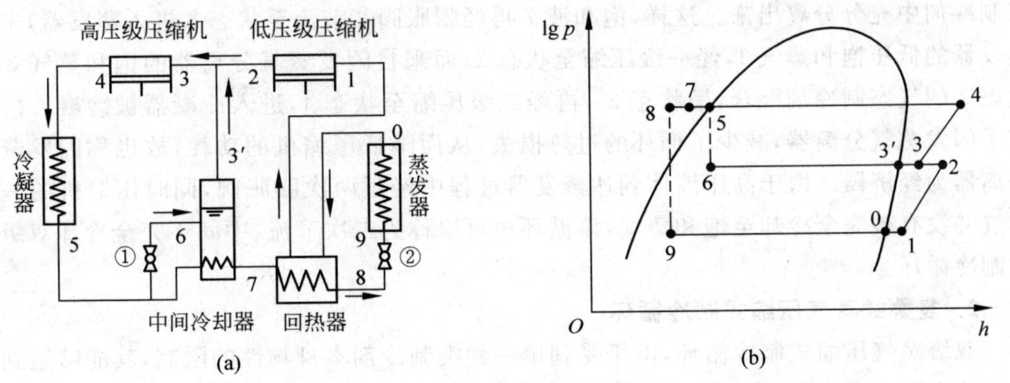

图 2-20 一次节流、中间不完全冷却的双级压缩制冷循环

(a)工作流程；(b)理论循环

热度较小的过热蒸气 3(故称中间不完全冷却),然后再进入高压级压缩机被压缩;被旁通部分仅对进入蒸发器主回路的高压液态制冷剂进行再冷却,而不承担使一级排气冷却至饱和状态的负荷。

对于双级压缩制冷循环来说,需要合理地选择中间压力,以使高压级和低压级压缩机耗功量之和最小;此外,上述双级压缩制冷循环与单级压缩制冷循环还有一点不同,就是流经各设备的制冷剂质量流量并不都相等,因此,进行热力计算时必须首先得出流经各设备的制冷剂质量流量,然后才能计算各级压缩机的耗功率、循环的制冷系数以及冷凝器热负荷。

2) 采用闪发蒸气分离器的双级压缩制冷循环

如果来自冷凝器的高压液态制冷剂在节流降压至某中间压力时,将闪发蒸气分离出来,送至压缩机进行压缩,就可达到节约压缩机功耗的目的。图 2-21 为具有闪发蒸气分离器的双级(或称"准双级")蒸气压缩制冷循环。

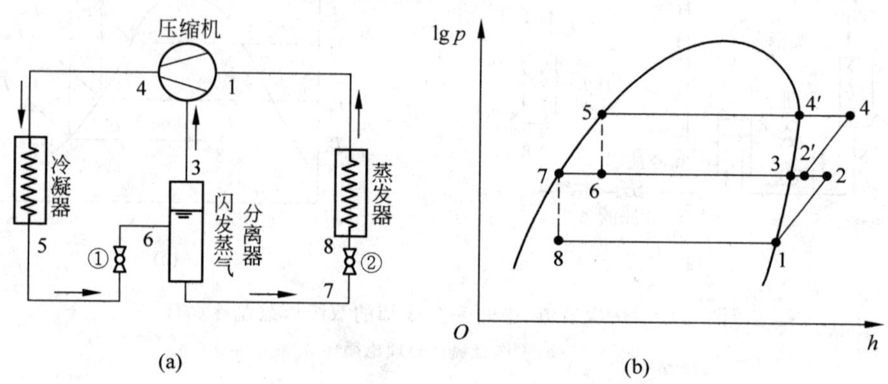

图 2-21 具有闪发蒸气分离器的准双级蒸气压缩制冷循环

(a)工作流程;(b)理论循环

来自冷凝器的高压液态制冷剂 5 先经过膨胀阀①,降压至状态 6,进入闪发蒸气分离器,在分离器中,只要蒸气上升速度小于 0.5 m/s,就可使因节流闪发的气态制冷剂从液态制冷剂中充分分离出来。这样,饱和液 7 再经膨胀阀②节流至状态 8 进入蒸发器,来自蒸发器的低压饱和蒸气 1,经一级压缩至状态 2;而来自闪发蒸气分离器的饱和蒸气 3 与状态 2 的气态制冷剂混合,呈状态 2′,再经二级压缩至状态 4,进入冷凝器被冷凝。由于有了闪发蒸气分离器,减少了循环的过热损失,从而降低压缩机的功耗,故也称闪发蒸气分离器为经济器。由于高压液体到达蒸发器过程中经过两次膨胀阀,同时压缩机的一级排气并没有被完全冷却至饱和蒸气,该循环也可以称为二次节流、中间不完全冷却双级压缩制冷循环。

2. 复叠式蒸气压缩式制冷循环

双级蒸气压缩式制冷循环,由于受到单一种类制冷剂本身物性的限制,其能够达到的最低蒸发温度有一定的限制。因此,为了达到更低的蒸发温度,常常需要采用由中温制冷剂和低温制冷剂两套独立制冷循环嵌套而成的双系统复叠式制冷循环,也可简称为复叠式冷循环。

图 2-22(a)是 R22/R23 复叠式蒸气压缩制冷的工作流程。复叠式制冷机通常由两个单独的制冷系统组成。左端为高温级制冷循环,右端为低温级制冷循环,分别称为高温级和低温级。高温级使用中温制冷剂 R22,低温级使用低温制冷剂 R23。高温级系统中制冷剂的蒸发用来冷凝低温级系统中制冷剂,用一个蒸发冷凝器将两部分联系起来,它既是高温级的蒸发器,又是低温级的冷凝器。低温级的制冷剂 R23 在蒸发器内向被冷却对象吸取热量(即制取冷量),并将此热量传给高温级制冷剂 R22,然后再由高温级制冷剂将热量传给冷却介质(水或空气)。

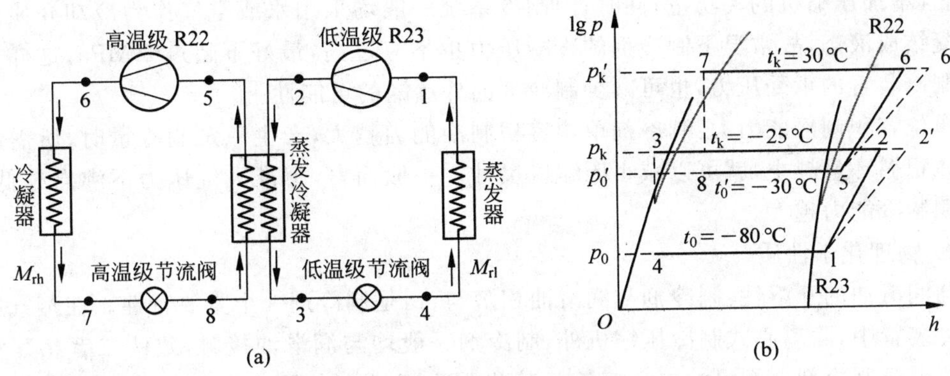

图 2-22 复叠式蒸气压缩制冷循环

(a)工作流程;(b)压焓图

图 2-22(b)是 R22/R23 复叠式蒸气压缩制冷循环的压焓图。由于两种制冷剂物理性质不同,故在同一压焓图中绘出高温级(R22)与低温级(R23)制冷循环时,高温级的压焓图位于低温级的上方。图中,低温级 R23 制冷循环的蒸发温度为−80 ℃,相应的蒸发压力为 1.14 bar;冷凝温度为−25 ℃,冷凝压力为 11.94 bar。为了保证低温级 R23 的冷凝温度,则要求高温级 R22 制冷循环的蒸发温度必须低于低温级的冷凝温度,一般约 3~5 ℃的传热温差,如果取为 5 ℃,此时高温级 R22 制冷循环的蒸发温度应为−30 ℃,相应的蒸发压力为 1.64 bar。R22 的冷凝温度为 30 ℃,冷凝压力为 11.92 bar,压缩比为 7.27,采用单级压缩即可。从这里可以看出,由于复叠式制冷循环发挥了 R22 和 R23 的优点,又克服了它们的不足,制取很低的温度成为可能。

在冷链领域常见的冷库、超市陈列柜等设备中,常使用 NH_3/CO_2 复叠式制冷系统。相比氨单级压缩或两级压缩制冷系统,NH_3/CO_2 复叠式制冷系统具有安全性高、氨充注量低、低温级制冷剂的容积流量低、高效节能等优点,具有良好的应用效果。

2.2.3 制冷剂

制冷系统中进行循环的工作物质,称为制冷剂,又称为工质。1834 年,Jacob Perkins 最早采用乙醚作为制冷剂。之后,人们陆续采用 CO_2、NH_3、SO_2、碳氢化合物、氟利昂制冷剂、共沸与非共沸混合工质作为制冷剂。自从 20 世纪 70 年代发现含氯或溴的合成制冷剂对大气臭氧层有破坏作用,而且造成温室效应的程度非常严重,因此环境保护成为选用制冷剂的重要考虑因素。

1. 对制冷剂的基本要求

这里介绍对制冷剂的基本要求，即什么样的流体适合作为制冷剂使用。

1）热力学性质

制冷效率高：使用不同制冷剂所获得的制冷效率不同。选用制冷效率较高的制冷剂可以提高制冷的经济性。

压力适中：制冷剂在低温状态下的饱和压力最好能接近并高于大气压力。因为，如果蒸发压力低于大气压力，空气易于渗入、不易排除，这不仅影响蒸发器、冷凝器的传热效果，而且增加压缩机的耗功量；同时，因制冷系统一般均采用水或空气作为冷却介质使制冷剂凝结成液态，故常温下制冷剂的冷凝压力也不应过高，最好不超过 2 MPa，这样可以减少制冷装置的承受压力，也可减少制冷剂向外渗漏的可能性。

单位容积制冷能力大：制冷剂单位容积制冷能力越大，产生一定制冷量时，所需制冷剂的体积循环量越小，就可以减小压缩机尺寸。一般而言，标准大气压力下沸点越低，单位容积制冷能力越大。

2）物理化学性质

与润滑油的互溶性：制冷剂与润滑油相溶与否，是制冷剂一个重要特性。在蒸气压缩式制冷装置中，除离心式制冷压缩机外，制冷剂一般均与润滑油接触，致使二者相互混合或吸收形成制冷剂—润滑油混合溶液。某些制冷剂只能有限地溶于润滑油，如 NH_3，其在润滑油中的溶解度（质量百分比）一般不超过 1%，如果加入较多的润滑油，则二者分为两层：一层为润滑油，另一层为含有很少润滑油的制冷剂。因此，制冷系统中需设置油分离器、集油器，再采取措施将润滑油送回压缩机。另一些制冷剂，处于再冷状态时可与任何比例的润滑油互溶。

导热系数、放热系数高：制冷剂的导热系数和放热系数要高，这样可以减小蒸发器、冷凝器等热交换设备的传热面积，缩小设备尺寸。

密度、黏度小：制冷剂的密度和黏度小，可以减小制冷剂管道口径和流动阻力。

相容性好：制冷剂对金属和其他材料（如橡胶、塑料等）应无腐蚀与侵蚀作用。

3）环境友好性能

随着制冷剂对环境的影响越发受到重视，环境友好性能成为制冷剂选择的重中之重。反映一种制冷剂环境友好性能的参数主要有消耗臭氧层潜值、全球变暖潜值。ODP 表示消耗臭氧层潜值，它是一种描述物质对平流层臭氧的破坏能力的指标。GWP 表示全球变暖潜值，它用于表示对全球气候变暖影响能力的大小。ODP 和 GWP 值越低，表示制冷剂对环境的破坏和影响越小。

4）安全性

制冷剂的安全性分类包括毒性和可燃性两项内容。由一个大写字母和一个数字两个符号组成。在 GB/T 7778—2008《制冷剂编号方法和安全性分类》中，共分为 A1～C3 共 9 个等级，如表 2-2 所示。A1 等级安全性最高，C3 等级安全性最低。其中毒性按急性和慢性允许暴露量将制冷剂的毒性危害分为 A、B、C 三类，可燃性则按燃烧最小浓度值和燃烧时产生的热量大小分为 1、2、3 三类。

表 2-2　制冷剂的安全分类

可燃性		A	B	C
		低毒性	中毒性	高毒性
3	有爆炸性	A3	B3	C3
2	有燃烧性	A2	B2	C2
1	不可燃	A1	B1	C1

2. 常用制冷剂

目前，冷链设备中使用的最常见制冷剂有氟利昂、氨(R717)、CO_2(R744)等。

1）氟利昂

氟利昂是饱和碳氢化合物卤族衍生物的总称，氟利昂主要有甲烷族、乙烷族和丙烷族三组，其中氢、氟、氯的原子数对其性质影响很大。氢原子数减少，可燃性也减弱；氟原子数越多，对人体越无害，对金属腐蚀性越小；氯原子数增多，可提高制冷剂的沸点，但是，氯原子越多对大气臭氧层破坏作用越严重。

大多数氟利昂本身无毒、无臭、不燃、与空气混合遇火也不爆炸，因此，适用于公共建筑或实验室的空调用制冷装置。氟利昂中不含水分时，对金属无腐蚀作用；当氟利昂中含有水分时，能分解生成氯化氢、氟化氢，不但腐蚀金属，在铁制表面上还可能产生"镀铜"现象。

氟利昂的放热系数低、价格较高，极易渗漏、又不易被发现，而且氟利昂的吸水性较差，为了避免发生"镀铜"和"冰塞"现象，系统中应装有干燥器。此外，卤化物暴露在热的铜表面，则产生很亮的绿色，故可用卤素喷灯检漏。

2）氨

氨(NH_3)除了毒性大以外，是一种很好的制冷剂，从19世纪70年代至今一直被广泛使用。氨的最大优点是单位容积制冷能力大，蒸发压力和冷凝压力适中，制冷效率高，而且，ODP和GWP均为0；氨的最大缺点是有强烈刺激作用，对人体有危害，目前规定氨在空气中的浓度不应超过20 mg/m^3。氨是可燃物，空气中氨的体积百分比达16%～25%时，遇明火有爆炸危险。

氨的吸水性强，但要求液氨中含水量不得超过0.12%，以保证系统的制冷能力。氨几乎不溶于润滑油。氨对黑色金属无腐蚀作用，若氨中含有水分，对铜和铜合金(磷青铜除外)有腐蚀作用。但是，氨价廉，在一般生产企业中采用较多。

3）二氧化碳

二氧化碳是地球生物圈的组成物质之一，它无毒、无臭、无污染、不爆、不燃、无腐蚀，ODP=0，GWP=1。除了对环境方面的友好性外，它还具有优良的热物性质。如：CO_2的单位容积制冷能力是R22的5倍，高的单位容积制冷能力使压缩机进一步小型化；它的黏度较低，在－40 ℃下其液体黏度是5 ℃水的1/8，即使在相对较低的流速下，也可以形成湍流流动，有很好的传热性能；采用CO_2的制冷循环具有较低的压力比，可以提高绝热效率。此外，CO_2来源广泛、价格低廉，并与目前常用材料具有良好的相容性。基于CO_2用作制冷剂的上述优点，研究人员在不断尝试将其应用于各种制冷、空调和热泵系统。但

是由于 CO_2 的临界温度较低，仅为 31.1 ℃，故当冷却介质为冷却水或室外空气时，制取普通低温的制冷循环一般为跨临界循环，只有当冷凝温度低于 30 ℃时，CO_2 才可能采用与常规制冷剂相似的亚临界循环。由于 CO_2 的临界压力很高，为 73.75 bar，处于跨临界或亚临界的制冷循环，系统内的工作压力都非常高，因此对压缩机、换热器等部件的机械强度有较高要求。

表 2-3 给出几种冷链装备与设施常用制冷剂的热力性质。

表 2-3 常用制冷剂的热力性质

制冷剂 类别	无机物		碳氢化合物		卤代烃（氟利昂）		非共沸混合溶液	
制冷剂 编号	R717	R744	R290	R600a	R134a	R22	R404A	R507A
化学式	NH_3	CO_2	C_3H_8	C_4H_{10}	CF_3CH_2F	$CHClF_2$	$CHF_2CF_3/CF_3CH_2F/CH_3CF_3$	CHF_2CF_3/CH_3CF_3
分子量	17.03	44.01	44.10	58.13	102.03	86.48	97.6	98.9
沸点/℃	−33.3	−78.4	−42.09	−11.73	−26.16	−40.76	泡点−46.6	泡点−46.7
凝固点/℃	−77.7	−56.6	−187.1	−160	−96.6	−160.0	—	—
临界温度/℃	133.0	31.1	96.7	133.0	101.1	96.0	—	—
临界压力/MPa	11.417	7.38	4.25	3.645	4.067	4.974	—	—
密度 30 ℃液体 /(kg/m^{-3})	595.4	676.36	489.21	548.13	1 199.10	1 182.80	1 034.4	1 037.9
密度 0 ℃饱和气 /(kg/m^{-3})	3.456 7	97.647	10.351	4.257 0	14.428 0	21.229	30.457	32.243
比热 30 ℃液体 /[kJ/(kg·℃)]	4.843	8.973 1	2.776 7	2.443 2	1.433 1	1.266 0	1.559 8	1.557 1
比热 0 ℃饱和气 /[kJ/(kg·℃)]	2.660	1.864 8	1.738 7	1.619 1	0.897 2	0.739 0	0.998 6	0.996 9
0 ℃比潜热 /(kJ/kg)	1 261.81	230.89	374.87	354.34	198.60	205.05	165.82	162.06
导热系数 0 ℃液体 /[W/(m·K)]	0.175 8	0.110 4	0.106 0	0.098 6	0.092 0	0.094 7	—	—
导热系数 0 ℃ 饱和气 /[W/(m·K)]	0.009 09	0.019 7	0.015 7	0.013 7	0.011 5	0.009 4	—	—
ODP	0	0	0	0	0	0.034	0	0
GWP	0	1	3.3	0.1	1 300	1 700	4 540	3 985
安全级别	B2	A1	A3	A3	A1	A1	A1	A1

2.3 蒸气压缩式制冷系统与设备

本节将结合实际应用的蒸气压缩式制冷设备，描述蒸气压缩式制冷系统及其主要部件。

2.3.1　蒸气压缩式制冷系统

实际应用的蒸气压缩式制冷系统，除包括压缩机、冷凝器、膨胀阀、蒸发器“四大件”外，还包括其他辅助部件。

图 2-23 为典型的以氟利昂为制冷剂的蒸气压缩式制冷系统流程图。低压氟利昂蒸气进入压缩机，被压缩为高压过热蒸气，再进入风冷冷凝器；冷凝后的高压液态氟利昂储存在储液罐内，储液罐可以存储一部分液态制冷剂，以稳定制冷剂的循环量。接下来，制冷剂进入干燥过滤器，吸附氟利昂中的水分，同时也过滤系统中的杂质。视液镜的作用是对系统内制冷剂的情况进行直接观察。进而，经热力膨胀阀膨胀节流供入直接蒸发空气冷却器（蒸发器）；低压氟利昂湿蒸气在空气冷却器内吸热汽化，被制冷压缩机吸入，不断进行循环。可见，除“四大件”以外，其他辅助部件也发挥着各自重要的作用。

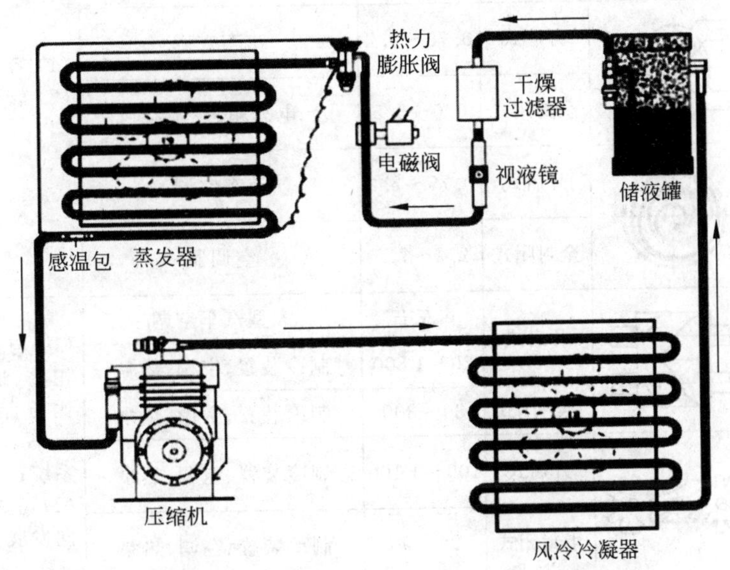

图 2-23　典型的以氟利昂为制冷剂的蒸气压缩式制冷系统流程图

2.3.2　压缩机

压缩机是制冷系统的“心脏”，其主要作用是抽吸来自蒸发器的制冷剂蒸气，提高压力和温度后排向冷凝器，从而维持制冷剂在制冷系统中的不断循环流动。

根据工作原理的不同，可将制冷压缩机分为两大类：容积式制冷压缩机和离心式制冷压缩机。容积式制冷压缩机是靠改变工作腔的容积，将周期性吸入的定量气体压缩。离心式制冷压缩机是靠离心力的作用，连续地将所吸入的气体压缩。冷链装备与设施中绝大部分采用容积式制冷压缩机。

根据具体结构形式，又可将两大类制冷压缩机进一步细分，其分类如表 2-4 所示。

表 2-4　制冷压缩机的分类

分类			结构简图	密封类型	功率/kW	主要用途	主要特征
容积式	往复活塞式	活塞式		开启式	0.4～120	制冷装置、热泵、汽车空调	(1) 使用简单；(2) 品种齐全；(3) 价格便宜；(4) 不适合大容量设备
				半封闭式	0.75～45	制冷装置、汽车空调、热泵	
				全封闭式	0.1～15	电冰箱、空调器	
		斜盘式		开启式	0.75～2.2	汽车空调	汽车空调专用
	回转式	滚动转子式		开启式	0.75～2.2	汽车空调	(1) 容量小；(2) 转速高
				全封闭式	0.1～5.5	电冰箱、空调器	
		滑片式		开启式	0.75～2.2	汽车空调	
				全封闭式	0.6～5.5	电冰箱、空调器	
		涡旋式		开启式	0.75～2.2	汽车空调	
				全封闭式	2.2～7.5	空调器	
		双螺杆式		开启式	6左右	大型汽车空调	(1) 与离心式压缩机相比，适合于高压缩比场合，多用于制冷装置、空调与热泵系统；(2) 正在向封闭式方向发展
					20～1 800	制冷装置、空调、热泵	
				半封闭式	30～300	制冷装置、空调、热泵	
		单螺杆式		开启式	100～1 100	制冷装置、空调、热泵	
				半封闭式	22～90	制冷装置、空调、热泵	
离心式				开启式	90～10 000	制冷装置、空调	(1) 适合于大容量系统；(2) 不宜用于高压缩比场合

下面，将对冷链装备与设施中常用的活塞式制冷压缩机和回转式制冷压缩机这两类容积式压缩机进行简单的介绍。

1. 活塞式制冷压缩机

活塞式制冷压缩机采用活塞连杆机构来实现吸气、压缩、排气的基本功能。根据构造不同，活塞式制冷压缩机可分为开启式和封闭式。开启式制冷压缩机的压缩机和驱动电动机分别为两个设备，由于电动机在大气中运转，所以，压缩机曲轴穿出曲轴箱之处需要设有轴封装置。氨活塞制冷压缩机和制冷量较大的氟利昂活塞制冷压缩机多为开启式。封闭式制冷压缩机的主要特点是，压缩机和驱动电动机封闭在同一空间，驱动电动机在气态制冷剂中运转。

图2-24是一种开启式氨活塞制冷压缩机的结构。它包括机体、活塞及曲轴连杆机构、气缸套及进排气阀组(有的压缩机没有气缸套)、卸载装置以及润滑系统五个部分。机体是活塞式制冷压缩机最大的部件。机体内有上下两个隔板,气缸套嵌在隔板之间,这样,机体内部被分为三个空间:下部为曲轴箱;中部为吸气腔,与吸气管相通;上部则与气缸盖共同构成排气腔,与排气管相通。在吸气腔的最低处有回油孔,也是均压孔,使吸气腔与曲轴箱相通,这样,不仅与吸气一起返回的润滑油可通过此孔流回曲轴箱,而且可以使曲轴箱内的压力不致因活塞的往复运动而产生波动。机体的几何形状比较复杂,加工面较多,而且还要承受较大的工作压力,故采用强度较高的优质灰铸铁铸成。

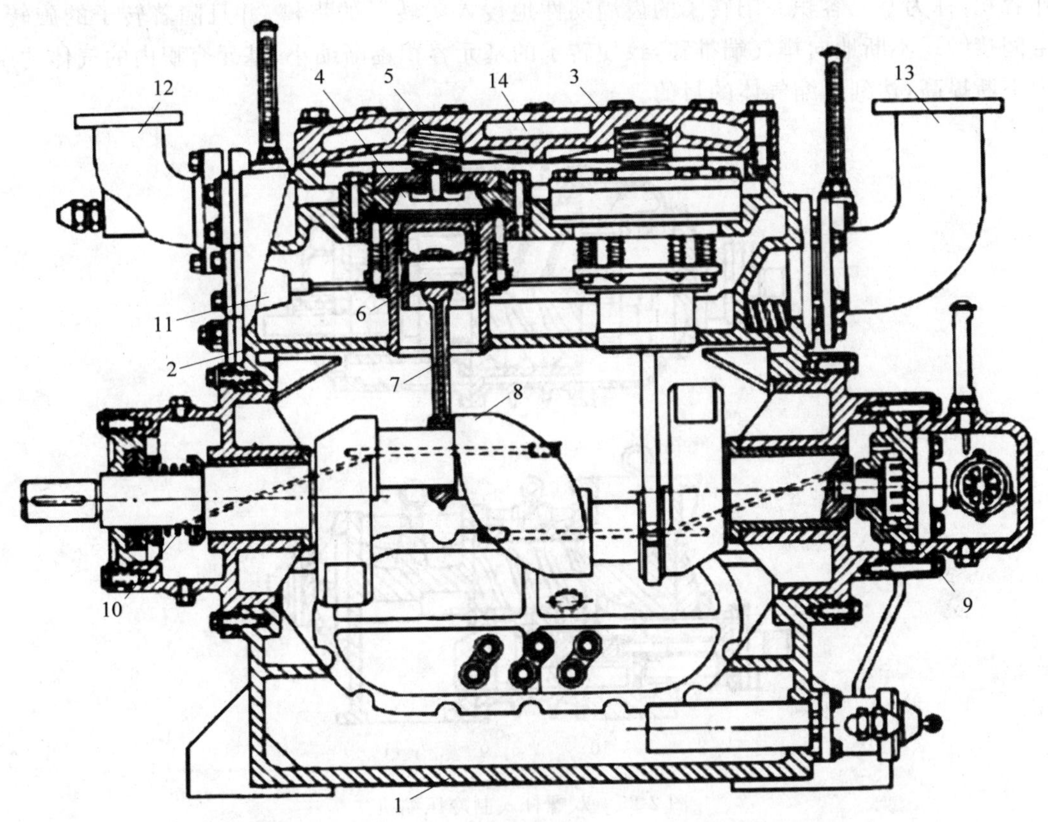

图2-24 开启式氨活塞制冷压缩机的结构

1—曲轴箱;2—吸气腔;3—气缸盖;4—气缸套及进排气阀组;5—缓冲弹簧;6—活塞;7—连杆;8—曲轴;9—油泵;10—轴封;11—油压推杆机构;12—排气管;13—吸气管;14—水套

在各种类型的制冷压缩机中,活塞压缩机是问世最早、至今还广为应用的一种机型。它具有一系列其他类型压缩机所不能及的优点:能适应较广阔的压力范围和制冷量要求、热效率较高、对材料要求低、技术较为成熟。但是,由于活塞和连杆等的惯性力较大,限制了活塞运动速度和气缸容积的增加,故输气量不会太大。目前,活塞式制冷压缩机多为中小型。

2. 回转式制冷压缩机

回转式制冷压缩机是靠回转体的旋转运动替代活塞式压缩机活塞的往复运动，以改变气缸的工作容积，周期性地将一定质量的低压气态制冷剂进行压缩。回转式制冷压缩机由于具有高效率、小型化和轻型化等特点，其应用越来越广泛。

回转式制冷压缩机又可分为转子式、涡旋式和螺杆式等多种形式。其中，大中型冷库中广泛使用螺杆式制冷压缩机。

螺杆式制冷压缩机有单螺杆和双螺杆两种形式。单螺杆式制冷压缩机主要由一个螺杆转子和两个星轮组成；而双螺杆式制冷压缩机主要由两个相啮合的螺杆转子组成，如图 2-25 所示。转子的齿槽与机体内圆柱面及端壁面之间的空间容积，构成了压缩机的工作容积，称为基元容积。阳转子的齿周期性地侵入阴转子的齿槽，并且随着转子的旋转，空间接触线不断地向排气端推移，致使转子的基元容积逐渐缩小，基元容积内的气体的压力不断提高，达到压缩气体的目的。

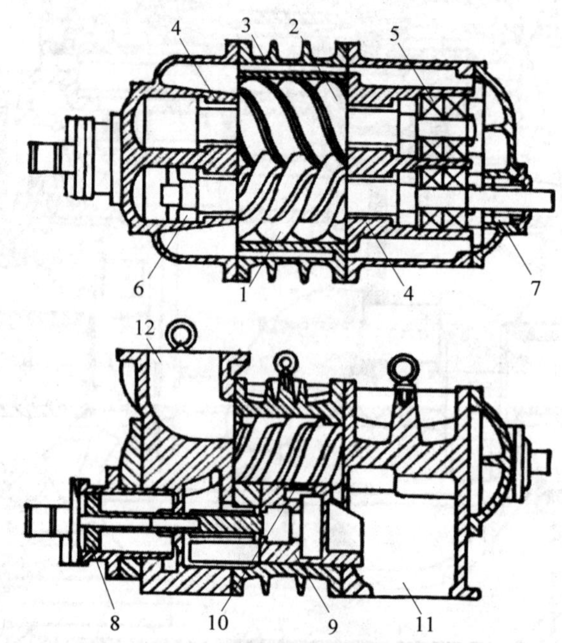

图 2-25 双螺杆式制冷压缩机

1—阳转子；2—阴转子；3—机体；4—滑动轴承；5—止推轴承；6—平衡活塞；7—轴封；8—能量调节用卸载活塞；9—卸载滑阀；10—喷油孔；11—排气口；12—吸气口

螺杆式压缩机具有较高转速，因此单位制冷量的体积小、重量轻、占地面积小、输气脉动小。由于没有吸、排气阀和活塞环等易损件，故结构简单、运行可靠、寿命长。但其转子加工精度要求高。

2.3.3 换热器

蒸气压缩式制冷循环通过换热器实现吸放热，它是实现制冷功能的重要设备，主要包括冷凝器和蒸发器。这里将介绍蒸气压缩式制冷系统常用的冷凝器和蒸发器的结构形式和应用特点。

1. 冷凝器

冷凝器的作用是将制冷压缩机排出的高温高压气态制冷剂予以冷却、使之液化，以便制冷剂在系统中循环使用。

根据冷却介质种类的不同，冷凝器可归纳为四类，即水冷、风冷、水—空气冷却（蒸发式和淋水式）以及靠制冷剂或其他工艺介质进行冷却的冷凝器。本节主要介绍水冷式冷凝器、风冷式冷凝器和蒸发式冷凝器。

1）水冷式冷凝器

水冷式冷凝器是采用水作为冷却介质来使高压气态制冷剂冷凝。常用的水冷式冷凝器有壳管冷凝器、套管式冷凝器和焊接板式冷凝器。

卧式壳管冷凝器的典型结构如图 2-26 所示。它采用卧式结构，水平方向装设。筒体两端焊有管板，板上焊接或胀接若干根传热管，此外，筒体上设有进气管、出液管、平衡管和安全阀。氨卧式壳管冷凝器下部还设有集油罐和放油管。高温高压气态制冷剂由上部进入管束外部空间，冷凝后的液体由下部排出。筒体两端管板的外面用带有隔板的封盖封闭，从而把全部管束分隔成几个管组（也称为几个流程），冷却水从一端封盖的下部进入，顺序通过每个管组，最后从同一端封盖上部流出。这样，可以提高管内冷却水的流动速度，增加冷却水侧的对流换热系数，同时，由于冷却水的行程较长，可以提高冷却水进出口温差，减少冷却水用量。

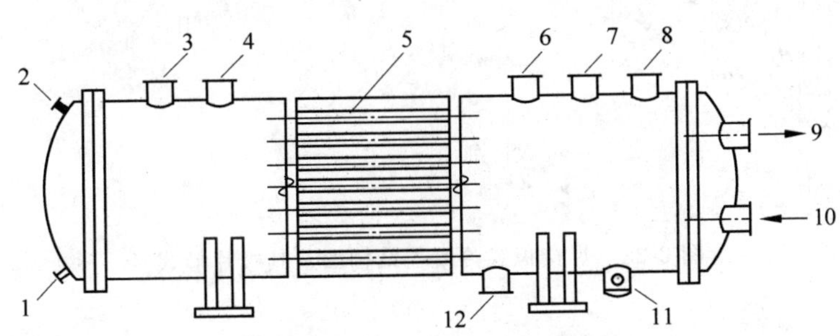

图 2-26　卧式壳管冷凝器的典型结构

1—泄水管；2—放空气管；3—进气管；4—均压管；5—传热管；6—安全阀接头；7—压力表接头；8—放气管；9—冷却水出口；10—冷却水入口；11—放油管；12—出液管

卧式壳管冷凝器的优点是传热系数较高、冷却水用量较少、操作管理方便，但是，对冷却水的水质要求较高。目前大、中型氟利昂和氨制冷装置普遍采用这种冷凝器。

套管式冷凝器是由不同直径的管子套在一起，并弯制成螺旋式或者蛇形的一种水冷换热器。该冷凝器的外管一般为无缝钢管，管内套有一根或数根铜管，其外形如图 2-27 所示。

焊接板式冷凝器是由一组不锈钢波纹金属板叠装焊接而成；板上的四孔分别为冷热两种流体的进出口；在板四周的焊接线内，形成传热板两侧的冷、热流体通道，在流动过程中通过板壁进行热交换。图 2-28 给出了焊接板式冷凝器结构图及其板片形式。在相同的换热负荷情况下，板式换热器的体积仅为壳管式换热器的 1/6～1/3，重量仅为壳管式的 1/5～1/2，所需的制冷剂充注量约为壳管式的 1/7。

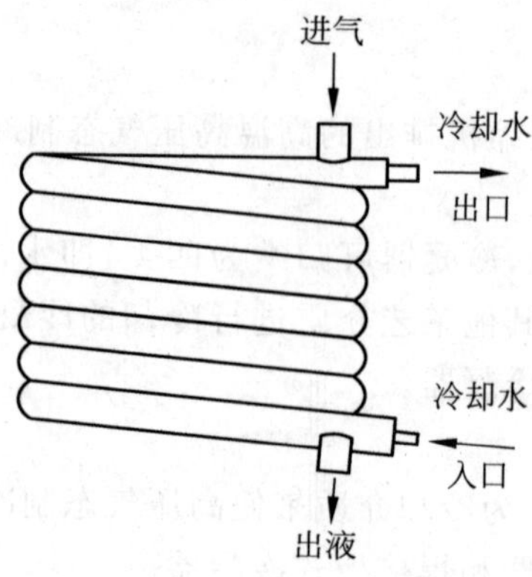

图 2-27 套管式冷凝器

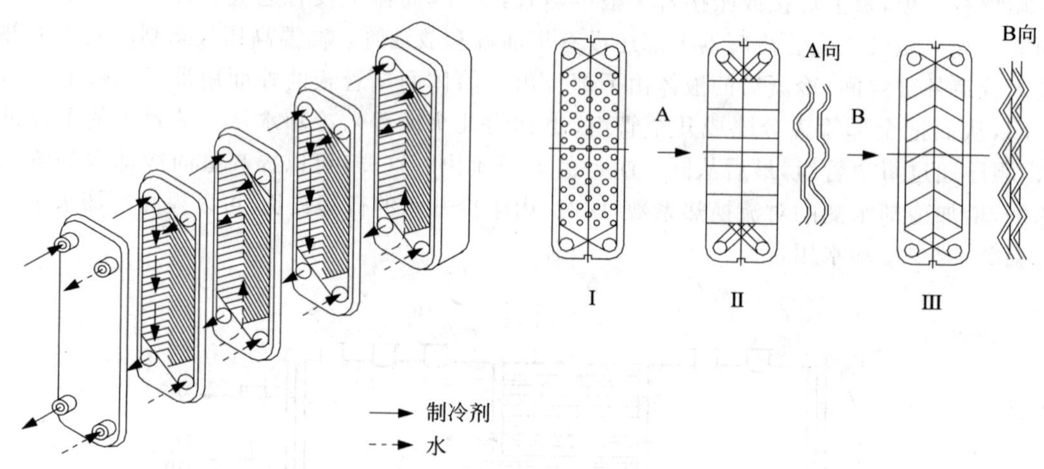

图 2-28 焊接板式冷凝器结构图及其板片形式

2）风冷式冷凝器

风冷式冷凝器是利用空气使气态制冷剂冷凝，有自然对流式和强制对流式之分，图 2-29为强制对流式风冷冷凝器。气态制冷剂从上部进入肋管管内，冷凝液从下部流出。借助轴流风机或离心风机，使空气横掠肋管管束，吸收管内制冷剂放出的热量。

由于空气侧的对流换热系数远小于管内制冷剂冷凝时的对流换热系数，所以在空气侧采用肋管强化空气侧的传热。肋管通常采用铜管铝片，也有采用钢管钢片或铜管铜片的；传热铜管有光管和内螺纹管两种；肋片多为连续整片，肋片根部用二次翻边与基管外壁接触，经机械或液压胀管后，二者紧密接触以减少其传热热阻。

风冷式冷凝器与水冷式冷凝器相比，水冷式设备的初投资和运行费均低于风冷式设备。采用风冷式冷凝器的制冷系统组成简单，可缓解水源紧张，并易于构成空气源热泵，故目前中小型氟利昂制冷机组多采用风冷式冷凝器。

3）蒸发式冷凝器

蒸发式冷凝器主要是利用盘管外喷淋冷却水蒸发时的汽化潜热而使盘管内制冷剂蒸

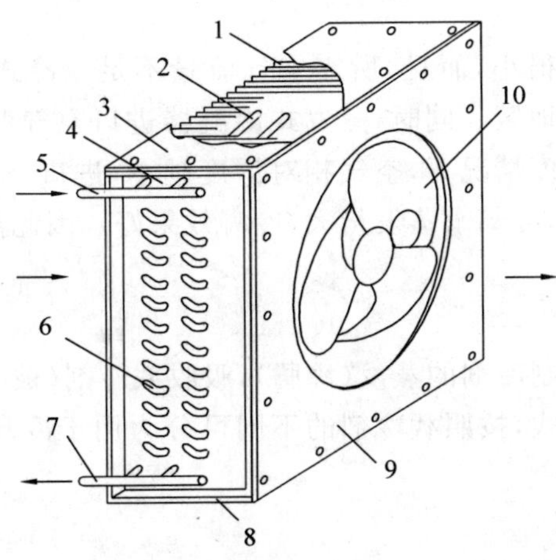

图 2-29　强制对流式风冷冷凝器

1—肋片；2—传热管；3—上封板；4—左端板；5—进气集管；6—弯头；7—出液集管；8—下封板；9—前封板；10—通风机

气凝结的。蒸发式冷凝器主要由换热器、水循环系统及风机 3 部分组成，结构如图 2-30 所示。换热器为一个蛇形管组的冷凝盘管，处于下部水槽中的冷却水由淋水泵提升到盘管上部的淋水器喷出，淋洒在盘管外表面上，水吸收气态制冷剂放出的热量，一部分蒸发变成水蒸气，其余则落入下部水槽，循环使用。喷淋水的水量配置和均匀布水对蒸发式冷凝器盘管的换热效果有很大影响。根据经验，喷淋水量以能全部润湿盘管表面、形成连续的水膜为最佳，以获得最大的传热系数，并减少水垢。室外空气自下向上流经盘管，这样不仅可以强化盘管外表面的换热，而且可以及时带走蒸发形成的水蒸气，以加速水的蒸发，提高冷凝效果。为了防止空气带走水滴，喷水管上部装有挡水板，挡水板将热湿空气中带的水滴挡住，减少水的吹散损失，一般一个高效挡水板能控制水的损失率为水循环总

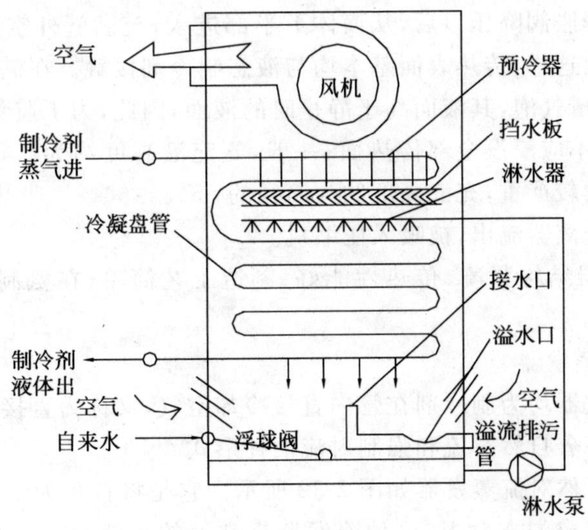

图 2-30　蒸发式冷凝器的结构

量的 0.002%～0.2%。

蒸发式冷凝器耗水量很小，而且，所需空气流量不足风冷式冷凝器所需空气流量的 1/2，因此特别适用于缺水地区。同时，蒸发式冷凝器进口空气湿球温度对换热量影响很大。在相同的室外干球温度情况下，空气相对湿度越小，进口空气湿球温度越小，在同样的冷凝温度和风量情况下，冷却水蒸发量大，冷凝效果好。因此蒸发式冷凝器在气候干燥地域使用效果更好。

2. 蒸发器

蒸发器的作用是通过制冷剂的蒸发（沸腾），吸收载冷剂（被冷却物）的热量，实现制冷的目的。蒸发器有多种形式，按照载冷剂的不同可分为用于冷却液体的蒸发器和冷却空气的蒸发器。

1）冷却液体的蒸发器

卧式壳管蒸发器是一种常见的冷却液体的蒸发器，它的构造与卧式壳管冷凝器相似，如图 2-31 所示。筒体由钢板焊制而成，筒体两端焊有管板，板间焊接或胀接许多根水平传热管。两端管板外侧装有带隔板的封盖，靠隔板将水平管束分为几个管组（流程），使被冷却液体顺序流过各管组，以提高管中液体流速，增强传热。

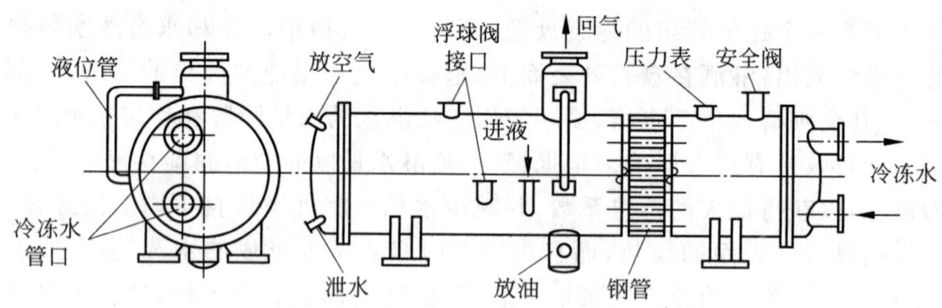

图 2-31　氨卧式壳管蒸发器

液态制冷剂经膨胀阀降压以后，从筒体下半部进入，充满管外空间，受热后形成的气泡，不断浮升至液面，这样，传热表面基本均与液态制冷剂接触。在满液式蒸发器中，由于制冷剂汽化、形成大量气泡，其液面高于静止时的液面，因此，为了避免液态制冷剂被带出蒸发器，充注的液量不应浸没全部传热面；一般，氨充液高度约为筒径的 70%～80%，氟利昂产生泡沫现象比较严重，充液高度约为筒径的 55%～65%。吸热后形成的气态制冷剂经筒体顶部液体分离器流出，被吸入压缩机。

卧式壳管蒸发器结构紧凑、传热性能好、制造工艺简单，在氨制冷系统中应用尤其普遍。

2）冷却空气的蒸发器

冷却空气的蒸发器均为制冷剂在管内直接冷却空气，又称为直接蒸发式空气冷却器。按照空气的运动状态分自然对流和强制对流两种形式。

一种管板式的自然对流蒸发器如图 2-32 所示。它是将直径为 6～8 mm 的紫铜管贴焊在铝板或薄钢板制成的方盒上，这种蒸发器靠空气的自然对流进行换热，制造工艺简单，不易损坏泄漏，常用于冰箱的冷冻室。

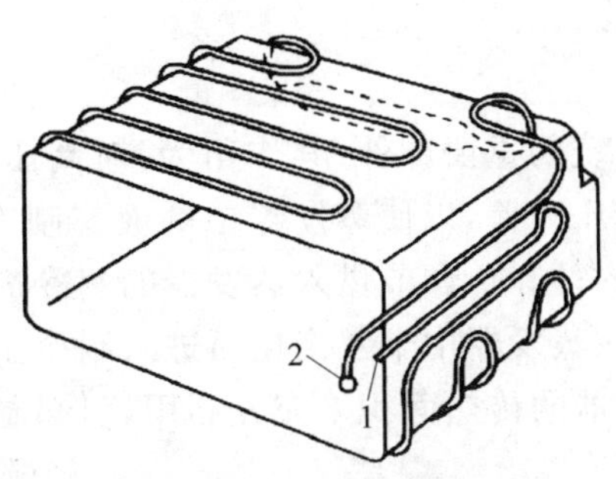

图 2-32　管板式的自然对流蒸发器

为了增强传热，在预冷装备、速冻装备、冷藏库、冷藏运输车等处多采用强制对流式的直接蒸发式空气冷却器。图 2-33 为空调用强制对流直接蒸发式空气冷却器构造示意，来自节流装置的低压制冷剂湿蒸气通过分液器分成多通路，吸热蒸发后为气态制冷剂，汇集到集管中流出；而空气以一定流速从肋片管的肋片间掠过，将热量传给管内流动的制冷剂，温度降低。直接蒸发式空气冷却器一般由 2～8 排肋管组成，管材为直径 $\phi 6 \sim \phi 12$ mm的铜管(为强化管内沸腾，目前多采用内螺纹高效蒸发管)，外套连续整体铝片，片厚 0.1～0.2 mm，片间距 1.6～3 mm；蒸发温度较低时，考虑到肋片处结露或结霜，应加大肋片间距。强制对流蒸发器与自然对流蒸发器相比，具有传热效果好、结构紧凑等优点，在冷链装备和设施中得到广泛应用。

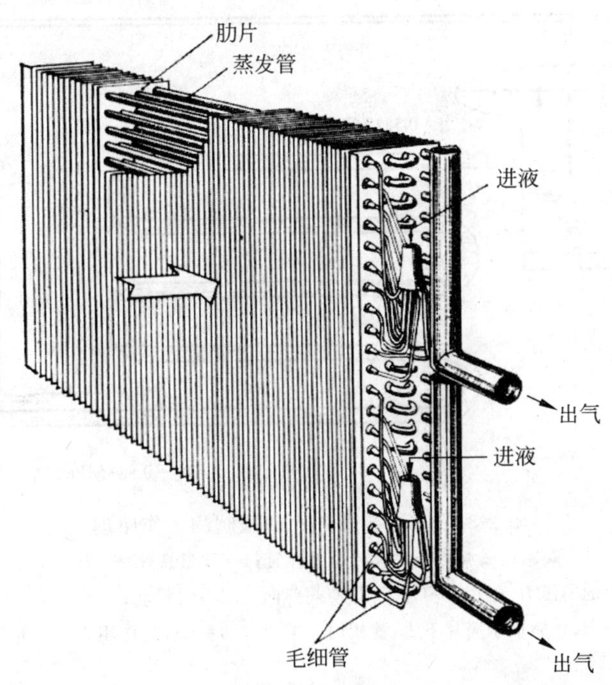

图 2-33　空调用强制对流直接蒸发式空气冷却器构造示意

2.3.4 节流机构

节流装置是组成制冷系统的重要部件，其作用为：对高压液态制冷剂进行节流降压，保证冷凝器与蒸发器之间的压力差，以使蒸发器中的液态制冷剂在要求的低压下蒸发吸热，从而达到制冷降温的目的；同时，调节供入蒸发器的制冷剂流量，以适应蒸发器热负荷变化，从而避免部分制冷剂在蒸发器中未及汽化而进入制冷压缩机，引起湿压缩甚至冲缸事故，或供液不足，致使蒸发器的传热面积未充分利用，引起制冷压缩机吸气压力降低，制冷能力下降。

由于节流装置有控制进入蒸发器制冷剂流量的功能，也称为流量控制机构；又由于高压液态制冷剂流经此部件后，节流降压膨胀为湿蒸气，故也称为节流阀或膨胀阀。常用的节流装置有热力膨胀阀、电子膨胀阀、毛细管等。

1. 热力膨胀阀

热力膨胀阀是一种使用广泛的节流装置，尤其是对于使用干式蒸发器的制冷系统。它是通过蒸发器出口气态制冷剂的过热度控制膨胀阀开度。按照平衡方式的不同，热力膨胀阀可分内平衡式和外平衡式两种。这里仅介绍内平衡式热力膨胀阀。

图 2-34 为内平衡式热力膨胀阀的工作原理，图 2-35 是其外观。从图中可以看出，它由阀芯、弹性金属膜片、弹簧、感温包和调整螺丝等组成。以常用的同工质充液式热力膨胀阀分析，弹性金属膜片受 3 种力的作用。

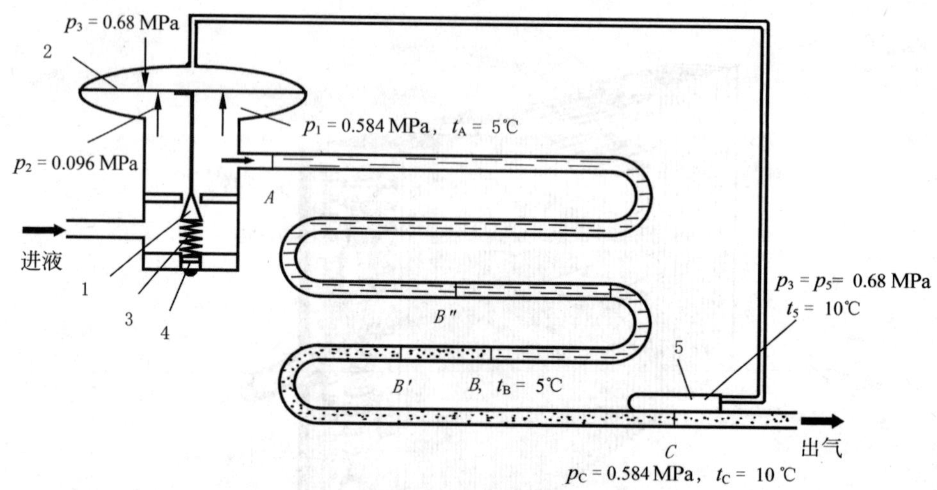

图 2-34 内平衡式热力膨胀阀的工作原理

1—阀芯；2—弹性金属膜片；3—弹簧；4—调整螺丝；5—感温包

注：p_1——阀后制冷剂的压力，作用在膜片下部，使阀门向关闭方向移动；

p_2——弹簧作用力，也施加于膜片下方，使阀门向关闭方向移动，其作用力大小可通过调整螺丝予以调整；

p_3——感温包内制冷剂的压力，作用在膜片上部，使阀门向开启方向移动，其大小取决于感温包内制冷剂的性质和感温包感受的温度。

图 2-35　内平衡式热力膨胀阀外观

对于任一运行工况，此 3 种作用力均会达到平衡，即 $p_1+p_2=p_3$，此时，膜片不动，阀芯位置不动，阀门开度一定。

如图 2-34 所示，感温包内定量充注与制冷系统相同的液态制冷剂，若进入蒸发器的液态制冷剂的蒸发温度为 5 ℃，相应的饱和压力等于 0.584 MPa，如果不考虑蒸发器内制冷剂的压力损失，蒸发器内各部位的压力均为 0.584 MPa；在蒸发器内，液态制冷剂吸热沸腾，变成气态，直至图中 B 点，全部汽化，呈饱和状态。自 B 点开始制冷剂继续吸热，呈过热状态；如果至蒸发器出口装有感温包的 C 点，温度升高 5 ℃，达到 10 ℃，当达到热平衡时，感温包内液态制冷剂的温度也为 10 ℃，即 $t_5=10$ ℃，相应的饱和压力等于 0.68 MPa，作用在膜片上部的压力 $p_3=p_5=0.68$ MPa。如果将弹簧作用力调整至相当膜片下部受到 0.096 MPa 的压力，则 $p_1+p_2=p_3=0.68$ MPa，膜片处于平衡位置，阀门有一定开度，保证蒸发器出口制冷剂的过热度为 5 ℃。

当外界条件发生变化使蒸发器的负荷减小时，蒸发器内液态制冷剂沸腾减弱，制冷剂达到饱和状态点的位置后移至 B'，此时感温包处的温度将低于 10 ℃，致使 $(p_1+p_2)>p_3$，阀门稍微关小，制冷剂供应量有所减少，膜片达到另一平衡位置；由于阀门稍微关小，弹簧稍有放松，弹簧作用力稍有减少，蒸发器出口制冷剂的过热度将小于 5 ℃。相反，当外界条件改变使蒸发器的负荷增加时，蒸发器内液态制冷剂沸腾加强，制冷剂达到饱和状态点的位置前移至 B''，此时感温包处的温度将高于 10 ℃，致使 $(p_1+p_2)<p_3$，阀门稍微开大，制冷剂流量增加，蒸发器出口制冷剂的过热度将大于 5 ℃。

当蒸发器内制冷剂流动阻力较大，若仍使用内平衡式热力膨胀阀，将导致蒸发器出口制冷的过热度很大，蒸发器传热面积未被有效利用。外平衡式热力膨胀阀的构造与内平衡式热力膨胀阀基本相同，只是弹性金属膜片下部空间与膨胀阀出口互不相通，而是通过一根小口径平衡管与蒸发器出口相连，这样，膜片下部承受蒸发器出口制冷剂的压力，从而消除了蒸发器内制冷剂流动阻力的影响。

2. 电子膨胀阀

电子膨胀阀的出现晚于热力膨胀阀。它是利用被调节参数产生的电信号,控制施加于膨胀阀上的电压或者电流,进而达到调节供液量的目的。

按照驱动方式分,电子膨胀阀分为电磁式和电动式两类。

电磁式电子膨胀阀的结构如图 2-36 所示,它是依靠电磁线圈的磁力驱动针阀。电磁线圈通电前,针阀处于全开位置。通电后,受磁力作用,针阀的开度减小,开度减小的程度取决于施加在线圈上的控制电压。电压越高,开度越小,流经膨胀阀的制冷剂流量也越小。电磁式电子膨胀阀的结构简单、动作响应快,但是在制冷系统工作时,需要一直提供控制电压。

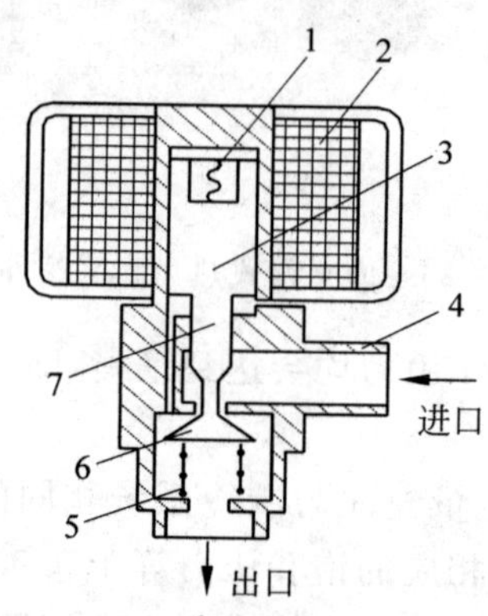

图 2-36 电磁式电子膨胀阀的结构

1—柱塞弹簧;2—线圈;3—柱塞;4—阀座;5—弹簧;6—针阀;7—阀杆

电动式电子膨胀阀是依靠步进电机驱动针阀,分直动型和减速型两种。

直动型电动式电子膨胀阀的结构如图 2-37 所示。该膨胀阀是用脉冲步进电机直接驱动针阀。当控制电路的脉冲电压按照一定的逻辑关系作用到电机定子的各相线圈上时,永久磁铁制成的电机转子受磁力距作用产生旋转运动,通过螺纹的传递,使针阀上升或下降,调节阀的流量。

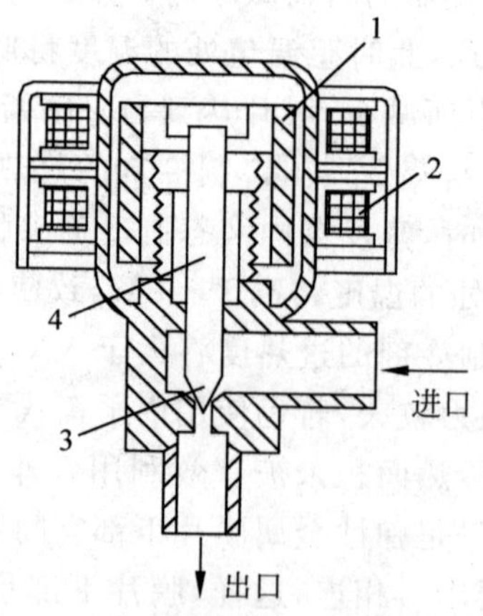

图 2-37 直动型电动式电子膨胀阀的结构

1—转子;2—线圈;3—针阀;4—阀杆

减速型电动式电子膨胀阀与直动型相比，阀内装有减速齿轮组，满足不同调节范围的需要。

采用电子膨胀阀，可以直接测量出蒸发器出口的真实过热度，便于实现精确控制。除了蒸发器出口制冷剂过热度控制，通过指定的调节程序还可以将电子膨胀阀的控制功能扩展，如用于热泵机组除霜、压缩机排气温度控制等。此外，电子膨胀阀也可以根据制冷剂液位进行工作，所以除用于干式蒸发器外，还可用于满液式蒸发器。

3. 毛细管

毛细管是最简单的节流装置，它一般是管径为 0.5～2.5 mm、长度为 0.5～6 m 的等截面无缝紫铜管。毛细管广泛用于小型全封闭式制冷装置，如家用冰箱、冷柜、除湿机和房间空调器。

当具有一定再冷度的液态制冷剂进入毛细管后，在压降的作用下，管中开始逐渐出现气泡，直到毛细管末端，制冷剂由单相液态流动变为气—液两相流动，单位长度的压力降逐渐增大。不同长度、内径的毛细管流动特性不同，需要根据不同的制冷装置运行工况进行选择。

毛细管的优点是结构简单，无运动部件，价格低廉；使用时，制冷剂充注量少，而且压缩机停止运转后，冷凝器与蒸发器内的压力可较快地自动达到平衡，减轻电动机的启动负荷。毛细管的主要缺点是调节性能较差，供液量不能随工况变化而任意调节，因此，宜用于蒸发温度变化范围不大、负荷比较稳定的场合。

【扩展阅读】

制冷剂替代

【参考文献】

[1] 廉乐明，李立能，吴家正，等. 工程热力学[M]. 4 版. 北京：中国建筑工业出版社，1999.

[2] 贝尔. 工程热力学：理论基础及工程应用[M]. 北京：科学出版社，1983.

[3] 李岳林. 工程热力学与传热学[M]. 2 版. 北京：人民交通出版社，2013.

[4] 杨世铭，陶文铨. 传热学[M]. 4 版. 北京：高等教育出版社，2006.

[5] 皮茨，西索姆. 传热学[M]. 北京：科学出版社，2002.

[6] 彦启森，申江，石文星. 制冷技术及其应用[M]. 北京：中国建筑工业出版社，2006.

[7] 石文星，田长青，王宝龙. 空气调节用制冷技术[M]. 5 版. 北京：中国建筑工业出版社，2016.

[8] 吴业正. 制冷原理及设备[M]. 3 版. 西安：西安交通大学出版社，2010.

【思考题】

1. 什么是系统、边界与外界？

2. 热力系统的基本状态参数包括哪些？

3. 请阐述热力学第二定律的含义。

4. 热量传递有哪三种基本方式?

5. 请比较空气自然对流、水自然对流、空气强制对流、水强制对流对流传热系数的大小。

6. 蒸气压缩式制冷系统有哪“四大件”?

7. 请列出 3 种冷链装备和设施常用的制冷剂,并说出其是否是环境友好的制冷剂。

【即测即练】

第 3 章

易腐食品及其保鲜原理

【本章导航】

冷链的主要服务对象是易腐食品,因此了解食品特别是易腐食品的组成和性质,进而掌握其保鲜原理,是学习食品冷链装备与设施的基础之一。本章介绍易腐食品的组成与性质、易腐食品腐败变质及其影响因素、食品物理保鲜。

3.1 易腐食品的组成与性质

3.1.1 食品组成

1. 食品的定义与分类

将食物原料经过不同的配制和加工处理,形成形态、风味、营养价值不同及花色品种各异的加工产品,这些经过加工制作的食物称为食品。

食品的分类方法有很多种。按食品的加工工艺分类,有罐藏食品(或罐头食品)、冷冻食品、干制食品、腌渍食品、烟熏食品、辐射食品、发酵食品、焙烤食品、挤压膨化食品等。从这些名称就可知道这些食品所用的加工工艺或贮藏方法。

按食品的原料来源分类,有肉制品、乳制品、水产制品、谷物制品、果蔬制品、大豆制品、糖果、巧克力等。这些名称反映了食品的原料组成,一般在农产品加工行业或食品工业采用。

按食品的产品特点分类,有健康食品、营养食品、功能食品(保健食品)、方便食品、工程食品(模拟食品)、旅游食品、休闲食品、快餐食品、微波食品、饮料食品等。这些名称迎合了消费者的需求,表现了消费属性,通常在商业上或超市中多见。

冷链中主要涉及的是前文提到的冷冻食品。它是指以新鲜、优质的原料经低温处理或冻结后贮藏、销售的食品。冷冻食品按其贮藏温度又可分为冷藏食品和冻藏食品。冷藏食品不需要冻结,是将食品的温度降至接近但高于冻结点,并在此温度下贮藏的食品;冻藏食品是将食品冻结后在低于冻结点的温度贮藏的食品。冷冻食品可按原料及消费形式分为果蔬类、水产类、肉禽蛋类、调理方便食品类这四大类。

所谓易腐食品,就是指常温下容易腐烂变质的食品,包括生鲜的肉、蛋、奶、水果、蔬菜及冷饮、速冻食品等。

2. 食品的组成

食品的化学成分是极其复杂的,除水分、挥发性成分外,固形物成分可分为无机物和有机物两类。无机物包括无机盐类和其他无机物,有机物中最主要的有蛋白质、糖类、脂类、维生素及酶类。这些化学成分大部分是人体必需的营养成分。下面分别介绍食品所包含的各种化学成分。

1）水

水是大多数生命体内含量最多的组成成分。水是溶剂,维持各种电解质在水中离解,维持生物体各部分的渗透压,它直接参加生物生理反应。所有养料经消化后靠它输送到生物体各部分;代谢的废物也靠它溶解后排出体外。由此可见,水分和生命有着密切关系。

水也是食品的主要组成成分之一。各种食品的含水率是不同的,部分食品的含水量如表 3-1 所示。

表 3-1　部分食品的含水量

%

食　　品	含水量	食　　品	含水量
猪肉	53～60	全粒谷物	10～12
牛肉(碎块)	50～70	面粉、粗燕麦粉、粗面粉	10～13
鸡(无皮肉)	74	馅饼	43～59
鱼(肌肉蛋白)	65～81	蜂蜜	20
香蕉	75	青豌豆、甜玉米	74～80
樱桃、梨、葡萄	80～85	甜菜、硬花甘蓝、胡萝卜、马铃薯	80～85
苹果、桃、橘子	85～90	大白菜、莴苣、西红柿、西瓜	90～95
草莓、杏、椰子	90～95	面包	35～45
奶油	15	饼干	3～8
山羊奶	87	茶叶	3～7
奶粉	4	果冻、果酱	15
冰淇淋	65	食用油	0

食品中的水分是以自由水和结合水两种主要形式存在的。结合水又称为束缚水,是指存在于食品中、与非水成分通过氢键结合的水,是食品中与非水成分结合得最牢固的水。结合水不易流动,不易结冰,也不能作为溶质的溶剂。自由水又称为游离水,是指食品中与非水成分有较弱作用或基本没有作用的水。自由水能够自由移动、容易结冰、能溶解溶质。结合水和自由水性质比较如表 3-2 所示。

表 3-2　结合水和自由水性质比较

项　目	结　合　水	自　由　水
一般描述	存在于溶质或其他非水成分附近的那部分水,它包括化合水、邻近水及几乎全部的多层水	距离非水成分位置最远,主要以水-水氢键存在
冰点(与纯水比较)	冰点下降至－40 ℃都不结冰	能结冰,冰点略有下降

续表

项　目	结 合 水	自 由 水
溶解溶质的能力	无	有
平动运动(分子水平,与纯水比较)	大大降低,甚至无	变化较小
蒸发焓(与纯水比较)	增大	基本无变化
在高水分食品(约 90% H_2O)中占总水分含量的百分比	<0.03	约 96

食品中的水分为微生物繁殖创造了条件,所以为了防止微生物繁殖,可以采用去掉或冻结食品中水分的方法降低食品水分。

2) 蛋白质

蛋白质存在于一切生物的原生质内,是生物体系生命现象(运动、生长、繁殖、遗传)的体现者。生命现象的最基本特征就是蛋白质的不断自我更新,即通过摄食和排泄来实现新陈代谢。从食品科学的角度来看,蛋白质除了保证食品的营养价值外,在决定食品色、香、味及质构等特征上也起着重要作用。蛋白质在食品贮藏过程中所发生的变化正是决定食物贮藏效果的关键。

构成蛋白质的基本元素有碳、氢、氮、氧、硫、磷等,有些蛋白质还含有铁、铜、锌等元素。蛋白质相对分子质量差别很大,结构也很复杂。

蛋白质的供应主要来源有两类:一类是植物性蛋白质,另一类是动物性蛋白质。植物性蛋白质资源占总蛋白质资源的 70%,它不但是人类蛋白质的重要来源,而且也是肉蛋奶动物性蛋白质的初级提供者。从营养学上说,植物蛋白大致分为两类:一是完全蛋白质,二是不完全蛋白质。绝大多数的植物性蛋白质属于不完全蛋白,如大部分植物蛋白中缺乏免疫球蛋白,谷类中则相对缺乏赖氨酸等。从植物来源上讲,植物性蛋白质的主要来源有:一是油料种子,包括花生、芝麻、油菜籽等;二是豆类种子,豆类的大部分蛋白质为球蛋白;三是谷类蛋白质,在谷物胚中含有较多的蛋白质,其人类必需氨基酸比较齐全,而且营养价值较高。动物性蛋白质主要包括畜禽肉、鱼类、乳制品等,是一种优质的、营养全面的蛋白质资源,目前占总蛋白质供给的 30%左右。一类是动物的肉类,主要为牲畜如牛、羊、猪和家禽类如鸡、鸭等的肌肉;另一类是乳制品,主要包括牛乳、羊乳等;再有就是蛋类,主要包括鸡蛋、鸭蛋、鹌鹑蛋等卵生动物的卵等。动物性蛋白质大部分为完全蛋白,但人类在摄取这些蛋白质资源的同时,也伴随着摄入大量的脂肪、胆固醇等,这些成分的过量摄入是导致人体健康出现问题的主要原因。

蛋白质的性质主要包括以下几个。

蛋白质的等电点:蛋白质分子中有游离的氨基和羧基,属于两性化合物。在偏酸性或偏碱性环境中,蛋白质会分别带正电荷和负电荷。当溶液在某一特定的 pH 时,蛋白质所带的正电荷与负电荷恰好相等,蛋白质不显电性,这时溶液的 pH 称为该蛋白质的等电点。蛋白质处于等电点时,将失去胶体的稳定性而发生沉淀现象。

蛋白质的胶凝性质:蛋白质分子都很大,其颗粒尺寸在胶体粒子范围内,是亲水化合物。蛋白质颗粒分散在水溶液中呈溶胶状态。蛋白质在食品中的另一种存在状态是凝胶态，它与蛋白质溶液的温度有关。当温度下降时，可由溶胶态转变为凝胶态。溶胶态可看作蛋白质颗粒分散在水中的分散体系，而凝胶态可看作水分散在蛋白质中的一种胶体状态。

蛋白质的变性：当蛋白质受不同温度(加热或冷冻)和其他因素作用时，蛋白质的构象可发生变化，其物理和生物化学性质也随之变化，这种蛋白质称为变性蛋白质。变性蛋白质在溶液中溶解度下降，同时也失去了其生理活性功能。蛋清受热凝固、肉类解冻后汁液流失都是蛋白质变性的表现。蛋白质的变性在最初阶段是可逆的，但在可逆阶段后即进入不可逆变性阶段。

3）糖类

糖的主要组成包括碳、氢、氧三种元素，而且其中氢和氧的比例总是 2∶1，恰好与水中的氢和氧比例相同，所以，糖也被称为碳水化合物。

糖类化合物是自然界分布广泛、数量最多的有机化合物。糖类在人体中的主要功能是提供热量。糖类经消化水解变成单糖(主要是葡萄糖)被人体吸收，单糖再经完全水解放出热量，提供生命活动所需。

糖一般可分为单糖、低聚糖和多糖 3 类。单糖是糖类中不能再水解的化合物，是最小分子的糖，如葡萄糖、果糖、半乳糖等，果实中大量存在葡萄糖和果糖；低聚糖是指能被水解成 2～10 个单糖分子的糖，在食品中主要有蔗糖、麦芽糖、乳糖、棉籽糖等；多糖是指能被水解生成更多的单糖和低聚糖的糖，食品中主要有淀粉、纤维素、果胶。

4）脂肪

食物中的脂类主要是油和脂肪，一般把常温下是液体的脂类称作油，而把常温下是固体的脂类称为脂肪。脂肪所含的化学元素主要是碳、氢、氧，主要由甘油和脂肪酸组成。脂肪的性质与脂肪酸关系很大，脂肪酸可分为饱和脂肪酸和不饱和脂肪酸，脂肪中含有的饱和脂肪酸成分越多，其流动性越差。脂肪在食品中的作用主要是提供热量，脂肪的发热量约为同等重量的糖和蛋白质发热量的 22 倍以上，是食品中热量最高的营养素。食品中的脂肪可以分为如下几类。

乳脂：来源于哺乳动物的乳汁，主要是牛乳。乳脂的主要脂肪酸是棕榈酸、油酸和硬脂酸。

月桂酸酯：来源于棕榈植物，如椰子和巴巴苏。这种脂肪的特征是月桂酸含量高，达 40%～50%。

植物奶油：来源于热带植物的种子。其主要特征是熔点范围窄。在这些植物油中，饱和脂肪酸含量大于不饱和脂肪酸。

油酸-亚油酸酯：自然界中油酸-亚油酸酯是最丰富的，全部来自植物。花生油、玉米油、橄榄油、棕榈油、芝麻油、棉籽油和葵花籽油都属于这一类。

亚麻酸酯：含有大量亚麻酸。豆油、小麦胚芽油、亚麻籽油和紫苏油都属于这类油脂。

动物脂肪：由家畜的贮存脂肪组成，如猪油、牛油等。这类脂肪含有相当多的全饱和的三酰基甘油，所以熔点较高。

海产动物油脂：含大量长链多不饱和脂肪酸，富含维生素 A 和维生素 D。由于不饱和度高，容易氧化。

脂肪在多数有机溶剂中溶解，但不溶解于水。脂肪在酸、碱溶液中或在微生物作用下可迅速水解为甘油和脂肪酸，使甘油分离出来，脂肪酸在酶的一系列催化作用下可生成β-酮酸，脱羧后成为具有苦味及臭味的酮类；脂肪变质的另一原因是脂肪酸链中不饱和键被空气中的氧所氧化，生成过氧化物，过氧化物继续分解产生具有刺激性气味的醛、酮和酸等物质。脂肪氧化也称为脂肪酸败，脂肪酸败不但使脂肪失去营养，且会产生毒性。

5）维生素

维生素是维持生物体正常生理功能所必需的一类微量物质，是评价食品营养价值的重要指标。人体需要的大部分维生素需由体外供给，自身不能合成。生物体缺乏维生素会引起各种疾病。

根据维生素的溶解性可将其分为两大类：脂溶性维生素和水溶性维生素。脂溶性维生素包括维生素 A、维生素 D、维生素 E、维生素 K 各小类，它们不溶于水而溶于脂肪和脂肪溶剂；水溶性维生素包括 B 族维生素、维生素 C 各小类，有的小类或族中又包含几种维生素，如维生素 B 族又包括维生素 B_1、维生素 B_2、维生素 B_{12} 等。

在加工或贮藏过程中，食品中维生素的含量会大大降低，必须采取适当的冷冻冷藏工艺，最大限度地保持食品中的维生素含量。不同贮藏方式过程中维生素损失情况如表 3-3所示。

表 3-3　不同贮藏方式过程中维生素损失情况

贮藏方式	蔬菜样品	维生素损失率/%[1]				
		维生素 A	维生素 B_1	维生素 B_2	烟酸	维生素 C
冷冻贮藏	10[2]	12[4]	20	24	24	26
		0～50[5]	0～61	0～45	0～56	0～78
灭菌后贮藏	7[3]	10	67	42	49	51
		0～32	56～83	14～50	31～65	28～67

注：[1] 贮藏前，所有产品均进行了热加工及脱水处理。
[2] 蔬菜样品分别是芦笋、利马豆、四季豆、椰菜、花椰菜、青豌豆、马铃薯、菠菜、抱子甘蓝和嫩玉米棒。
[3] 蔬菜样品分别是芦笋、利马豆、四季豆、青豌豆、马铃薯、菠菜和嫩玉米棒，马铃薯样品中含热处理水。
[4] 平均值。
[5] 变化范围。

6）酶

酶也是一种蛋白质，由于其在生物体内特殊作用，这里独立于其他蛋白质之外单独介绍。

酶是活细胞产生的一种特殊的具有催化作用的蛋白质，是极为重要的活性物质，被称为生物催化剂，它脱离活细胞后仍然具有活性，酶促反应是食品腐败变质的重要原因之一。没有酶的存在，生物体内的化学反应将非常缓慢，或者需要在高温高压等特殊条件下才能进行；有酶的存在，生物体内的化学反应能在常温常压下以极高的速度进行。食品加工与贮藏过程中，酶可来自食品本身和微生物两方面，酶的催化作用通常使食品营养质量和感官质量下降,因此,抑制酶的活性是食品加工贮藏中的重要内容之一。

影响酶作用的因素主要有温度和 pH。酶对热非常敏感,在某一温度下,某一个酶的活性最大,这个温度称为酶的最适宜温度。大多数酶的最适宜温度在 40～50 ℃之间,温度继续升高,酶的活性反而减弱,在 70～100 ℃酶完全且不可逆地丧失其催化能力。在温度低于 0 ℃时酶活性有所下降,但冰晶的形成会造成酶和底物的浓缩,使酶的催化活性相对提高。在低温贮藏期间,如食品的黏度增加,可通过限制底物的扩散,降低酶活性。在完全冷冻的食品中,酶的催化活性暂时停止,大多数酶的酶活性受冷冻的影响是可逆的。在食品贮藏中,如果贮存温度低于玻璃化转变温度,则酶的活性完全被抑制。

酶对环境的酸碱度也极为敏感。一种酶有其最适宜的 pH 值,稍高或稍低都会使其活性下降,甚至无作用。大多数酶在中性、弱酸性或弱碱性环境中活性最大。除上述因素之外,化合物对酶的活性也有影响。能提高酶活性的化合物,称为激动剂;相反,能抑制酶的活性的化合物称为抑制剂。

食品加工和贮藏中常常通过人工方法影响酶的作用。例如食品冷藏或冻藏就是利用低温迫使酶减缓其催化作用或使之完全失去活性,从而延长食品贮藏期。

7) 矿物质

食物中除去有机物和水,还包括无机物,称无机盐或矿物质。各种食品中,矿物质一般占其总质量的 0.3%～1.5%。其数量虽少,但却是维持动植物正常生理机能不可或缺的物质。

动物性食品各部分的无机盐成分差异甚大,如骨骼中的矿物质含量为 83%,其主要成分是以钙和镁的磷酸盐及碳酸盐的形式存在,血清中主要是氯化钠(占总灰分的 60%～70%),红细胞含有铁,肝脏含有碱金属与碱土金属的磷酸盐和氯化物,也含有铁。结缔组织含有钙和镁的磷酸盐。筋肉主要是钾的磷酸盐,其次是钠和镁。植物性食品的矿物质成分主要是钾、钠、钙、镁、铁等的磷酸盐、硫酸盐、硅酸盐与氯化物。各部分包含的矿物质成分也有区别,植物的储藏养料的部分(种子、块茎、块根等)含钾、磷、镁较多,而支撑部分则含钙较多,叶子则含镁较多。

常见食品的矿物质组成如表 3-4 所示。

表 3-4 常见食品的矿物质组成

食品	Ca	Mg	P	Na	K	Fe	Zn	Cu	Se
炒鸡蛋	57	13	269	290	50	2.1	2.0	0.06	8
白面包	35	6	30	144	22	0.8	0.2	0.04	8
全麦面包	20	26	74	180	42	1.5	1.0	0.1	16
无盐通心粉	5	13	38	1	42	1.0	0.4	0.07	19
米饭	10	42	81	5	305	0.4	0.6	0.01	13
速食米饭	10	42	81	5	356	0.4	0.6	0.01	13
熟黑豆	24	61	120	1	370	2.0	1.0	0.18	6.9
红腰果	25	40	126	2	406	3.0	0.9	0.21	1.9

续表

食　品	Ca	Mg	P	Na	K	Fe	Zn	Cu	Se
全脂乳	291	33	228	120	69	0.1	0.9	0.05	3
脱脂乳/无脂乳	302	28	247	126	42	0.1	0.9	0.05	6.6
美国乳酪	261	10	316	608	89	0.2	1.3	0.01	3.8
赛达乳酪	305	12	219	264	531	0.3	1.3	0.01	6
农家乳酪	63	6	139	425	128	0.1	0.4	0.03	6.3
低脂酸乳	415	10	326	150	844	0.2	2.0	0.1	5.5
香草冰淇淋	88	9	67	58	443	0.1	0.7	0.01	4.7
带皮烤马铃薯	20	55	115	16	1470	2.8	0.7	0.62	1.8
去皮煮马铃薯	10	26	54	7	1575	0.4	0.4	0.23	1.2
椰菜(生的茎)	216	114	297	123	178	4.0	2.0	0.4	0.9
椰菜(熟的新茎)	249	130	318	141	115	4.5	2.1	0.23	1.1
生碎胡萝卜	15	8	24	19	273	0.3	0.1	0.3	0.8
熟的冻胡萝卜	21	7	19	43	403	0.4	0.2	0.05	0.9
鲜整只番茄	6	14	30	11	356	0.6	0.1	0.09	0.6
罐装番茄汁	17	20	35	661	237	1.0	0.3	0.18	0.4
橘汁(解冻)	17	18	30	2	159	0.2	0.1	0.08	0.4
橘汁	52	13	18	0	451	0.1	0.1	0.06	1.2
带皮苹果	10	6	10	1	305	0.3	0.1	0.06	0.6
香蕉(去皮)	7	32	22	1	389	0.4	0.2	0.12	1.1
烤牛肉(圆听)	5	21	176	50	218	1.6	3.7	0.08	—
烤小牛肉(圆听)	6	28	234	68	206	0.9	3.0	0.13	—
烤鸡脯	13	25	194	62	319	0.9	0.8	0.04	—
烤鸡腿	10	20	156	77	231	1.1	2.4	0.07	—
煮熟鲑鱼	6	26	234	56	50	0.5	0.4	0.06	—
罐装带骨鲑鱼	203	25	277	458	22	0.9	0.9	0.07	—

矿物质的主要作用是维持生物体正常的渗透压和酸碱平衡，为酶的活化剂，对食品感官品质起重要作用等。由于食品中矿物质的存在，其冻结点要比纯水低。

3.1.2　易腐食品的热物理性质

为了设计和控制食品冷加工过程，从而确保食品品质和微生物安全性，必须掌握食品的热物理性质数据。在第 2 章我们曾经介绍的热工基础知识，是食品热物理性质学习的基础知识。

食品的组成成分比较复杂,其热物理参数除了针对每种食品进行实验测定之外,只能根据食品的组分、各组分的热物理性质来进行估算。估算的方法对某些食品仍有较大偏差,这是因为热物理性质不仅与其含水量、组分、温度有关,而且与食品的结构、水和组分的结合情况等有关。下面分别介绍食品的各种热物理参数,并介绍其计算方法和常见数值。

1. 密度

食品是多种物质的综合体,其密度也取决于其基本组成物质的密度。人类的食物含有不同程度的水分,在可食状态下大部分的食物密度在 0.8～1.2 kg/m^3 之间,接近水的密度。但不同部位的密度有所差别,如植物根、茎、果的密度比叶、花的密度大。动物体蛋白多的瘦肉部位密度较大,脂肪较多的部位密度较小。一般情况下,含水量的食物(如西瓜、海带)密度接近于水,而皮毛越多,空腔、气孔越大,含油越多的食物密度越偏离水的密度。

冷冻会使食品的密度发生变化。冷冻使水膨胀约 10%,所形成的冰量随着温度下降并接近初始冻结点而增加,从而,食品会随着温度降低而趋于膨胀,即密度降低。

Hsiek 提出用式(3-1)计算食品材料的密度:

$$\frac{1}{\rho}=w_{\mathrm{v}}\left(\frac{1}{\rho_{\mathrm{v}}}\right)+w_{\mathrm{s}}\left(\frac{1}{\rho_{\mathrm{s}}}\right)+w_{\mathrm{i}}\left(\frac{1}{\rho_{\mathrm{i}}}\right)=\sum_{i}w_{\mathrm{i}}\left(\frac{1}{\rho_{\mathrm{i}}}\right) \tag{3-1}$$

式中,ρ_{v}、ρ_{s}、ρ_{i} 分别为未冻水、固体成分和冰的密度;w_{v}、w_{s}、w_{i} 分别为未冻水、固体成分和冰的质量分数。

如食品中有明显的空隙度 ε,Mannapanpperuma 和 Singh 建议用式(3-2)计算密度:

$$\frac{1}{\rho}=\frac{1}{1-\varepsilon}\sum_{i}w_{i}\left(\frac{1}{\rho_{i}}\right) \tag{3-2}$$

2. 比热容

比热容是使单位质量的物体温度升高 1 K 所需要的热量,是物质的基本物性,对食品冷冻过程的分析和计算非常重要。

与其他物质相比,水的比热容相当大,在 20 ℃时,水的比热容为 4.18 J/(g·℃)。冰的比热容比水小,约为 2 J/(g·℃)。冰的熔化热与其他物质相比也较大,为 334.5 J/g。由于水的比热和潜热值大,因此食品冻结和解冻所需的能量也大,并且随食品水分含量增加而增加。

当食品温度还处于初始冻结点之上时,可用下面公式计算其比热容。

Heldman 和 Singh 提出:

$$c_{p}=4.18w_{\mathrm{w}}+1.549w_{\mathrm{p}}+1.424w_{\mathrm{c}}+1.675w_{\mathrm{f}}+0.837w_{\mathrm{a}} \tag{3-3}$$

式中,w_{w}、w_{p}、w_{c}、w_{f}、w_{a} 分别为食品中水分、蛋白质、碳水化合物、脂肪和灰分含量的质量分数。

如食品中的水分已被全部冻结,则可用 Seibel 建议的公式:

$$c_{p}=0.837+1.256w \tag{3-4}$$

式中,w 为水分含量的质量分数。

部分食品的比热容如表 3-5 所示。

表 3-5　部分食品的比热容　kJ/kg·K

食　品	冻前比热容	冻后比热容
芦笋	4.00	2.01
胡萝卜	3.88	1.95
花椰菜	3.98	2.00
芹菜	4.03	2.02
甜玉米	3.53	1.77
黄瓜	4.08	2.05
茄子	4.00	2.01
大蒜	3.20	1.61
苹果	3.78	1.90
杏	3.80	1.91
香蕉	3.55	1.79
西瓜	4.00	2.01
橙子	3.85	1.94
桃	3.90	1.96
梨	3.75	1.89
大马哈鱼	3.28	1.65
金枪鱼	3.43	1.72
青鱼片	3.10	1.56
牛肉胴体(60%瘦肉)	2.90	1.46
猪肉胴体(47%瘦肉)	2.60	1.31
奶油	2.07	1.04
鲜蛋	3.53	1.77
蜂蜜	2.10	1.68

3. 热导率

我们知道，热导率也即导热系数，表征着物质热传递性能的强弱。国际上将导热系数定义为热流量除以温度梯度，单位为 W/(m·K)。要准确预测冻结食品的导热系数极其困难，这不仅因为导热系数与纤维方向有关，而且因为在冻结过程中食品的密度、空隙度等都会有明显的变化，而这些都对导热系数产生很大的影响。

对于未冻结食品热导率的估算，Choi 和 Okos 提出：

$$\lambda = 0.61\omega_w + 0.2\omega_p + 0.205\omega_c + 0.175\omega_f + 0.135\omega_a \tag{3-5}$$

式中，ω_w、ω_p、ω_c、ω_f、ω_a 分别为食品中水分、蛋白质、碳水化合物、脂肪和灰分含量的质量分数。

冻结食品的热导率远高于未冻食品。例如 0 ℃冰的热导率为 2.24 W/(m·K)，远大于 0 ℃水的热导率 0.567 W/(m·K)，冻结食品的热导率不仅与纤维方向有关，而且与冻结过程中食品的密度、空隙度等方面的变化有关。

Choi 和 Okos 提出根据各组分的体积分数和热导率计算食品材料热导率的方法：

$$\lambda = \rho \sum_i \lambda_i \frac{\varphi_i}{\rho_i} \tag{3-6}$$

式中，φ_i、ρ_i、λ_i 分别为各组分的体积分数、密度和热导率；ρ 为食品材料的密度；在计算过程中未冻水和已冻冰作为两个组分处理。

部分食品和冻结食品的热导率如表 3-6、表 3-7 所示。

表 3-6　部分食品的热导率

食　品	温度 /℃	含水量 / %	热导率 / (W/m·K)
苹果汁	20	87	0.599
干苹果	23	41.6	0.219
草莓酱	20	41.0	0.338
牛肉脂肪	35	0	0.190
瘦牛肉	3	75	0.506
猪肉脂肪	3	6	0.215
瘦猪肉(6.1%脂肪)	4	72	0.478
鳕鱼	3	83	0.534
鲑鱼(12%脂肪)	3	67	0.531
全奶(3% 脂肪)	28	90	0.580
巧克力蛋糕	23	31.9	0.106

表 3-7　部分冻结食品的热导率

食　品	温度 /℃	热导率 / (W/m·K)
苹果	−50	1.45
	−20	1.29
梨	−50	2.62
	−20	2.11
香蕉	−50	1.36
	−20	1.21
胡萝卜	−50	2.48
	−20	2.05

续表

食　品	温度/℃	热导率/(W/m·K)
猪瘦肉	−50	1.76
	−20	1.4
牛肉	−50	1.62
	−20	1.36
鱼肉	−50	1.87
	−20	1.54

4. 焓

焓是相对值，是相对固定的参比温度下的热容量，参比温度通常取−40 ℃。

对于如水这样的单一组分物质，冻结相变过程是在确定温度下进行的。因此，只要知道相变潜热（冰的熔化热为 334.5 kJ/kg）、固相比热容和液相比热容，就可以计算冻结的冷负荷，没有必要计算焓值。对于食品材料，因其含有许多组分，冻结过程从初始冻结温度开始，在较宽的温度范围内不断进行，一般至−40 ℃才完全冻结，在此温度范围内不会出现明显的温度平台。对于这样的情况，虽然可以用"表观比热容"表达，但使用并不方便，所以常用焓值直接表达，并且设食品材料在−40 ℃的焓值为零。

焓值的估算一般利用给定温度区间内比热容的积分获得：

$$H(T)=\int_{T_{\text{ref}}}^{T} c_p(T')\,\mathrm{d}T' \tag{3-7}$$

一些食品材料未冻水占全部水的质量分数和材料比焓值如表 3-8 所示。

表 3-8　一些食品材料未冻水占全部水的质量分数和材料比焓值

种类	水的质量分数/%	比热容/(kJ/kg·K)	温度/℃	−18	−10	−5	0
去皮芦笋	92.6	3.98	比焓/(kJ/kg)	45	69	99	381
			未冻水/%	—	—	15	100
黄瓜	95.4	4.02	比焓/(kJ/kg)	39	64	85	390
			未冻水/%	—	—	—	100
洋葱	85.5	3.81	比焓/(kJ/kg)	55	91	141	353
			未冻水/%	10	18	31	—
草莓	89.3	3.94	比焓/(kJ/kg)	49	76	114	367
			未冻水/%	—	11	20	100
无核樱桃	77.0	3.60	比焓/(kJ/kg)	66	114	190	324
			未冻水/%	17	29	55	—
蛋白	86.5	3.81	比焓/(kJ/kg)	43	65	87	352
			未冻水/%	—	13	20	100
鳕鱼	80.3	3.69	比焓/(kJ/kg)	47	74	105	323
			未冻水/%	12	16	23	100
瘦牛肉	74.5	3.52	比焓/(kJ/kg)	47	72	105	304
			未冻水/%	12	16	24	100

3.2 易腐食品腐败变质及其影响因素

新鲜的易腐食品在常温下存放，由于附着在食品表面的微生物作用和食品内所含酶的作用，食品的色、香、味和营养价值会降低。如果存放时间过长，食品会腐败或变质。引起食物腐败变质的因素有多种，每种因素中又包含诸多不同的引发食品腐败变质的因子。

3.2.1 腐败变质的常见类型

1. 微生物作用引起

微生物的作用是食品变质的主要原因。自然界微生物几乎无处不在，而且生命力强，生长繁殖速度快。食品中的水分和营养物质是微生物生长繁殖的良好基质，如果贮藏不当，易被微生物污染，从而迅速生长繁殖，促使食品营养成分迅速分解，发生变质和腐败。

由微生物引起的食品变质，其一般作用机理是微生物分解食品的成分，由高分子物质分解成低分子物质。同时由于微生物在食品中的繁殖代谢而产生种种中间产物，造成食品品质全面下降，甚至产生毒素和恶臭，这就是腐败。腐败食品失去了原有的营养价值，组织状态及色、香、味均不符合卫生要求，不能够再食用。有些食品遭受微生物轻度危害，表面上无明显劣变现象，但营养价值已受损失，并且基质往往已经带毒，这种初期变质常常不易被人们识别。如果长期摄取这类食物，毒素积累在人体内也会引起严重后果。

引起食品变质腐败的微生物种类很多，主要有细菌、酵母菌和霉菌三大类，其中细菌是引起食品腐败变质的主要微生物。我们把引起食品腐败的微生物称作腐败微生物，腐败微生物的种类及其引起的腐败现象主要取决于食品的种类及加工等因素。

1）微生物与果蔬的腐败

由于新鲜蔬菜含有大量的可利用水分，且其 pH 值处于很多细菌的生长范围之内，因此细菌成为引起蔬菜腐败的常见微生物，并且蔬菜具有相对较高的氧化—还原电势且缺乏平衡能力，因而引起蔬菜腐败的细菌主要是需氧菌和兼性厌氧菌。

由于水果的 pH 值大多低于细菌生长的 pH 值范围，因此由细菌引起的水果腐败现象并不常见。水果的腐败主要是由酵母菌和霉菌引起，特别是霉菌。

微生物引起蔬菜的腐败现象如十字花科蔬菜的淡绿色黄褐色病斑，番茄、茄子、辣椒等蔬菜的灰白色病斑和水浸状软化腐烂。微生物引起水果腐败的常见表现如苹果、梨等水果的褐色水浸状圆斑、烂果酸臭等。

2）微生物与肉类的腐败

引起肉类腐败的微生物种类繁多，因肉类的加工及包装方法而异。在新鲜及冷藏的肉类中常见的微生物有假单胞菌属、黄杆菌属、小球菌属、无色杆菌属、产碱杆菌属及梭状芽孢杆菌属等细菌，有芽枝霉属、枝霉属、毛霉属、青霉属、根霉属及分枝霉孢属等霉菌，有假丝酵母属、丝孢酵母属及赤酵母属等酵母菌。采用真空包装的肉类中，占优势的微生物常常是乳酸菌。而咸肉中存在的微生物主要是霉菌，包括曲霉属、交链孢霉属、镰刀霉属、毛霉属、根霉属、葡萄孢霉属、青霉属等。引起腌火腿腐败的微生物主要有芽孢杆菌属、假单胞菌属、乳杆菌属、小球菌属及梭状芽孢杆菌属等。

微生物引起的肉类腐败现象主要有发黏、变色、长霉及产生异味等。发黏主要是由酵母菌、乳酸菌及一些革兰阴性细菌的生长繁殖所引起。肉类的变色现象有多种，如绿变、红变等，但以绿变为常见。微生物在引起肉类变质时，通常都伴随着各种异味的产生，如酸败味，因乳酸菌和酵母菌的作用而产生的酸味以及因蛋白质分解而产生的恶臭味等。

3）微生物与水产品的腐败

健康新鲜的鱼贝类肌肉及血液等处是无菌的，但鱼皮、黏液、鳃部及消化器官等处是带菌的。

海水鱼中常见的腐败微生物有假单胞菌、无色杆菌、摩氏杆菌、黄色杆菌、小球菌、棒状杆菌及葡萄球菌等。海水鱼中的腐败微生物种类将随渔获海域、渔期及渔获后处理方法的不同而不同；虾等甲壳类中的腐败微生物主要有假单胞菌、不动杆菌、摩氏杆菌、黄色杆菌及小球菌等；而牡蛎、蛤、乌贼及扇贝等软体动物中常见的腐败微生物包括假单胞菌、无色杆菌、不动杆菌、摩氏杆菌等；淡水鱼中带有的腐败微生物除海水鱼中常见的那些细菌，还有产碱杆菌属、产气单胞杆菌属、短杆菌属等细菌。

污染鱼贝类的腐败微生物首先在鱼贝类体表及消化道等处生长繁殖，使其体表黏液及眼球变得浑浊，失去光泽，鳃部颜色变灰暗，表皮组织也因细菌的分解而变得疏松，使鱼鳞脱落。同时，消化道组织溃烂，细菌即扩散进入体腔壁并通过毛细血管进入肌肉组织内部，使整个鱼体组织分解，产生氨、H_2S、吲哚、粪臭素、硫醇等腐败特征产物。

4）微生物与冷冻食品的腐败

微生物是引起冷冻食品腐败的最主要原因。冷冻食品中常见的腐败微生物主要是嗜冷性菌及部分嗜温性菌，有些情形下还可发现酵母菌和霉菌。

冷冻食品中存在的腐败微生物种类与食品种类及所处温度等因素有关。如冷藏肉类中常见的微生物包括沙门菌、无色杆菌、假单胞菌及曲霉、枝霉、交链孢霉等，而冷藏鱼类中常见的微生物主要是假单胞菌、无色杆菌及摩氏杆菌等。另外，虽然同是鱼类，但是微冻鱼类的主要腐败微生物是假单胞菌、摩氏杆菌、弧菌等，冻结鱼类的主要腐败微生物是小球菌、葡萄球菌、黄色杆菌、摩氏杆菌及假单胞菌等，它们之间存在着明显差异。冷冻食品中微生物存在的状况还要受氧气、渗透压、pH值等因素影响。例如在真空下冷藏的食品，其腐败微生物主要为耐低温的兼性厌氧菌，如无色杆菌、产气单胞杆菌、变形杆菌、肠杆菌，以及厌氧菌如梭状芽孢杆菌等。

2. 化学作用引起

前文提到，食品材料是由多种化学物质组成的，除无机物质和水分外，包含蛋白质、糖类、脂类、维生素等有机物。这些有机物的稳定性差，在原料生产、贮运、消费的全过程中无不伴随化学变化。有些化学作用对食品质量产生消极的影响，主要有酶的作用、非酶引起的变质。

1）酶的作用

酶是生物体内的一种特殊蛋白质生物催化剂。绝大多数食品来源于生物界，尤其是鲜活食品和生鲜食品，在其体内存在着具有催化活性的多种酶类。酶与被作用的基质结合形成一定的中间产物后，基质分子内键的结合力便会减弱，从而降低反应的活化能，酶能促使化学反应的发生而不消耗自身，具有高度的催化活性。因此食品在加工和贮藏过程中，由于酶的作用，特别是由于氧化酶类、水解酶类的催化会发生多种多样的酶促反应，造成食品色、香、味和质的变化。另外，微生物也能够分泌导致食品发酵、酸败和腐败的酶类，与食品本身的酶类一起作用，加速食品变质腐败的发生。

无论是动物性食品或是植物性食品，它们本身都含有酶，进行生化反应的速度随食品的种类而不同。例如，鱼类引起本身组织酶的作用，在相当短的时间内经过一系列中间变化，使蛋白质水解为氨基酸和其他含氮化合物及非含氮化合物，脂肪分解生成游离的脂肪酸，糖原酵解成乳酸。由于鱼体组织中氨基酸一类物质增多，为腐败微生物繁殖提供了有利条件，使鱼类的品质急剧变坏，以致不能食用，这是酶引起的不良作用。再如畜肉生化过程进行缓慢，牲畜经屠宰放血后，停止对肌肉细胞供给氧气，破坏了肌肉组织的新陈代谢及正常的生理活动，停止了生命活动，体内氧化酶的活动减弱，自行分解的酶活动加强，自行分解的酶在有机磷化物参加下很快地将糖原变成乳糖，磷化物形成正磷酸。乳酸和磷酸的积聚，使肉呈酸性反应，这时肉成僵硬状态，坚硬干燥，不易煮烂。僵硬以后，肉中乳酸量继续增加，又使肌肉变得柔软、富有汁液，具有肉香味，较易煮烂。从僵硬到柔软的过程称为肉的成熟，虽然肉的成熟能改善肉类本身的质量和风味，但也为肉的腐败创造了条件。原因是虽然经过成熟的肉呈酸性不利于腐败细菌的繁殖，但如果继续在较高温度条件下保存，蛋白质在蛋白酶的作用下分解产生氨，使肉呈碱性，为腐败细菌创造了有利的生长环境，引起肉类腐败变质。

果蔬呼吸作用会引起变质，也属于酶促的化学反应。呼吸是植物性食品维持生命代谢特有的现象。有氧呼吸的实质是在酶的催化下消耗自身能量的氧化过程。呼吸使食品的营养成分损失，而且呼吸放出的热量与有毒物质也加速食品的变质。氧化酶的催化，促进了呼吸作用，使绿色新鲜的蔬菜枯萎发黄，失去了原有风味；同时呼吸作用加强、温度升高，也加速了蔬菜的腐败变质。

另外，霉菌、酵母菌、细菌等微生物对食品的腐败作用，也是这些微生物活动过程中产生各种酶引起的。

2）非酶引起的变质

引起食品变质的化学反应大部分是由于酶的作用，但也有一部分不与酶直接有关，主要包括非酶褐变和氧化作用。

非酶褐变是食品加工和贮藏过程中最常见、最基本的反应之一，主要有美拉德反应引起的褐变、焦糖化反应引起的褐变以及抗坏血酸氧化引起的褐变等，这些褐变常常由于加热及长期的贮藏而发生。其中美拉德反应是造成食品非酶褐变的最主要因素。由葡萄糖、果糖等还原性糖与氨基酸引起的褐变反应称为美拉德反应。美拉德反应所引起的褐变与氨基化合物和糖的结构有密切关系，含氮化合物中的胺、氨基酸中的盐基性氨基酸反应活性较强；糖类中凡具有还原性的单糖、双糖（麦芽糖、乳糖）都能参加美拉德反应。褐变的速度随温度升高而加快，温度每上升 10 ℃，反应速率增加 3～5 倍。食品的含水率高则反应速率加快，如果食品完全脱水干燥，则反应趋于停止。美拉德反应在酸性和碱性介质中都能进行，但在碱性介质中更易发生。光线，氧及铁、铜等金属离子都能促进美拉德反应。非酶褐变常发生于奶粉、蛋粉、脱水蔬菜及水果、肉干、鱼干、玉米糖浆、水解蛋白、麦芽糖浆等食品中。

当食品中含有较多的诸如不饱和脂肪酸、维生素等不饱和化合物，而在加工、贮藏及运输等过程中又经常与空气接触时，氧化作用将成为食品变质的重要因素。氧化作用会导致食品的色泽、风味变差，营养价值下降及生理活性丧失，甚至会生成有害物质。脂类氧化是食品腐败的主要原因之一，它使食用油脂、含脂肪食品产生各种异味和臭味，统称为酸败，也就是生活中经常出现的"哈喇"味。另外，食品的其他成分(如维生素、天然色素等)也会发生氧化作用，降低食品的营养价值，某些氧化产物可能具有毒性。酸败油脂不仅降低风味，而且营养价值也显著降低。人体摄取酸败油脂会引起腹痛、腹泻、呕吐等急性中毒症状。若人体在生活中经常微量摄取，则可引起肝硬化、动脉硬化等症，严重威胁人体健康和影响寿命。脂肪氧化受到多种因素的限制，如温度、光照和放射线辐照、水分等，其中温度是主要因素。脂肪氧化的速度随温度升高而增加，在近常温时，温度每升高 10 ℃，氧化速度增加 2.5～3 倍。虽然氧化作用不是与酶直接有关的化学反应，但低温仍可大大减缓其反应速度。

3.2.2　腐败变质的影响因素

既然引起食品腐败变质的原因包括微生物和化学作用，那么为了很好地贮藏食品，就要掌握微生物繁殖生长和化学作用发生的条件。这些内容在上一节已经有所涉及，这里将从影响因素的角度分类进一步阐述。

1. 温度

温度是微生物生长和繁殖的重要条件之一，各种微生物有其生长所需的一定温度范围，超过范围会停止生长甚至生命终止。这是由于在正常情况下，微生物细胞内各种生化反应总是相互协调一致的。

高温能杀死微生物，是因为蛋白质受热凝固变性，即刻终止它的生命活动。而低温不能杀死全部微生物，能阻止存活微生物的繁殖。这是由于低温破坏了各种生化反应的协调一致性，从而破坏了微生物细胞内的新陈代谢，使微生物细胞内的原生质黏度增加，胶体吸水性下降，蛋白质分散度改变，并最终导致不可逆的蛋白质凝固，破坏其物质代谢的正常运行，对细胞造成严重的损害。当食品冻结时，冰晶体的形成会使微生物细胞内的原生质或胶体脱水，细胞内溶质浓度的增加常会促使蛋白质变性。同时，冰晶体的形成还会使微生物受到机械性的破坏。因此，冻藏可抑制食品中所有微生物的生长，延长食品的储藏期。

一般细菌在 100 ℃温度下可迅速死亡，而带芽孢菌要在 121 ℃高压水蒸气作用下经过 15～20 min 才死亡。嗜冷性微生物如霉菌或酵母菌最能忍受低温，即使在－8 ℃的低温下，仍然发现有孢子在活动。大部分水中的细菌也都是嗜冷性微生物，它们在 0 ℃以下仍能繁殖。个别的致病菌能忍受极低的温度，甚至在温度－44.8～－20 ℃下，也仅受到抑制，只有少数死亡。嗜冷性、嗜温性和嗜热性微生物对温度的适应性如表 3-9 所示。

表 3-9　嗜冷性、嗜温性和嗜热性微生物对温度的适应性

类　别	最低温度/℃	最适温度/℃	最高温度/℃	种　类
嗜冷性微生物	0	10～20	25～30	霉菌、水中细菌
嗜温性微生物	0～7	20～40	40～45	腐败菌、病原菌
嗜热性微生物	25～45	50～60	70～80	温泉、堆肥中的细菌

温度的变化也影响化学反应速度。温度因提供物质能量可使分子或原子运动加快、反应时增加碰撞概率而使反应速度提高。温度与反应速度常数呈指数关系。食品中物质的变质反应通常符合一级反应动力学。低温或冷冻的作用就是抑制反应速度。一般温度每升高 10 ℃,化学反应速率大约增加 2～4 倍。

2. 水分

微生物需要依靠水来进行新陈代谢,水分是微生物维持生命所必需的物质。食品中的水分越多,细菌越容易繁殖。一般认为食品含水率在 50%以上时细菌才能正常繁殖,食品含水率约在 30%以下时细菌繁殖开始受到抑制,当食品含水率在 12%以下时细菌繁殖困难。存放在湿度较大环境中时,食品表面水分增加,会加速食品的发霉。因此,降低贮运环境中空气湿度有利于食品贮藏。微生物在浓度很高的糖或盐溶液中,因原生质失去水分而使微生物难以提取养料和排出体内代谢物,甚至原生质随即收缩而与外面的细胞壁相分离,还会产生蛋白质变性等现象,从而抑制微生物的生命活动,使微生物生命活动完全停止甚至死亡,所以人们常采用腌制方法保存食品。如果采用低温方式使食品内的水分结成冰晶,与腌制效果相仿,均是降低了微生物生命活动和实现生化反应所必需的液态水含量。不同之处在于冷冻是将水转变为冰,并不与食品分离,而腌制是将水分分离出来。

3. 空气成分

空气成分也会影响食品变质。占空气体积分数约 78%的氮气对食品不起什么作用,而只占 21%左右的氧气因性质非常活泼,能引起食品中多种变质反应和腐败。首先,氧气通过参与氧化反应对食品的营养物质(尤其是维生素 A 和维生素 C)、色素、风味物质和其他组分产生破坏作用。增加氧气会促进果蔬呼吸作用,食品贮藏期缩短。同时,氧气还是需氧微生物生长的必需条件,在有氧条件下,由微生物繁殖而引起的变质反应速度加快。

4. pH 值

微生物对培养基 pH 值的反应很灵敏,微生物在最适的 pH 值环境中生长和繁殖正常,它们都有其各自最适 pH 值。大多数细菌在中性或弱碱性的环境中生长较适宜,霉菌和酵母菌则在弱酸的环境中较适宜。若培养基过酸或过碱,常能影响微生物对营养物质的汲取。当 pH 值不同时,则组成原生质的半透膜胶体所携带的电荷也不同,胶体在一定 pH 值下带正电荷,而在另一 pH 值下带负电荷,电荷的更换,引起某些离子渗透性的改变,影响了微生物的营养作用。同时,pH 值也会影响酶促反应的速率。

5. 光照

光线照射会促进化学反应,如脂肪的氧化、色素的褪色、蛋白质的凝固等,均会因光线的照射而促进反应。因此,食品一般要求避光贮藏或用不透光的材料包装。

6. 营养物质

营养物质主要影响微生物的新陈代谢。营养物质如乳糖、葡萄糖与盐类等简单物质,可直接渗透过微生物的细胞膜进入细胞内;而淀粉、蛋白质、维生素等有机物质,首先分解成简单物质,然后渗透到微生物细胞内。每种微生物对营养物质的吸收均有选择性,如酵母菌喜欢糖类营养物,不喜欢脂肪;而一些腐败菌则需要蛋白质营养物。

3.3　食品物理保鲜

采用物理方法，可以通过对食品品质起关键作用的三大要素进行调控，实现食品保鲜：一是控制其衰老进程，即对于植物性食品通过呼吸作用的控制来实现；二是控制微生物，主要通过对腐败菌的控制来实现；三是控制内部水分蒸发，主要通过对环境相对湿度的控制和细胞间水分的结构化来实现。

本节主要介绍两种物理保鲜方法，即食品冷藏保鲜和食品气调保鲜。

3.3.1　食品冷藏保鲜

冷藏是食品在冷却或冻结终了温度的条件下，低温贮藏一定时间。根据食品冷却或冻结，冷藏又可分为冷却物冷藏和冻结物冷藏（冻藏）两种。冷却物冷藏温度一般在 0 ℃以上，冻结物冷藏温度一般为－18 ℃以下。各种冷藏方式的温度要求和适用食品如表 3-10 所示。

表 3-10　各种冷藏方式的温度要求和适用食品

冷藏方式	温度范围/℃	主要适用食品
冷却物冷藏	＞0	蛋品、水果、蔬菜
冰温冷藏	－2～－0.5	水产品、水果、蔬菜
微冻冷藏	－3	水产品
冻结物冷藏	－28～－18	肉类、禽类、水产品、冰淇淋
超低温冷藏	＜－30	金枪鱼

1. 食品冷却

1）食品冷却与传热方式

食品冷却是将食品的温度降低到接近但高于其冰点，而不冻结，冷却的温度通常在 10 ℃以下。部分食品的最佳冷藏温度、相对湿度和贮藏期如表 3-11 所示。

表 3-11　部分食品的最佳冷藏温度、相对湿度和贮藏期

冷藏方式	温度/℃	相对湿度/%	贮藏期/天
牛肉	－1.5～0	90	28～35
羊肉	－1～1	85～90	7～14
猪肉	－1.5～0	85～90	7～14
内脏	－1～0	75～80	3
苹果	－1～3	85	56～196
杏	－0.5	85	14
鳄梨	5～12	65	21～42
青香蕉	12.5	75	14～21

续表

冷 藏 方 式	温度/℃	相对湿度/%	贮藏期/天
黑莓	−0.05	85	14
蓝莓	−0.5	83	14
樱桃	1	83	14～28
葡萄(欧洲)	−1	82	28～84
橘子	5～8	86	14～21
杧果	10～12	81	14～21
瓜类	5～10	92	14～28
芦笋	0	93	14～28
青豆	7	90	7～14
卷心菜	0	92	28～84
胡萝卜	0	88	84～140
芹菜	0	94	42～70
甜玉米	−0.5	74	7～14
黄瓜	7～10	96	14～21
茄子	7～10	93	10
蘑菇	0	91	3～7

在第 2 章介绍过传热的 3 种方式，即传导、对流和辐射。在食品冷却的实际过程中，传热很复杂，上述 3 种传热方式往往夹杂在一起。传导主要发生在食品内部、包装材料以及用固体材料作为冷却介质的冷加工中；对流主要发生在以气体或液体作为冷却介质的冷加工和冷藏贮运中；辐射主要发生在仅有自然对流或流速较小的冷加工和冷藏贮运中。在实际生产中，往往是以一种或两种为主，而其他为辅的传热方式。通常以传导和对流为主。

冷却过程中，食品表面更接近冷却介质，表面温度下降的速度最快，中心温度下降的速度最慢。图 3-1 表示平板状食品的表面温度 t_s、中心温度 t_c 及平均温度 t 的下降情况。可以看出，表面温度 t_s 下降的速度最快，中心温度 t_c 下降的速度最慢，特别是冷却的开始阶段，食品中心部位的温度降得特别缓慢。

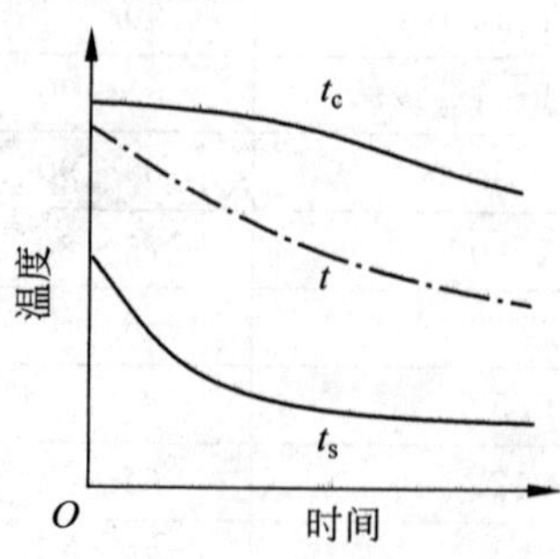

图 3-1 平板状食品各部位温度下降情况

由于食品内部温度不同，所以食品温度下降的速度有两种表示方法：一是用食品的平均温度来表示，二是用食品的中心温度表示。食品的冷却时间与冷却速度密切相关，当食品温度随着冷却时间延长而逐渐降低时，它与冷却介质的温差也逐渐减小，食品的冷却速度也就减慢。

2）食品冷却时的变化

冷却物冷藏是保持食品原有色、香、味的重要手段，而且成本较低，保鲜时间较长。但不可避免地，虽然食品在冷却贮藏时，由于温度降低，食品中酶和微生物的作用受到一定程度的抑制，但是食品在冷却贮藏时还是会发生一系列的变化。其具体主要体现在：第一，水分蒸发。在冷却时，不仅食品的温度下降，随着食品内部水分蒸发，其汁液的浓度会增大，并且食品表面水分蒸发会造成食品表面干燥。水分减少造成食品重量损失（也称干耗），使果蔬等植物性食品失去新鲜饱满的外观，水果、蔬菜会出现明显的凋萎现象。对于肉类食品，干耗造成肉的表面收缩、硬化，形成干燥皮膜，肉色也有变化。鸡蛋在冷却贮藏中，因水分蒸发而造成气室增大，使蛋内组织挤压在一起而造成质量下降。第二，冷害。在冷却贮藏时，有些水果、蔬菜的品温虽然在冻结点以上，但当贮藏温度低于某一温度界限时，水果、蔬菜的正常生理机能受到影响，失去平衡，称为冷害。冷害有各种现象，最明显的症状是表皮出现软化斑点和心部变色，如西瓜表面的凹斑、鸭梨的黑心病、马铃薯的发甜现象等。第三，移臭（串味）。有强烈香味或臭味的食品与其他食品放在一起冷却贮藏时，其香味或臭味就会传给其他食品，称为移臭。例如，蒜和苹果、梨放在一起冷藏，蒜的臭味就会串到苹果和梨上面去。第四，生理作用。为了运输和贮存的便利，一般果蔬尚未完全成熟就收获，由于果蔬采后仍是有生命的活体，因此收获后存在后熟过程。在冷却贮藏过程中，虽然低温抑制果蔬的呼吸作用，但是后熟作用仍在继续进行，体内各种成分也不断发生变化。第五，成熟作用。刚屠宰的动物肉是柔软的，经过一段时间放置，肉质会变得粗硬，持水性也大为降低。继续延长放置时间，经过前述的成熟过程，肉就会进入解除僵硬阶段，此时，肉质逐渐变软，口味、风味也有极大改善，达到了最佳食用状态。除了以上变化之外，还包括脂类、淀粉的变化，微生物的增殖等。上述所有变化除了肉类在冷却过程中的成熟作用外，其他均会使食品的品质下降。

3）冰温保鲜

随着消费者对食品品质要求的不断提高，冰温冷藏近年来在国内得到迅速发展。冰温冷藏是将食品贮藏在0 ℃以下至各自的冻结点（一般在−3～−0.5 ℃）范围内，它也属于非冻结冷藏。食品一般都是由动植物来源的原料制成，动植物原料则是由大量细胞构成，在细胞中含有大量有机物质和无机物质，包括水、盐、糖及复杂的蛋白质、核糖核酸等，有些还溶有气体，因此冻结点低于纯水的冰点。当温度高于冻结点时，细胞始终处于活体状态。而冰温保鲜技术就是把生鲜食品看作一个具有生命的活体，当冷却温度临近冻结点时，被保鲜食品会达到一种近似“冬眠”的状态，从而使产品在“冬眠”状态下保存，这时产品新陈代谢率最小，所消耗的能量最小。

冰温冷藏具有独特的优势，相比较于发生冻结的保鲜，冰温保鲜不破坏细胞，最大限度地抑制有害微生物的活动和呼吸作用，延长保鲜期，较好地保证食品的风味、口感和新鲜度，在一定程度上提高水果、蔬菜的保鲜品质。但冰温保鲜由于利用的温度范围狭小，不易控制，所以冰温冷藏需要精准的温度控制技术。

2. 食品冻结

1) 食品冻结的定义

食品冻结是将食品的温度降低到食品汁液的冻结点以下，使食品中的水分大部分冻结成冰。我们已经知道动植物细胞冻结点低于水的冰点，不仅原料如此，在加工过程中，大部分食品，特别是预制食品，还要添加盐类、糖类、油脂等辅料，使食品体系更为复杂。因此，食品的冻结点均低于纯水的冰点。由于水分和溶有固形物的种类及其数量不同，食品的冻结点也不一样。

由于食品含有多种成分，冻结过程从初始冻结温度(即冻结点)开始，在较宽的温度范围内不断进行，一般至－40 ℃才完全冻结。目前，国际上推荐的冻结温度一般为－18 ℃，对于少数特殊鱼类会达到－40 ℃。冻结食品中微生物的生命活动及酶的生化作用均受到抑制，水分活度下降，因此可以长期贮藏，称为冻藏(或冻结物冷藏)。部分冷冻食品不同温度下的冻藏期限如表 3-12 所示。

表 3-12 部分冷冻食品不同温度下的冻藏期限

种 类	冻藏时间/月		
	－18 ℃	－25 ℃	－30 ℃
牛白条肉	12	18	24
包装好的烤牛肉和牛排	12	18	24
羊白条肉	9	12	24
猪白条肉	6	12	15
腌制肉(新鲜而未经熏制)	2～4	6	12
猪油	9	12	12
小鸡和火鸡(包装良好、去内脏)	12	24	24
加糖的桃、杏或樱桃	12	18	24
草莓	12	18	>24
卷心菜	15	24	>24
花菜	15	24	>24
马铃薯	24	>24	>24
胡萝卜	18	>24	>24
青豌豆	18	>24	>24
菠菜	18	>24	>24
带棒的玉米	12	18	24
木瓜(薄片)	5	10	12
甘蓝	15	24	>24
扁豆	18	>24	>24
多脂肪鱼	4	8	12

续表

种　类	冻藏时间/月		
	−18 ℃	−25 ℃	−30 ℃
少脂肪鱼	8	18	24
龙虾和蟹	6	12	15
虾	6	12	12
真空包装的虾	12	15	18
蛤蜊和牡蛎	4	10	12

2）冻结曲线

通常把冻结过程中食品温度随时间变化的曲线称为食品冻结曲线。若无特别说明，冻结曲线一般指食品热中心的温度变化曲线。不论何种食品其冻结曲线在性质上都是相似的，如图 3-2 所示。曲线可以分为 3 个阶段。

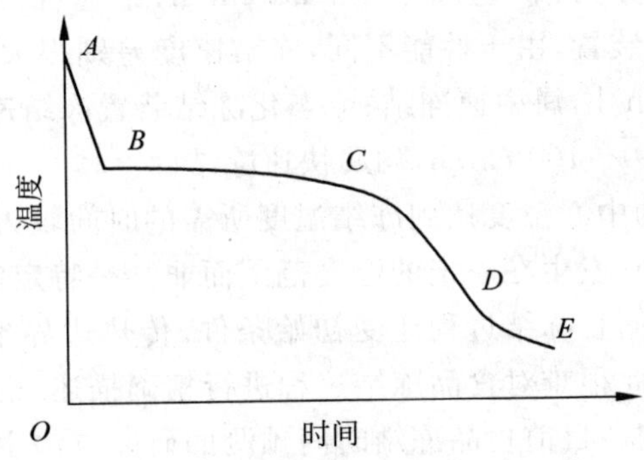

图 3-2　食品冻结曲线

初始阶段（A—B）：食品的冷却阶段，即从初温到冰点。这时食品放出显热，与全部放出的热量比较，其值较小，故降温快，曲线较陡。生产中要求快速通过初始阶段，因为这段时间微生物和酶的作用并未被明显抑制。

中间阶段（B—C）：食品中大部分水在此阶段结成冰。由于食品中的水分不是纯水，食品冻结时不是维持在一个温度。随着水分的冻结，食品冰点不断降低。因此，食品的相变是在一定温度范围内进行的。从结冰量来说，当食品的温度为−5 ℃时，食品中可冻结水分的 80%左右都已结冰。故通常把−5～−1 ℃这一区域称为最大冰晶生成带。在最大冰晶生成带，由于食品结冰时放出大量潜热，食品降温很慢，曲线比较平缓。整个冻结过程中绝大部分热量在此阶段放出。要求快速通过中间阶段以获得细小均匀的冰晶。

终了阶段（C—E）：在该阶段，残留的水分继续结冰，而冰晶则进一步降温。由于冻结后食品的热导率增大，食品降温速度增大，CD 段曲线比较陡；到食品冻结的后期，由于食品的温度与冷却介质的温差减小，食品降温的速度有所减缓，曲线变得较平缓（DE 段）。终了阶段，微生物和酶要到−15 ℃以下才能得到较完全抑制，故也必须加速通过此阶段。

可见，降温速度对食品冻结品质具有十分重要的影响。

3）冻结速率与冻结时间

从食品冻结速率的快慢来看，食品的冻结过程可分为慢速冻结、中速冻结和快速冻结等。目前用于表示冻结速率的方法主要有两种，分别体现温度下降速率和冰峰的前进速率。

时间-温度法：一般以降温过程中食品物料内部温度最高点，即热中心的温度表示食品物料的温度。选择的温度范围一般是最大冰结晶生成带，常用热中心温度从－1 ℃降低到－5 ℃这一温度范围的所用时间来表示。若通过此温度区间的时间少于 30 min，称为快速冻结；大于 30 min，称为慢速冻结。这种表示方法使用起来较为方便，多应用于肉类冻结。但这种方法对于某些食品物料而言，其最大冰结晶生成带的温度区间较宽，用这种方法不具有代表性，另外不能反映食品物料的形态、几何尺寸和包装情况等，为此在用此方法时一般还应标样品的大小等。

距离法：食品表面至热中心点的最短距离与食品表面温度达到 0 ℃后，食品热中心点的温度降至比冻结点低 10 ℃所需时间之比，称为该食品的冻结速度 v，单位为 cm/h。根据冻结速率的快慢可以分为：快速冻结 5～20 cm/h；中速冻结 1～5 cm/h；慢速冻结 0.1～1 cm/h。各种冻结装置，由于性能不同，冻结速度差别很大。一般鼓风式冻结装置其冻结速度为 0.5～3 cm/h，属中速冻结；流态化冻结装置冻结速度约为 5～10 cm/h，液氮冻结装置冻结速度为 10～100 cm/h，均属快速冻结。

具体计算某种食品的中心温度达到冻结温度所需的时间较为复杂。这是因为食品冷冻是一个很复杂的过程，它发生在一定的温度范围而非某一特定温度，在此过程中食品的物理性质不断发生变化，而且冻结过程还受初始条件、传热边界条件、食品形状多样性和不规则性等因素影响，因此很难对食品冻结过程进行精确描述，也很难找到一种通用方法对食品冻结时间进行预测。目前食品冻结时间预测的研究方法主要有 3 种：简单公式法、数值模拟法和人工神经网络法。这里不详细阐述。

4）冰晶尺寸及其影响因素

冰晶的尺寸和分布是反映食品品质的重要指标。过大的冰晶会造成细胞膜破坏，增加食品失水率，造成食品营养物质流失。

在食品冻结过程中，微细冰晶会逐渐减少、消失，而大冰晶逐渐生长变大，一段时间食品中冰晶的尺寸、形状和位置均发生了变化，这种现象称为冰晶的长大。在冻结过程中由于压差的存在，水蒸气压高的分子就向水蒸气压低的一方移动，并不断附着在冰晶表面，使大冰晶越长越大。

冻藏温度波动对冰晶长大影响较大。当温度上升时，食品中一部分冰晶，首先是细胞内冰晶融化成水，液相增加，由于水蒸气压差的存在，水分透过细胞膜扩散到细胞间隙中去；当温度又下降时，它们就附着并冻结到细胞间隙中的冰结晶上面，使冰结晶成长。因此，当冻藏温度波动时，细胞间隙中的冰结晶长大就更为明显。

冻藏过程中防止冰晶长大的办法有如下几种：一是采用超低温快速冻结方式，让食品中 90%的水分在冻结过程中来不及移动，就在原位置变成极微细的冰晶，这样所形成的冰晶大小及分布都比较均匀。同时由于是超低温快速冻结，冻结食品终温较低，食品的水分冻结率较高，残留液相少，也可减少冻藏中冰晶长大。二是冻藏温度要尽量低，保持稳定，特别要避免－18 ℃以上温度的变动。三是近年来国内外学者提出采用外加物理场辅助冻结，影响冻结过程中冰晶形成过程来获得细小均匀的冰晶，电场、磁场、超声波等物理场的作用均已被初步证实，但还需进一步探索其中的机理和规律。

5）食品冻结时的变化

冻结能够显著控制微生物、呼吸作用和氧化作用，是实现长期贮藏的有效方法。但在食品冻结过程中，不可避免地伴随着水的相变和冰晶的形成，引起食品物性、物理形态、组织结构的变化，并进一步引发食品一些生化特性的变化。

体积变化：水在4 ℃时密度最大，为1 000 kg/m^3，而体积最小。0 ℃时水结成冰，体积约增加9%，在食品中体积约增加6%。冰的温度每下降1 ℃，其体积收缩0.01%～0.005%。两者相比，膨胀比收缩大得多，所以含水分多的食品冻结时体积会膨胀。食品冻结时表面水分首先结冰，然后冰层向内部延伸。当内部的水分因冻结而膨胀时会受到外部冻结层的阻碍，于是产生内压，称为冻结膨胀压，理论计算数值可高达8.7 MPa。外表冻结层不能承受膨胀压时就会破裂，如采用－196 ℃的液氮冻结金枪鱼时，由于厚度较大，冻品会发生龟裂。为防止龟裂，常采用分段冷却、冻结的方法，使其温度内外均衡后，逐渐降低冻结温度。

热物性变化：前文已经介绍食品热物性因冻结与否而不同。对于比热容，冰的比热容约是水的一半，这就导致冻结时食品比热容会发生变化。食品比热容随含水率而异，含水率高的食品比热容大，而含脂量多的食品比热容小。对于有一定含水率的食品来说，冻结点以上的比热容要比冻结点以下的大。对于热导率，冰的热导率约为水的4倍，而食品其他成分的热导率基本上是一定的。因为水在食品中含量很高，当温度下降，食品中的水分开始结冰的同时，热导率就变大，造成食品的冻结速度一般也会加快。

干耗：食品冻结过程中，食品中水分从表面蒸发或升华，造成食品质量减少，俗称干耗。干耗不仅给企业造成很大的经济损失，还给冻品的品质和外观带来影响。引起干耗的原因是冻结室内的空气未达到水蒸气饱和状态，其蒸气压小于饱和水蒸气压，而食品含水量较高，其表层接近饱和水蒸气压，在蒸气压差的作用下，食品表面的水分向空气中蒸发或升华，内层水分在扩散作用下向表面层移动。由于冻结室内的空气连续不断地经过蒸发器，空气中的水蒸气凝华为霜形成在蒸发器表面，减湿后常处于不饱和状态，所以冻结过程的干耗在不断进行着。冻结室中的空气温度和风速会影响食品干耗。空气温度低，相对湿度高，水蒸气压差小，食品的干耗也小。降低冻结室的温度可减少食品的冻结干耗。对风速来说，一般是风速加大，干耗增加，但如果冻结室内是高湿、低温，加大风速可提高冻结速度，缩短冻结时间，食品也不会过分干耗。

机械损伤：食品冻结时，冰晶的形成、体积的变化及内部的温度梯度等将导致机械应力，最终产生机械损伤。植物细胞内有大的液泡，含水量大，且细胞壁脆硬，更易受到机械损伤。机械应力与食品的尺寸、冻结速率和冻结终温有关，小尺寸的食品以及冻结速率慢时，机械应力有足够时间得到释放和扩散，可以减少机械损伤。

蛋白质变性：鱼、肉等动物性食品中，构成肌肉的主要蛋白质是肌原纤维蛋白质。在冻结过程中，肌原纤维蛋白质会发生冷冻变性，表现为盐溶性降低、ATP（三磷酸腺苷）酶活性减小、盐溶液黏度降低、蛋白质分子产生凝集使空间立体结构发生变化等。在冻结后，蛋白质的肌肉组织持水力降低，质地变硬，口感变差，作为食品加工原料时，加工适宜性下降。蛋白质发生冷冻变性的原因目前尚无定论，但可能是下述一个或几个原因造成：冻结时食品中的水分形成冰晶，无机盐浓缩，盐析作用使蛋白质变性；慢速冻结生成的大冰晶挤压肌细胞内的肌原纤维，集结成束，发生凝集而变性；脂类分解的氧化产物对蛋白质的变性有促进作用；机械应力和冰晶损伤细胞的超微结构（cytoskeleton），引起组成这些超微结构的蛋白质变性。

变色：水产品在冷冻过程中会发生变色，而其他食品则较为少见。水产品的变色从外观上看通常有褐变、黑变、褪色等。水产品变色的原因主要有两个：自然色泽的分解和产生新的变色物质。自然色泽的破坏如红色鱼皮的褪色、冷冻金枪鱼的变色等；产生新的变色物质如虾类的黑变、鳕鱼肉的褐变等。变色不但使水产品的外观变差，有时还会产生异味，影响冻品的质量。

6）冷冻食品的货架期与 TTT

冷冻食品的货架期是衡量食品保鲜时间的一个概念，它取决于食品的特性和冷冻加工以后食品所处的环境条件。国际制冷学会推荐过两个定义：实用贮藏期和高品质期。这两个定义都在货架期的内涵范围内。

实用贮藏期或可接受时间是产品冷冻后不失商品价值的冻藏时间，在此时间内，冷冻食品保持其品质特征，适合于消费或进一步加工。高品质期是从冷冻时开始算起，到产品维持的初始品质被 70％经过训练的品尝小组成员（在三角感官试验法中）能够确认与贮藏在 −40 ℃的相应对照样品的品质有明显差异时为止的贮藏期。因此，这一参数也称为临界差异。

影响冷冻食品货架期的三个主要因素是：最初食品原料的初始品质、产品的加工和包装、贮藏温度和时间。对于任何具体产品，其货架期与产品特征（原料、配料、配方）、冻前处理、冷冻过程、包装膜以及贮藏温度有关。此外，冷冻食品货架期可以通过配料选择、过程改进、包装和贮藏条件改变而延长。另外，对于特定包装和品质的产品，贮藏温度和时间是影响其到达消费者手中时品质的关键，这就涉及 TTT 的概念。

冻结食品 TTT 是指食品在生产、储藏及流通各个环节中，经历的时间（time）和经受的温度（temperature）对其品质的容许限度（tolerance）的影响。冷冻食品由于要经过各个流通环节才能到消费者手中，如果在储藏和流通过程中不按冷冻食品规定的温度和时间操作，如温度大幅度波动，也会失去其优秀的品质。也就是说冷冻食品最终质量还要取决于储运温度和经历时间的长短。可见，TTT 是货架期及其影响因素的一种描述。

冷冻食品在流通过程中的品质变化主要取决于温度。冷冻食品的品温越低，其优良品质的保持时间越长。大多数冷冻食品的品质稳定性随食品温度的降低而呈指数关系地增大。在 −30～−10 ℃的冷藏温度范围内，冷冻食品的贮藏温度与实用冷藏期之间的关系，基本上是呈倾斜的曲线形状，这样的曲线叫 TTT 曲线，如图 3-3 所示。根据 TTT 曲线的斜率可知道贮藏温度对冷冻食品品质的影响，用温度系数 Q_{10} 表示。在 −25～−15 ℃的实用冷藏温度范围内，Q_{10} 的值为 2～5。

时间-温度的经历影响食品品质。冷冻食品在贮藏、运输、销售等流通环节中，因时间-温度的经历而引起的品质降低量是累积的、不可逆的，但与所经历的顺序无关。例如

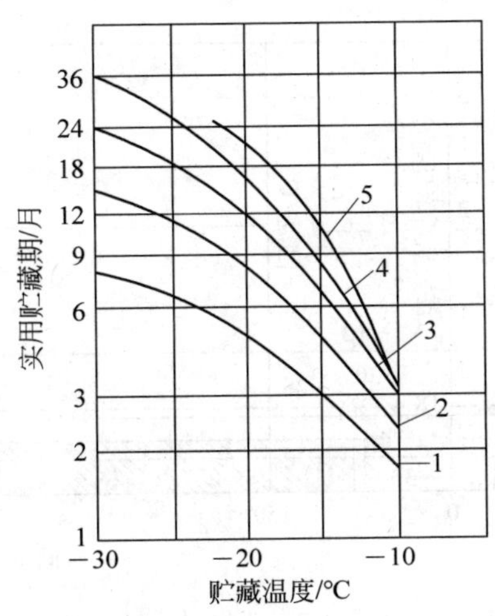

图 3-3　冷冻食品的 TTT 曲线

1—多脂肪鱼(鲑)和炸仔鸡;2—少脂肪鱼;3—四季豆和汤菜;4—青豆和草莓;5—木莓

把相同的冷冻食品分别放在两种场合进行贮藏:一种是开始放在－10 ℃贮藏 1 个月,然后放在－25 ℃贮藏 4 个月;另一种是开始放在－25 ℃贮藏 4 个月,然后放在－10 ℃贮藏 1 个月,这两种场合分别贮藏 5 个月后,其品质下降量是相等的。

利用 TTT 曲线可以对冷冻食品在流通过程中的品质变化进行计算。对于大多数冷冻食品来说,－18 ℃是最经济的贮藏温度。冷冻食品从生产出来直到消费者手上,如果品温能保持在－18 ℃以下,并能稳定不变,这对保持冷冻食品优良品质而言是十分理想的。但是在实际的贮藏、运输、销售等流通过程的各个环节中,温度经常会上下波动,这会给冷冻食品的品质带来很大影响。因此知道冷冻食品在流通过程中的品质变化,在实用上就显得十分重要。我们把某个冷冻食品在流通过程中所经历的温度和时间记录下来,可利用 TTT 曲线进行品质变化的计算。

根据 TTT 曲线可知道,一个冷冻食品在某个温度的实用贮藏期是 A,也就是这个冷冻食品原来的品质是 100%,经过时间 A 后其品质下降到 0,那么在此温度下,该冷冻食品每天的品质降低量为 $B=100/A$,根据这个关系可作出它的品质保持特性曲线 B。TTT 曲线就是在这个基础上作成的。图 3-4 所示是利用 TTT 曲线进行计算的一例。

图 3-4 中,横坐标是天数,纵坐标是各种温度下的品质降低率(用百分数表示)。我们把某冷冻食品从生产出来一直到消费者手上所经历的贮藏、运输、销售等环节的温度、时间画在图上,这条曲线下的面积就是该冷冻食品在流通过程中品质降低的总量。品温变化越大,曲线下的面积也越大,品质降低的量也越大。例如有一个冷冻食品,从生产到消费共经历了 7 个阶段,如表 3-13 所示。用 TTT 的计算方法,根据各个温度下每天的品质降低率,与在此温度下所经历的天数相乘,即可算出某冷冻食品各个阶段的品质降低量。刚生产出来时,该冷冻食品的冷藏性为 100 %,从生产者到消费者共经历了 214 d,7 个阶段的品质降低总量为 70.9%,这说明该冷冻食品还有不到 30%的剩余冷藏性。当品质降低总量超过 100%时,说明该冷冻食品已失去商品价值,不能再食用了。

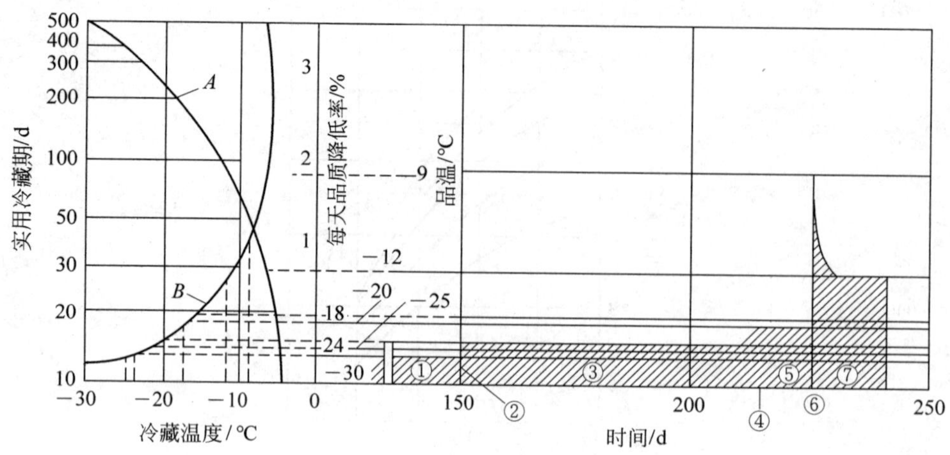

图 3-4 利用 TTT 曲线进行计算的一例

表 3-13 某冷冻食品流通过程中温度、时间经历一例

阶　段	保管平均温度/℃	每天品质降低率/%	保管时间/d	品质降低量/%
1. 生产者保管	−30	0.23	150	33.0
2. 运输	−25	0.27	2	0.5
3. 批发商保管	−24	0.28	60	17.0
4. 送货	−20	0.40	1	0.4
5. 零售商保管	−18	0.48	14	6.8
6. 搬运	−9	1.90	1/6	0.2
7. 消费者保管	−12	0.91	14	13.0

3.3.2 食品气调保鲜

1. 果蔬采摘后的生理变化和影响因素

果蔬贮藏是活体贮藏，果蔬采摘后，仍保持着旺盛的生命活动，进行着各种生理活动，但已不能从母体和光合作用中得到物质和能量来补偿生理活动的消耗，只能消耗自身营养物质维持生命活动，从而引起果蔬质量、重量和形状的变化，使果蔬逐渐由成熟走向后熟和衰老。造成这些变化的主要因素是果蔬的呼吸作用、蒸发作用和微生物的作用。这里着重介绍呼吸作用。

果蔬采摘后，同化作用基本停止，呼吸作用成为新陈代谢的主导方面。呼吸作用直接、间接地联系着各种生理、生化过程，因此，也影响着果蔬的储存性、抗病性的发展变化。呼吸作用越旺盛，各种过程和变化越快，生命终止也越早。温度、相对湿度和气体成分均影响呼吸作用。

呼吸强度也称为呼吸速度，呼吸速度的快慢反映呼吸作用的强弱。温度高时，呼吸强度大；温度低时，呼吸强度小。

由于采摘后的果蔬中有较高的水分，如果贮藏环境的相对湿度较低，果蔬内的水解酶的活性会由于果蔬的失水现象而得到增强。果蔬内部的营养物水解为糖的反应加强，使得呼吸的基质更充分，从而加强了呼吸作用，导致缩短了贮藏期。不过对于有些品种，较大的相对湿度可能会加快呼吸速度，如洋葱和柑橘。所以，对于不同种类的蔬果应采用不同的相对湿度。

空气中的主要成分有氧气、氮气和少量的二氧化碳。正常大气中氧的体积分数为20.9%，二氧化碳的体积分数为0.03%。如果降低氧气的浓度或者增加二氧化碳的浓度，呼吸强度将减弱。但是氧气降低到某个数值后呼吸作用的性质会发生改变，以有氧呼吸为主的呼吸方式改变为无氧呼吸为主的方式。对于大多数水果而言，呼吸发生质变的氧浓度转折点在1%～5%之间。因此提高二氧化碳的浓度不但能降低呼吸强度，推迟呼吸跃变的启动和呼吸高峰的出现，而且二氧化碳还能延缓内源乙烯的合成、叶绿素的分解，保持水果原有的鲜嫩感。二氧化碳的浓度也不是越高越有利，过高的二氧化碳浓度及过低的氧气浓度会导致果蔬的生理障碍。对于不同的果蔬采用合适的二氧化碳和氧气浓度能取得较理想的贮藏效果。另外，乙烯对果蔬具有强烈的催熟作用。果蔬在成熟和后熟过程中自身会产生并释放出乙烯，属于植物类激素。因此，在果蔬的贮藏中抑制乙烯的产生及消除库内乙烯的积累能明显延长果蔬的贮藏期。

2. 气调保鲜原理

气调保鲜是指通过特定气体环境实现保鲜的方法，主要应用于果蔬的保鲜。气调通常是在保持适宜的温、湿度下，适时提供合适的氧含量和二氧化碳浓度的贮藏环境，并清除环境气调中的乙烯。果蔬的气调贮藏是目前果蔬贮藏较为先进的方法之一。它的优点主要有：可较好地保持食品原有的色泽、口味、形状以及营养成分；相对一般的低温贮藏具有较长的保质期；属于物理保鲜方法，不会有化学残留的食品安全问题，有利于产品增值。

气调贮藏正是在低温贮藏的基础上，调节贮藏环境中氧、二氧化碳及一些特殊气体（如乙烯、一氧化碳等）的含量，以达到更好地贮藏果蔬的目的。这是气调保鲜的基本思路。

典型果蔬的气调保鲜条件如表3-14所示。

表3-14 典型果蔬的气调保鲜条件

种 类	温度/℃	O_2（体积分数）/%	CO_2（体积分数）/%	相对湿度/%	保鲜期/d
红番茄	10～13	2～5	2～4	80～85	30
花菜	0～5	2～5	2～5	80～85	50
青椒	5～10	3～8	1～2	85～95	30
黄瓜	8～10	2～5	0～5	90～95	20～40
大白菜	0～2	1～6	0～5	85～95	90～120
菠菜	0～2	21	10～20	95	20～30
甘蓝	0～5	3～5	3～7	85～95	60～120

续表

种　类	温度/℃	O_2(体积分数)/%	CO_2(体积分数)/%	相对湿度/%	保鲜期/d
西蓝花	0～2	1～2	0～5	95～100	20～90
胡萝卜	0～2	1～2	2～4	90～95	90～120
山药	5～10	5～10	0～2	75～85	90～150
马铃薯	2～3	3～8	0～2	85～90	120～180
生菜	0～3	8～12	1～2	90～95	10～30
大葱	0～1	5～10	1～2	80～85	30～90
苹果	0～5	2～5	1～3	80～92	180
梨	0～2	7～10	0～2	80～92	90
桃	－1～1	1～3	2～4	80～92	20～30
草莓	0～2	5～10	12～20	90	20～40
葡萄	0～2	4～6	1～3	80～92	60
柑橘	3～5	6～8	1～3	80～92	100
鲜枣	－1～1	13～16	0～1	80～92	30～40
杏	0～2	1～3	1～3	80～92	30～60
菠萝	10～15	1～3	1～3	80～92	60～90
香蕉	12～15	2～5	2～5	80～92	20～50

3. 气调保鲜方法

气调保鲜在实际生产中主要有下列几种实现方法。

自然降氧:靠果蔬自身的呼吸作用来改变贮藏环境中的氧和二氧化碳的含量。在密闭环境中,由于果蔬的呼吸作用,氧气的比例慢慢减少而二氧化碳所占的比例逐渐上升,这就实现了气调。其特点是工艺简单,不需要任何辅助装置,也无须消耗动力,但是对气调间的围护结构气密性能的要求也特别严格。如果氧气的泄漏速度大于或等于果蔬消耗氧气的速度,气调间内的氧气浓度就很难降下来。另外,自然降氧的速度很慢,一般需要2～3周或者更长时间。此外,对二氧化碳浓度的增加也缺乏有效控制。

人工降氧:可分为开式循环和闭式循环两种。开式循环降氧系统是利用制氮机制取浓度为95%～99%的氮气送入气调间置换内部气体达到降氧目的。而闭式循环降氧系统则是从气调间内抽取气体,送入制氮机内进行氧、氮分离,经分离出来的富氮重新送回气调间,氧气排放到外界。由于人工气调要求快速降温和快速降氧,因此需要耗用较大的制冷量和配备高效的降氧设备才能达到,贮藏成本也较高。

混合降氧:采用人工降氧降低气调间内的氧气浓度在开始时效率较高,但是把较低氧浓度的气调间进一步降低时就需要耗费较大的能量。为提高效率、降低成本,在开始时使用人工降氧法迅速将氧含量降低到比合适浓度高2%～3%,再利用果蔬本身的呼吸作用消耗这部分氧气。因此,混合降氧综合考虑了降氧速率和气调能耗,是一种折中方法。

【扩展阅读】

时间温度指示器(TTI)及其发展现状

【参考文献】

[1] 汪东风,徐莹. 食品化学[M]. 北京:化学工业出版社,2019.

[2] 华泽钊,李云飞,刘宝林. 食品冷冻冷藏原理与设备[M]. 北京:机械工业出版社,1999.

[3] 谢如鹤,邹毅峰,刘广海. 冷链运输原理与方法[M]. 北京:化学工业出版社,2013.

[4] 谢晶. 食品冷藏链技术与装置[M]. 北京:机械工业出版社,2010.

[5] 吕金虎. 食品冷冻冷藏技术与设备[M]. 广州:华南理工大学出版社,2011.

[6] 刘宝林. 食品冷冻冷藏学[M]. 北京:中国农业出版社,2010.8.

[7] EVANS JA. 冷冻食品科学与技术[M]. 北京:中国轻工业出版社,2010.

【思考题】

1. 食品由哪些无机物和有机物组成?
2. 引起食品腐败的因素有哪些?
3. 温度是如何影响食品腐败的速度的?
4. 加快冻结速度,对冻结冰晶大小的影响如何?
5. 阐述食品货架期与 TTT 的概念。
6. 试描述气调保鲜的基本原理。

【即测即练】

第 4 章

食品冷加工装备与设施

【本章导航】

冷加工是冷链流通的第一个环节,冷加工装备与设施是冷链首环节的重要保障。本章主要介绍目前易腐食品常用冷加工装备与设施,主要包括果蔬预冷装备、动物性食品冷却装备与设施、食品冷冻装备与设施;食品冷加工装备与设施的最新进展也在各部分进行了分述。

4.1 果蔬预冷装备

4.1.1 果蔬预冷概述

1. 果蔬预冷的定义

果蔬预冷是将采收的新鲜果蔬在运输上市、贮藏或加工以前,迅速去除田间热,在较短时间内使果蔬从初始温度冷却到规定温度的过程。及时将采后果蔬预冷到所需的温度,可以抑制腐败微生物的生长、酶的活性和呼吸作用,控制水分损失和减少果蔬释放的乙烯,可较长时间保持其采前的新鲜度和品质。果蔬预冷称为果蔬冷链的"最先一公里",是创造冷链所需良好温度环境的第一步,所以大多数果蔬特别是易腐果蔬采后预冷非常重要。

在高温下延长果蔬从采收到开始预冷的时间,或者预冷速度很慢都会降低预冷保质效果。所以,果蔬预冷的第一要求是将采收的新鲜果蔬尽可能早预冷,第二要求是快速冷却至规定温度。例如,梨在采摘 24 h 内预冷后 0 ℃贮藏 5 周不腐坏;而如果采摘后 96 h 才预冷,在 0 ℃贮藏 5 周就会有 30%的梨腐坏。还有,对采摘后 20 ℃的草莓进行分组预冷研究,第一组草莓采后不进行预冷,2 d 后品质低于商品临界线;第二组草莓采后立即预冷至 6 ℃,然后再 1 ℃贮藏,9 d 后品质低于商品临界线;第三组草莓采后立即预冷至 1 ℃并在此温度贮藏,18 d 后品质才低于商品临界线。

目前国内许多果蔬产地采用普通果蔬冷库进行果蔬预冷,冷库的制冷能力和空气流速均不足以快速预冷果蔬,因此不能算作真正意义上的预冷,真正意义上的预冷通常需要采用专业预冷手段进行独立冷加工环节操作。

2. 果蔬预冷作用机理

果蔬采收以后,失去了水和无机物的来源,同化作用基本停止,但仍然是活体,其主要代谢过程是呼吸作用。呼吸是呼吸底物在一系列酶参与的生物氧化下,经过许多中间环节，将生物体内复杂有机物分解为简单物质，并释放出化学键能的过程。由于呼吸作用同各种果蔬的生理生化过程有着密切的联系，并制约着生理生化变化，因此必然会影响果蔬采后的品质、成熟、耐贮性、抗病性以及整个流通寿命。呼吸作用越旺盛，各种生理生化过程进行得越快，采后果蔬货架期就越短。

果蔬呼吸速率与新陈代谢速度成正比，因此降低果蔬呼吸速率对于保持果蔬品质十分重要。由于果蔬呼吸是在酶的催化下进行的，因此呼吸速率的高低可用温度系数 Q_{10} 表征：

$$Q_{10}=\frac{K_2}{K_1} \tag{4-1}$$

式中，Q_{10} 为温度每增加 10 K 因酶活性变化而增加的化学反应率；K_1 为温度在 T 时酶活性所贡献的化学反应率；K_2 为温度在 $T+10$ K 时酶活性所贡献的化学反应率。

表 4-1 给出了部分水果在不同温度区间的 Q_{10}，Q_{10} 在 1.5～4.1 之间，均大于 1，说明随着温度升高，呼吸速率增大。从表 4-1 中还可看出，0～10 ℃温度区间对呼吸速率影响较大。所以在果蔬采后尽早进行预冷，可以大大减缓呼吸作用和新陈代谢，从而保持果蔬品质。

表 4-1　部分水果在不同温度区间的 Q_{10}

种类	温度/℃				
	0～10	11～21	16.6～26.6	22.2～32.2	33.3～43.3
草莓	3.45	2.10	2.20	—	—
桃子	4.10	3.15	2.25	—	—
柠檬	3.95	1.70	1.95	2.00	—
橘子	3.30	1.80	1.55	1.60	—
葡萄	3.35	2.00	1.45	1.65	2.50

果蔬呼吸作用会产生一部分能量以热量形式散出，这种释放的热能叫呼吸热。表4-2列出了部分果蔬的呼吸热，可以看出，随着果蔬温度提高，呼吸热也会增加。而呼吸热的产生会造成果蔬自身及其贮藏环境温度升高，从而进一步增大呼吸热的产生。例如，日本豆角夏季采收品温为 27 ℃时，未经预冷流通 20 h 后，其品温上升到 41 ℃。预冷可以迅速降低果蔬温度，从而抑制呼吸热的产生，有效减少果蔬损失，延长果蔬货架期。

表 4-2　部分果蔬的呼吸热

品　名	不同温度下的呼吸热/(W·t^{-1})						
	0/℃	2/℃	5/℃	10/℃	15/℃	20/℃	25/℃
杏	17	27	56	102	155	199	—
香蕉(青)	—	—	52	98	131	155	—
香蕉(熟)	—	—	58	116	164	242	—
成熟柠檬	9	13	20	33	47	58	78

续表

品　　名	不同温度下的呼吸热/(W·t^{-1})						
	0/℃	2/℃	5/℃	10/℃	15/℃	20/℃	25/℃
甜樱桃	21	31	47	97	165	219	—
西瓜	19	23	27	46	70	102	—
橙	10	13	19	35	56	69	96
梨(早熟)	20	28	47	63	160	278	—
梨(晚熟)	10	22	41	56	126	219	—
苹果(早熟)	19	21	31	60	92	121	149
苹果(晚熟)	10	14	21	31	58	73	—
李	21	35	65	126	184	233	—
葡萄	9	17	24	36	49	78	102
香瓜	20	23	28	43	76	102	—
桃	19	22	41	92	131	181	236
菠萝(熟)	—	—	45	70	80	87	—
酸樱桃	22	34	53	107	184	242	—
草莓	47	63	92	175	242	300	453
坚果	2	3	5	10	10	15	—
抱子甘蓝	67	78	135	228	295	520	—
菜花	63	77	88	138	259	402	—
卷心菜	33	36	51	78	121	194	—
结球甘蓝	19	24	24	38	58	116	—
马铃薯	20	22	24	26	36	44	—
胡萝卜	28	34	38	44	97	135	—
黄瓜	20	24	34	60	121	174	—
甜菜	20	28	34	60	116	213	—
西红柿	17	20	28	41	87	102	—
蒜	22	31	47	71	128	152	—
葱头	20	21	26	34	46	58	—
青豆	70	82	121	206	412	577	721
莴苣	39	44	51	102	189	339	—
蘑菇	121	131	160	252	485	635	—
豌豆	104	143	189	267	460	645	872
芹菜	20	—	29	—	102	—	—
青椒	33	—	64	96	114	131	—
芦笋	65	—	85	160	279	363	—
菠菜	82	—	199	313	523	897	—

3. 果蔬预冷方法分类

常用预冷方法按照冷却介质不同分为空气预冷、冷水预冷、冰预冷、真空预冷。预冷方法虽然不同,但都可以迅速将果蔬中的热量传递到冷却介质中,实现果蔬迅速降温。

1）空气预冷

空气预冷是指利用风机将低温空气吹送至果蔬表面或者包装容器中,并在产品的缝隙间循环流动的冷却过程。空气预冷主要包括常规冷空气预冷和差压预冷。

2）冷水预冷

冷水预冷是指将果蔬浸入冷水中,或者将冷水喷淋到果蔬表面以实现预冷目的的过程。

3）冰预冷

冰预冷是指采用块状冰、碎冰、片状冰、冰浆等与食品直接接触实现果蔬冷却的过程。

4）真空预冷

真空预冷是指将果蔬放在密闭容器内,降低容器气压使果蔬的水分迅速蒸发吸热,从而实现冷却果蔬的过程。

在预冷技术发展初期,冰预冷是最常用的预冷方式之一。冰预冷可以将碎冰放在果蔬包装容器或输运工具内的适当位置,也可以采用冰浆进行预冷。冰预冷虽然不能像其他预冷方式迅速去除果蔬热量,但是可在不断融化过程中吸收大量热量,所以可在冷链运输中起到良好的保质效果。冰预冷的主要装备是制冰设备而不是预冷设备,所以本书不予介绍。以下介绍差压预冷、冷水预冷、真空预冷 3 种果蔬预冷装备。

4.1.2　差压预冷装备

1. 工作原理与特点

差压预冷是利用风机等机械加压装置在被预冷果蔬包装容器两侧形成压力差,迫使冷空气流经果蔬表面,从而实现果蔬快速冷却的方法,其原理如图 4-1 所示。差压预冷要求必须在果蔬包装箱两侧打孔,使冷空气仅通过包装箱上的小孔进入果蔬的缝隙中,为使一定量的空气流入箱内,在箱两侧必然存在压差,以加大果蔬表面的冷空气流速,强化果蔬与冷空气之间的对流换热,将箱内果蔬热量迅速带走,以达到快速冷却目的。为了减少果蔬预冷过程中的水分损失,可以对冷空气进行加湿处理。一般将果蔬温度由田间温度降至 4 ℃左右,空气流速 1.5～3.0 m/s,预冷时间 3～6 h,失水率应控制在 2.5%左右。

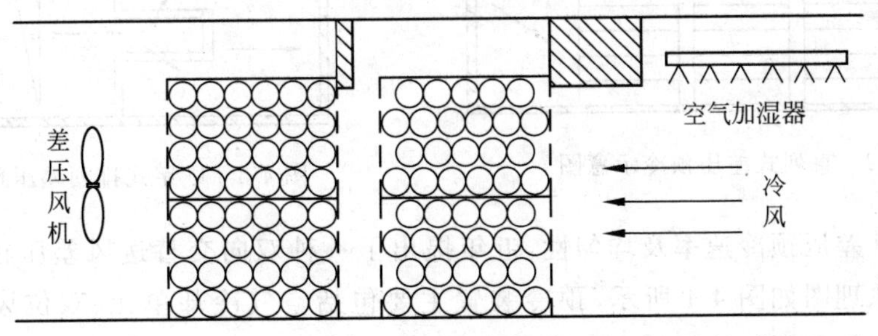

图 4-1　差压预冷原理

差压预冷的优点：

(1) 比没有封闭未形成包装箱两侧压力差的常规冷空气预冷速度快，冷却时间通常为目前常用冷库预冷时间的1/4。

(2) 冷却较均匀，无冷却死角。

(3) 预冷适应性好，几乎适合所有的果蔬。

(4) 能耗较低，设备成本较低。

(5) 冷空气自果蔬低温侧流向高温侧，可避免结露。

差压预冷的缺点：

(1) 预冷较高风速可能引起果蔬水分损失，对于易风干的果蔬，需要采用加湿器。

(2) 对包装要求高，包装容器需要留有通气孔。

2. 差压预冷形式

采用差压预冷需要用纸板箱或塑料箱对果蔬进行包装，必须堆放紧凑，使得空气能够通过箱体侧面的开口，流经产品表面。箱体开口必须大小适宜，开口部分和箱体表面积的比率不得少于5%，开口布置要兼顾空气流动和箱体强度。通过合理摆放包装容器及其孔洞位置，具有一定速度的冷空气全部通过被冷却果蔬，较高对流换热系数以及较大果蔬与冷空气接触面积大大提高了果蔬的冷却速度。

差压预冷按气流流动方向可分为直流式和绕流式；按容器的摆放形式可分为直列式和U字式；按吹风方式可分为直吹式、侧吹式、上吹式和下吹式。图4-2为直列式差压预冷示意图，果蔬包装箱按照直列摆放，冷空气在风机驱动下，经过蒸发器冷却，在流经堆码区时不改变原流向径直通过，故从气流流动方向也可称为直流式差压预冷。图4-3为U字式排列差压预冷示意图，果蔬包装箱按照U字形摆放，冷空气在流经堆码区时改变原流向从侧面流出，所以从气流流动方向也可称为绕流式（侧流式）差压预冷。

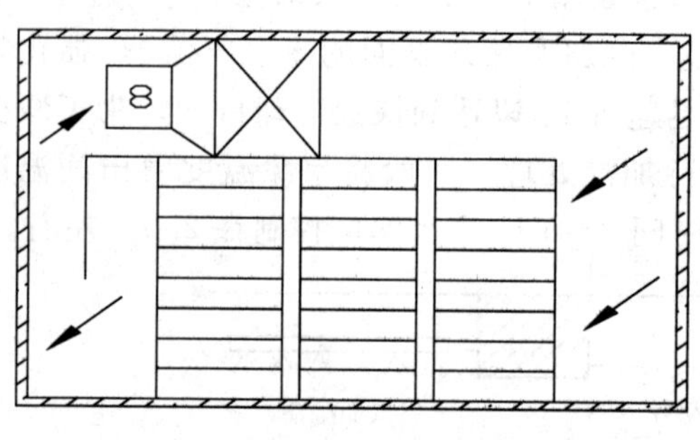

图4-2 直列式差压预冷示意图

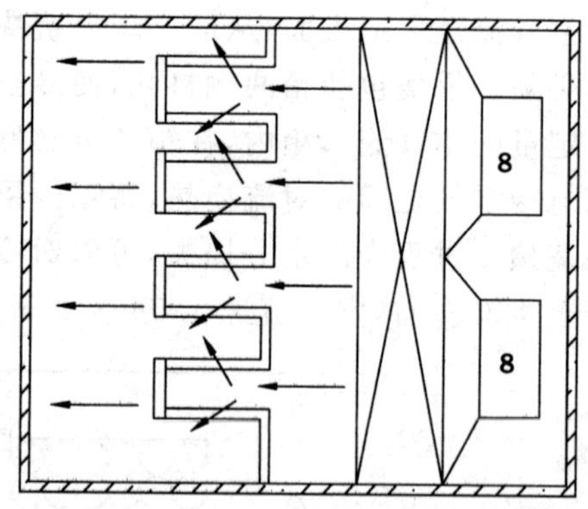

图4-3 U字式排列差压预冷示意图

为了提升差压预冷速率及均匀性，近年提出了一种双向交替送风差压预冷方式。双向交替送风原理图如图4-4所示，预冷装置主要包括空气冷却单元、双位风阀和均压孔板。空气冷却单元用于给循环空气降温冷却，双位风阀用于切换空气循环方向，均压孔板用于给果蔬预冷区域进行均压送风。进行果蔬预冷时，2个双位风阀首先切换到如

图 4-4 (a)所示位置，此时空气按顺时针方向循环，在果蔬预冷区域形成正向送风。当 2 个双位风阀切换到如图 4-4 (b)所示位置后，空气如图中所示逆时针方向循环，此时在果蔬预冷区域形成反向送风。如此反复切换双位风阀，就在果蔬预冷区域形成双向交替送风的方式。经模拟和实验对比，采用双向交替送风差压预冷方式比传统差压预冷方式达到相同终温预冷时间要节省 20%左右，且可显著降低果蔬降温过程中的不均匀性。

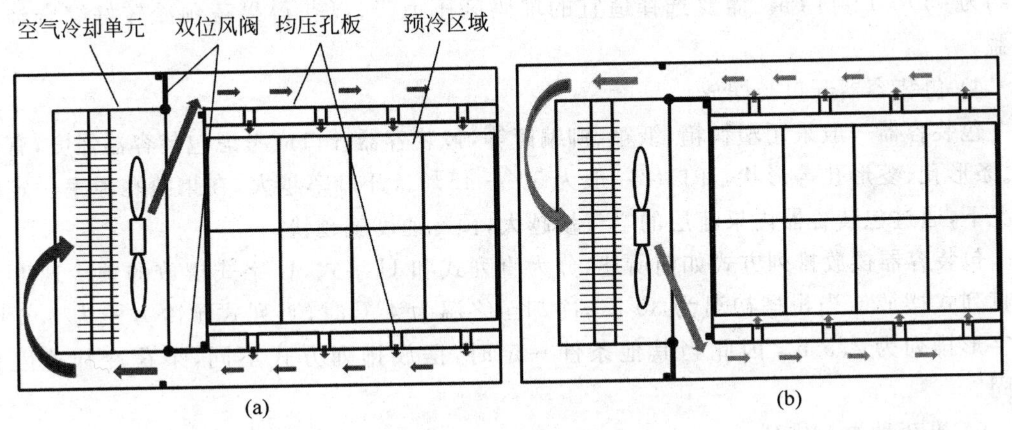

图 4-4　双向交替送风原理图

(a) 正向送风方式；(b) 反向送风方式

3. 差压预冷效果的影响因素

差压预冷效果取决于果蔬在预冷过程中向外的热量传递。果蔬中的热量先以导热方式由内部传递到表面，然后在表面以对流换热方式传递给周围冷空气。果蔬向冷空气传热量大，冷却速度就快，反之冷却速度就慢。因此，影响差压预冷效果的因素等同于果蔬向冷空气传热的影响因素。在预冷过程中，影响热量传递的主要因素包括空气温度、气流速度、堆码区压力降、包装容器开口与摆放、果蔬种类与排列。

1) 空气温度

在果蔬温度不变的情况下，降低预冷空气温度能够增大空气与果蔬之间的温度差，果蔬传热量增加，从而冷却速度加快。但是果蔬预冷的终温要高于冰点温度和冷害临界点温度，以免造成冻害或冷害。对于刚采摘后的果蔬，由于大部分水果蔬菜的冻结点为 −4.2～−1 ℃，所以一般情况下，预冷空气温度应严格控制在 −1～0 ℃范围内。但有些果蔬冻结点相对较高，例如生菜为 −0.45 ℃，黄瓜为 −0.84 ℃，西红柿为 −0.9 ℃，因此这些食品预冷时空气温度不得低于 0 ℃。对于易产生冷害的果蔬，除了考虑预冷有可能造成的冻害，还要考虑冷害，控制预冷空气温度和预冷过程使得预冷果蔬终温高于冷害临界点温度。另外，不必要的过低预冷风温还会引起制冷机组效率降低，增加预冷能耗。

2) 气流速度

当预冷空气温度一定时，增大流经果蔬的气流速度可以提高果蔬表面的对流换热系数，增加换热量，有利于预冷速度的提高。但是气流速度过高，会同时增加风机能耗和食品干耗，从而降低了整体预冷经济效益。因此实际操作过程中必须设定适当的气流速度，一般为0.5～3 m/s。

3）堆码区压力降

堆码区压力降与流经果蔬的气流速度、包装容器开口率和摆放及容器中果蔬孔隙率有关。对于如青豌豆、樱桃、青蚕豆、小西红柿、小胡萝卜、草莓等较小的颗粒状食品，压力降约为3 300 ～ 4 300 Pa。对于如橘子、桃、梨、苹果、西红柿、土豆等较大球状食品，压力降约为450～1 000 Pa。需要选择适宜的堆码区压力降，以获得果蔬预冷较好综合经济效益。

4）包装容器开口与摆放

包装容器一般采用塑料箱、纸箱、柳编筐等，包装容器开口应考虑包装容器强度，有圆孔、条形孔、菱形孔等形状，开口率一般为5%～45%。开口率越大，在果蔬孔隙率一定的情况下，通过包装容器内果蔬层的空气量越大，预冷速度就越快。

包装容器摆放排列方式如前所述，分为直列式和U字式，U字式摆放的预冷速度大于直列式摆放。当柑橘初温为30 ℃，冷却至终温为4 ℃时，直列式预冷方式为3.6 h，U字形排列为2.5 h。因此当其他条件一定时，摆放排列方式不同，果蔬冷却速度也不同。

5）果蔬种类与排列

对于不同种类果蔬和相同种类果蔬不同大小规格情况，其体积、成分、含水量、导热系数、排列孔隙率均不同，因此同样冷却条件下的预冷效果会有差别。含水量大、含脂肪多、体积较大果蔬的冷却速度慢，例如西瓜、西红柿等。

对于相同种类和规格的果蔬，包装容器中的排列不同会造成不同果蔬层孔隙率，从而影响空气流经堆码区压力降，孔隙率越大压力降越低，反之压力降越高。无规则排列果蔬层比有规则排列（顺排、横排）压力降大。

4. 预冷装备

随着技术发展并为了满足市场需求，在常规差压预冷装备基础上，又逐步发展出高湿度调速风机差压预冷装备、移动式差压预冷装备、流态冰差压预冷装备等预冷设备。

1）常规差压预冷装备

差压预冷装备主要由隔热围护结构、制冷系统、风系统、包装容器以及自动控制系统组成。有些差压预冷装备，为了减少进出货人力劳作，还配备了自动或机械进出货系统。

图4-5为常规差压预冷装备结构示意图。该装备围护结构是一个隔热冷藏箱，果蔬沿箱体两侧摆放，中间留出风道，箱内设置挡风帆布帘，由堆码区前端伸展至后端，使得中间风道封闭。包装箱为300 mm×250 mm×200 mm，以甜糯玉米计8.4 kg/箱，一次处理量为10 t。总装机功率26 kW，制冷量40 kW（蒸发温度－7.5 ℃，冷凝温度50 ℃）。预冷装备设有电控柜，可以自动控制箱内温度及预冷时间。实测预冷能力：10 t西蓝花从30 ℃预冷到5 ℃的平均预冷时间为4 h 30 min，处理能耗成本为5.3元/t；10 t甜糯玉米从30 ℃预冷到5 ℃的平均预冷时间为4 h 45 min，处理能耗成本为5.42元/t；10 t芦笋从30 ℃预冷到5 ℃的平均预冷时间为4 h 38 min，处理能耗成本为5.37元/t。

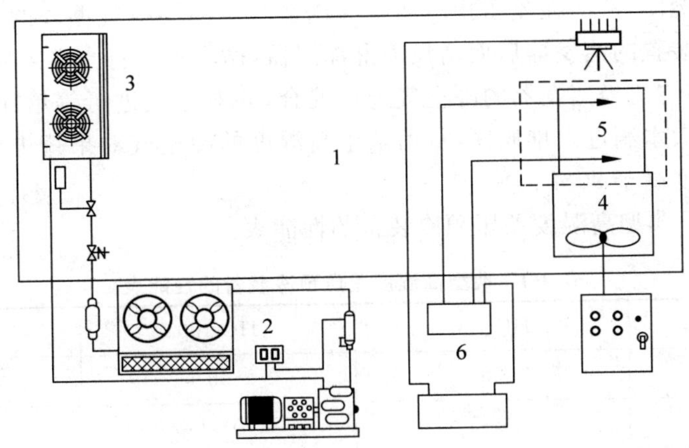

图 4-5　常规差压预冷装备结构示意图

1—围护结构；2—制冷系统(室外部分)；3—冷风机；4—差压风机；5—堆码区；6—自动控制系统

表 4-3 给出了典型常规差压预冷装备的性能表(装机功率是风机功率)。

表 4-3　典型常规差压预冷装备的性能表

型号	公称容积 /m^3	有效面积 /m^2	装机功率 /kW	外形尺寸/m		
				L	W	H
SY-20	20	7.44	1.22	3.20	2.5	2.5
SY-40	40	15.12	1.83	6.40	2.5	2.5
SY-60	60	22.80	2.44	9.60	2.5	2.5
SY-80	80	30.48	3.05	12.80	2.5	2.5
SY-100	100	38.16	3.66	16.00	2.5	2.5
SY-120	120	45.84	4.27	19.20	2.5	2.5
SY-140	140	53.52	4.88	22.40	2.5	2.5
SY-160	160	61.20	6.10	25.60	2.5	2.5
SY-180	180	68.88	7.32	28.80	2.5	2.5
SY-200	200	76.56	8.54	32.00	2.5	2.5
SY-300	300	117.11	9.76	24.00	5.0	2.5
SY-400	400	156.31	10.98	32.00	5.0	2.5
SY-500	500	197.01	13.42	20.00	10.0	2.5
SY-600	600	236.61	14.64	24.00	10.0	2.5
SY-700	700	276.21	15.86	28.00	10.0	2.5

2）高湿度调速风机差压预冷装备

为了解决果蔬差压预冷过程中失水干耗问题，在冷风处理过程中增加加湿功能，提升预冷空气的相对湿度，从而在差压预冷装备内创造一个高湿空气循环的环境。一般是在原常规差压预冷装置的蒸发器后面增设喷淋加湿器，循环水泵将水送至喷淋系统，喷嘴将水雾化，在加湿室与流经蒸发器的冷空气进行混合，并对空气进行等焓加湿，然后经过高效挡水板阻止较大水滴进入堆码区，从而产生高湿度的冷空气对果蔬进行预冷。处理后的冷空气相对湿度高于90%。

表4-4给出了典型高湿度差压预冷装备的性能表。

表 4-4 典型高湿度差压预冷装备的性能表

型　号	HC-150	HC-200	HC-400
制冷量/kW	56	90	188
果蔬温度范围/℃	0～5	0～5	0～5
相对湿度/%	>90	>90	>90
摆放列数	2	2	2
预冷间内容积/ m^3	150	215	425

一些高湿度差压预冷装备的预冷风机采用了调速风机，一般采用变频控制器，通过改变风机电机的供电频率对风机转速进行调节，从而可以实现果蔬在差压预冷的各个阶段采用不同的风速。如在初始预冷阶段采用较大风速，使果蔬迅速冷却；而在末尾预冷阶段采用较小风速，降低果蔬失水率，使整个预冷过程更加高效节能。

3）移动式差压预冷装备

针对现有差压预冷装备造价高、使用率低等问题，国内企业开发了移动式差压预冷装备（图4-6），解决了原差压预冷装备移动性差的问题，开发了大预冷量的YCYL10型移动式差压预冷集装箱，并在此基础上又开发出小型的YDY600型移动式差压预冷机，工作电压220 V，适合在田间环境中完成预冷作业，并可根据不同季节对不同果蔬进行处理，实现全年移动作业。应用证明，一些果蔬的田间预冷最短可在2 h完成，预冷后的果蔬保鲜期延长1倍以上。上面两种移动式差压预冷装备技术参数见表4-5。

表 4-5 移动式差压预冷装备技术参数

设 备 型 号	YDY600 移动式差压预冷机	YCYL10 移动式差压预冷集装箱
有效容积/m^3	2.3	70
最大处理能力/(t・次$^{-1}$)	0.6	10
预冷温度范围/℃	2～15	2～15
满载预冷时间/h	1～2	2～6
制冷剂	R404A	R404A
冷风机蒸发温度/℃	−5 ～ +5	−5 ～ +5
装机功率/kW	3.0	40
整机重量/kg	600	6 000

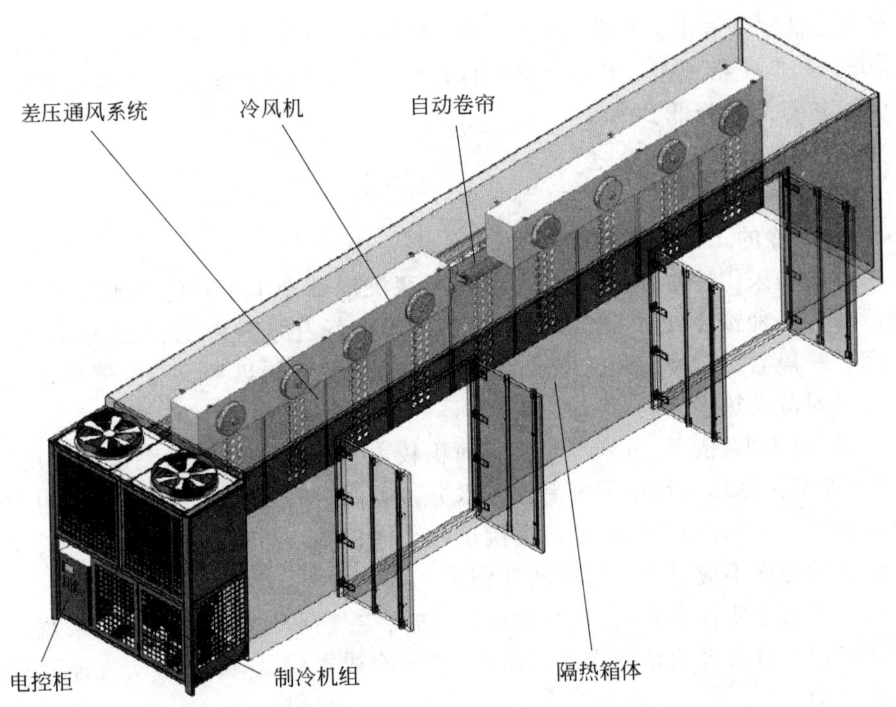

图 4-6　移动式差压预冷装备结构

4）流态冰差压预冷装备

流态冰是一种特殊的冰水混合物，比热容大且流动性好，既可以直接对果蔬进行预冷，又可以制取低温高湿空气对果蔬进行预冷。采用过冷水动态制冰，蒸发温度在－5 ℃以上，预冷运行费用低；冰晶小，比表面积大，换热快；冰晶松软，可直接与果蔬接触，不损坏食物，果蔬损伤小。基于流态冰蓄冷技术可分别与冰水预冷、差压预冷和真空预冷进行结合，形成流态冰冰水预冷装备、流态冰差压预冷装备、流态冰真空预冷装备。在保证实现果蔬预冷节能的同时，一方面通过流态冰蓄冷降低设备的装机容量和初始投资，另一方面通过流态冰蓄冷实现电网的"削峰填谷"，降低流态冰预冷装备的运行费用。

图 4-7 为流态冰差压预冷装备结构示意图。利用冰水载冷流体与循环空气进行冷量

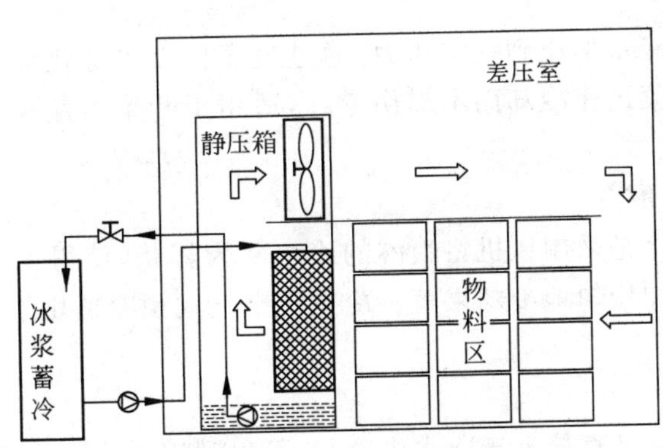

图 4-7　流态冰差压预冷装备结构示意图

交换，有效降低空气温度。果蔬从初温 18 ℃降低至 5 ℃的预冷时间为 4 h，预冷前后失水率仅为 0.5%，低于常规差压预冷 2.5%的失水率。流态冰差压预冷装备可实现装机功率下降 30%，运行成本降低 20%。

4.1.3 冷水预冷装备

1. 冷水预冷的工作原理与特点

冷水预冷是采用冷水作为冷却介质，将果蔬沉浸到冷水中或将冷水喷淋在果蔬表面以实现冷却的一种预冷方法。冷水预冷后带走了果蔬内部热量，经过过滤，再冷却后重新循环使用。一般需要制冷机组来吸收冷水从果蔬中吸取的热量。与空气冷却相比，水作为冷却介质对流换热强度高，冷却速度快，是一种快速高效的预冷方法。

像苹果、哈密瓜、桃子、玉米等一些表面积较大且表面无孔的果蔬适宜采用冷水预冷方法，此类果蔬在冷却过程中不容易流失水分。类似哈密瓜这样大体积、高密度的产品可能需要一个多小时的冷却时间；而像樱桃这样小体积的产品可以在数分钟内冷却，但必须注意喷淋水的力度不应对产品造成物理伤害。

冷水预冷的主要优点有：①冷却速度快，约为空气预冷的 15 倍；②无果蔬失水，甚至还可以一定程度改善轻微枯萎果蔬的品质；③预冷成本较低；④容易实现连续自动操作，减轻体力劳动。

冷水预冷的主要缺点有：①循环冷水容易污染，需要进行杀菌处理；②果蔬表面易残留水，存在滋生微生物的风险；③果蔬预冷种类改变时，冷水也需要更换和重新冷却。

2. 冷水预冷形式

冷水预冷包括喷淋式、喷雾式、冷水—空气式、浸渍式和复合式 5 种形式。

1）喷淋式预冷

喷淋式预冷是向果蔬喷淋冷水，由冷水将果蔬热量带走的一种方法。喷淋式预冷可分连续式与批次式。连续式预冷是被预冷果蔬放置在传输带，以一定速率通过冷水喷淋，冷却至要求温度后被连续送出预冷装备；而批次式预冷是一批被预冷果蔬固定放置在预冷装置内，喷淋冷水来实现预冷。喷淋式冷水预冷适用于体积较小的果蔬类食品，如苹果、青刀豆、桃等。

2）喷雾式预冷

喷雾式预冷是将冷水加压到一定压力，通过喷嘴将冷水雾化喷洒在需要预冷的果蔬表面上。雾状水使蔬菜迅速冷却而不损伤嫩叶，适用于叶菜类蔬菜，如菠菜、韭菜、小葱、小白菜、油菜、香菜等。

3）冷水—空气式预冷

冷水—空气式预冷是采用风机将喷淋的冷水吹为雾状，使得比喷淋式预冷时单纯依靠重力下降的冷水更加均匀地冷却果蔬。冷水—空气式预冷适用于黄瓜、杧果、木瓜等果蔬预冷。

4）浸渍式预冷

浸渍式预冷是将食品直接置于冷水中冷却，可以利用冰或制冷机组提供冷源，冷水由泵循环。浸渍式预冷中，果蔬表面完全被冷水浸泡，可最大限度地降低果蔬温度，是最快的预冷方式，适用于如黄瓜、西葫芦、卷心菜等体积较大的果蔬。

5）复合式预冷

复合式预冷是将喷淋式、喷雾式、浸渍式等两种以上的冷水预冷方式集于一体，可以是多种预冷方式同时使用，也可以是每种预冷方式分别单独使用，兼有不同冷水预冷方式的优点，具有预冷速度快、预冷均匀、功能齐全、适用范围广等优点。

3. 预冷装备

1）喷淋式冷水预冷装备

图 4-8 为一种喷淋式冷水预冷装备示意图。喷淋式冷水预冷装备由围护结构、制冷机组、循环水泵、喷淋装置、输送带等组成。围护结构一般采用不锈钢聚氨酯夹芯板，形成隔热箱体。制冷机组不断提供冷量给冷水，从而保证冷水所需低温温度。水泵从围护结构下部的冷水槽中汲取冷水，增压供应给喷淋装置。喷淋装置将冷水喷淋到果蔬表面，吸收果蔬内热量，升温后的喷淋水落入冷水槽。输送带将包装容器中需预冷果蔬从装备进料口进入，按照一定速率运行，最后从装备出料口送出。喷淋式冷水预冷通常每平方米每分钟需要 0.8 t 冷水，冷水需求量很大。喷淋的冷水温度一般可低至 1～2 ℃，果蔬预冷到 5 ℃左右时预冷结束，预冷时间从十几分钟到几十分钟不等。

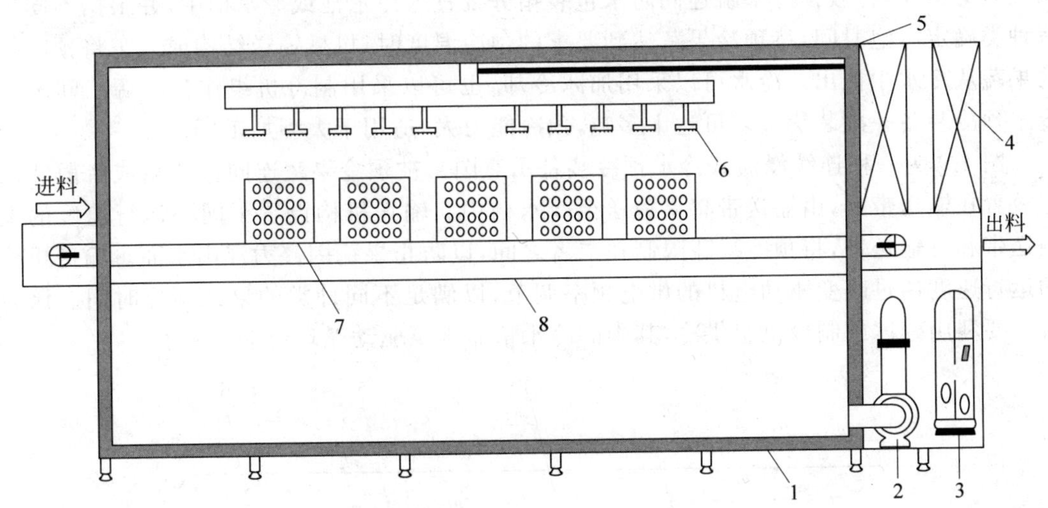

图 4-8 喷淋式冷水预冷装备示意图

1—围护结构；2—循环水泵；3—压缩机；4—冷凝器；5—蒸发器；6—喷淋装置；7—果蔬；8—输送带

喷淋式冷水预冷装置运行时，需要先将冷水槽充满水，然后开启制冷机组，当冷水槽水温达到需要的冷水温度时，启动输送带将果蔬送入，同时开启水泵供应给喷淋装置喷水。喷淋后的水由制冷机组降温，并通过过滤后由水泵抽回喷淋装置循环使用。输送带的运行速度根据果蔬被输送到出料口可以达到预冷温度的要求进行调整。喷淋装置的喷头孔径需要根据预冷果蔬的种类不同进行调整，对于表面较为坚硬、耐压性强的果蔬，可以使用孔径较大的喷头进行预冷；对于组织柔软的果蔬，应该使用孔径较小的喷头，以防喷淋冲击造成果蔬的机械损伤。冷水循环使用时需要定期更换，防止污染，必要时应进行杀菌出料。改变预冷果蔬种类时，必须更换并重新制备冷水。

喷淋式冷水预冷装备的冷却速度和预冷时间与果蔬热导率、果蔬与冷水的对流换热系数、接触面积以及温度差有关，而对流换热系数又受果蔬形状和冷水流经果蔬表面的速度影响。采用喷淋式冷水预冷装备冷却胡萝卜，冷却 15 min 时品温与冷水温度的关系如表 4-6 所示，可以看出，在胡萝卜初温和冷水喷淋量相同的情况下，物品终温随着冷水温度下降而降低。

表 4-6 胡萝卜预冷 15 min 时品温与冷水温度的关系

物品初温/℃	物品终温/℃	冷水温度/℃	喷水量，l/min・m^2
21	2.8	1.1	480
21	5.6	4.4	480
21	11.1	10.0	480
21	15.6	14.6	480

2）浸渍式冷水预冷装备

浸渍式冷水预冷装备有间歇式和连续式两类。间歇式冷水预冷装备采用机械输送结构或人工操作，将被预冷果蔬连同防水包装箱分批置入冷水池或冷水槽中，并根据不同果蔬种类确定浸泡时间，待预冷果蔬达到要求的预冷温度时，机械输送结构或人工将预冷好的果蔬从冷水中拖出。冷水可以采用加冰冷却，也可以采用制冷机组作为冷源。间歇式冷水预冷装备一次装货最多可达十多吨，预冷能力大，适用于大型加工厂。

图 4-9 为一种连续浸渍式冷水预冷装备示意图。被预冷果蔬连同包装箱或者散装固定放置在输送带上，由输送带将果蔬送至冷水槽中。输送机构设置了同一运行速度的上输送带和下输送带，将预冷果蔬限制在二者之间，以防止果蔬因浮力浮出水面。输送机构的运行速度通过改变驱动电机的供电频率调节，以满足不同种类的果蔬预冷时间。该装备主要利用碎冰或制冷机组供冷，其中的冷水依靠水泵驱动循环流动。

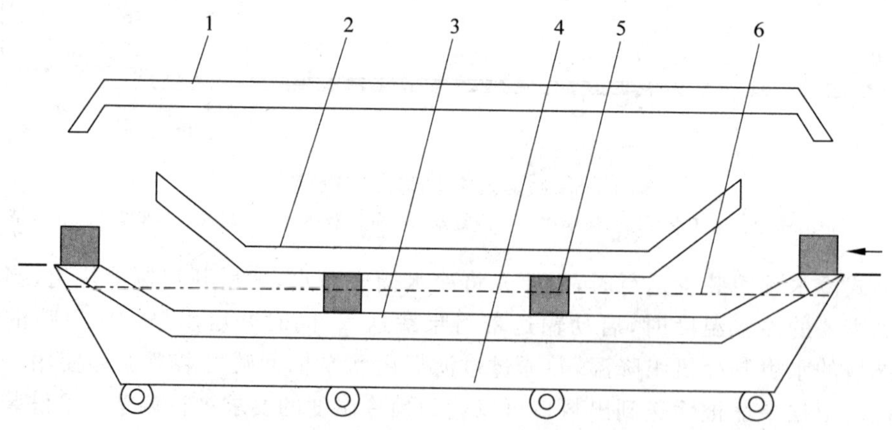

图 4-9 连续浸渍式冷水预冷装备示意图

1—顶盖；2—上输送带；3—下输送带；4—槽体；5—物料；6—冷却水

3）复合式冷水预冷装备

图 4-10 为某企业生产的复合式冷水预冷装备示意图，集浸渍、喷淋和冰水预冷于一体。当进行浸渍式预冷时，水槽加满冷水，传送带 3、传送带 4 同步运行，传送带 4 用于输运被预冷果蔬，传送带 3 起到防止果蔬漂浮的作用。当进行喷淋式预冷时，水槽水面低于传送带 4，采用喷淋系统的喷嘴将冷水喷射到果蔬表面进行冷却。以上两种预冷方式的冷水可由制冷机组制取。当进行冰水预冷时，由加冰口加入的冰块直接落入传送带 3 上，输送冰块，对果蔬进行冰水预冷。该复合式冷水预冷装备具有结构紧凑、功能齐全、适用范围广、预冷速度快等特点。

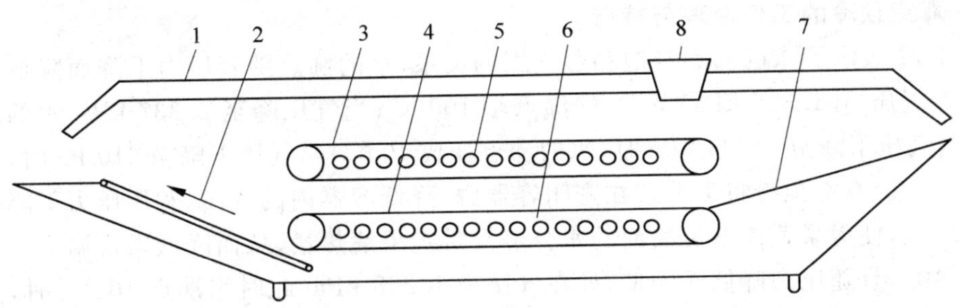

图 4-10　某企业生产的复合式冷水预冷装备示意图

1—隔热壳体；2—出料传送带；3—上传送带；4—下传送带 5—带喷淋喷嘴的管道；6—下喷管；7—入料滑板；8—加冰口

图 4-11 为另一种复合式冷水预冷装备的结构示意图。该装备将喷淋式和浸渍式两种冷水预冷方式组合在一起，形成一个果蔬预冷装置，包括果蔬预冷箱体、柔性输送带、可调整高度的输送带支座、喷淋器、动力装置以及制冷机组，柔性输送带设置于输送带支座以上，由动力装置驱动。当需要进行喷淋式冷水预冷时，调整输送带支座将柔性输送带整体置于水面之上，启动在柔性输送带上方的喷淋器，即可实现喷淋式冷水预冷；当需要浸

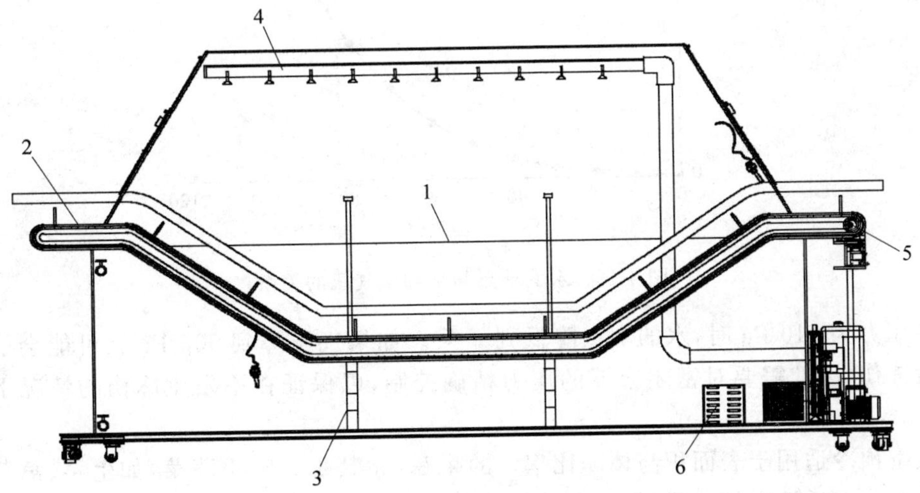

图 4-11　另一种复合式冷水预冷装备的结构示意图

1—果蔬预冷箱体；2—柔性输送带；3—输送带支座；4—喷淋器；5—动力装置；6—制冷机组

渍式冷水预冷时，调整输送带支座将柔性输送带中部下降至水面以下，即可实现浸渍式冷水预冷。预冷的过程中，水温传感器对果蔬预冷箱体中冷水的水温进行实时检测；当水温高于预设温度时，则启动制冷机组进行制冷；当水温低于或达到预设温度时，则停止制冷机组。当待预冷果蔬的温度达到设定预冷温度时，控制系统打开柔性输送带开关，输出预冷后的果蔬。本装备一套装置可满足较广范围果蔬的预冷要求，降低需购置多套装备的费用，功能齐全，使用范围广。

4.1.4 真空预冷装备

1. 真空预冷的工作原理与特点

图 4-12 表示了水的沸点与饱和蒸气压的关系，水的沸点随着压力下降而降低。在一个标准大气压(101.325 kPa)下，水的沸点是 100 ℃；当气压降至 2.337 kPa，水的沸点是 20 ℃；当气压下降至 1.228 kPa 时，水的沸点变成 10 ℃；当气压下降至 610 Pa 时，水的沸点变成 0 ℃。真空预冷将果蔬放在密闭容器内，降低容器内的气压，利用压力下降引起水的沸点降低，使得果蔬内部和表面的水分蒸发带走果蔬热量，从而降低果蔬温度。水的汽化潜热很大，且随压力降低而增加，如在气压为 1.228 kPa(此时水沸点 10 ℃)时，蒸发潜热为 2 477 kJ/kg；在气压为 610 Pa(此时水沸点 0 ℃)时，蒸发潜热可达 2 500 kJ/kg；所以在低压下水分蒸发的汽化潜热将迅速带走大量果蔬热量，实现果蔬快速冷却。在真空预冷过程中果蔬的失水范围为 1.5%～5%，由于被冷却果蔬产品的各部分等量失水，所以不会出现萎蔫现象，除非失水量超过 5%。

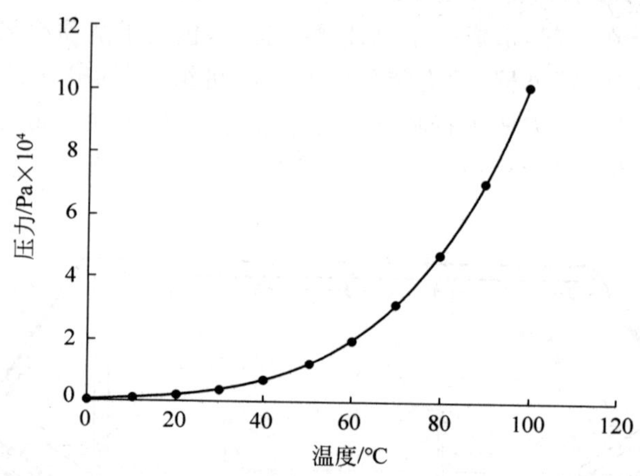

图 4-12 水的沸点与饱和蒸气压的关系

在压力为 610 Pa 时，水的沸点降低到 0 ℃。如果气压降到 500 Pa 就可能会引起一些果蔬冻伤，因此需要对密闭容器的压力精确控制，以保证在不发生冻伤的情况下安全预冷。

真空预冷适用于表面积与体积比率大的果蔬，尤其是阔叶类蔬菜，如生菜、莴苣和菠菜等。水分渗透性高的果蔬，如玉米和花菜，由于其结构疏松，水分迁移和蒸发均很迅速，也适用真空预冷方式。

图4-13为真空预冷装备原理示意图。采用真空泵对真空槽抽真空，真空槽内气压不断降低，当气压降低至一定压力时，果蔬内的水分开始蒸发为水蒸气散发到真空槽内；真空槽压力继续下降，果蔬内水分不断蒸发吸热，使预冷果蔬自身快速冷却。随着压力降低，水蒸气的体积迅速膨胀，比如1 ml水在压力为800 Pa时蒸发变成水蒸气的体积约为15.7万ml。如此大量的水蒸气采用真空泵排出，一方面不经济，另一方面水蒸气进入真空泵内使润滑油乳化损坏真空泵，因此必须设置捕水器，用制冷系统的冷量将从果蔬蒸发出来的水蒸气凝结为水排除，从而提高真空预冷的可靠性和经济性。

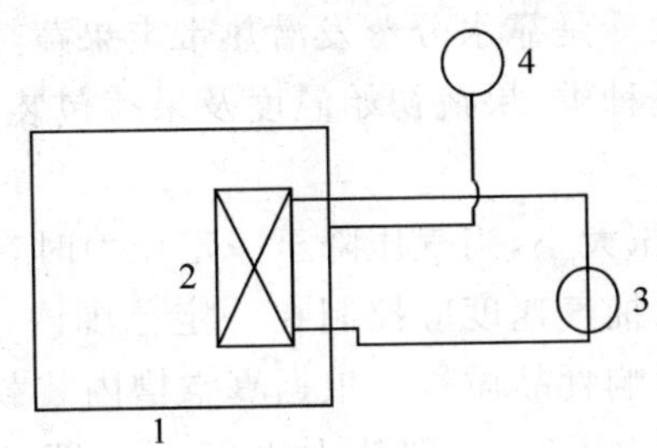

图4-13 真空预冷装备原理示意图

1—真空槽；2—捕水器；3—制冷机；4—真空泵

真空预冷主要有以下优点。

(1) 预冷速度快，冷却时间短，一般不到半个小时即可完成预冷过程。

(2) 预冷均匀，真空预冷主要依靠果蔬表面及其内部水分蒸发来冷却果蔬，因此果蔬核心温度与表面温度相差较小。

(3) 真空预冷时，果蔬处于密闭的真空环境中，可保证果蔬干净卫生。且真空预冷能在果蔬表面产生薄层干燥效应，抑制表面小创伤进一步发展甚至可促其愈合。

真空预冷主要有以下缺点。

(1) 真空预冷果蔬有水分消耗，需要采用加湿系统来提高真空槽内空气和果蔬表面湿度，从而减少果蔬过度失重，然而对某些密封包装的产品加湿无效。

(2) 真空预冷装备制作成本和初投资高。

2. 真空预冷形式

真空预冷有间歇式、连续式和喷雾式3种形式。

1) 间歇式真空预冷

间歇式真空预冷是采用一个真空槽和一组真空泵组、一套制冷机组(包括捕水器)和一组搬运装置进行真空预冷操作的形式。需要预冷的果蔬装入真空槽后开始工作，预冷完成后搬出进入冷链下一环节。下一次预冷按上述程序再循环运行一次，属于间歇式操作。间歇式真空预冷形式的优点是设备简单、易于操作、无污染，特别适合小型企业采用，但存在搬运强度大、设备利用率低等缺点。

2) 连续式真空预冷

连续式真空预冷采用两个真空槽预冷与装卸交替操作，循环往复，形成连续式预冷操作。连续式真空预冷实现了连续冷加工，减少了间歇式真空预冷中抽真空和装卸果蔬的时间，有效地提高了装备工作效率，可以使产量提高1倍或更多。

3）喷雾式真空预冷

喷雾式真空预冷是指加装了喷雾装置的真空预冷。该形式通过喷雾在果蔬表面形成水膜，可缩短预冷时间，并且减少了预冷过程中果蔬的干耗。喷雾式真空预冷特别适用于表面水分较少的果实类、根茎类果蔬，对其他果蔬均可使用。这种形式为了防止喷雾水分污染果蔬，要求水质纯净，且喷雾系统需要加装过滤装置，防止杂质阻塞喷嘴。

3. 真空预冷效果的影响因素

与差压预冷依靠与冷空气对流换热将果蔬热量带走、冷水预冷依靠与冷水对流换热将果蔬热量带走不同，真空预冷是靠水分蒸发潜热带走果蔬热量，因而影响真空预冷效果的主要因素包括真空度、果蔬种类、果蔬初始温度及果蔬包装等。

1）真空度

真空度表示真空槽内气压大小，当气压降至一定压力时，果蔬内的水分开始蒸发为水蒸气散发到真空槽内，真空泵抽气速度应控制在一定范围内，避免因抽气速度过快、食品温度下降过快使干耗增大，影响食品质量。根据真空槽内装载的果蔬数量不同，从 1 个大气压降至 610 Pa 所需要时间也不同，一般认为约 25 min 即可满足实际操作要求。

这一过程一般分为 3 个阶段进行：第一阶段（101.325～2.337 kPa）5 min；第二阶段（2.337～1.228 kPa）10 min；第三阶段（1.228 kPa～610 Pa）10 min。

2）果蔬种类

不同食品预冷速度不同。具有较大外表面和结构疏松的食品，预冷速度较快。叶菜类蔬菜如芹菜、菠菜、韭菜等预冷速度约 20 min；果实类、根茎类蔬菜和水果预冷速度慢，为 30～40 min，如西红柿、黄瓜、胡萝卜、草莓、豆角、竹笋、苹果、梨等。表面水分较少、表面积较小的果实类、根茎类果蔬，预冷前可以进行预湿，使其表面含湿量增大，有利于预冷。

3）果蔬初始温度

果蔬初始温度越高，需要预冷带走的显性热量越大，预冷时间就越长，干耗越大。根据实际操作测得的结果，果蔬初温每增加 5 ℃，干耗大约增加 1%。

所以为了降低果蔬初温，采摘后的果蔬应尽量避免阳光直接照射，如在预冷前进行清洗时尽量采用较低温度的水。

4）果蔬包装

果蔬包装影响到水分蒸发及水蒸气流动途径，各类包装应有透气孔，以使水蒸气通过透气孔散发，从而达到预冷目的。密闭的包装无法采用真空预冷方式进行食品冷却。

目前多采用带长孔的塑料箱，既具有较好的透气性，又比较坚固。开孔率及透气孔大小按果蔬种类和规格大小确定。

4. 预冷装备

上述将真空预冷分为间歇式、连续式和喷雾式 3 种形式，对于真空预冷装备，对应于间歇式和连续式真空预冷形式就是单槽间歇式和双槽连续式，按照捕水器冷源形式可分为直冷式、间冷式和蓄冷式，按照可否移动多地使用可分为移动式和固定式，按照装备是否组装出厂可分为整体式和分装式。表 4-7 列出了国产真空预冷装备性能。由于国内外不同厂家生产的真空预冷装备类型很多，以下仅介绍一些典型真空预冷装备。

表 4-7 国产真空预冷装备性能

型号	预冷能力/(kg·h⁻¹)	进料温度/℃	预冷终温/℃	预冷时间/min	总功率/kW	外形尺寸/m		
						L	*W*	*H*
ZY-600	600	35	0～4	30	20	1.7	1.9	2.6
ZY-1200	1 200	35	0～4	30	40	3	1.9	2.6
ZY-2400	2 400	35	0～4	30	75.5	6	1.9	2.6
ZY-3600	3 600	35	0～4	30	101	9	1.9	2.6
ZY-4800	4 800	35	0～4	30	121	12	1.9	2.6
ZY-6000	6 000	35	0～4	30	138	18	1.9	2.6
ZY-7200	7 200	35	0～4	30	150	21	1.9	2.6
ZY-8400	8 400	35	0～4	30	170	24	1.9	2.6
ZY-9600	9 600	35	0～4	30	185.5	27	1.9	2.6

注：表中主要技术参数以预冷生菜计。

1）间歇式真空预冷装备

间歇式真空预冷装备采用单真空槽，有直冷式、间冷式和蓄冷式。图 4-14 为直冷式间歇真空预冷装备系统示意图，主要由真空槽、真空泵、制冷机组、捕水器、装卸机构等部件组成。真空槽为不锈钢制外压容器，可分为圆形和方形两种，容积依处理量而定。直接用蒸发器作为捕水器，无须配载冷剂系统。捕水器采用盘管式换热器，制冷剂在管内流动沸腾吸热，依靠真空泵从真空槽抽吸过来的湿空气流经管外，其中的水蒸气在管外凝结变成液态水，靠重力聚集在捕水器底部排出。制冷机组主要由制冷压缩机、冷凝器和膨胀阀

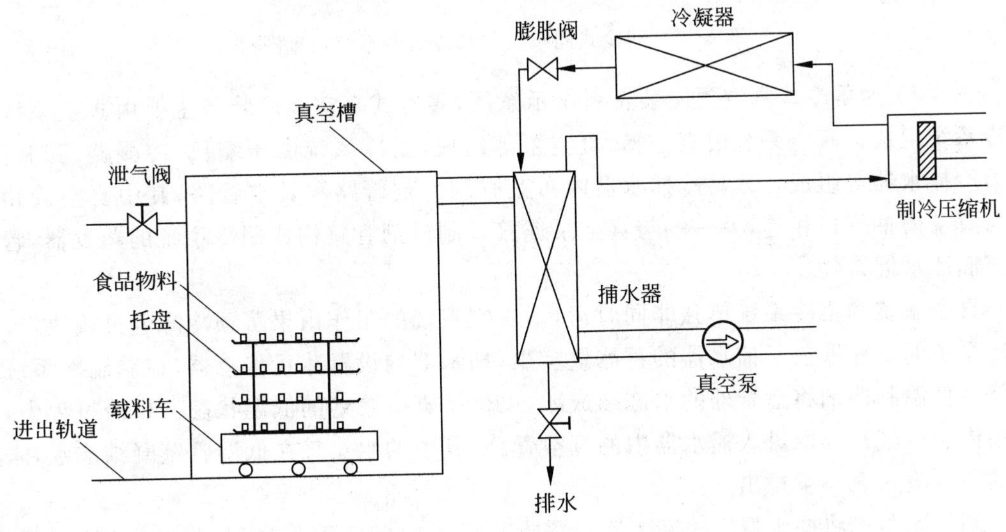

图 4-14 直冷式间歇真空预冷装备系统示意图

组成，冷凝器一般采用风冷式或蒸发冷凝式。为了高效地调节制冷机组制冷量，满足不同捕水器的凝结水量需求，制冷压缩机可以采用变频压缩机。真空泵一般采用旋片式真空泵，也可以采用变频驱动，以调节不同抽气需求。装卸机构由进出轨道、载料车和托盘组成，载料车进出真空槽可以是自动控制，也可以是人工操作。自动直冷式间歇真空预冷装备结构紧凑，一般适用于小型真空预冷装备，易于做成整体式或移动式装备。

图 4-15 为间冷式间歇真空预冷装备系统示意图。制冷机组冷却载冷剂（盐水或乙二醇溶液），载冷剂流经壳管式捕水器内的换热盘管内，将从真空槽果蔬蒸发的水蒸气凝结。采用水冷式冷凝器，需配有冷却水系统（冷却水泵、水箱、冷却塔等）。间冷式间歇真空预冷装备系统较复杂，一般适用于大型真空预冷设备，易于做成分体式设备，在现场组装成完整机组，所以一般是固定式装备。

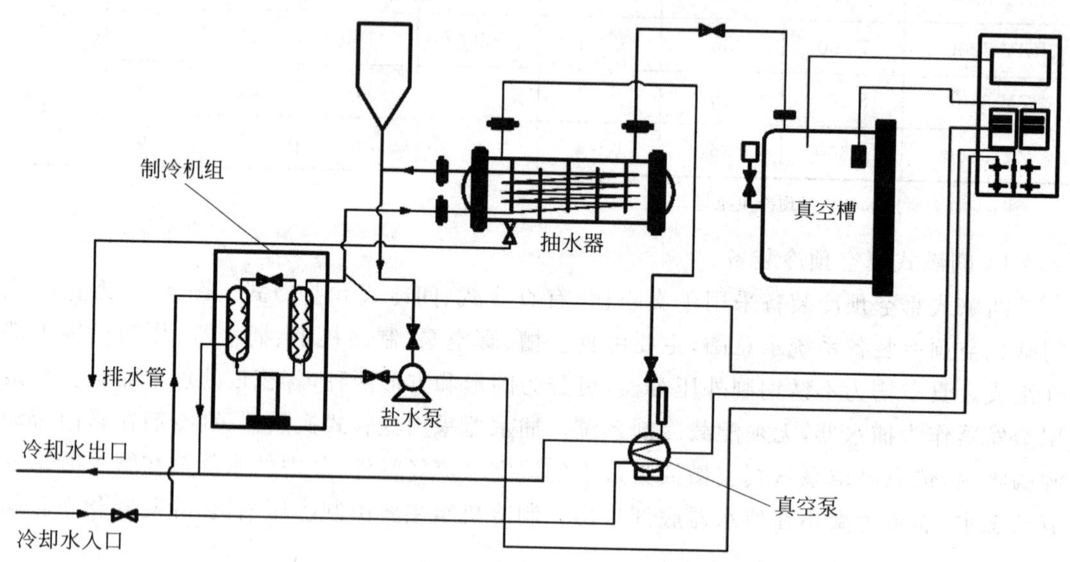

图 4-15 间冷式间歇真空预冷装备系统示意图

图 4-16 为蓄冷式真空预冷装备系统示意图，蓄冷式真空预冷装备主要由真空系统和蓄冷系统组成。真空系统由真空槽、真空泵等组成，蓄冷系统由压缩机、冷凝器、膨胀阀、冰蓄冷捕水器等组成。冰蓄冷捕水器内布置有制冷剂管路和真空管路，其中真空管路一端与真空槽抽气口相连，另一端与真空泵连接。制冷剂管路构成制冷系统的蒸发器，管束外充满冰水混合物。

真空系统和蓄冷系统单独非同时运行，真空系统的工作由果蔬预冷降温过程决定，而蓄冷系统的工作取决于捕水器的蓄冰量多少，捕水器内设置冰量传感器，控制制冷系统的启停。低温制冷剂将盘管外的水冻结成冰，以保持真空管壁的低温状态。预冷过程中，真空箱内湿空气被抽取进入捕水器内的真空管路，其中的水蒸气在低温管壁凝结成水，未凝结的空气吸入真空泵排出。

利用冰蓄冷将捕水器短时间大冷量需求转为长时间的蓄冷过程，将预冷用冷和制冷过程分开，可有效减小制冷机组容量（只需传统真空预冷制冷机组一半的容量），显著降低设备投资。

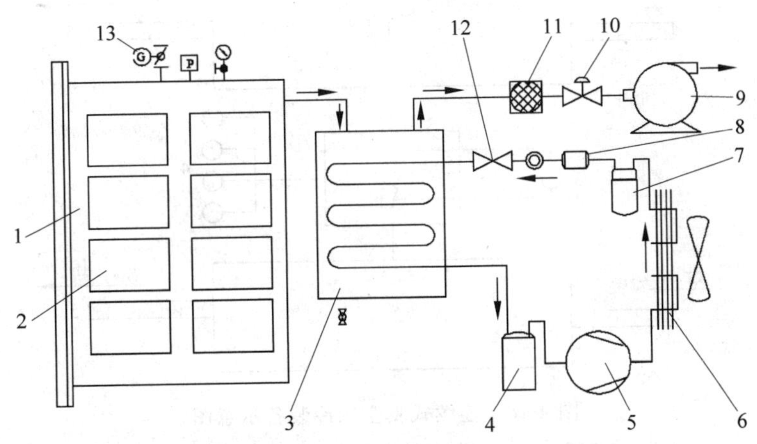

图 4-16 蓄冷式真空预冷装备系统示意图

1—真空槽;2—物料;3—冰蓄冷捕水器;4—气液分离器;5—压缩机;6—冷凝器;7—储液罐;8—干燥过滤器;9—真空泵;10—真空阀;11—二级捕水器;12—膨胀阀;13—释压阀

图 4-17 为间歇式真空预冷装备的外观。

图 4-17 间歇式真空预冷装备的外观

2) 连续式真空预冷装备

连续式真空预冷装备采用两个真空槽、一组真空泵组、一组制冷机组(包括捕水器)和两组装卸机构进行交替预冷操作,如图 4-18 所示。待预冷果蔬装入真空槽 1 进行预冷,结束后搬出;真空槽 2 在真空槽 1 预冷过程中,完成待预冷果蔬装入工作,在真空槽 1 的果蔬搬出时,真空槽 2 开始工作,如此循环往复,形成连续式预冷操作。

也可由两套独立的间歇式真空预冷装备联合工作组成连续式预冷模式,此时每个装备拥有各自独立的真空槽、真空泵组、制冷机组(包括捕水器)和装卸机构。

图 4-19 为连续式真空预冷装备的外观。

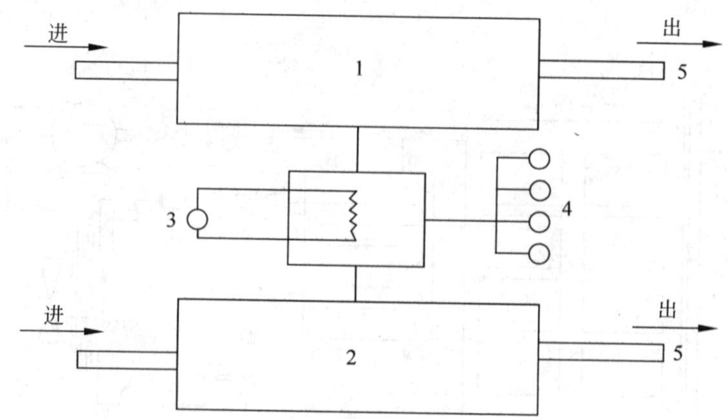

图 4-18 连续式真空预冷装备示意图

1,2—真空槽;3—制冷机(包括捕水器);4—真空泵;5—装卸机构

图 4-19 连续式真空预冷装备的外观

4.1.5 预冷装备小结

表 4-8 比较了差压预冷、冷水预冷和真空预冷 3 种常用预冷装备的特点。在进行预冷方式和预冷装备选择时,应考虑果蔬种类、市场需求、经济效益等因素。

表 4-8 常用预冷装备的特点比较

预冷方式	性能							
	预冷速度	预冷能力	占地面积	制造条件	装备造价	适用品种	包装	操作
差压预冷	慢	大	大	一般	低	大多果蔬	较复杂	简单,易实现自控
冷水预冷	快	很大	大	一般	低	果实类,根茎类	要求严格	简单
真空预冷	很快	大	小	严格	高	叶菜类	要求严格	复杂,易实现自控

(1) 根据果蔬种类选择。大部分叶菜适宜差压预冷和真空预冷,根茎菜适宜冷水预

冷和差压预冷，结球类果蔬适宜差压预冷。所以如果待预冷果蔬种类较多，可以选择差压预冷装备；对于高品质叶菜可以考虑选择真空预冷装备；如以根茎菜为主，可以选择冷水预冷装备。

(2) 根据市场需求选择。对于距离产地远、需要贮运时间长、果蔬品质要求高的高经济价值果蔬，可采用成本高的预冷装备，以保证较好预冷效果。

(3) 根据经济效益选择。在面临几种不同预冷方式和预冷设备选择时，要综合考虑预冷带来的果蔬价值提升、预冷一次成本和运行成本等因素，以整体经济效益来确定。

4.2　动物性食品冷却装备与设施

动物性食品是动物来源的食物，包括畜禽肉、蛋类、水产品、奶及其制品等，主要为人体提供蛋白质、脂肪、矿物质、维生素 A 和 B 族维生素。从 40 ℃起，温度平均每降低 10 ℃，微生物和酶的活性减弱 1/3～1/2。动物性食品冷却是将其降温至冰点以上的温度，抑制外界微生物侵袭，减弱自身酶的催化反应，从而延长其保质期，或者为下一步冷加工做准备。常见冷却肉的温度和储藏期如表 4-9 所示。

表 4-9　常见冷却肉的温度和储藏期

名称	温度/℃	冷藏期
牛肉	−1.5～0	4～5 周
羊肉	−1.0～1.0	1～2 周
猪肉	−1.5～0	1～2 周
兔肉	−1.0～0	5 天

随着肉类工业的发展，肉类冷却的目的已不再是单一的保鲜存放。在宰后成熟过程中，肉先是产生了大量乳酸，所以 pH 值下降；在成熟后期，僵直阶段结束，肌动球蛋白离解为肌球蛋白与肌动蛋白，肉的质地逐渐变软，在组织固有酶的自溶作用下，肉的风味变佳，嫩度提高，pH 值上升到 5.8 左右，比起刚宰杀的 pH 值将近 7 左右，pH 值下降了，而且成熟后的肉，产生了对人体有益的乳酸和氨基酸。因此，目前很多肉制品所用的肉品原料必须在冷却状态下进行充分成熟，才能制作出高档的肉制品，肉的冷却已成为肉类加工不可缺少的工艺过程。例如国内很多肉类加工厂对日本出口肉制品的原料肉，就必须在 −2～0 ℃的环境下成熟 72 h 方可使用。

对于不同动物性食品，鲜蛋采用微风速小温差冷却，水产品冷却包括冰冷却、冷海水冷却、微冻保鲜等方式，奶及其制品冷却有直冷式、水冷式和速冷式等方式。其中，畜禽肉是最主要的动物性食品，故这里仅介绍畜肉和禽肉冷却装备与设施。

4.2.1　畜肉冷却装备与设施

畜肉主要包括猪肉、牛肉、羊肉。目前我国大部分采取强制通风空气冷却方法进行畜肉冷却加工，近年来又发展了雾化喷淋冷却方式。

1. 畜肉强制通风空气冷却设施

家畜经过屠宰后其肉尸只是进行简单的分割、冷加工、包装，而不对畜肉进行任何物质添加或加热处理，叫作畜肉的初级加工。畜肉初级加工一般分为两个过程，一是家畜的屠宰过程，主要产出胴体和副产品；二是胴体的冷加工、分割、包装过程，产品主要是分割产品。这里以猪肉为例介绍畜肉冷却。猪肉分割加工采用以下两种工艺：①二分胴体冷却→胴体接收分段→剔骨分割加工→包装入库；②二分胴体预冷→胴体接收分段→剔骨分割加工→产品冷却→包装入库。这样，猪肉冷却就分为胴体冷却和分割肉冷却。

1）胴体冷却

胴体冷却是现代屠宰工业化生产中关键的工艺流程，是产品进入下一步分割或者白条肉销售前所必需的处理过程。国家标准 GB 50317—2000《猪屠宰与分割车间设计规范》明确规定，班产分割量≥5 t的一级分割车间宜采取胴体先冷却后分割工艺，二分胴体出冷却间的胴体中心温度不应高于 7 ℃。冷却方式分为一段式冷却和两段式冷却两种方法。

(1) 一段式冷却。一段式冷却是指胴体的冷却过程在同一个冷却间内、同一温度(冷间平均温度)下，一次性冷却到工艺要求温度的冷却方法。一级分割车间二分酮体入冷却间温度按 35～38 ℃计算，出冷却间的胴体中心温度不应高于 7 ℃，冷却时间不应超过 16 h。

对于肉类联合加工厂的胴体冷却，多采用建筑类的冷却间。冷却间内安装悬挂胴体的轨道，胴体及二分胴体悬挂在吊轨上，每米轨道上悬挂 3～4 头胴体，轨道面距地面高度不小于 2.5 m，轨道间距约 0.8 m。采用冷风机来降低冷却间内空气温度，一般在0～4 ℃范围内。冷风机送风同时可在冷却间内形成一定的风速，在胴体入库前期应较大，冷却后期应适当减小；风速一般维持在 1.5 m/s 左右，过低会导致胴体中心温度下降过慢，过高则会导致胴体损耗过大。冷却间空气湿度需维持在 95%以上。

一段式冷却法具有操作简便、人工成本低、设备要求低、运行成本低等优点，但胴体冷却损耗高达 3%以上，冷却后猪胴体表面感官品质较差。

(2) 二段式冷却。二段式冷却是指胴体在冷却过程中采用两种不同的冷风温度和风速，使胴体冷却到工艺要求温度的冷却方法。二段式冷却法最主要特点是将冷却分为两个阶段，第一段采用较低风温和较高风速，而第二段采用较高风温和较低风速。这样二段式冷却一方面可以在冷却初期快速降低胴体表面温度，形成干膜，抑制微生物的繁殖和控制干耗；另一方面通过合理地选择温度可以避免胴体产生冷缩，获取更好畜肉品质。

二段式冷却也有两种形式，一种是冷却全过程在同一冷却间内完成。冷却间在不同时间段根据工艺要求分别采用不同风温和风速对胴体进行冷却。冷却间的空气温度在入货前先降到－15～－10 ℃，入货后冷却间空气温度升高到－5 ℃左右。这时采用风机强制循环，在 2～3 h 内将冷却间的空气温度降到－10 ℃，这时胴体表面温度约为 0 ℃，中心温度为 20 ℃左右，第一阶段冷却结束。随后风机停止运转，胴体与冷空气进行自然对流换热，胴体在冷却间内进行第二阶段的冷却，直到达到工艺要求的温度标准。另一种是在不同的冷却间内分别完成二段冷却过程(图 4-20)。第一个阶段为快速冷却阶段，将刚屠宰后的猪胴体放入室温为－15～－10 ℃，风速为 1.5～3 m/s 的快速冷却间，放置时间约为 2～3 h，使猪胴体中心温度迅速下降至 8 ℃，并在胴体表面形成薄薄的干油膜，阻止胴体水分蒸发以及微生物的入侵。快速预冷完毕后，迅速将猪胴体转入室温为 0～4 ℃，风速为0.5～1 m/s的冷却间继续冷却12～13 h。丹麦冷却肉加工企业在第一阶段冷却时将猪胴体放置在自动控制的冷却隧道(风温－12 ℃,风速为2 m/s)40 min,该冷却隧道每小时的循环风量较大,采用这种装备可以加快第一阶段冷却速度,提高了生产率。

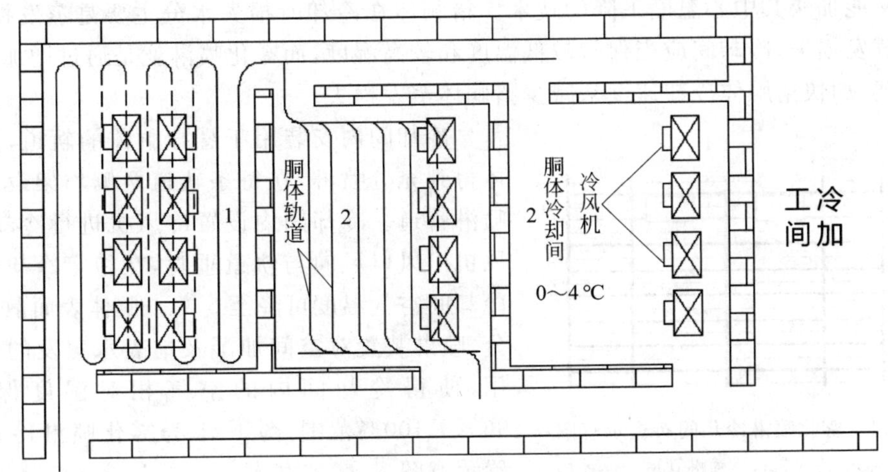

图4-20 胴体二段式冷却不同冷却间布置示意图

1—第一段低温冷却间－15～－10 ℃;2—第二段高温冷却间0～4 ℃

二段式冷却方式的优点有:①相较于一段式冷却方法,冷却肉的保水性以及表面感官性状都有改善;②冷却肉的预冷损耗降低了0.8%～1%;③采用二段式处理,冷却肉在分割过程中的汁液损失量相较于一段式冷却方式可以减少50%。

二段式冷却方式的缺点有:①采用二段式冷却的转库操作增加了人工成本,降低了企业的生产效率,同时在转库的过程中还存在微生物污染风险;②二段式冷却中快速冷却阶段会使猪胴体发生冷收缩,影响肉的口感。

在实际的应用中,采用一段式冷却还是二段式冷却要根据不同的冷却对象进行合理选择。一般情况下,因猪胴体在快速冷却时的冷缩现象不明显,大多采取二段式冷却。

2) 分割肉冷却

国家标准GB 50317—2000《猪屠宰与分割车间设计规范》明确规定,班产分割量＜5 t的二级分割车间可采用二分胴体预冷→胴体接收分段→剔骨分割加工→产品冷却→包装入库的分割加工工艺。由于二分胴体预冷只是将其中心温度降低至25 ℃,所以在分割剔骨后,分割肉需要进行冷却,出货时其中心温度不高于7 ℃。

冷却时一般将分割肉用不锈钢篦子盛放,放在凉肉架子上在冷却间内进行冷却。冷却间的温度一般采用0～4 ℃或－2～2 ℃的条件,湿度控制在85%～90%,冷却时间一般控制在8～10 h左右。产品冷却到7 ℃以下时,可以对产品进行包装入库。为保证肉品的质量,盛放分割肉的篦子必须使用不锈钢制作,每使用一次必须对篦子清洗消毒一次;凉肉架子最好选用不锈钢制作,也可以采用镀锌钢管制作。在对分割肉冷却时要注意以下几个方面的问题:①不能用盒子等不透气的工具盛放产品;②篦子上不能衬垫塑料布等不透气的东西;③产品摆放必须均匀,不能相互叠压;④凉肉架子的摆放必须有利于冷风循环,一般垂直风机的出风口放置;⑤分割肉产品的放置有利于先进先出。

2. 雾化喷淋冷却设施

雾化喷淋冷却是将冷水通过雾化喷嘴形成水雾喷淋到猪胴体表面，通过液膜、液滴与猪胴体表面间对流换热和相变换热带走热量达到冷却目的，这是一种既能减少猪胴体冷却损耗又能加快其中心温度下降的技术。猪胴体在冷却时损失水分主要是蒸发损失，为了减少蒸发损失，冷却间应当保持较低温度和较高湿度，而雾化喷淋就是通过增加冷却间空气湿度，加快猪胴体冷却速度来减少猪胴体蒸发损失。

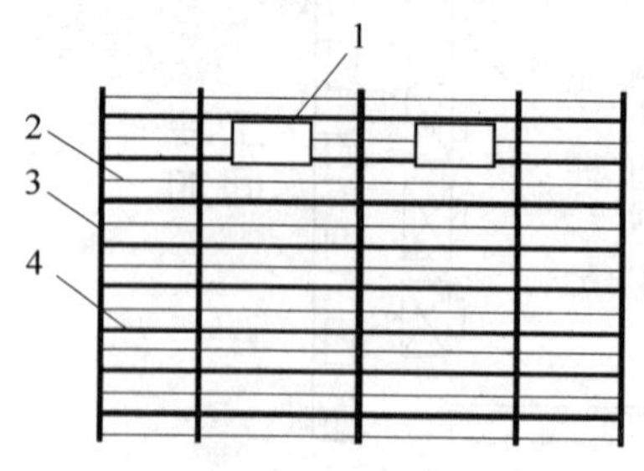

图 4-21 雾化喷淋冷却间布置示意图

1—冷风机；2—喷淋管道；
3—悬挂轨道支架；4—猪胴体悬挂轨道

冷却间内安装用于悬挂胴体的轨道，为使胴体得到充分喷淋，在每条轨道两侧均架设有雾化喷淋管道。冷却间内设置冷风机进行冷却降温，风机出风口风向与轨道垂直，在稳定冷却情况下冷却间空气温度可降至 5 ℃。胴体表面散失的水分、喷淋装置对空间加湿及地表水蒸发的共同作用，使得冷却间内的空气相对湿度保持在 96%～100%范围。图 4-21 为雾化喷淋冷却间布置示意图。

喷嘴可以采用压力式雾化和气液混合型喷嘴。图 4-22 为采用气液混合型喷嘴的雾化喷淋冷却系统示意图，雾化喷淋冷却系统主要由喷淋系统、摆动系统、水路系统、气路系统组成。喷淋系统将高压水和空气经喷嘴混合成雾滴，水路系统和气路系统分别为喷淋系统提供高压水和空气，摆动系统则在喷淋系统工作时带动喷淋管道转动以提高喷淋均匀性。冷却开始后，每次喷淋时间 40～60 s、间隔时间 30～50 min、雾化颗粒直径 30～40 μm、水温 2～4 ℃、喷淋量为胴体重的 0.8%～1.2%。雾化喷淋冷却系统有效解决了猪胴体冷却干耗大的突出问题，使冷却干耗从常规的 2.5%下降到 0.9%。

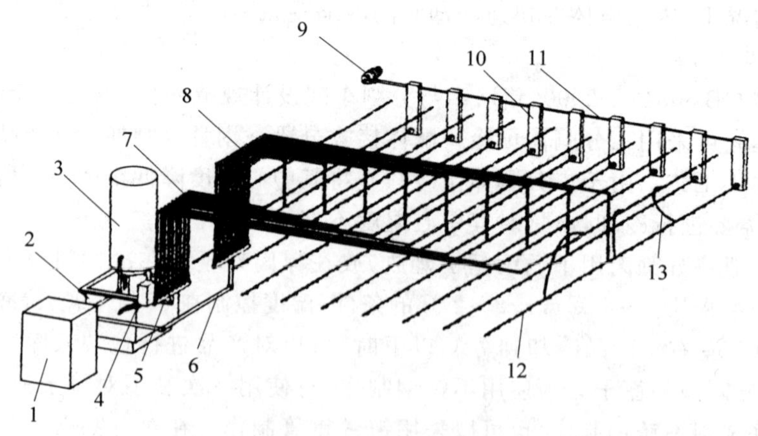

图 4-22 采用气液混合型喷嘴的雾化喷淋冷却系统示意图

1—空压机；2—水槽；3—储气罐；4—控制器；5—气路总管；6—水路总管；7—气路支管；8—水路支管；
9—减速电机；10—齿轮齿条机构；11—齿条；12—水管；13—分支气管

4.2.2 禽肉冷却装备与设施

禽肉包括鸡肉、鸭肉和鹅肉等，宰杀和加工后的禽肉，肉体温度在 37～40 ℃，高体温和潮湿表面的禽体，刚好适于酶的反应和微生物的生长繁殖。如不立即进行销售或做加工原料使用，应自宰杀 2 h 内进行冷却，使肉体温度降至 3～5 ℃。一般的冷却方法有空气冷却和冷水冷却两种。

1. 空气冷却

1）吊挂式冷却间

吊挂式冷却是在冷却间内进行，将宰杀整理后的光禽吊在挂钩上进行空气冷却。将每一胴体都以其脚倒悬在横档上，互相不接触，送入冷空气冷却。冷却间的空气温度为 2～3 ℃，相对湿度为 80%～85%，风速为 1.0～1.2 m/s，经过 7 h 左右，鹅、鸭的胴体温度即可降低到 3～5 ℃达到冷却要求，鸡胴体的冷却时间要短些。在冷却过程中，因禽体吊挂下垂，往往引起禽体伸长，需要人工整型，以保持禽胴体的外形丰满美观。禽体冷却干耗约为 1.5%～2%。

2）装箱法冷却间

装箱法冷却禽肉胴体时，箱子不需加盖，可在冷却间的地面堆成方格形，最好放在木架上，每 2～3 层为一格。每 1 m^2 地面上的装载量为 150～200 kg。冷却所需时间在空气自然对流的条件下约 12 h(小鸡)至 36 h(大鹅)不等。胴体安置方法、肥瘦度及操作情况都会影响冷却所需要的时间。冷却终了箱内温度不应超过 2 ℃，冷却时质量损失一般在 0.5%～1.2%的范围内。

若在管架式冷却间内冷却，箱子可放在管架上，但箱与箱之间要留有一定的距离，以便空气流通。

3）隧道式冷却装备

隧道式冷却装备由许多冷却单体组装而成。每个冷却单体中都设置有冷风机，其数量由宰杀的生产能力来确定。空气在隧道中流动的方向是横向流动，被冷却的禽胴体放在多层小车上。

4）三段式连续冷却间

三段式连续冷却的第一段，首先吹送 15 ℃干空气至禽体表面，时间为 15 min，吹去禽体表面过多的水分，并起到冷却作用；第二段，采用 0～－1 ℃的高速气流冷却禽胴体 75 min，使胴体温度下降至 10 ℃或以下，符合包装条件。第三段，包装后的禽胴体在－2 ℃的高速气流中，继续进行冷却，冷却时间为 165 min。三段式连续冷却全过程大约 4 h。这种方法冷却速度快，冷却后禽胴体外观美观，冷藏期长，而且包装袋内又无汁液渗出。

2. 冷水冷却

1）浸渍式冷却装备

浸渍式冷却是指用冷水或冰水混合物对禽胴体进行冷却，禽胴体浸渍式冷水冷却装备如图 4-23 所示。这种装备装置是由水槽、冷却盘管、冷却容器、循环水泵、倾斜式传送带、传送链等组成。被冷却的禽胴体一面沿着水槽向前移动，一面被冷水冷却，然后进入冷却容器做最后冷却。满足冷却要求的禽胴体由倾斜式传送带从冷却容器中捞出，传送链送至包装台进行包装。在水槽冷却禽胴体升温的水流至冷却容器中，被冷却盘管冷却降温，由循环水泵抽至水槽前端禽胴体入口处循环使用。

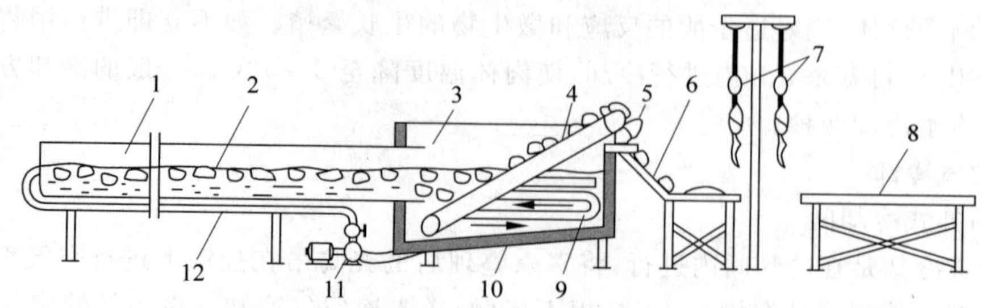

图 4-23 禽胴体浸渍式冷水冷却装备

1—水槽；2—禽胴体；3—冷却容器；4—倾斜式传送带；5—减速器；6—禽胴体出口；7—传送链；8—包装台；9—冷却盘管；10—冷却容器隔热层；11—循环水泵；12—冷却管道

浸渍式冷却装备的优点是具有漂白效果，产品表面呈白色，冷却速度快，易实现流水作业，没有干耗且会增重，装备操作管理比较简单。缺点是会增加微生物污染，禽胴体带水量多，如仔鸡平均增重 5.5%～12%，在个别情况下增重高达 30%之多，包装后袋内易渗出水分且逐渐增加，影响产品外观并为微生物生长繁殖创造了条件。

禽胴体冰水混合物浸渍式冷却装备如图 4-24 所示，由制冰机、水槽、带挡栅的传送带、提升机、电动机和减速器等组成，制冰机单独安装。禽胴体和碎冰从装备入口自动掉入水槽，两个相邻的挡栅形成的笼形小室充满禽胴体和碎冰，禽胴体在冰水混合物中一边被冷却，一边被与传送带一起运动的挡栅向前推进。满足冷却要求的禽胴体移动到水槽末端后由挡栅从水槽送入提升机，完成冷却过程。与图 4-23 的浸渍式冷水冷却装备相比较，冰水混合物浸渍式冷却装备的水温可低至 0 ℃，冷却速度更快，应用较为广泛。

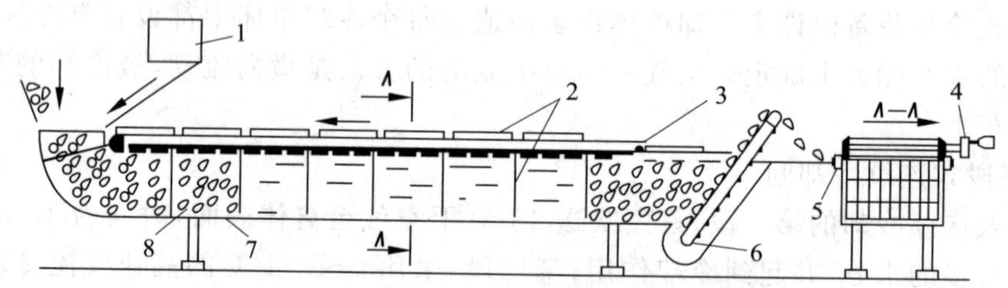

图 4-24 禽胴体冰水混合物浸渍式冷却装备

1—制冰机；2—挡栅；3—传送带；4—电动机和减速器；5—溢水口；6—提升机；7—水槽；8—笼形小室

2）喷淋式冷却装备

禽胴体喷淋式冷却装备如图 4-25 所示，由冷却室、带有挂钩的传送带和喷淋系统等组成。喷淋系统的喷嘴交叉布置在集管的格点上，沿着悬挂禽胴体的传送带形成了一个完整的水帘。喷嘴所需水压要达到 150～200 kPa，集管的间距为 450 mm。喷淋冷水可以循环使用或一次性使用。这种装备能保证禽胴体得到充分洗涤，并使禽胴体达到快速冷却。传送带的速度用减速器和变速器进行调节。禽胴体冷却到 4～5 ℃时，冷却完成。

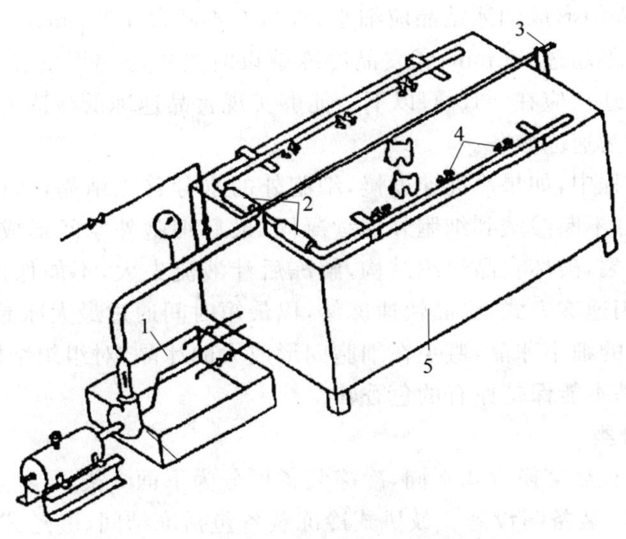

图 4-25 禽胴体喷淋式冷却装备

1—水池;2—供水管路;3—带有挂钩的传送带;4—喷淋系统;5—冷却室

喷淋式冷却装备的冷却效果与浸渍冷却相同,但喷淋系统需要的高水压需消耗较多动力。禽胴体增加质量比浸渍式大致减低 85%,若喷淋水不循环使用,可减少微生物的污染,但耗水量大。

4.3 食品冷冻装备与设施

4.3.1 冷冻装备与设施概述

1. 冷冻和速冻的定义

冷冻,也称为冻结,是用低温的方法去除食品中的显热和潜热,在规定时间内将食品的温度降低到冰点以下使其中的可冻结水全部冻结成冰,最后达到冻结终温的过程。食品的冰点是指降温过程中析出冰晶的温度。水的冰点是 0 ℃,食品的冰点一般比水低一些,比如肉类为−2.2～−1.7 ℃,鱼类为−2.2～−1.0 ℃。食品从冰点开始冷冻后,随着冰的不断析出,剩余溶液的浓度不断提高,冰点也会不断下降,所以在一般冷冻至−30～−20 ℃的终温时,食品内部仍有未结晶的液态水;当温度达到−60～−50 ℃时,大部分食品的所有水分才会结晶。食品的冷冻(冻结)曲线和冷冻(冻结)速率介绍见第 3 章。

影响冷冻速度的主要因素有以下几点。

(1) 冷却介质温度。在相同条件下,冷却介质温度越低,冷冻速度越快。

(2) 对流换热系数。液态冷却介质比气态冷却介质对流换热系数大;冷却介质流速越快,冷冻速度越快。

(3) 食品种类和规格。食品含水量高,冷冻速度快;脂肪和空气含量高,冷冻速度慢。食品尺度越小,食品导热热阻越小,冷冻速度越快。

一般速冻食品应具备下述 5 个要素:①食品冷冻时冷却介质温度应在−30 ℃或更

低；②食品冻结过程中形成的冰结晶应细小，规格上不超过 100 μm；③食品通过最大冰结晶生成带的时间应不超过 30 min；④食品冷冻结束时其中心温度应在－18 ℃以下；⑤食品冷冻后的贮运流通均应在－18 ℃以下。能够实现食品速冻的冷冻方式就称为速冻，对应的冷冻设备就称为速冻装备。

在食品冷冻过程中，如果冷冻速度慢，细胞外的水分首先结晶，造成细胞外溶液浓度增大，细胞内的水分不断渗透到细胞外继续凝固，最后细胞外空间形成较大冰晶；细胞受冰晶挤压变形或破裂，破坏食品组织结构，解冻后汁液流失大，不能保证食品的原有外观和品质。因此，采用速冻方式，食品快速冻结，以最短时间通过最大冰晶生成带，在食品组织中形成均匀分布的细小冰晶，避免在细胞间形成大的冰晶，对组织结构破坏程度大大降低，解冻后的食品基本能保持原有的色香味。

2. 冷冻装备分类

根据结构特征和热交换方式不同，冷冻装备可分为下面 3 类。

(1) 鼓风式冷冻装备与设施。鼓风式冷冻装备包括冻结间、隧道式冷冻装备、螺旋式冷冻装备和流态化冷冻装备。隧道式冷冻装备除常规装备，还有冲击式隧道冷冻装备；螺旋式冷冻装备按照转笼数量分为单螺旋和双螺旋，按照输送带支撑方式分轨道型和自堆积型；流态化冷冻装备又可分斜槽式、网带式和振动式。

(2) 间接接触式冷冻装备。间接接触式冷冻装备可分为平板式、钢带式、回转式，其中应用最广泛的是平板式冷冻装备，可分为立式、卧式和搁架式。

(3) 直接接触式冷冻装备。直接接触式冷冻装备主要包括浸渍式和喷淋式。

4.3.2 鼓风式冷冻装备与设施

鼓风式冷冻过程中，冷空气主要以强制对流方式与食品换热，由于空气与食品间的对流换热系数小，故所需的冷冻时间较长。但是，由于空气易得且无任何毒副作用，所以采用空气做介质进行冷冻仍是目前应用最广泛的食品冷冻方法。

1. 冻结间

冻结间是对产品进行冻结的房间。冻结间设计温度，对于肉、禽、兔、冰蛋、蔬菜等为－23～－18 ℃，对于鱼、虾等为－30～－23 ℃。

图 4-26 为鼓风式冻结间结构示意图。采用吊顶式冷风机，具有体积小、易除霜、不占冻结间空间等特点。吊顶式冷风机材质有铝、铁、铜 3 种。当前由于铝质冷风机具有体积小、重量轻、传热效果好等优点使用越来越多。采用冷风机＋风筒＋导流板的设计，优化冻结间气流组织，保证足够的风量和气流分布的均匀性。

搁架式冻结间采用无缝钢管组装的搁架式蒸发器，待冻结的食品放入盘内置于搁架上，食品处于蒸发器的低温环境，从而逐步被冻结。搁架式冻结间可以不设置风机进行冻结，但是为了增加冷冻速度，常采用空气强制循环式搁架排管冻结间，如图 4-27 所示。因食品放入盘内置于搁架上，食品与蒸发器排管直接接触，所以也叫半接触式冻结间。在食品冻结过程中，除了对流和辐射的形式外，还通过排管与食品的接触面进行热传导。为了加强换热，有些冻结间在每层盘管上加铺 0.6～1 mm 厚的薄钢板，并保持钢板的表面平整和与盘管贴合紧密。冻结时间视食品厚度和包装形式而变化，空气强制循环的时间一

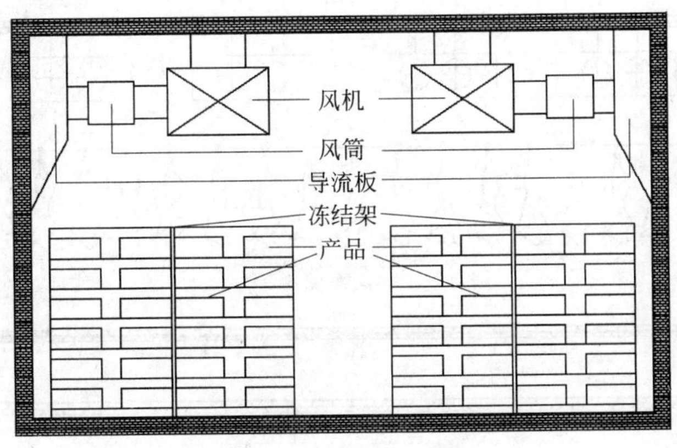

图 4-26　鼓风式冻结间结构示意图

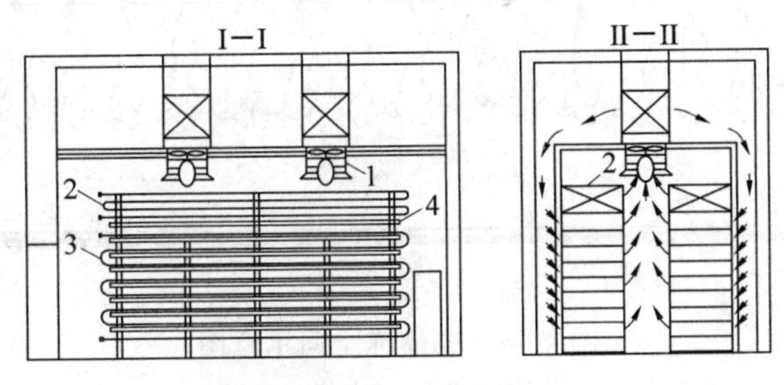

图 4-27　搁架式冻结间

1—风机；2—顶部排管；3—搁架式排管；4—出风口

般为 20～48 h。搁架式冻结间制作方便，节省用电，不需要维修；但冻结时间长，生产效率低，以人工操作为主，劳动条件差，劳动强度大。

胴体的冻结，通常在装有吊轨的鼓风式冻结间内进行。牛 1/4 胴体、猪半胴体、小牛胴体、羊和羔羊胴体可用单钩或双钩吊挂进行冻结。胴体冻结间按风机的布置风向可分为横向吹风式冻结间[图 4-28(a)]和纵向吹风式冻结间[图 4-28(b)]。采用纵向吹风的冻结间的风速通常为 2～3 m/s，实际吹风的断面为冻结横断面的 82%～85%。由冷风机吹出的低温气流遇到吊轨首端的胴体肉后，分别散流在胴体之间。这样吊轨首端的胴体首先被强烈的低温气流吹过，造成整个冻结间胴体肉冻结不均匀，首端和末端冻结时间相差可达 6 h。采用横向吹风的冻结间，空气流速通常为 0.5～1.5 m/s，实际吹风的断面为冻结横断面的 55%～60%。横向吹风与纵向吹风相比气流分布比较均匀，先被低温强气流吹过的胴体肉和最后被散流吹过的胴体肉，冻结时间相差大约 1～4 h。

为了改善冻结效果，也可在冻结间上部设置送风吊顶(图 4-29)。将经过冷风机冷却后的低温空气送到送风吊顶的空间，气流经设置在吊顶下部的条缝吹到吊轨上的胴体之间，最后被冷风机重新吸入降温。刚出条缝时的风速可以达到 5 m/s，随着射流断面的增加，当气流距条缝 1 m 左右时，风速减到约 1.2 m/s。这种冻结间因低温空气自上而下，首先吹到胴体的臀部，所以冻结比较均匀。但是需要注意送风吊顶在安装时必须保证其严密性，否则条缝出风口空气流速会急剧下降。

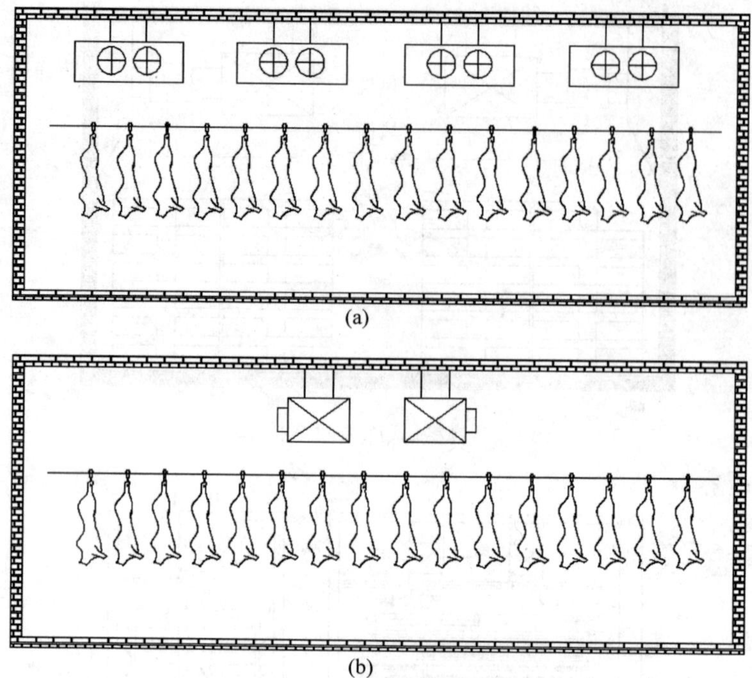

(a)

(b)

图 4-28 胴体冻结间示意图

(a) 横向吹风;(b) 纵向吹风

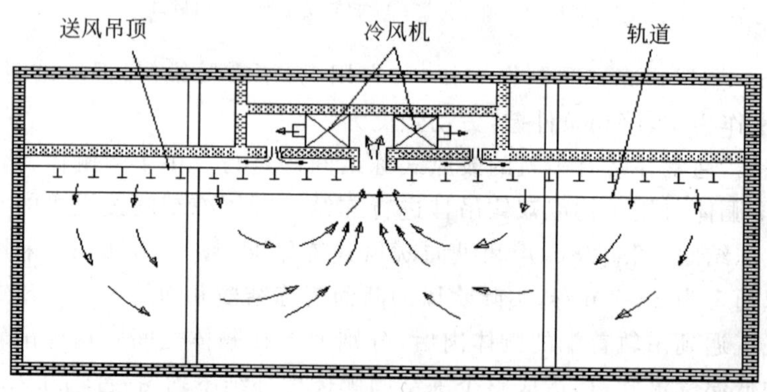

图 4-29 带送风吊顶的胴体冻结间示意图

大型冻结间一般需要现场施工组装，是冷冻建筑，属于冷冻设施。对于小型冻结间，可以在工厂直接做成整体式装备。

2. 隧道式冷冻装备

这里介绍常规隧道式冷冻装备和冲击式隧道冷冻装备。

1）常规隧道式冷冻装备

常规隧道式冷冻装备是由输送带输送通过隧道，冷空气吹向输送带上待冷冻产品实现冻结的设备，根据输送带不同分板带式和网带式两种。图 4-30 为板带式隧道冷冻装备结构示意图，由不锈钢输送带、冷风机、传动轮、调速机构带及包围在它们外面的隔热壳体等构成。带减速器的调速电机通过链传动驱动主动轮，使不锈钢板带慢速向前运动，也有一些冷冻装备进出料两端采用双驱动装置，从而有效防止板带打滑。待冷冻产品置于不锈钢板带上，上部为冷风机，根据食品在隧道里所处的位置不同，空气循环的方式有顺流式、逆流式和混流式。一些装备为了提高产品冷冻速度，在板带下加设冷冻板（平板蒸发器）。输送带下部冷冻板的温度一般为－40 ℃，上部冷风的温度在－35 ℃左右，厚15 mm的食品 12 min 可以完成冷冻，厚 40 mm 的食品 41 min 可以达到冷冻要求。根据不同品种和厚度的食品，调节输送带的速度，获得不同的冻结时间。板带式隧道冷冻装备主要适合裸冻鱼片、虾仁、裸冻扇贝丁、鱿鱼等扁平型食品的速冻，主要应用于水产行业。表 4-10给出不同规格板带式隧道冷冻装备的性能参数。

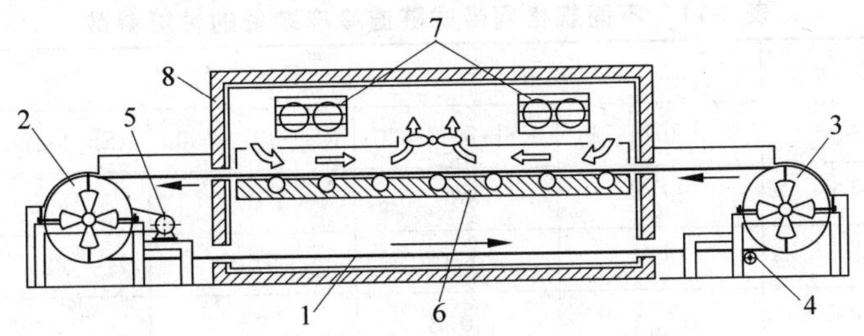

图 4-30　板带式隧道冷冻装备结构示意图

1—不锈钢输送带；2—主动轮；3—从动轮；4—输送带清洗刷；5—调速电机；
6—冷冻板；7—冷风机；8—隔热壳体

表 4-10　不同规格板带式隧道冷冻装备的性能参数

项　目	型　号			
	RSB-1510-250	RSB-1518-500	RSB-1526-750	RSB-3017-1000
冻结能力/(kg・h^{-1})	250	500	750	1 000
配机冷量/kW	50	90	120	160
装机容量/kW	7.85	12.25	18.85	23.25
外形尺寸($L \times W \times H$)/m	10×2.2×2.6	18×2.2×2.6	26×2.2×2.6	17×3.7×2.6
入料温度/℃	15			
出料温度/℃	≤－18			
装备内温度/℃	－35			
冻结时间/min	15～60			

注：冻结能力和冻结时间以裸冻扇贝丁为准。

图 4-31 为网带式隧道冷冻装备结构示意图，其结构与板带式隧道冷冻装备基本相同。与板带式隧道冷冻装备只能从板带上面吹风冷却食品不同，网带式隧道冷冻装备可以从网带上下对吹，提高了冷冻效率和均匀性，但是网带式隧道冷冻装备容易使冷冻食品表面形成网纹。网带式隧道冷冻装备适用于颗粒状和小块状食品的快速冻结。表 4-11给出不同规格网带式隧道冷冻装备的性能参数。

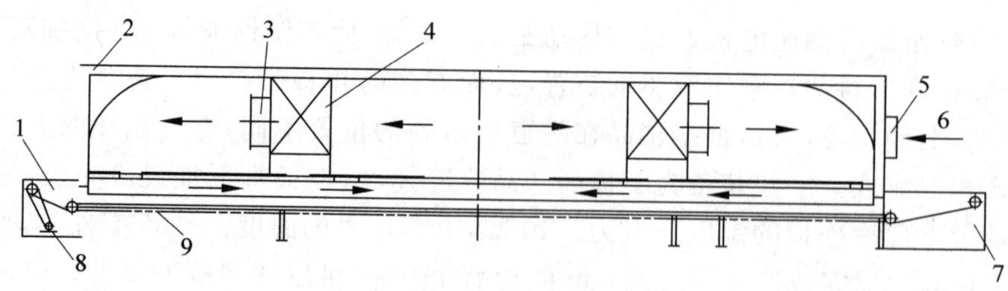

图 4-31 网带式隧道冷冻装备结构示意图

1—出货口;2—隔热壳体;3—风机;4—蒸发器;5—控制系统;6—进货口;7—进货装置;8—驱动系统;9—输送网带

表 4-11 不同规格网带式隧道冷冻装备的性能参数

项 目	型 号				
	RSF-2011-500	RSF-2514-800	RSF-3014-1000	RSF-3021-1500	RSF-4021-2000
冻结能力/($kg \cdot h^{-1}$)	500	800	1 000	1 500	2 000
配机冷量/kW	85	130	160	220	300
装机容量/kW	16.4	20.8	23	35.2	43.2
网带宽度/m	2.0	2.5	3.0	3.0	4.0
外形尺寸($L \times W \times H$)/m	11×2.7×2.6	14×3.2×2.6	14×3.7×2.6	21×3.7×2.6	21×4.7×2.6
入料温度/℃	15				
出料温度/℃	≤ −18				
装备内温度/℃	−35				
冻结时间/min	15～60				

注:冻结能力以水饺为准。

2）冲击式隧道冷冻装备

冲击式隧道冷冻装备基本结构如图 4-32 所示,冲击式速冻机外部由保温库体包围,用以保证整个速冻机内部的低温环境。速冻机的上部均匀布置风机,风机的气流经过速冻机上部的静压箱区域到达条缝上方区域。气流经过条缝型出口冲击到放置于输送带上的食品表面,达到冻结食品的目的。食品吸热升温后的空气通过蒸发器降温后被风机加压循环使用。不锈钢输送带将待冷冻食品从进料口输送到隧道内,完成冻结后送至出料口,实现冷冻食品的连续生产。与常规隧道式冷冻装备一样,冲击式隧道冷冻装备按照输送带不同,也分板带式和网带式两类。

冲击式速冻技术主要是通过上下高速低温气流的冲击破坏食品周围的热边界层,从而达到低温空气与被冷冻产品更高的对流换热系数,相比于传统的鼓风式冻结方式,冲击式速冻能够使食品更快冻结,以此来提升食品的冻结品质,提高冷冻效率。冲击式低温气流速度一般大于 20 m/s,冷冻速度是传统鼓风式冻结的 2 倍。冲击式隧道冷冻装备适用于表面积较大的或者是表面积与质量比很大的食品,像鸡肉片、牛肉饼、鱼肉片、扇贝及其他一些海鲜等扁平、小颗粒食品。表 4-12 给出了不同规格冲击式隧道冷冻装备的性能参数。

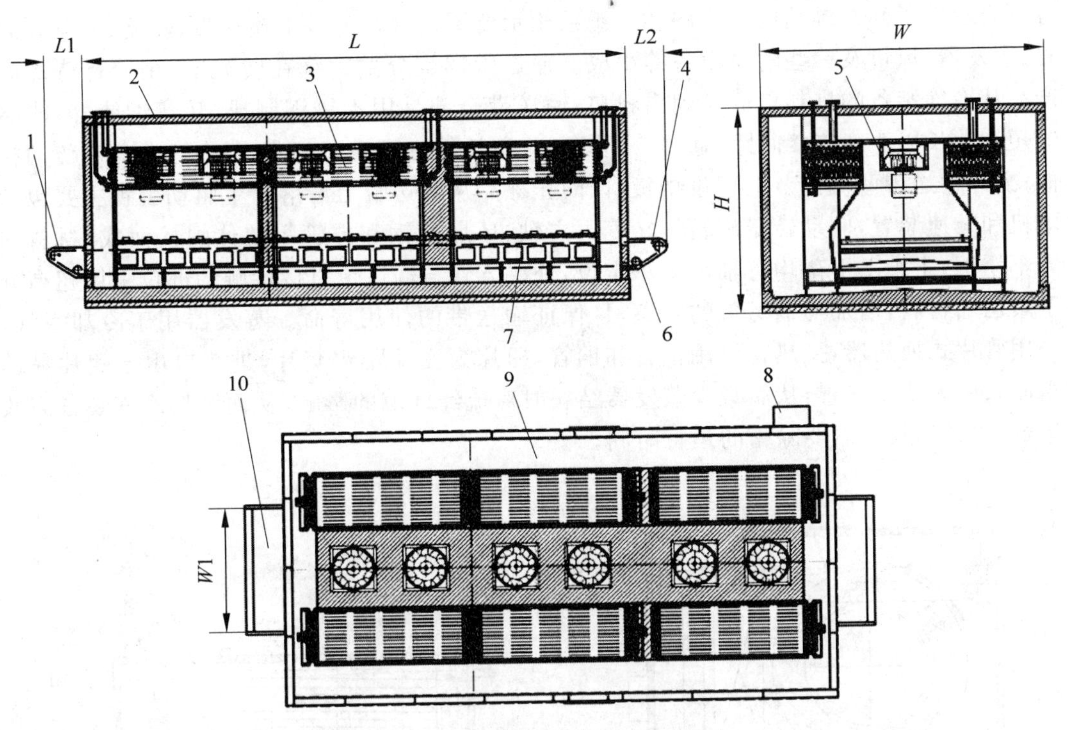

图 4-32　冲击式隧道冷冻装备基本结构

1—进料架；2—保温库体；3—蒸发器；4—出料架；5—离心风机；6—传动减速机；7—不锈钢导风板；8—控制箱；9—通道；10—不锈钢输送带

表 4-12　不同规格冲击式隧道冷冻装备的性能参数

型　号	冻结能力/(kg·h⁻¹)	入料温度/℃	装备内温度/℃	出料温度/℃	冻结时间/min	配机冷量/kW	装机功率/kW
TPD-500	500	15	−38	−18	8～40	125	35
TPD-750	750					170	45
TPD-1000	1 000					235	60
TPD-1500	1 500					340	90
TPD-2000	2 000					470	120

3. 螺旋式冷冻装备

为了克服隧道式冷冻装备占地面积大的缺点，可将输送带做成多层，由此出现了螺旋式冷冻装备。该类冷冻装备按转笼数量可分为单螺旋和双螺旋，按输送带支撑方式可分为轨道型和自堆积型，按电机、减速机在库体内外布置可分为外传动式和内传动式，按送风方式可分为垂直送风和水平送风。

1）单螺旋式冷冻装备

单螺旋式冷冻装备是指仅有一个螺旋输送转笼的螺旋式冷冻装备，图 4-33 和图 4-34

分别表示出了其二维结构示意图和三维结构示意图。这种装备由输送带、转笼、主驱动装置、蒸发器、风机及一些附属设备等组成。输送带螺旋分散缠绕在转笼上，用于将待冷冻产品从冷冻装备的进料口输送到出料口；输送带全部是用不锈钢制成，转弯性能好，能够缩短和伸长以改变连接间距，通过一边拉长一边压缩进而横向弯曲，竖向弯曲与链传动相似；另外输送带两侧链节上可设挡板，以防止冻品从输送带上滑落。主驱动装置主要包括电机和减速装置，驱动转笼旋转。转笼由主轴、环形角钢和方管等整体焊接而成，材料均为不锈钢；主轴上下部均有轴承支承定位，外层方管与输送带直接接触的部位采用超高分子聚乙烯材料，增加与输送带的摩擦，且保证输送带的使用寿命。蒸发器用于冷却空气，采用管片式换热器，换热管可用铝管和铜管，翅片为变片距铝套片，进气口由于翅片易结霜而采用大片距布置，从而减少蒸发器结霜时对流经气流的影响，从而维持冷冻装备高效运行，并且延长了需要除霜的运行时间。

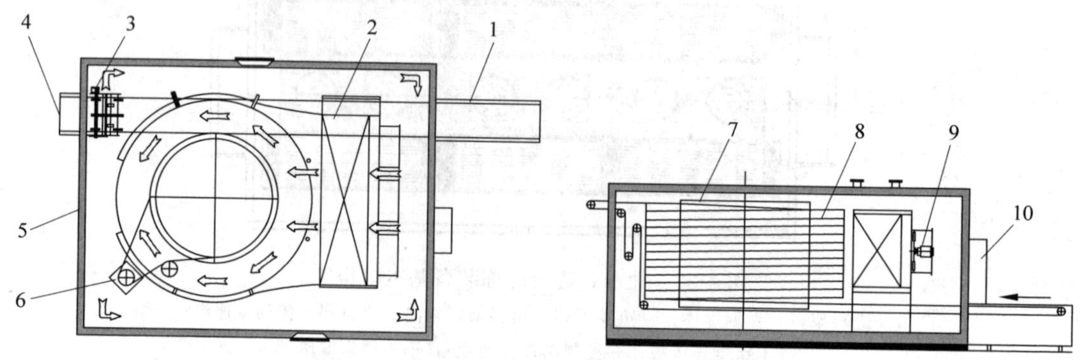

图 4-33 单螺旋式冷冻装备二维结构示意图

1—进料装置；2—蒸发器；3—涨紧装置；4—出料装置；5—保温库体；
6—主驱动装置；7—转笼；8—输送带；9—风机；10—控制箱

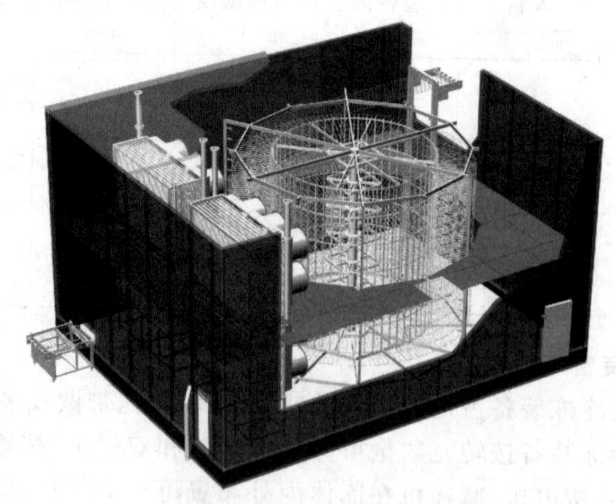

图 4-34 单螺旋式冷冻装备三维结构示意图

电机经过减速装置后，驱动装备中心的转笼转动。转笼上的高分子耐磨条通过摩擦作用带动输送带沿着转笼和导轨做螺旋运动，食品随输送带进入冻结装置后，由下盘旋而上，所以属于轨道型。由于输送带上的张力很小，故驱动功率不大。输送带的螺旋升角约2°，由于转笼的直径较大，所以输送带近于水平，食品不会下滑，输送带缠绕的圈数由冷冻产量和冷冻时间在设计时确定。待冷冻食品自冷冻装备进料口放入输送带上，随着网带运动，来自蒸发器强制循环的冷风不断吹过冻品表面，使其温度迅速降低，快速冻结。当食品达到冻结要求时可由出料口自动输出，完成全部冷冻过程。为了保证蒸发器换热效率，蒸发器需要定时除霜，可采用水、热气、压缩空气等方式融霜。

驱动电机可采用变频电机，输送带速度可由变频调速方式进行无级调速。冷空气可以是水平送风和垂直送风。水平送风时，冷空气水平掠过冻品表面，适宜冻结有包装的食品，但是冻品容易产生水平位移。垂直送风时，冷空气从输送带上部送风，垂直吹过食品表面，与食品逆向对流换热，提高了冻结速度，与空气横向流动相比，冻结时间可缩短30%左右，且冻品的水平位移小。作为速冻装备时，循环冷空气温度应≤－30 ℃，出料时食品中心温度≤－18 ℃。在名义工况下[单个制冷为(40±5)g、上料密度≥6.5 kg/m^3、进料温度≤15 ℃、出料温度≤－18 ℃的裸冻肉鸡翅中为标准食品，循环冷空气的温度≤－30 ℃]，标准食品在装备内达到规定出料温度的时间应不超过45 min。

不同规格单螺旋式冷冻装备的性能参数见表4-13。

表4-13　不同规格单螺旋式冷冻装备的性能参数

型号	项　目							
	冻结能力 $/(\mathrm{kg\cdot h^{-1}})$	入料温度 /℃	出料温度 /℃	装备内温度/℃	冻结时间 /min	配机冷量 /kW	装机功率 /kW	外形尺寸 $(L\times W\times H)/\mathrm{m}$
SS-300	300	50	－18	－35	15～75	50	12	5.6×4.3×3.0
SS-400	400					70	16	5.9×4.7×3.0
SS-500	500				20～100	85	18	6.6×5.3×3.0
SS-750	750					135	20	6.6×5.3×4.0
SS-1000	1 000					170	25	7.2×6.0×4.0

2）双螺旋式冷冻装备

虽然单螺旋式冷冻装备与隧道式冷冻装备相比，具有结构紧凑、占地面积小、冷冻效率高等优点，但是如果需要很长的输送带，就势必会造成转笼尺寸过大；并且单螺旋式冷冻装备的进出料口上下分置，造成在一些流水线上应用不便。为了克服单螺旋式冷冻装备的上述缺点，在其基础上产生了双螺旋式冷冻装备，即具有两个螺旋输送转笼的螺旋式冷冻装备。图4-35为一典型双螺旋式冷冻装备结构示意图，两个转笼相邻布置在装备中间，两套蒸发器和风机分置装备两端，产生冷风冷冻待冻品。图4-36表示出了双螺旋式冷冻装备的不同布置方式，除了图4-36(a)的结构布置方式外，图4-36(b)蒸发器和风机布置在装备中间，两个转笼分置装备两端，采用这种布置方式的冷冻装备外形长度较大。图4-36(c)蒸发器、风机、配套转笼组合并行布置，冷冻装备外形长度和宽度比较接近。

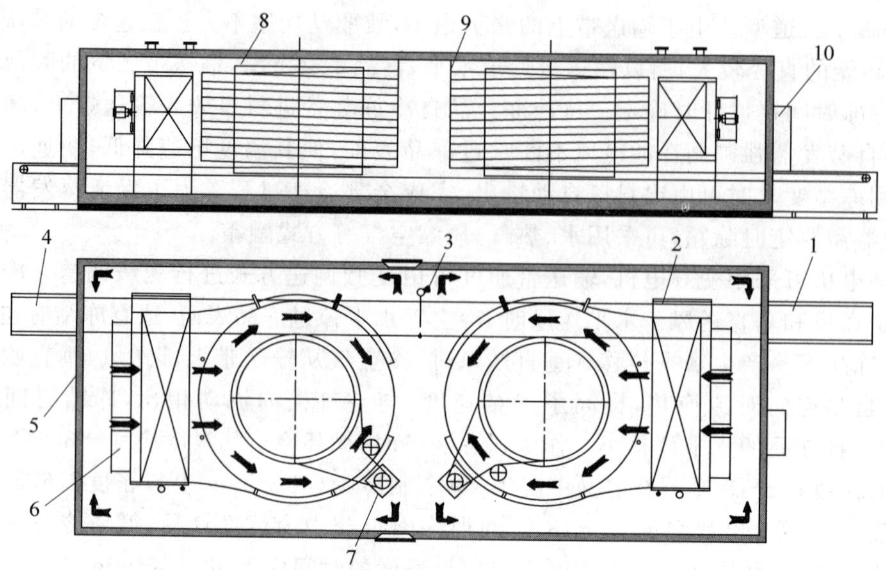

图 4-35 双螺旋式冷冻装备结构示意图

1—进料装置；2—蒸发器；3—涨紧装置；4—出料装置；5—保温库体；6—风机；7—主驱动装置；8—转笼；9—输送带；10—控制箱

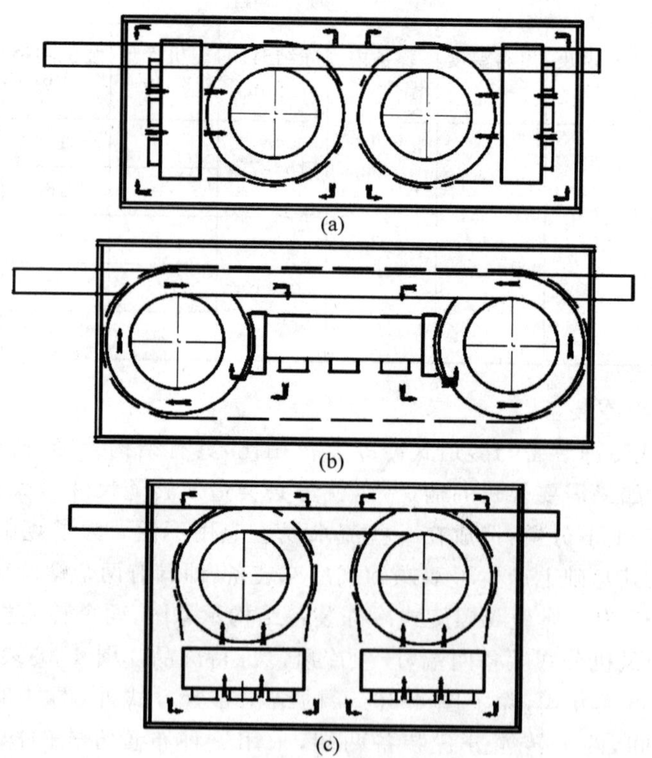

图 4-36 双螺旋式冷冻装备的不同布置方式

(a) 转笼布置在中间；(b) 转笼布置在两端；(c) 蒸发器、风机和转笼并行布置与单螺旋式冷冻装备相比较，双螺旋式冷冻装备冷冻能力大；进、出料口都在下部，进、出料方向选择也更加灵活，更容易与其他配套设备组合，实现现代化流水线生产；两个转笼可分别单独运行，熟食品速冻生产企业可以省去预冷工艺和设备，使预冷和速冻工艺一次完成，还适合稍长冷冻时间的块状食品冷冻。

不同规格双螺旋式冷冻装备的性能参数见表 4-14。

表 4-14　不同规格双螺旋式冷冻装备的性能参数

型号	项目							
	冻结能力/(kg·h^{-1})	入料温度/℃	出料温度/℃	装备内温度/℃	冻结时间/min	配机冷量/kW	装机功率/kW	外形尺寸($L\times W\times H$)/m
SD-500	500	50	−18	−35	15～75	90	23.5	10.8×4.3×3.0
SD-750	750					135	30	11.2×4.7×3.0
SD-1000	1 000				20～100	170	32	12.8×5.3×3.0
SD-1500	1 500					240	38	12.8×5.3×4.0
SD-2000	2 000					320	45	14.0×6.0×4.0
SD-2500	2 500					380	52	14.6×6.0×3.9
SD-3000	3 000					460	56	14.6×6.0×4.22

3）自堆积型螺旋式冷冻装备

与上述的轨道型螺旋式冷冻装备不同，自堆积型的输送带除最底层有支撑物外，其余各层均由输送带自身下层支撑上层形成螺旋形轨迹的输送机构。自堆积型螺旋冷冻装备主要由自堆积式螺旋输送系统、驱动系统、蒸发器、保温库体、空气除霜系统、CIP 系统、智能化控制系统等部分组成，其结构示意图如图 4-37 所示。

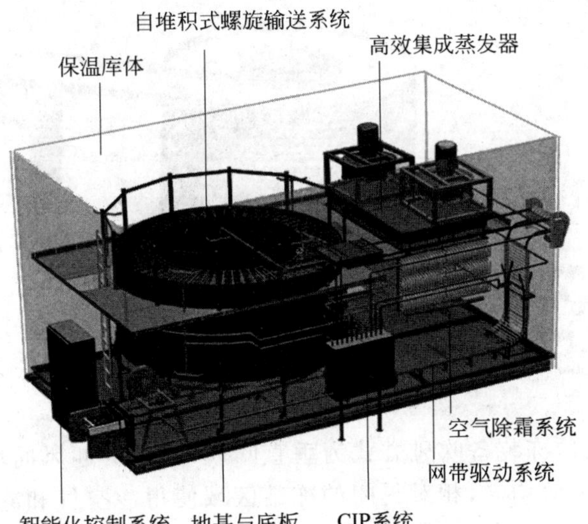

图 4-37　自堆积型螺旋冷冻装备结构示意图

自堆积型螺旋式冷冻装备与轨道型螺旋式冷冻装备最大的不同是驱动系统和螺旋输送系统，图 4-38 为两类装备的驱动系统比较。轨道型螺旋式冷冻装备是转笼在电机驱动下转动，然后依靠转笼的摩擦力带动输送带运动，结构复杂笨重，支撑装置负荷大，并且每一层都存在转笼和输送带的摩擦；而自堆积型螺旋式冷冻装备在螺旋塔的堆叠区域，有两根同心环形的驱动链条安装在两条同心的螺旋线轨道上，并在轨道上运动，此处的轨道具有一定的螺旋升角，使得驱动链形成只具有一个导程的螺旋线轨迹；利用此传动系统，通过摩擦对螺旋塔的底层输送带进行传动，其他层与层之间在工作过程中是相对静止的，没有摩擦力，因此能耗相比轨道型要低，且结构简单，输送带磨损降低，使用寿命延长。图 4-39 为输送带自堆积运行示意图。

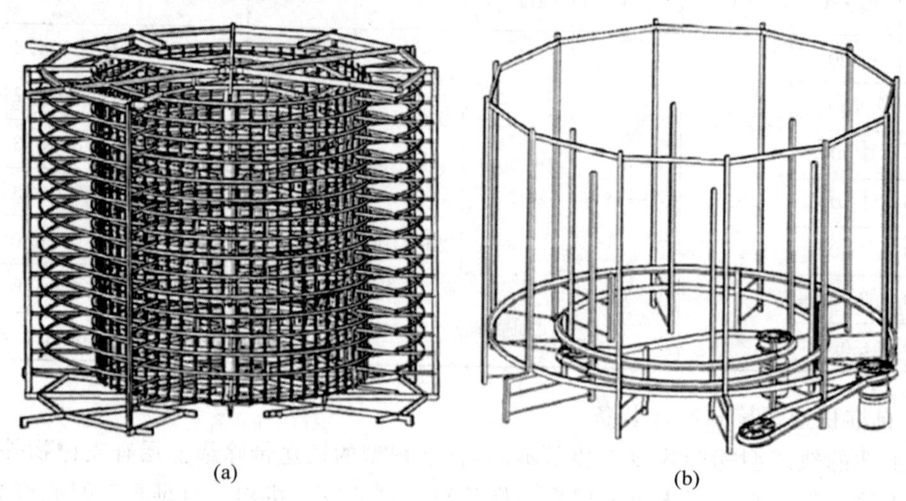

图 4-38　两种螺旋式冷冻装备驱动系统比较

(a) 轨道型；(b) 自堆积型

图 4-39　输送带自堆积运行示意图

自堆积型螺旋式冷冻装备吹风方式为垂直吹风，冻品的迎风面增大，冻结的距离减小，气流和温度分布相对均匀，相对封闭的冻结区域使得冷空气和冻品之间的传热效率提高。

采用高频高压空气除霜系统，空气经过压缩、干燥、过滤后进入储气罐，通过电磁阀控制，压缩空气从喷嘴喷出，对蒸发器进行除霜。空气除霜装置在换热器表面来回移动，从喷嘴间歇喷出高压空气，能够迅速吹走换热器表面的结霜，保证翅片之间的空气流通，减少流通阻力，提高蒸发器的换热性能，减少能耗。同时，还可以对输送带进行除霜。

目前国产自堆积型螺旋式冷冻装备的输送带最大堆叠层数达 40 层，最大螺旋塔直径达 6.55 m，输送带宽度最大 1.06 m；在 5～30 m/min 的速度范围内可实现输送带平稳可靠自堆叠螺旋运行。一种典型的自堆积型螺旋式冷冻装备的性能参数见表 4-15。

表 4-15　自堆积型螺旋式冷冻装备的性能参数

项　目	参　数
型号	STF7624
外形尺寸/mm	8 902×4 798×4 585
冻结产品	150g 鸡大腿
产量/$(t \cdot h^{-1})$	1.5
进料温度/℃	15
出料温度/℃	−18
耗冷量/kW	200
制冷剂	NH_3/R404A/R507
冻结时间/min	22.5～90
网带层数	24
网带有效宽度/mm	715
冻品空间高度/mm	65
单层网带长度/m	13.1
单层网带面积/m^2	7.7
装机功率/kW	46

注：表中参数是基于 1.5 t/h 鸡大腿(150 g)计算。

4. 流态化冷冻装备

在冻结过程中，颗粒状食品在流化床内全悬浮状或半悬浮状的冷冻设备称为流态化冷冻装备。流态化冷冻在冻结过程中，待冻品放在网带或多孔板上，低温气流自下而上强制通过孔板和料层，当气流速度达到一定值时，颗粒状的待冻品由于气流的作用，密实的料层逐渐变为全悬浮状或半悬浮状，物料颗粒被冷空气所包围，从而使待冻品快速冻结。

流态化冷冻装备的名义工况为：以含水率 74%豌豆为标准冻品，冻结前进料中心温度≤15 ℃，冻结出料时物料的中心温度≤−18 ℃，装备内空气温度≤−30 ℃。要求出料后冻品应呈单体状态，标准冻品单体率≥95%；冻品形状应保持完好无损，标准冻品破损率≤1%。装备内流化床面风速分布应均匀，无冻品时，最小风速和最大风速的差值应小于2 m/s。

流态化冷冻装备具有冻结速度快、耗能低和易于实现机械化连续生产等优点。用流态化冷冻装备冻结食品时，高速冷气流的包围使得食品处于流态化，强化了食品冷却和冻结过程的对流换热，且有效传热面积较常规冻结状态大 3.5～12 倍，从而大大缩短了冻结时间。流态化冷冻装备适用于冻结球状、圆柱状、片状、块状颗粒食品，尤其适于果蔬类单体食品的快速冻结。

流态化冷冻装备按照机械传动方式可分斜槽式、网带式和振动式。

1）斜槽式流态化冷冻装备

图 4-40 为斜槽式流态化冷冻装备示意图。这种冷冻装备没有输送带，而是采用有一定倾斜角的带孔底板或网状底板的槽体式传送机构，斜槽的进口稍高于出口，食品在槽内依靠上吹的高速气流实现流态化，并借助具有一定倾斜角的槽体向出料口流动，完成冻结的食品由斜槽连续排出。产品层厚度、冻结时间和冻结产量，均可通过改变进料速度和出料挡板的高度来调节。该冷冻装备制冷系统的蒸发温度在－40 ℃以下，垂直向上的风速为 6～8 m/s，冻品间风速为 1.5～5 m/s，冻结时间一般为 5～10 min。

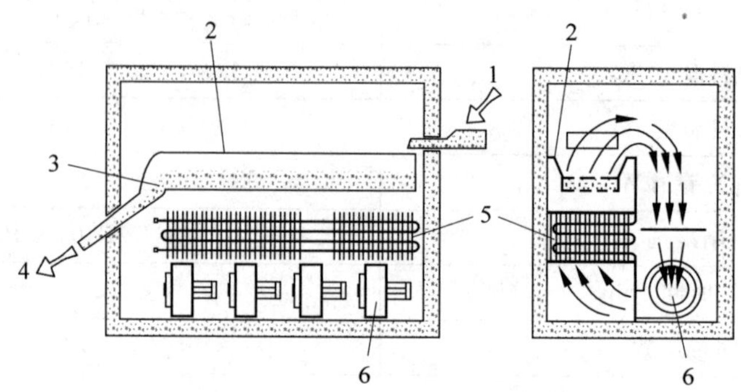

图 4-40 斜槽式流态化冷冻装备示意图

1—进料口；2—斜槽；3—出料挡板；4—出料口；5—蒸发器；6—风机

斜槽式流态化冷冻装备构造简单，成本低，冻结速度快，冻品降温均匀，食品冻结品质好。

2）网带式流态化冷冻装备

网带式流态化冷冻装备采用不锈钢丝编制的网带或带孔塑钢网带式的传送机构，分为一段式和二段式。一段式流态化冷冻装备是物料在整个冻结过程中始终在一条网带上进行流态化运动，而二段式流态化冷冻装备是食品的冻结过程分成两区段进行，第一区段为表层快速冻结，然后进入第二区段进行深层冻结，完成食品完全冻结。

一段式流态化冷冻装备结构示意如图 4-41 所示，主要由蒸发器、风机、输送装置、保温库体、脱水振动器等组成。冻品首先经过脱水振动器去除表面的水分，由进料网带送入进料口，然后随输送带进入“松散相”区域，此时的流态化程度较高，食品悬浮在高速气流中，从而避免了食品间的相互黏结。待到食品表面冻结后到达“稠密相”区域，此时仅维持最小的流态化程度，使食品进一步降温冻结。冻结好的食品最后从出料口排出。

一段式流态化冷冻装备冷冻食品时，冻品一直处于一个网带上，因此适用于容易破碎食品单体速冻，如芦笋、草莓等。该种装备结构较为简单，在流态化冷冻装备发展初期被广泛应用。

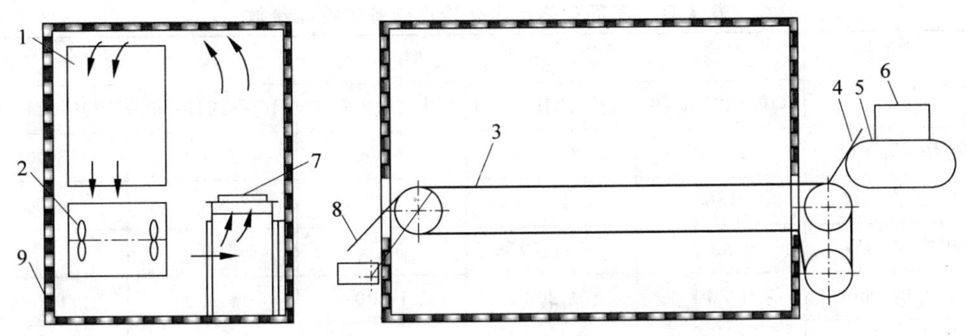

图 4-41　一段式流态化冷冻装备结构示意图

1—蒸发器；2—风机；3—输送装置；4—进料口；5—进料网带；
6—脱水振动器；7—食品层；8—出料口；9—保温库体

二段式流态化冷冻装备是将一段式冻结装置的输送网带分为前后两段，其他结构与一段式基本相同。第一段输送带为表层冻结区，功能相当于一段式的“松散相”区域；第二段输送带为保温冻结区，功能与一段式的“稠密相”区域相同。两段输送带间有一高度差，当冻品由第一段落到第二段时，因相互冲撞而有助于避免彼此黏结。两段网带输送速度分别采用变频控制，可按照不同冻品的加工要求进行调节，以满足更多食品的冻结需求。为了实现冻品流态化，需要采用高风压、大风量风机。根据需要，还可以配置脱水振动器、布料装置、网带清洗干燥器等设备。二段式流态化冷冻装备结构示意图如图 4-42所示。

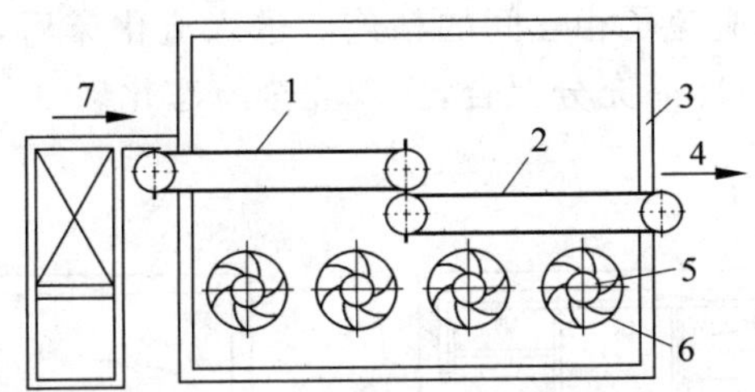

图 4-42　二段式流态化冷冻装备结构示意图

1—一段网带；2—二段网带；3—保温库体；
4—出料口；5—蒸发器；6—风机；7—进料口

与一段式冷冻装备相比，二段式装备更适合于大而厚的产品，如肉制品、鱼块、肉块等。第一段网带的移动速度可比第二段网带快 3 倍，这样，第一段网带上的产品层较薄，再加上该段的气流速度也较高，从而防止了在第一阶段食品颗粒黏结。目前这种二段式冷冻装备应用越来越多。

与斜槽式流态化冷冻装备比较，网带式流态化冷冻装备允许冻结的食品种类更多、产量范围更大；由于颗粒之间摩擦强度小，因此易碎食品冻结时损伤较小。

不同规格流态化冷冻装备的性能参数见表 4-16。

表 4-16 不同规格流态化冷冻装备的性能参数

项　目	型　号				
	IQF-1208-1000	IQF-1210-1500	IQF-1212-2000	RIQF-1215-2500	RIQF-1218-3000
冻结能力/($kg \cdot h^{-1}$)	1 000	1 500	2 000	2 500	3 000
配机冷量/kW	180	250	320	380	450
装机容量/kW	35	42	52.5	68	82.5
网带宽度/mm	1 200	1 200	1 200	1 200	1 200
外形尺寸 ($L\times W\times H$)/m	8.16×4.2×3.8	10×4.2×3.8	12×4.2×3.8	15×4.2×3.8	18×4.2×3.8
入料温度/℃	15				
出料温度/℃	≤ −18				
装备内温度/℃	−35				
冻结时间/min	6～30(或根据用户要求设计)				

注:冻结能力以青刀豆为准。

3) 振动式流态化冷冻装备

振动式流态化冷冻装备采用带孔底板或网状底板的振动筛或直线振动槽的传送机构,图 4-43 为一典型往复振动式流态化冷冻装备示意图。其主体部分为一带孔不锈钢钢板,在连杆机构带动下做水平往复式振动。冷冻装备运行时,食品首先进入预冷设备,表面水分被吹干,表面硬化,避免了相互间的粘连。进入流化床后,冻品受钢板振动和气流脉动的双重作用,冷气流与冻品充分混合,实现完全流态化。

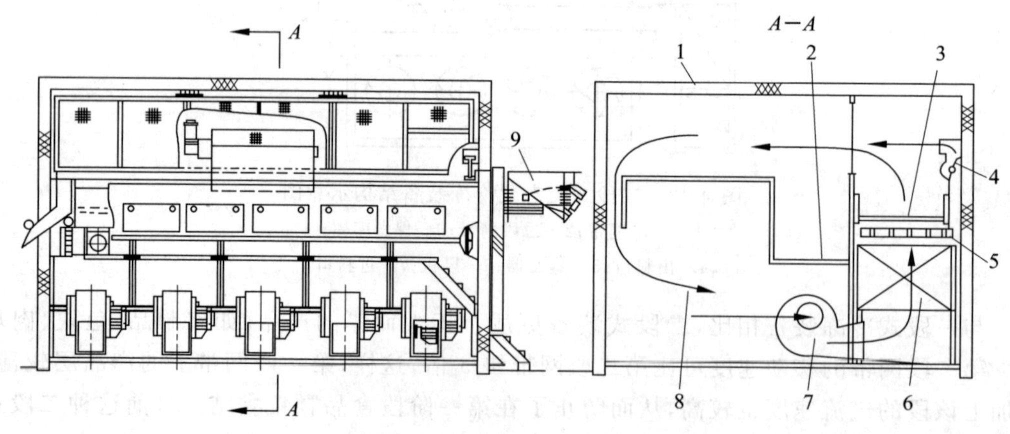

图 4-43 往复振动式流态化冷冻装备示意图
1—隔热箱体;2—操作检修廊;3—流化床;4—脉动旋转门;5—融霜淋水管;
6—蒸发器;7—离心风机;8—冻结隧道;9—振动布风器

图 4-44 为二段式振动流态化冷冻装备三维示意图。食品受到垂直向上的高速气流吹动,呈现全悬浮或半悬浮状;同时在网带的下面或者侧面,设计有机械振动或脉冲振动

装置，食品颗粒受到机械振动和气流吹动的双重作用，加之二段式流态化，有效避免了食品颗粒的相互粘连。

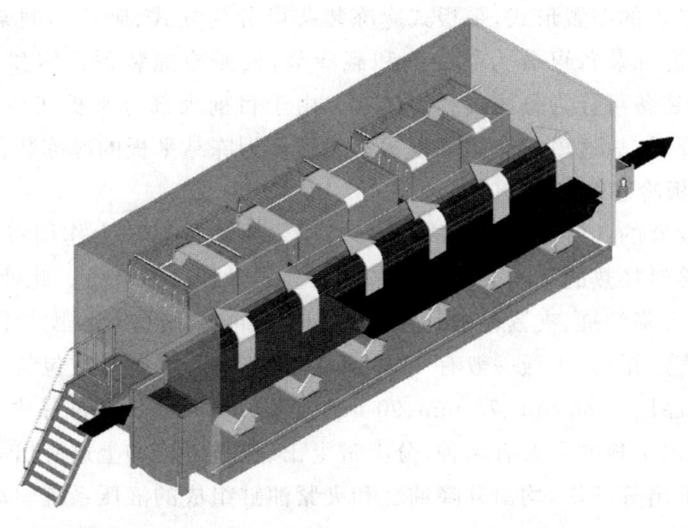

图 4-44　二段式振动流态化冷冻装备三维示意图

表 4-17 为某一典型规格二段式振动流态化冷冻装备的性能参数。

表 4-17　二段式振动流态化冷冻装备的性能参数

项　目	参　数
型号	FBF-NA50RS01
外形尺寸($L\times W\times H$)/mm	9 180×5 060×4 900
冻结产品	豌豆
冻结能力/($t\cdot h^{-1}$)	5.0
进料温度/℃	15
出料温度/℃	−18
耗冷量/kW	650
制冷剂	NH_3/R404A/R507
冻结时间/min	5～30
网带有效宽度/mm	1 250
风机功率/kW	6×18.5
装机功率/kW	115

注：冻结能力基于豌豆计算。

4.3.3　间接接触式冷冻装备

平板式冷冻装备是间接接触式冷冻装备应用最为广泛的一种，故这里仅介绍平板式冷冻装备。采用中空的金属平板，平板中间的空腔为供冷介质通道，以单平面或双平面与食品进行接触换热的冷冻装备称为平板式冷冻装备。

按照冻结平板的布置形式，平板式冷冻装备可分为立式、卧式和搁架式；按照供冷介质不同，平板式冷冻装备可分为制冷剂和载冷剂；按照冷冻装备箱体和制冷机组是否一体，平板式冷冻装备可分为分体式和一体式。由于目前大部分平板式冷冻装备是采用制冷剂作为供冷介质，故这里只介绍平板式蒸发器作为冻结平板的冷冻装备。

1. 立式平板冷冻装备

平板式蒸发器的各层平板直立成组排列，受水平方向挤压力作用将食品压紧于平板间进行双平面接触换热的平板式冷冻装备称为立式平板冷冻装备。此种冷冻装备主要由铝平板蒸发器、升降油缸、夹紧油缸、铝板牵引架等组成，结构示意图如图 4-45 所示。各层平板蒸发器直立排列，平板一般有 20～30 块，待冻品不需装盘或包装，可直接倒入平板间摆满裸冻，冻品厚度 50 mm、75 mm、90 mm、100 mm 可选。当冻品中心≤－18 ℃时冻结结束，冻品脱离平板的方式有多种，分上进上出、上进下出和上进旁出等。平板的移动、冻品的升降和推出等动作，均由升降油缸和夹紧油缸组成的液压系统驱动和控制，行程开关用以限制两平板间的距离。此装备属于分体式，由配套的压缩冷凝机组为平板蒸发器提供液态制冷剂，在平板内蒸发吸热来冻结与平板外表面接触良好的待冻结食品。

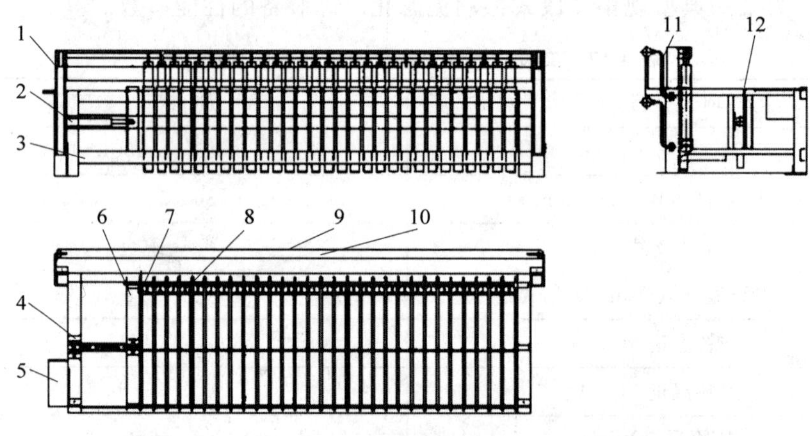

图 4-45　立式平板冷冻装备结构示意图

1—升降油缸；2—夹紧油缸；3—支架；4—行程开关；5—集成阀站；6—铝板牵引架；7—铝平板蒸发器；8—冻品托架；9—供液管；10—回气管；11—金属软管；12—冻品隔板

在名义工况下(标准冻品为鳕鱼，整条鱼直接倒入，摆满裸冻，蒸发器蒸发温度－35 ℃，进料温度 15 ℃，出料温度－18 ℃)，立式平板速冻装备的冻结时间应≤4 h。

采用立式平板冷冻装备，待冻品可以不用包装直接倒入冻结，方便操作，广泛应用于水产品加工、远洋渔业捕捞、肉糜类食品类加工、宠物食品冷冻加工等行业，尤其适用于如鱼类、虾类、肉制品、水果泥和宠物食品等各类块状食品的快速冻结。

表 4-18 为典型立式平板冷冻装备的性能参数。

表 4-18　典型立式平板冷冻装备的性能参数

型　号	项　　目						
	冻结能力/(kg·h^{-1})	平板数量/块	平板尺寸/mm	层间距/mm	制冷剂	配机冷量/kW	外形尺寸($L\times W\times H$)/mm
LA15-75	600	16	1 060×530	75	R717/R22 R404A	29	2 500×1 500×1 200
LA20-75	800	21		75		38	3 000×1 500×1 200
LA25-75	1 000	26		75		47	3 500×1 500×1 200
LA32-75	1 280	33		75		61	4 300×1 500×1 200
LA12-100	600	13		100		29	2 500×1 500×1 200
LA16-100	800	17		100		38	3 000×1 500×1 200
LA20-100	1 000	21		100		47	3 500×1 500×1 200
LA26-100	1 300	27		100		62	4 300×1 500×1 200

注：1. 冻结量计算以 525 mm×530 mm×75 mm(100)20～25 kg/块鱼块计；
2. 配用冷量按 35 ℃/－35 ℃工况计；
3. 冻结时间 90～210 min，视冷冻物品区别(入料 15 ℃，出料－18 ℃中心温度)。

2. 卧式平板冷冻装备

平板式蒸发器的各层平板水平成组排列，受竖直方向挤压力作用将食品压紧于平板间进行双平面接触换热的平板式冷冻装备称为卧式平板冷冻装备。此种冷冻装备主要由铝平板蒸发器、液压升降装置(升降油缸、液压泵站)、铝板牵引架、保温箱体等组成，结构示意图如图 4-46 所示。各层铝平板蒸发器水平排列，放置在保温箱体中，箱体的一侧或相对的两侧有门。铝平板蒸发器一般有 6～16 块，其间距由液压升降装置视食品冻品需求进行调节。为了防止食品变形和压坏，可在平板之间放入与食品厚度相同的限位块。冻结时，先将冻结平板升至最大间距，把食品放入，再降下上面的冻结平板，压紧食品，然后降温冻结，当冻品中心≤－18 ℃时冻结结束。此装备属于分体式，需要配置配套的压缩冷凝机组提供冷源。表 4-19 为不同规格分体卧式平板冷冻装备的性能参数。

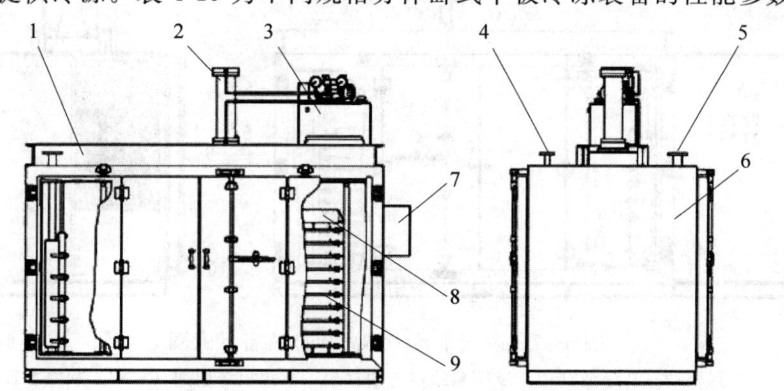

图 4-46　分体卧式平板冷冻装备示意图

1—油箱架；2—升降油缸；3—液压泵站；4—供液管；5—回气管；6—保温箱体；7—控制箱；8—铝板牵引架；9—铝平板蒸发器

表 4-19 不同规格分体卧式平板冷冻装备的性能参数

型 号	项 目						
	冻结量(kg/批)	平板数量/块	平板尺寸/mm	层间距/mm	配机冷量/kW	重量/kg	外形尺寸($L\times W\times H$)/mm
PA-420	420	8	1 250×1 260	55～100	19	1 200	2 300×1 560×1 600
PA-900	900	10	2 000×1 260	55～108	37	3 100	3 300×1 900×2 900
PA-1000	1 000	11	2 000×1 260	55～108	40	3 200	3 300×1 900×2 900
PA-1100	1 100	12	2 000×1 260	55～100	43	3 300	3 300×1 900×2 900
PA-1200	1 200	13	2 000×1 260	55～80	46	3 400	3 300×1 900×2 900
PA-1210※	1 210	12	1 700×1 459	55～100	43	3 300	3 300×1 900×3 250
PA-1300	1 300	14	2 000×1 260	55～108	49	4 000	3 300×1 900×3 250
PA-1430※	1 430	14	1 700×1 459	55～108	49	4 000	3 300×1 900×3 250
PA-1936※	1 936	12	2 100×1 620	55～100	56	3 900	3 300×2 060×3 250
PA-1500	1 500	16	2 000×1 260	50～80	56	4 200	3 300×1 900×3 250
PA-2288※	2 288	14	2 100×1 620	55～108	64	5 100	3 300×2 060×3 250

注:1. 冻结量计算:以 590 mm×390 mm×70 mm 10 kg/盘鱼盘计,※标记以 800 mm×255 mm×65 mm 11 kg/盘鱼盘计;

2. 配用冷量按 35 ℃/－35 ℃工况计;

3. 冻结时间大约 120～240 min,视冷冻物品区别(入料 15 ℃,出料－18 ℃中心温度)。

图 4-47 为卧式平板一体式冷冻装备示意图,将冷冻装备与压缩冷凝机组组成一个整体,压缩冷凝机组可以采用风冷冷凝器或水冷冷凝器。一体式冷冻装备具有结构紧凑、安装方便、便于移动等优点。

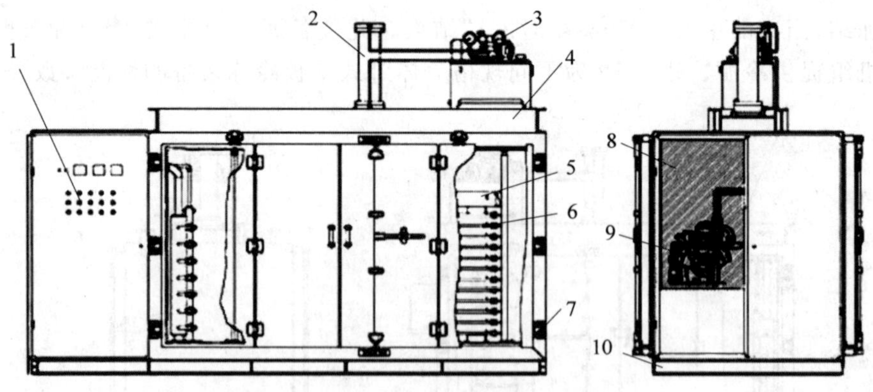

图 4-47 卧式平板一体式冷冻装备示意图

1—控制柜;2—升降油缸;3—液压泵站;4—油缸架;5—铝板牵引架;6—铝平板蒸发器;7—保温箱体;8—机组防护网;9—压缩冷凝机组;10—底座

在名义工况下[标准冻品为鳕鱼片,采用 486 mm×255 mm×60 mm 的标准鱼盘,最大限度摆放,物料上下平面与平板接触良好(约放置标准冻品 7.5 kg),蒸发器蒸发温度

−35 ℃,进料温度 15 ℃,出料温度−18 ℃],卧式平板速冻装备的冻结时间应≤4 h。

卧式平板冷冻装备适用于分割肉、鱼片、鱼糜、虾和其他小包装食品的快速冻结。

3. 搁架式平板冷冻装备

平板式蒸发器的各层平板水平成组固定排列,其水平方向一端或两端有风机或空气冷却器,食品搁放于各层平板的上平面进行接触式换热,食品其余部位进行对流换热的平板式冷冻设备称为搁架式平板冷冻装备。冷冻平板上表面为平面,下表面可以是任意曲面,比如肋片扩展表面,以增大与空气的换热面积。

搁架式平板冷冻装备是从搁架式冻结间发展而来的,二者最主要的区别是传统的搁架式冻结间采用无缝钢管组装的搁架式蒸发器,而搁架式平板冷冻装备采用铝镁合金平板式蒸发器,具有重量轻、导热性能好、耐腐蚀等优点。搁架式平板冷冻装备可以是分体式,也可以与压缩冷凝机组组合成为一体式冷冻装备。图 4-48 为搁架式平板冷冻装备示意图,表 4-20 为典型搁架式平板冷冻装备的性能参数。

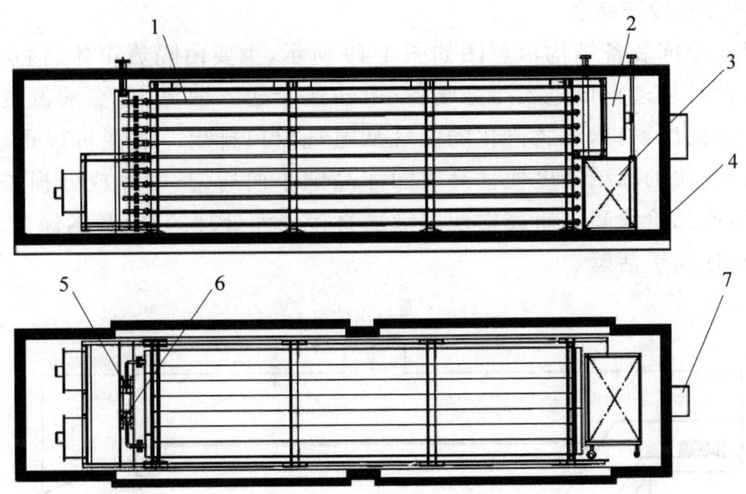

图 4-48　搁架式平板冷冻装备示意图

1—搁架平板蒸发器;2—循环风机;3—冷风蒸发器;4—保温库体;5—供液管;6—回气管;7—控制箱

表 4-20　典型搁架式平板冷冻装备的性能参数

型　号	项　目							
	冻结能力 /(kg·h^{-1})	平板数量 /块	平板尺寸 /mm	层间距 / mm	制冷剂	配机冷量 /kW	重量 /kg	外形尺寸 ($L\times W\times H$)/mm
PGA-1000	1 100	10	2 000×1 200	110	R717/R22 R404A	38	2 800	3 300×1 900×2 100
PGA-1500	1 540	10	2 750×1 200	150		52	3 200	5 800×1 900×2 400
PGA-3000	3 080	10	5 500×1 200	150		105	4 500	8 500×1 900×2 400
PGA-5000	4 620	16	5 500×1 200	110		165	6 000	8 500×1 900×3 100

在名义工况下[标准冻品为鳕鱼,采用 600 mm×400 mm×80 mm 的标准鱼盘,最大

限度摆放，物料上下平面与平板接触良好(约放置标准冻品 15 kg)，蒸发器蒸发温度 −38 ℃，进料温度 15 ℃，出料温度 −18 ℃]，搁架式平板速冻设备的冻结时间应≤8 h。

4.3.4 直接接触式冷冻装备

直接接触冷冻方法是待冷冻食品与冷冻介质直接接触，食品在与冷冻介质换热后冷冻。直接冷冻方法由于与食品直接接触，所以要求冷冻介质无毒、纯净卫生、无异味、无外来色泽或漂白剂、不易燃、不易爆等，并且要求冷冻介质与食品接触后，不应改变食品原有的成分和性质，特别是冷冻未包装食品时尤其如此。冷冻介质包括非相变介质和相变介质，非相变介质主要有盐水和丙三醇等载冷剂，相变介质主要有液氮和液态二氧化碳。其中，液氮是空分中液氧的副产品，且具有沸点低(−196 ℃)、安全稳定等优点，所以是直接冷冻方法最常用的冷冻介质，故这里仅介绍液氮直接接触式冷冻装备。

液氮直接接触式冷冻装备主要包括浸渍式和喷淋式两类。

1. 液氮浸渍式冷冻装备

液氮浸渍式冷冻装备结构示意图如图 4-49 所示，主要由隔热箱体、输送带、液氮槽等组成。待冻结食品从进料口进入冷冻装备，由输送带送入液氮中，在液氮浸泡完成冻结，然后由输送带送出出料口，沸腾汽化的氮气从氮气出口排出。液氮可以迅速冻结产品表面并锁住水分，极快的冻结速度使食品内的冰晶细小而均匀，营养成分损失和破坏少，原有风味保持好，商品价值高。研究发现用液氮直接浸渍处理的蟹，基本保留活蟹煮食后的风味，且卫生指标高于活蟹。

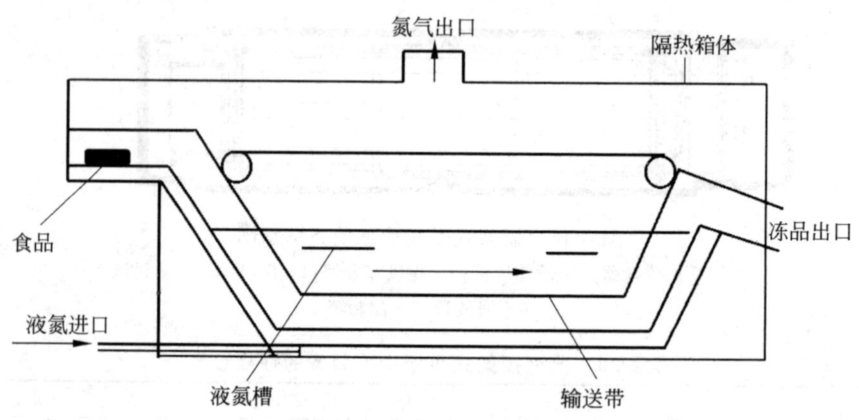

图 4-49 液氮浸渍式冷冻装备结构示意图

然而常温状态下的食品直接浸渍到−196 ℃的液氮中，冻结物周围立即形成冻结层外壳，而中心部分还没有冻结结晶，从而会引起食品龟裂；并且，食品冻结仅利用了液氮的汽化潜热这部分冷能，沸腾汽化后低温氮气到达常温的显热冷能未有效利用，液氮耗量较大，故液氮浸渍式冷冻实际应用较少。

2. 液氮喷淋式冷冻装备

液氮喷淋式冷冻装备，是指液氮经过喷嘴雾化直接喷淋在食品上，与食品进行热交换，液氮吸热汽化成氮气后用来预冷从进料口进入的食品，从而使食品快速冻结的一种冷冻装备。液氮喷淋式冷冻装备主要包括柜式、隧道式和螺旋式冷冻装备。

1）柜式液氮喷淋式冷冻机

柜式液氮喷淋式冷冻机，内置多个不锈钢物料盘用于放置待冷冻食品，通过喷嘴向食品表面直接喷淋液氮液滴，并通过风机驱动低温氮气流动与食品进行热交换，实现食品快速冷冻。速冻 1 kg 食品，液氮消耗量为 0.3 ～ 1 kg 之间。表 4-21 列出不同规格单门柜式液氮喷淋式冷冻机的性能参数。

表 4-21　不同规格单门柜式液氮喷淋式冷冻机的性能参数

型　　号	ZHSDY-100	ZHSDY-250	ZHSDY-500
外形尺寸($L \times W \times H$)/mm	1 500×1 000×1 650	1 650×1 250×1 650	2 450×1 640×2 450
内部尺寸($L \times W \times H$)/mm	1 100×750×880	1 300×750×880	2 130×1 110×1 760
托盘尺寸/mm	600×650	850×700	850×700
托盘间距/mm	50	50	50
托盘数量/个	≤20	≤40	≤60
工作温度/℃	−196～30	−196～30	−196～30
速冻能力/($kg \cdot h^{-1}$)	50～100	100～250	250～500
配机功率/kW	1.5	1.5	1.5

2）液氮喷淋隧道式冷冻装备

图 4-50 为液氮喷淋隧道式冷冻装备示意图，它由隔热箱体、液氮喷淋装置、输送带、风机等组成。待冻食品由输送带送入，经过预冷区、喷淋冻结区、均温区，从另一端送出。风机将冻结区内温度较低的氮气输送到预冷区，并吹送至输送带送入的食品表面上，经充分对流换热，将食品预冷。进入喷淋冻结区后，喷淋装置喷出雾化液氮至食品表面，食品被快速冻结。喷淋冻结区温度可通过控制液氮喷射量进行调节，冻结时间通过调节输送带速度加以控制，以满足不同食品的冻结工艺要求。由于食品表面和中心的温度相差很大，所以完成冻结过程的食品需在均温区停留一段时间，使其内外温度趋于均匀。

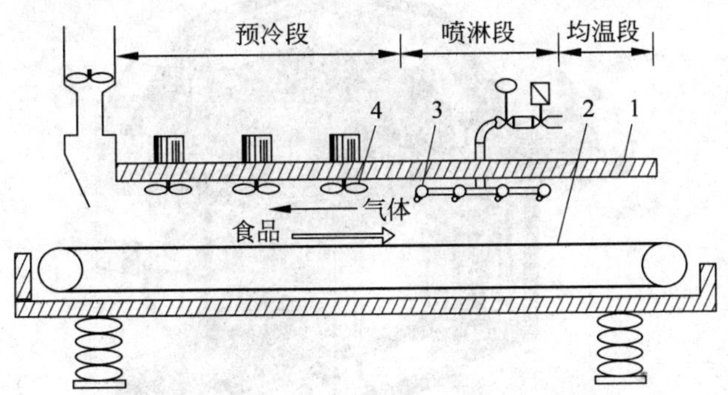

图 4-50　液氮喷淋隧道式冷冻装备示意图

1—隔热箱体；2—输送带；3—液氮喷淋装置；4—风机

液氮从其沸点为−196 ℃升温至−20 ℃，吸收显热量 182 kJ/kg，液氮的汽化潜热为 199 kJ/kg，吸收总热量为 381 kJ/kg，可以看出显热几乎和潜热一样，所以液氮喷淋隧道式冷冻装备将在喷淋冻结区汽化后的低温氮气用于前段食品预冷，有效地利用了这部分显热，从而减少了单位质量冻品液氮的消耗量。液氮沸腾相变与待冻结食品的大温差和液氮喷淋较大对流换热系数使得冻结速度极快，对于 5 mm 厚的食品，经过 10～30 min 即可完成冻结。冻结后的食品表面温度为−30 ℃，中心温度为−20 ℃，冻结每千克食品所耗用的液氮量为 0.7～1.1 kg。表 4-22 列出不同规格液氮喷淋隧道式冷冻装备的性能参数。

表 4-22 不同规格液氮喷淋隧道式冷冻装备的性能参数

项　目	型　号				
	SDS-8/1200	SDS-12/1200	SDS-16/1200	SDS-20/1200	SDS-20/1600
冷冻量/($kg \cdot h^{-1}$)	500	800	1 100	1 500	1 800
外形尺寸($L \times W \times H$)/m	8.2×2.25×1.8	11.2×2.25×1.8	14.2×2.25×1.8	20.2×2.25×1.8	20.2×2.5×1.8
网带宽度/m	1.2	1.2	1.2	1.2	1.6
冷冻时间/min	8～15	10～18	12～20	15～28	15～30
总功率/kW	10.0	12.3	15.6	22.2	25
设备总重/kg	4 500	5 400	6 500	8 700	9 600

3）液氮喷淋螺旋式冷冻装备

液氮喷淋螺旋式冷冻装备与采用制冷机组的常规螺旋式冷冻装备结构基本相同，只是采用液氮作为冻结食品的冷源而取代了制冷系统。该类冷冻装备按照转笼数量也分为单螺旋和双螺旋，按照输送带支撑方式分轨道型和自堆积型。

图 4-51 给出了液氮喷淋单螺旋式冷冻装备三维示意图，其技术参数为：冷冻面积 15 m^2，温度范围−150 ℃～常温，全行程输送时间 10～120 min，冷冻能力 1～1.5 t/h，具有自除霜和自清洗功能。

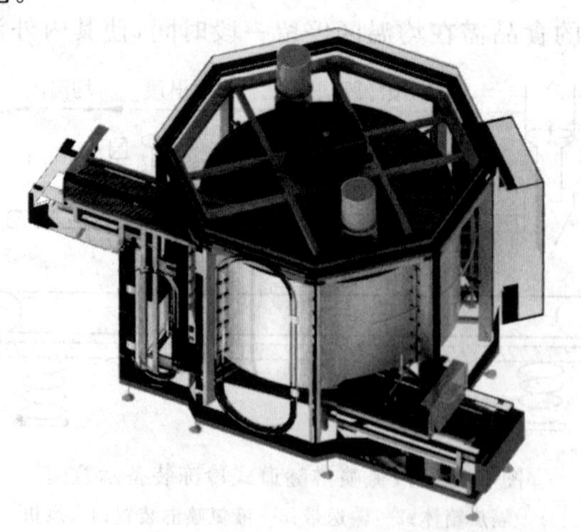

图 4-51 液氮喷淋单螺旋式冷冻装备三维示意图

4.3.5　冷冻装备与设施小结

表 4-23 比较了鼓风式、间接接触式、直接接触式(一次消耗型)3 种常用冷冻装备的特点。在进行冷冻方式和冷冻装备选择时,应考虑食品种类、冷加工规模、装备一次成本和运行费用等因素。

表 4-23　常用冷冻装备与设施的特点比较

冷冻方式	性能					
	冷冻速度	冷冻能力	耗能	占地面积	装备造价	适用品种
鼓风式	慢	大	高	大(螺旋式除外)	高	大多食品
间接接触式	快	较大	高	小	较低	水产品、分割肉、流态食品
直接接触式(一次消耗型)	很快	大	低	较小	低	高价值食品

(1) 猪、牛、羊等胴体冷冻,可采用鼓风式或搁架式冻结间,由于胴体体积大且冻结间冷风温度不是足够低,所以此时胴体冷冻不能称为速冻。分割肉、鸡鸭等禽肉可以采用隧道式或平板式冷冻装备进行速冻,以提升冻品品质。

(2) 鱼、虾、蟹等水产品由于捕捞后鲜度下降很快,因此在水产品加工和远洋捕捞中可选用平板式冷冻装备或鼓风式冷冻装备进行速冻;对于像金枪鱼等高价值且冷藏温度要求高的海产品,可选择液氮喷淋式冷冻装备;对于鱼肉片、扇贝等扁平或小颗粒食品,也可以选用冲击式冷冻装备。

(3) 果蔬可以选用隧道式冷冻装备进行速冻,对于体积小的颗粒状果蔬可选用流态化冷冻装备进行速冻,对于每年使用时间少且冻结品质要求高的果蔬,也可选用液氮喷淋式冷冻装备。

(4) 对于速冻调理食品加工企业,由于冷加工量大,冷冻作为食品加工流水线的一个工艺环节,所以可以选用连续作业且自动化程度高的隧道式冷冻装备,为了减少占地面积可以选择螺旋式冷冻装备;对于牛肉饼等扁平调理食品,也可以选用冲击式冷冻装备。

【扩展阅读】

物理场辅助冻结技术

【参考文献】

[1] 华泽钊,李云飞,刘宝林. 食品冷冻冷藏原理与设备[M]. 北京:机械工业出版社,1999.
[2] 申江,宁静红,曹小林. 冷藏冻结设备与装置[M]. 北京:中国建筑工业出版社,2010.

[3] 申江. 低温物流技术概论[M]. 北京：机械工业出版社，2013.
[4] 邹同华,果蔬真空预冷过程及捕水器特性的研究[D]. 天津:天津大学,2004.
[5] 吕盛坪,方思贞,陆华忠,等. 一种浸泡喷淋复合型果蔬预冷装置：201410025923.2[P]. 2014.
[6] 鄢正清. 全自动自堆积式螺旋速冻装备关键技术研究[D]. 南京:南京理工大学,2016.
[7] 周锡侯. LS1500 型流化床速冻机的设计和试制[J]. 制冷学报，1986(1)：25-27.
[8] 唐君言,邵双全,徐洪波,等. 食品速冻方法与模拟技术研究进展[J]. 制冷学报，2018,39(6)：1-9.
[9] 隋继学,张一鸣. 速冻食品工艺学[M]. 北京：中国农业大学出版社，2015.
[10] 卢中山. 猪胴体喷淋冷却参数优选及工艺改进[D]. 南京:南京农业大学,2017.

【思考题】

1. 试分析差压预冷与真空预冷工作原理的区别,并比较二者的优缺点。
2. 气流速度是如何影响差压预冷效果的？差压预冷装备是如何实现流经果蔬的较高气流速度的？
3. 试分析冷水预冷的主要优缺点。
4. 哪些参数会影响到真空预冷效果？分析这些参数是如何影响预冷效果的。
5. 试描述家畜胴体二段式冷却工艺过程,并分析此工艺的优缺点。
6. 试阐述食品速冻可以保持冻品高品质的机理,并分析采取哪些方法可以如何实现食品速冻。

【即测即练】

第 5 章

冷藏装备与设施

【本章导航】

本章将首先介绍冷藏库的分类、冷库的组成、冷库的平面布局和冷间的温湿度要求等基础知识，然后介绍冷库的建筑结构和冷库制冷系统，再介绍气调库、自动化立体冷库、冰温库、集装箱式冷库等几种新型冷库形式，最后介绍冷链物流中心。

5.1 冷藏装备与设施概述

5.1.1 冷藏库的分类

1. 按结构形式分类

(1) 土建式冷库：这类冷库的主体结构(库房的支撑柱、梁、楼板、屋顶)和地下荷重结构都用钢筋混凝土，其围护结构的墙体都采用砖砌而成，老式冷库中隔热材料以稻壳、软木等土木结构为主。

(2) 装配式冷库：这类冷库的主体结构(柱、梁、屋顶)都采用轻钢结构，其围护结构的墙体使用预制的负荷隔热板组装而成。隔热材料采用硬质聚氨酯泡沫塑料和硬质聚苯乙烯泡沫塑料等。

(3) 天然洞体冷库：主要存在于西北地区，以天然洞体为库房，以岩石、黄土等作为天然隔热材料，因此具有因地制宜、就地取材、施工简单、造价低廉、坚固耐用等优点。

2. 按使用性质分类

(1) 生产性冷库：它们主要建在食品产地附近、资源较集中的地区和渔业基地，通常作为鱼类加工厂、肉类联合加工厂、禽蛋加工厂、乳品加工厂、蔬菜加工厂、各类食品加工厂等的一个重要组成部分。这类冷库配有相应的屠宰车间、理鱼间、整理间，具备较大的冷却、冻结能力和一定的冷藏容量，食品在此进行冷加工后经过短期储存即运往销售地区，直接出售或运至分配性冷藏库做较长期的储藏。

(2) 分配性冷库：它们主要建在大中城市、人口较多的工矿区和水陆交通枢纽一带，专门储藏经过冷加工的食品，以供调节淡旺季节、保证市场供应、提供外贸出口和做长期储备之用。它们的特点是冷藏容量大并考虑多品种食品的储藏，其冻结能力较小，仅用于长距离调入冻结食品在运输过程中软化部分的再冻及当地小批量生鲜食品的冻结。

(3) 零售性冷库：这类冷库一般建在工矿企业或城市的大型副食品店、菜场内，供临时储存零售食品之用。其特点是库容量小、储存期短，其库温则随使用要求不同而异。在库体结构上，其大多采用装配式组合冷库。随着人们生活水平的提高，其占有量将越来越大。

3. 按规模大小分类

传统上冷库的规模容量一般按库存能力或冻结能力进行划分，可分为如下3类。

(1) 大型冷库：此类冷库冷藏容量在10 000 t以上，生产性冷库的冻结能力为120～160 t/d，分配性冷库的冻结能力为40～80 t/d。

(2) 中型冷库：此类冷库冷藏容量为1 000～10 000 t，生产性冷库的冻结能力为40～120 t/d，分配性冷库的冻结能力为20～60 t/d。

(3) 中型冷库：此类冷库冷藏容量为1 000 t以下，生产性冷库的冻结能力为20～40 t/d，分配性冷库的冻结能力为20 t/d以下。

依据GB 50072—2010《冷库设计规范》的规定，冷库的设计规模以冷藏间或冰库的公称容积为计算标准，可以分为以下几类。

(1) 大型冷库：公称容积大于20 000 m^3。

(2) 中型冷库：公称容积在5 000～20 000 m^3 之间。

(3) 小型冷库：公称容积小于5 000 m^3。

公称容积应按冷藏间或冰库的室内净面积（不扣除柱、门斗和制冷设备所占的面积）乘以房间净高确定。

对于直接堆码冷藏物冷库的计算容量可按式(5-1)计算：

$$G = \frac{V_1\eta_1\rho_1 + V_2\eta_2\rho_2 + \cdots + V_n\eta_n\rho_n}{1\,000} \tag{5-1}$$

式中，G为冷库的计算容量，t；V_1、V_2、…、V_n为各个冷藏间的公称容积，m^3；η_1、η_2、…、η_n为各个冷藏间的容积利用系数；ρ_1、ρ_2、…、ρ_n为各个冷藏间食品的计算密度，kg/m^3；n为冷藏间的数量。

其中，冷藏间容积利用系数的计算应符合下列规定。

(1) 应扣除冷藏间内的通道、设备、柱子等构筑物所占空间。

(2) 应扣除冷藏间内货物与设备、构筑物间隔所占空间，间隔应符合现行国家标准《冷库管理规范》(GB/T 30134—2013)的有关规定。

(3) 应扣除货物托盘所占空间。

对于采用货架储存冷藏物的冷库计算吨位可按每个货位（托盘）最大允许存放量的总和计算。货位（托盘）数量应按实际布置确定。

食品计算密度按实际密度采用，并且不应小于表5-1的规定。

表5-1 食品计算密度

序号	食品类别	计算密度/($kg \cdot m^{-3}$)
1	冻肉	400
2	冻分割肉	650
3	冻鱼	470
4	篓装、箱装鲜蛋	260
5	鲜蔬菜	230

续表

序　号	食 品 类 别	计算密度/(kg・m⁻³)
6	篓装、箱装鲜水果	350
7	冰蛋	700
8	机制冰	750

5.1.2　冷库的组成

冷库，特别是大中型冷库是一个建筑群，主要由建筑主体(主库)、其他生产设施和附属建筑组成，现概述如下。

1. 主库

主库主要由下列单元组成。

1) 冷却间

冷却间是用来对食品进行冷却加工的库房。水果、蔬菜在进行冷藏前，为除去田间热，防止某些生理病害，应及时逐步降温冷却。鲜蛋在冷藏前也应进行冷却，以免骤然遇冷时，内容物收缩，蛋内压力降低，空气中微生物随空气从蛋壳气孔进入蛋内而使鲜蛋变坏。此外，牲畜屠宰后也可加工为冷却肉(中心温度 0～4 ℃)做短期储藏，肉味较冻肉鲜美。对于采用二次冻结工艺来说，也需将屠宰处理后的家畜胴体送入冷却间冷却，使食品温度由 35 ℃降至 4 ℃，再进行冻结。冷却间的室温为－2～0 ℃，达到冷却要求温度的食品称为"冷却物"，可转入冷却物冷藏间。当果蔬、鲜蛋的一次进货量小于冷藏间容量的 5%时，也可不经冷却直接转入冷藏间。

2)冻结间

对于需长期储藏的食品，需要将其由常温或冷却状态迅速降至－18～－15 ℃的冻结状态，达到冻结终温的食品称为"冻结物"。冻结间是借助冷风机或专用冻结装置来冻结食品的冷间，它的室温为－30～－23 ℃(也有采用－40 ℃或更低温度)。冻结间也可移出主库而单独建造。

3) 再冻间

再冻间设于分配性冷库中，供外地调入冻结食品中品温超过－8 ℃的部分在入库前再冻之用。再冻间设备的选用与冻结间相同。

4) 冷却物冷藏间

冷却物冷藏间又称高温冷藏间，室温为－2～4 ℃，相对湿度 85%～95%，因储藏食品的不同而异。它主要用于储藏经过冷却的鲜蛋、果蔬；由于果蔬在储藏中仍有呼吸作用，库内除需保持合适的温湿度条件外，还要引进适量的新鲜空气。如果储藏冷却肉，储藏时间不宜超过 15 d。

5) 冻结物冷藏间

冻结物冷藏间又称低温冷藏间，室温在－25～－18 ℃，相对湿度 95%～98%，用于较长期地储藏冻结食品。在国外有的冻结物冷藏间温度有降至－30～－28 ℃的趋势，对于冷冻金枪鱼还采用了－60～－55 ℃的超低温冷藏间。

6）气调保鲜间

气调保鲜主要是针对果蔬的储藏而言。果蔬采收后，仍然保持着旺盛的生命活动能力，呼吸作用就是这种生命活动最明显的表现。在一定范围内，温度越高，果蔬呼吸作用越强，衰老越快。所以近年来生产上一直采用降温的办法来延长果蔬的储藏期。目前国内外正在发展控制气体成分的储藏，简称“CA”储藏，即在果蔬贮藏环境中适当降低氧气的含量和提高二氧化碳的浓度，来抑制果蔬的呼吸强度，延缓其成熟，达到延长储藏期的目的。一般情况下，气体成分控制如下：氧气为2%～5%，二氧化碳为0～4%。

7）制冰间

制冰间的位置宜靠近设备间，水产冷库常把它设于多层冷库的顶层，以便于冰块的输出。制冰间宜有较好的采光和通风条件，要考虑到冰块入库或输出的方便，室内高度要考虑到提冰设备运行的方便，并要求排水畅通，以免室内积水和过分潮湿。

8）穿堂

穿堂是食品进出的通道，并起到沟通各冷间、便于装卸周转的作用。库内穿堂有中温穿堂和低温穿堂两种，分属高、低温库房使用。目前冷库爱用库外常温穿堂，将穿堂布置于常温环境中，通风条件好，改善了工人的操作条件，也能延长穿堂的使用年限。常温穿堂的建筑结构一般与库房结构分开。

9）其他

主库其他设施包括电梯间、挑选间、包装间、分发间、副产品冷藏间、次品冷藏间、楼梯间等。

2. 制冷压缩机房，设备间及变、配电间

1）制冷压缩机房

制冷压缩机房是冷库的动力车间，安装有制冷压缩机、中间冷却器、调节站、仪表屏及配用设备等。目前国内大多将制冷压缩机房设置在主库附近，且单独建造，一般采用单层建筑。国外的大型冷库常把制冷压缩机房布置在楼层内，以提高底层利用率。对于单层冷库，也有在每个库房外分设制冷机组，采用分散供冷的方法。

2）设备间

设备间安装有壳管式卧式冷凝器、储氨器、气液分离器、循环储液桶、氨泵等制冷设备，其位置紧靠制冷压缩机房。在小型冷库中，因机器设备不多，制冷压缩机房与设备间可合为一间，水泵房也包括在设备间内。

3）变、配电间

变、配电间包括变压器间、高压配电间、低压配电间（大型冷库还设有电容器间）。变、配电间应尽量靠近负荷大的机房间，当机房间为单层建筑时，一般多设在机房间的一端。变压器间也可为单层建筑，高度不得小于5 m，要求通风条件良好。在小型冷库中，也可将变压器放在室外监控搁置。变、配电间内的具体布置视电器工艺要求而定。

3. 生产厂房

1）屠宰车间

屠宰车间的任务是宰杀生猪，并加工成白条肉，建设规模按班宰能力分为四级，是根据建库地区正常资源和产销情况来确定的。根据冷库加工对象的不同，还可设清真车间

(或大牲畜车间)、宰鸡间、宰兔间等。

2) 理鱼间或整理间

理鱼间是供水产品冻结前进行清洗、分类、分级、处理、装盘、过磅、包装等工序的场所,一般每吨鱼配 10～15 m^2 操作面积计算,处理虾、贝类则根据具体操作方式适当扩大。果蔬、鲜蛋在冷加工前先在整理间进行挑选、分级、整理、过磅、包装,以保证产品质量。理鱼间或整理间都要求有良好的采光和通风条件,地面要便于冲洗和排水。

3) 加工车间

商业冷库常设有油加工间、腌腊肉加工间、熟食加工间、副产品加工间、肠衣加工间、制药车间等。水产冷库常设有腌制车间、鱼粉车间等。

4) 其他

生产厂房其他设施包括如化验室、冷却水塔、水塔、水泵房、一般仓库、车库、污水处理场、修理间等。

4. 办公、生活用房

办公、生活用房包括办公楼、医务室、职工宿舍、俱乐部、托儿所、卫生间、浴室、食堂等。

5. 其他

低危险品仓库是单独建筑的专储汽油、酒精、丙酮、制冷剂等易燃易爆物品的库房,它应距离其他建筑 20 m 以外建造,另外还应设有传达室、围墙、出入口、绿化设施等。

5.1.3 冷库的平面布局

冷库平面布局的好坏,将直接影响到冷库投入使用后的便利性、经济性及使用寿命。因此要综合考虑各方面的影响因素,分析冷库功能,依据严格的生产工艺流程进行库房的合理布置,尽量减少非生产性建筑面积,提高建筑的利用率,降低建筑造价,减少投资。图 5-1所示为典型冷库平面布置图。

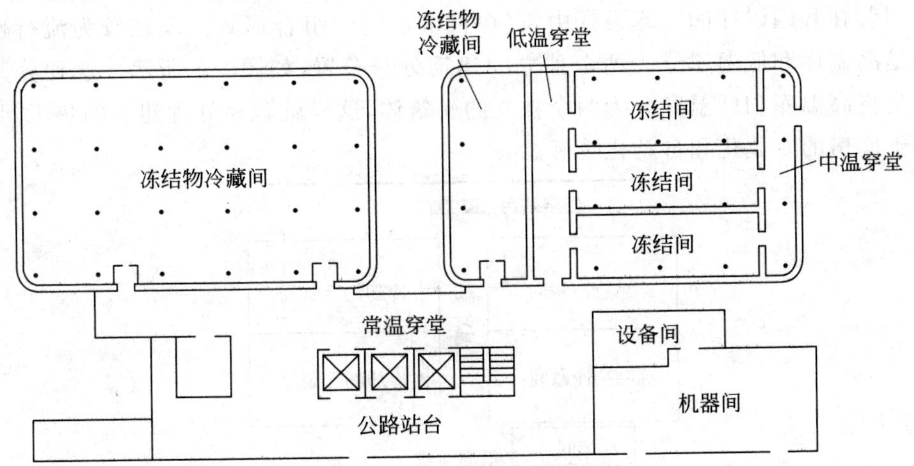

图 5-1　典型冷库平面布置图

冷库的平面布局主要包括以下几个方面。

1. 库房组合应符合生产工艺流程

送入冷库冷加工并储藏的食品都有一个合理的生产工艺流程，因此，应根据生产工艺流程合理布置库房，尽量缩短货流路线，降低生产成本。

(1) 禽类冷加工工艺流程：入库→常温区检验、分级→冷却间冷却→冷却间过磅、包装→冻结间冻结→冻结物冷藏间冷藏→过磅出库。

(2) 肉类冷加工工艺流程：肉类食品的冷加工工艺流程相对复杂，如图 5-2 所示。

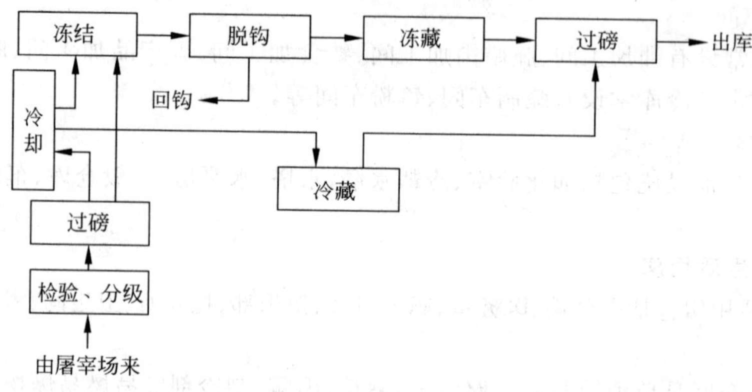

图 5-2 肉类食品的冷加工工艺流程

(3) 水产品冷加工工艺流程：入库→常温区检验、分级、装盘、过磅→冻结间冻结→脱盘→冻结物冷藏间冷藏→过磅、出库。

2. 库房组合应处理好高低温冷库组合的问题

冷库库房分低于 0 ℃的低温库房（如冻结间和冻结物冷藏间）和高于 0 ℃的高温库房（如冷却间和冷却物冷藏间）。这些不同库温库房的墙体结构、热胀性以及墙面的凝水、结霜性都相差很大，因此，如果处理不好这些库房的组合问题，将直接影响到库房的运行安全和使用。在我国以往的冷库设计中，存在很多不同的组合形式。现在较为流行也较为合理的是高温库和低温库分为两个独立的建筑分开布置，如图 5-3 所示。这种分开布置的方式是将高温库和低温库分为两个独立的建筑体，这样就容易处理建筑的热工问题，并且有利于库房的专业化和自动化管理。

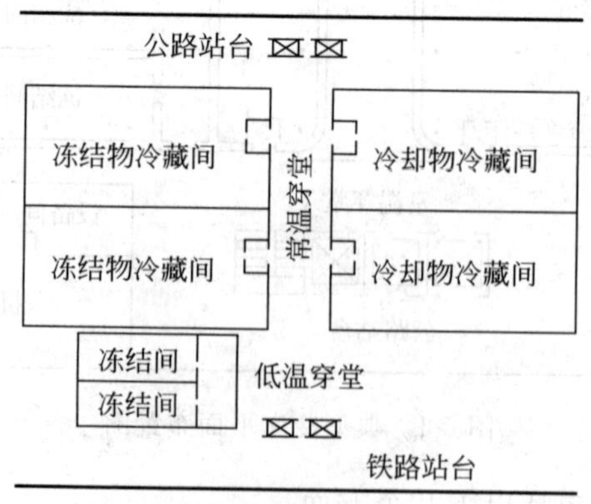

图 5-3 高低温冷库分开布置

对于多层的冷库，一般考虑在不同的楼层设置高低温冷库，但要做好楼层和地坪的隔热和防冻胀处理。

3. 机房、设备间、配电间与库房的平面组合

机房、设备间、配电间一般为毗邻设计，另外，考虑到制冷系统管理和控制系统电路的布置，一般要求机房、设备间、配电间与库房也要靠近，但考虑到安全、光照、通风等问题，机房、设备房、配电间一般都单独建筑，如图 5-4 所示。

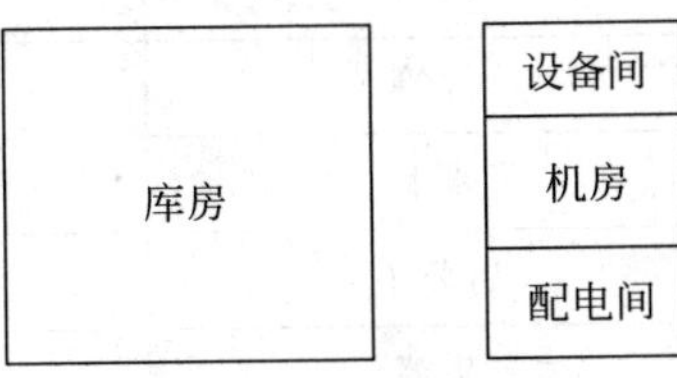

图 5-4　机房、设备间、配电间与库房的平面组合

5.1.4　冷间的温湿度要求

1. 冷间的温湿度设计

冷间的设计温度和相对湿度应根据各类食品的冷藏工艺要求确定，也可按表 5-2 的规定选用；温度波动范围应根据各类食品的冷藏工艺要求确定，当冷藏工艺没有明确要求时，冷却物冷藏间不宜超过±1 ℃，冻结物冷藏间不宜超过±1.5 ℃。

表 5-2　冷间的设计温度和相对湿度

序号	冷间名称	设计温度/℃	相对湿度/%	适用食品范围
1	冷却间	0～4	—	肉、蛋等
2	冻结间	−23～−18	—	肉、禽、兔、冰蛋、蔬菜等
		−30～−23	—	鱼、虾等
3	冷却物冷藏间	0	85～90	冷却后的肉、禽
		−2～0	80～85	鲜蛋
		−1～1	90～95	冰鲜鱼
		0～2	85～90	苹果、鸭梨等
		−1～1	90～95	大白菜、蒜薹、葱头、菠菜、香菜、胡萝卜、甘蓝、芹菜、莴苣等
		2～4	85～90	土豆、橘子、荔枝等
		7～13	85～90	柿子椒、菜豆、黄瓜、番茄、菠萝、柑橘等
		11～16	85～90	香蕉等
4	冻结物冷藏间	−20～−15	85～90	冻肉、禽、副产品、冰蛋、冻蔬菜、冰棒等
		−25～−18	90～95	冻鱼、冻虾、冷冻饮品等
5	冰库	−6～−4	—	盐水制冰的冰块

注：冷却物冷藏间设计温度宜取 0 ℃，储藏过程中应按照食品的产地、品种成熟度和降温时间等调节其温度与相对湿度。

2. 易腐食品贮藏温湿度要求

GB/T 30134—2013 中给出了易腐食品贮藏温湿度要求，如表 5-3 所示。

表 5-3 易腐食品的贮藏温度和相对湿度

品类序号	食品类别	食品品名	贮藏温度/℃	相对湿度/%
1	根茎菜类蔬菜	芹菜	−1～0	95～98
		芦笋	0～1	95～98
		竹笋	0～1	90～95
		萝卜	0～1	95～98
		胡萝卜	0～1	95～98
		芜菁	0～1	95～98
		辣根	−1～0	95～98
		土豆	0～1	80～85
		洋葱	0～2	70～80
		甘薯	12～14	80～85
		山药	12～13	90～95
		大蒜	−2～0	70～75
		生姜	13～14	90～95
2	叶菜类蔬菜	结球生菜	0～1	95～98
		直立生菜	0～1	95～98
		紫叶生菜	0～1	95～98
		油菜	0～1	95～98
		奶白菜	0～1	95～98
		菠菜	−1 ～0	95～98
		茼蒿	0～1	95～98
		小青葱	0～1	95～98
		韭菜	0～1	90～95
		甘蓝	0～1	95～98
		抱子甘蓝	0～I	95～98
		菊苣	0～1	95～98
		乌塌菜	0～1	95～98
		小白菜	0～1	95～98
		芥蓝	0～1	95～98
		菜心	0～1	95～98

续表

品类序号	食品类别	食品品名	贮藏温度/℃	相对湿度/%
2	叶菜类蔬菜	大白菜	0～1	90 ～95
		羽衣甘蓝	0～1	95～98
		莴苣	0～2	95～98
		欧芹	0～1	95～98
		牛皮菜	0～1	95～98
3	瓜菜类蔬菜	苦瓜	12～13	85～90
		丝瓜	8～10	85～90
		佛手瓜	3～4	90～95
		矮生西葫芦	8～10	80～85
		冬西葫芦(笋瓜)	10～13	80～85
		冬瓜	12～15	65～70
		南瓜	10～13	65～70
		黄瓜	12～13	90～95
4	茄果类蔬菜	甜玉米	0～1	90～95
		青椒	9～10	90～95
		红熟番茄	0～2	85～90
		绿熟番茄	10～11	85～90
		茄子	10～12	85～90
5	花菜类蔬菜	青菜花	0～1	95～98
		白菜花	0～1	95～98
6	食用菌类蔬菜	双孢蘑菇	0～1	95～98
		香菇	0～1	95～98
		平菇	0～1	95～98
		金针菇	1～2	95～98
		草菇	11～12	90～95
		白灵菇	0～1	95～98
7	菜用豆类蔬菜	菜豆	8 ～10	90～ 95
		毛豆荚	5 ～6	90～95
		豆角	8～10	90～95
		豇豆	9～10	90～95
		芸豆	8～10	90～95

续表

品类序号	食品类别	食品品名	贮藏温度/℃	相对湿度/%
7	菜用豆类蔬菜	扁豆	8～10	90～95
		豌豆	0～1	90～95
		荷兰豆	0～1	95～98
		甜豆	0～1	95～98
		四棱豆	8～10	90～95
8	落叶核果类	桃	0～1	90～95
		樱桃	−1～0	90～95
		杏	−0.5～1	90～95
		李	−1～0	90～95
		冬枣	−1～1	90～95
9	常绿果树核果类	生杧果	13～15	85～90
		催熟杧果	5～8	85～90
		杨梅	0～1	90～95
		橄榄	5～10	90～95
10	仁果类	苹果	−1～1	90～95
		西洋梨、秋子梨	−1～0.5	90～95
		白梨、砂梨	−0.5～0.5	90～95
		山楂	−1～0	90～95
11	浆果类	葡萄	−1～0	90～95
		猕猴桃	−0.5～0. 5	90～95
		石榴	5～6	85～90
		蓝莓	−0.5 ～0.5	90～95
		柿子	−1～0	85～90
		草莓	−0.5～0.5	90～95
12	柑橘类	橙类	5～8	85～90
		柚类	5～10	85～90
13	瓜类	西瓜	8～10	80～85
		哈密瓜(中、晚熟)	3～5	75～80
		哈密瓜(早、中熟)	5～8	75～80
		甜瓜、香瓜(中、晚熟)	3～5	75～80
		甜瓜、香瓜(早、中熟)	5 ～8	75～80

续表

品类序号	食品类别	食品品名	贮藏温度/℃	相对湿度/%
13	瓜类	香蕉	13～15	90～95
		荔枝	1～4	90～95
		龙眼	1～4	90～95
		木菠萝	11～13	85～90
		番荔枝	15～20	90～95
		菠萝	10～13	85～90
		红毛丹	10～13	90～95
		椰子	5～8	80～85
14	坚果类	—	3～5	50～60
15	畜禽肉	冷却畜禽肉	−1～4	85～90
		冷冻畜禽肉	≤−18	90～95
16	水产品	冰鲜水产品	0～4	85～90
		冷冻水产品	≤−18	90～95
		金枪鱼	≤−50	90～95
17	速冻食品	速冻调制食品	≤−18	—
		速冻蔬菜	≤−18	90～95
18	冰淇淋	—	≤−23	90～95
19	酸奶	—	2～6	—
20	蛋	鲜蛋	−2.5～−1.5	80～85
		冰蛋	−18	80～85

注：鉴于易腐食品的种类繁多，特别是果蔬类食品的品种、产地、成熟度、采摘期、加工工艺、保鲜工艺等存在较大差异，本表仅给出列名易腐食品通用贮藏温湿度要求。各地可根据具体情况，参照执行。

5.2　冷库的建筑结构

冷库是食品冷却、冻结、冷场的场所，它必须为食品提供必要的库内温度、湿度条件，并符合规定的食品卫生标准。冷库的合理结构、良好的防潮隔热性能和地坪强度，是其长久使用的重要条件。

5.2.1　冷库建筑结构的特点

冷库建筑不同于一般的工业与民用建筑，由于其特殊的低温储藏用途，冷库建筑不但要解决冷冻食品生产、包装等生产工艺所带来的问题（特别是建筑为保证库内的低温环境，必须要解决围护结构隔热、防潮问题），对于某些特殊冷库，如气调库更要解决气密性问题。另外，冷库所处的环境温度、湿度都是变化的，而库内环境却要求恒定，所以冷库库体始终存在冷热交替变化的问题，这在建筑设计与建造时也是需要解决的问题。总之，冷库建筑不同于普通建筑，需要特别设计、规划和建造。

冷库建筑结构的基本特点如下。

(1) 冷库既是仓库又是工厂。冷库是仓库，因此，要求货物运输方便、快捷；冷库又是工厂，且以低温生产为主，所以，冷库的建筑结构体必须满足低温生产工艺的要求。

(2) 隔热和防冷桥。冷库隔热对维持库内温度的稳定、降低冷库热负荷、节约能耗及保证食品冷藏储存质量有着重要作用，故冷库墙体、地板、屋盖及楼板均应做隔热处理。冷库的隔热结构除应具有良好的防潮隔热性能外，还应有一定的强度，其楼板和地坪应有较大的承载能力。隔热层内应避免产生“冷桥”，且要具有持久的隔热效能。冷库隔热层内壁设有保护层，以防装卸作业时损坏。

(3) 防潮隔气。冷库由于内外空气温差较大，必然形成与温度差相应的水蒸气分压力差，进而形成水蒸气从分压力较高的高温侧通过围护结构向分压力较低的冷库内渗透。当水蒸气经过围护结构内部后到达低于空气露点温度的某温区时，水蒸气即凝结为水或结冰，造成隔热结构的破坏，隔热性能下降，因此在冷库结构两侧，当设计使用温差等于或大于 5 ℃时，应采取防潮隔气措施，或者在温度较高的一侧设置防潮隔气层。

(4) 门、窗、洞。为了减少库内外温度和湿度变化的影响，冷库库房一般不开窗。孔洞尽量少开，工艺、水、电灯设备管道尽量集中使用孔洞。库门是库房货物进出的必要通道，但也是库内外空气热湿交换最显著的地方，由于热湿交换，库门的周围会产生凝结水及冰霜，多次冰融交替作用，将使门附近的建筑结构材料受破坏。所以，在满足正常使用的情况下，门的数量也应尽量少。同时，在门的周围应采取措施，如加设空气幕、电热丝等。

(5) 减少热辐射。为减少太阳辐射热的影响，冷库表面颜色要浅，表面应光滑平整，尽量避免大面积日晒。屋顶可采取措施，如架设通风层来减少太阳辐射热直接通过屋面传入库内影响库温的现象。

(6) 地坪防冻胀。土建冷库建筑中地面上，由于地基深处与地表的温度梯度而形成热流将造成地下水蒸气向冷库内渗透。当冷库地坪温度降到 0 ℃以下时，则会导致地坪冻胀，毁坏冷库地坪。

5.2.2 土建式冷库的建筑结构和特点

1. 土建式冷库的建筑结构

土建式冷库主要由围护结构和承重结构组成。围护结构除承受外界风雨侵袭外，还要起到隔热、防潮作用。承重结构则主要用于支撑冷库的自重及承受货物和装卸设备的重量，并把所有承重传给地基。

土建式冷库的基本结构如图 5-5 所示。

土建式冷库的结构应有较大的强度和刚度，并能承受一定的温度应力，在使用中不产生裂缝和变形；冷库的隔热层除具有良好的隔热性能并不产生“冷桥”外，还应起到隔气防潮作用；冷库的地坪通常要做防冻胀处理；冷库的门应具有可靠的气密性。

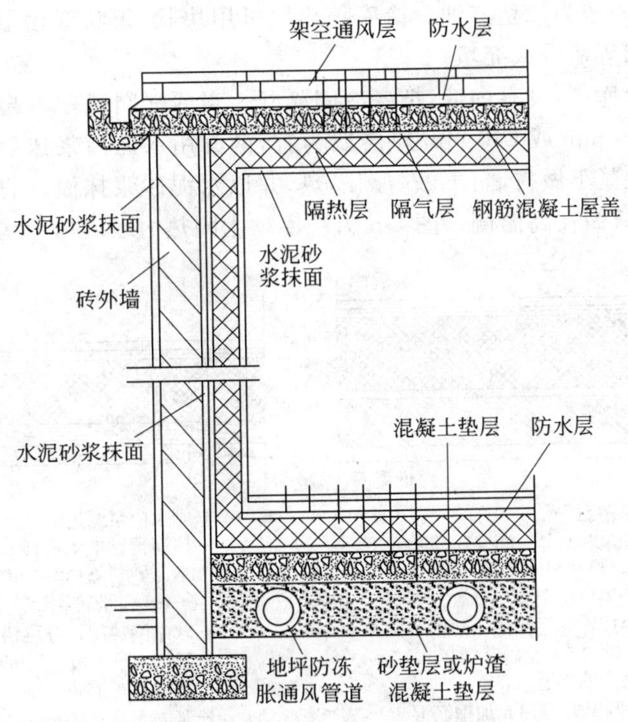

图 5-5　土建式冷库的基本结构

1）冷库的地基与基础

土建式冷库的地基是指承受全部载荷的土层，基础是直接承受冷库建筑自重并将全部重量传递给地基的结构物。基础应有较大的承载能力、足够的强度，并可将冷库载荷均匀地传到地基上，以免冷库建筑产生不均匀沉降、裂缝；还应具有足够的抗潮湿、防冻胀能力。一般土建式冷库采用柱基础的较多。

2）冷库的柱和梁

柱是冷库的主要承重物件之一。土建式冷库均采用钢筋混凝土柱，柱网跨度大。一般冷库柱子的纵横间距多为 6 m×6 m，大型冷库为 16 m×16 m 或 18 m×16 m。为施工方便和敷设隔热材料，冷库柱子的截面均取方形。大型单层冷库净高一般不小于 6 m，中小型单层冷库为 4～8 m，多层冷库通常亦为 4～8 m。

梁是冷库重要的承重物件，有楼板梁、基础梁、圈梁和过梁等形式。冷库梁可以预制或现场用钢筋水泥浇制。

3）冷库的墙体

墙体是冷库建筑的主要组成部分，可以有效地隔绝外界风雨的侵袭和外界温度变化对库内的影响，以及太阳的热辐射，并有良好的防潮隔热作用。冷库外墙主要由围护墙体、防潮隔热层、隔热层和内保护层等组成，如图 5-5 所示。围护外墙一般采用砖墙，其厚度为 240～370 mm，在特殊条件下，也有现场浇制钢筋混凝土墙或预制混凝土墙等。对于砖外墙，其外墙两面均以 1∶2 水泥砂浆抹面。外墙内一次敷设防潮隔气层、隔热层及内保护层。目前新建冷库防潮隔气层多为油毡或新型尼龙薄膜，并敷设于隔热层的相对高温侧，油毡隔气一般为二毡三油。冷库隔热层可用块状、板状或松散隔热材料，如泡沫塑料、软木、矿渣棉等敷设或充填。

在某些分间冷库中，设有内墙，把各冷间隔开。当两邻间温差不超过 5 ℃时，可采用不隔热内墙，以 120 mm 或 240 mm 厚砖墙为宜，两面用水泥砂浆抹面；隔热内墙多采用块状泡沫塑料与混凝土做衬墙，再做防潮隔热，并以水泥砂浆抹面，隔热内墙的防潮隔气层做在两侧，亦可只做在高温侧。图 5-6 为冷库软木隔热内墙墙体结构。

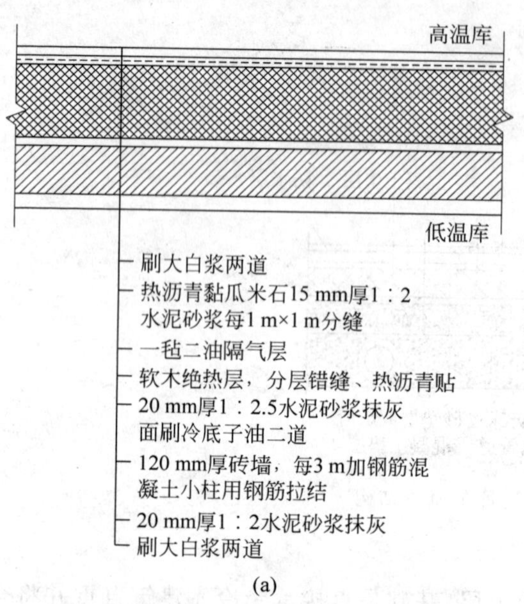

(a)

注：① 本构造方法是将软木贴于砖墙上，施工顺序为，先砌砖墙，后贴软木，而不能相反。
② 油毡隔气层设置在高温侧(见图示)。
③ 绝热材料可采用其他块状材料(如沥青膨胀珍珠岩、泡沫塑料等)。
④ 木隔墙用于分隔两个高温库时，因库温可能波动较大，绝热层的双侧都设置隔气层。
⑤ 本图标明在贴软木前刷冷底子油两道，以增加软木与砖墙的黏结性。

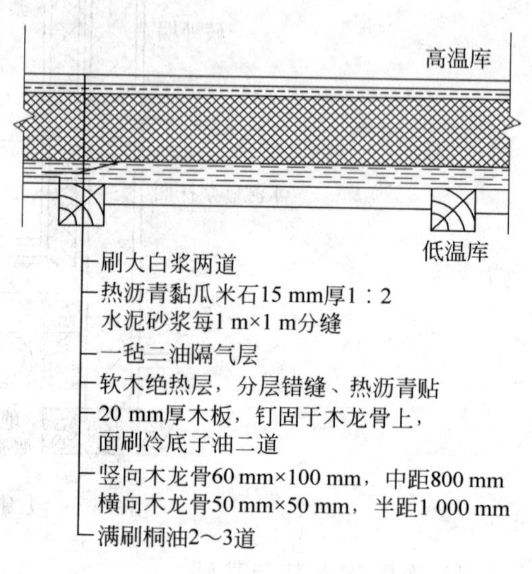

(b)

注：① 木格栅的大小要按工程实际而定，本图用料及间距尺寸适用于 4 m 左右高的内隔墙。
② 油毡设置与库温有关，一般设在高温侧。
③ 木格栅亦可包在软木墙内，但其缺点是格栅处会因热阻不够，使投产使用后骨架处出现结冻现象。

图 5-6　冷库软木隔热内墙墙体结构

(a) 软木绝热内墙(砖衬墙固定)；(b)软木绝热内墙(木龙骨固定)

4）冷库的屋盖、楼板及阁楼层

冷库屋盖应满足防水防火、防霜冻、隔热和密封牢固的要求，同时屋面应排水良好。冷库屋盖主要由防水护面层、称重结构层和防潮隔热层组成，如图 5-5 所示。冷库屋盖的隔热结构有坡顶式、整体式和阁楼式 3 种。阁楼式隔热屋盖又分通风式、封闭式和混合式。

多层冷库的楼板为货物和设备质量的承载结构，应有足够的强度和刚度。冷库楼板可采用预制板，但以现场钢筋混凝土浇制为多。图 5-7 为楼板隔热的做法。

2. 土建式冷库的隔热处理

土建式冷库墙体、地板、屋盖及楼板均应做隔热处理，各建筑体的隔热措施前面已有所描述，这里不再重复。土建式冷库常用隔热材料如下。

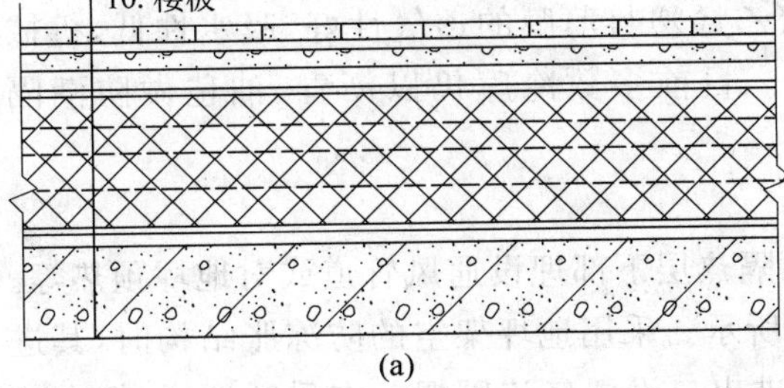

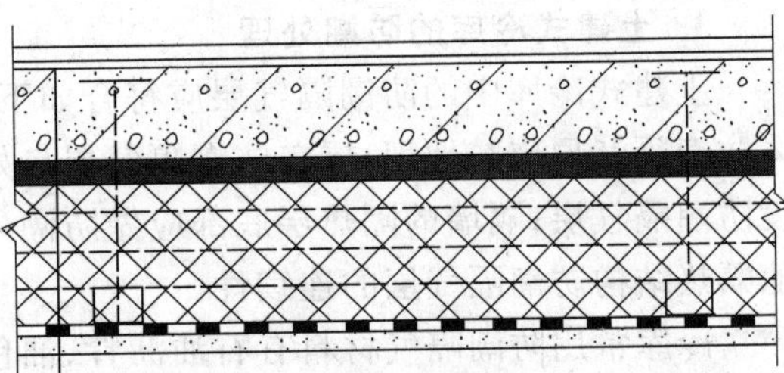

图 5-7　楼板隔热的做法

(a) 隔热材料在楼板上；(b) 隔热材料在楼板下

1）软木

常用的软木又称碳化软木，为板、管、壳等形状的制品。碳化软木导热系数小，抗压强度大，无毒，施工方便，可用于冷库隔墙、地面、楼板、管道等的隔热，但价格较高，且容易虫蛀、鼠咬和霉烂受潮。

2）玻璃棉及制品

玻璃棉导热系数小，不燃烧，不霉烂，价格便宜。目前多将其制成支撑隔热板或管壳，使用方便，抗冻性好。

3）聚苯乙烯泡沫塑料

自熄性的聚苯乙烯泡沫塑料有着良好的隔热性能，但遇明火或受热易产生对人体有害的气体，故目前已不推荐使用。

4）聚氨酯泡沫塑料

该型隔热材料可预制成各种厚度或直径的板料或管壳，用于冷库墙体、地板、屋盖隔热及至表面直接喷涂或灌注发泡成型，使用方便。聚氨酯泡沫塑料导热系数小，吸水率低，耐低温和自熄性好，是冷库隔热中选用较多的材料。

冷库常用隔热材料的热物性如表 5-4 所示。

表 5-4　冷库常用隔热材料的热物性

材料名称	密度 ρ/(kg·m^{-3})	导热系数 λ 实测值	导热系数 λ 设计采用值	比热容 c/[kJ/(kg·K)]	蓄热系数 (24 h)/[W/(cm^2·K)]
玻璃纤维	190	0.040	0.076	1.09	0.51
聚苯乙烯泡沫塑料	19	0.035	0.047	1.21	0.23
聚氨酯泡沫塑料	40	0.022	0.030	1.26	0.28
软木	170	0.580	0.070	2.05	1.19

3. 土建式冷库的防潮处理

土建式冷库中的防潮隔气层应符合如下要求：砌砖外墙外侧应做水泥砂浆抹面；外墙体防潮隔气层应与地面、屋盖防潮隔气层良好地搭接；冷却间与冷冻间隔墙隔热层两侧宜设防潮隔气层；隔墙的隔热层底部应做防潮处理；所有防潮隔气层敷设时均应顾及冷库其他隔热结构防潮隔气层的连续性。

冷库常用防潮隔气材料有石油沥青、油毡、沥青防水塑料和聚乙烯塑料薄膜等。其中石油沥青的防水蒸气性能好，又具有一定弹性、抗低温、防潮隔气性能稳定等特点，若与油毡结合使用，能达到良好的防潮隔气效果。聚乙烯塑料薄膜的透气性好，吸水性低，机械强度大，柔软性好，但耐老化、耐低温性能差。目前多数冷库仍以沥青、油毡做防潮隔气层。

4. 土建式冷库的防冻胀处理

冷库地坪防冻胀的方法有地坪架空、地坪隔热层下部埋设通风管道或对地坪预热等。小型冷库多采用预制梁将地坪架空，如图 5-8 所示。采用地坪架空的防冻胀结构时，其进出封口高于室外地面应不小于 150 mm，并在进出口设置气流网栅。在采暖地区，架空式地坪的进出口还应增设保温的启闭装置。架空层进风口宜面向当地夏季最大频率风向。图 5-9 所示为地坪隔热层下设通风管的地坪防冻胀结构。

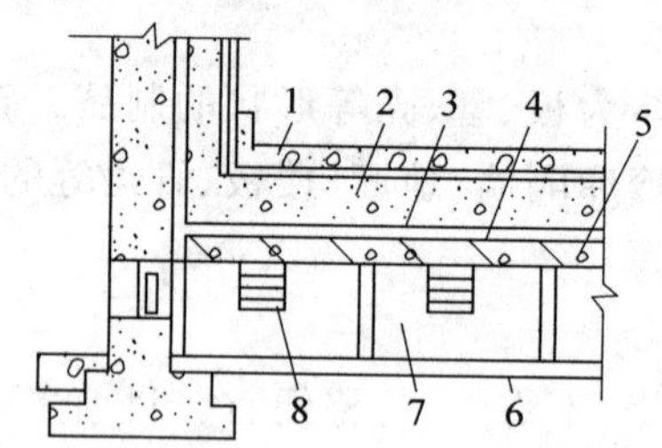

图 5-8 地坪架空的防冻胀结构

1—钢筋混凝土面层；2—软木隔热层；3—一毡二油防水层；4—二毡三油隔气层；5—钢筋混凝土基层；6—混凝土垫层；7—架空层；8—气窗

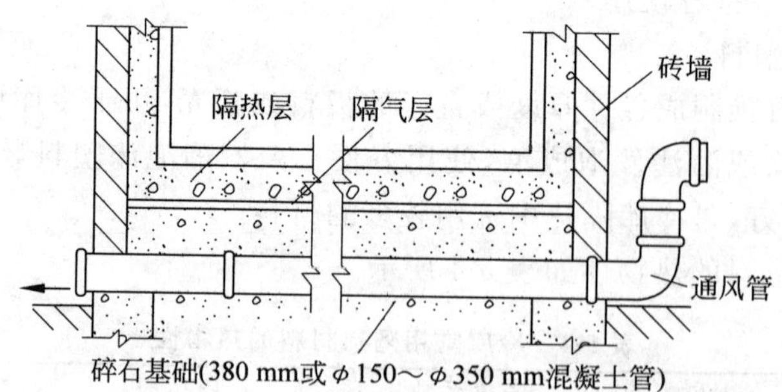

图 5-9 地坪隔热层下设通风管的地坪防冻胀结构

另外，当采用预热式地坪防冻胀结构时，其机械送风温度取 10 ℃，热液温度取 15 ℃，排风或回液温度取 5 ℃。通风水泥管宜取 $\phi 250 \sim \phi 300$ mm，无缝钢管取 $\phi 38 \sim \phi 57$ mm。载热液体须经过滤后送入。加热管应设在地坪隔热层下的混凝土垫层内，并采用钢筋网将加热管固定。金属加热管须采用焊接连接，混凝土施工前应做表面 0.6 MPa/24 h 的校漏试验。

5.2.3　装配式冷库的建筑结构和特点

装配式冷库的作用、使用条件和结构要求与土建式冷库相似。它可为食品冷却、冷藏及冷冻提供必要的条件，具有良好的防潮隔热性能和承载强度。

装配式冷库按其容量、结构特点又有室外装配式和室内装配式之分。

室外装配式冷库均有钢结构骨架，并辅以隔热墙体、顶盖和底架，其防潮隔热及降温等性能要求类同于土建式冷库。室外装配式冷库的结构如图 5-10 所示。室外装配式冷库容量一般为 500～1 000 t，并有不断增大的趋势，适合商业、食品加工业使用。

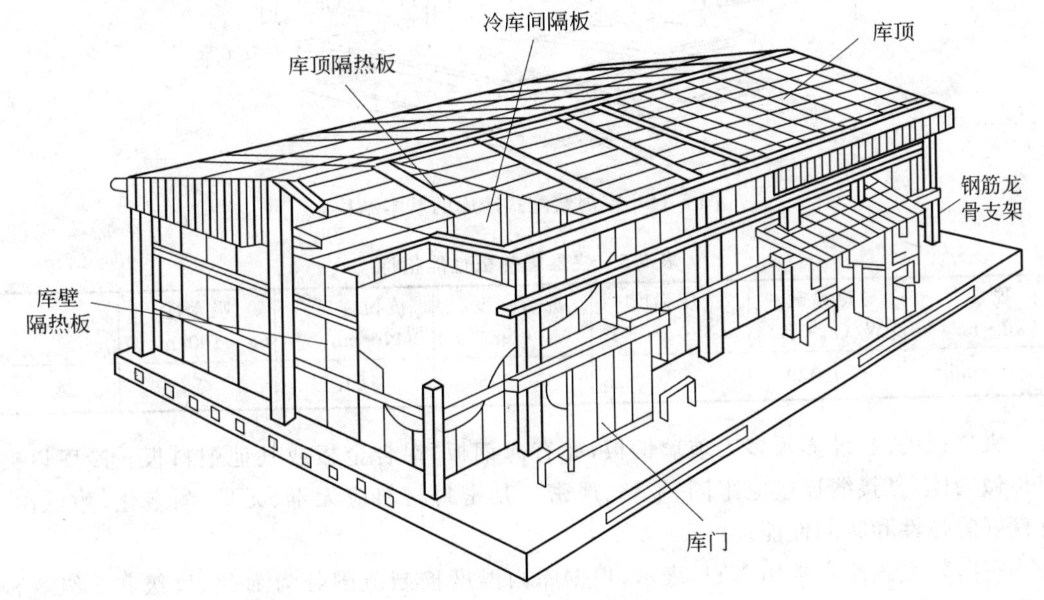

图 5-10　室外装配式冷库的结构

室内装配式冷库又称活动装配冷库，基本结构如图 5-11 所示。其容量一般为 5～100 t，必要时可采用组合装配，容量可达 500 t 以上。室内装配式冷库最适合宾馆、饭店、菜场及商业食品流通领域使用，具有结构简单、安装方便、施工期短、轻质高强度及造型美观等特点。室内装配式冷库库体主要由各种隔热板组即隔热壁板（墙体）、顶板（天井板）、底板、门及支撑板和底座等组成。它们是通过特殊结构的字母钩拼接、固定的，以保证冷库良好的隔热性、气密性。冷库的库门除能灵活开启外，更应关闭严密，使用可靠。

室内装配式冷库的隔热板均为夹层板料，即由内面板、外面板和硬质聚氨酯或聚苯乙烯泡沫塑料等隔热芯材组成，夹层隔热板的面板应有足够的机械强度和耐腐蚀性。夹层隔热板性能应符合表 5-5 的要求。夹层板应平整（平面度 <0.002）、尺寸准确（允许偏差 ± 1 mm），隔热层与内、外面板黏合应均匀、牢固。

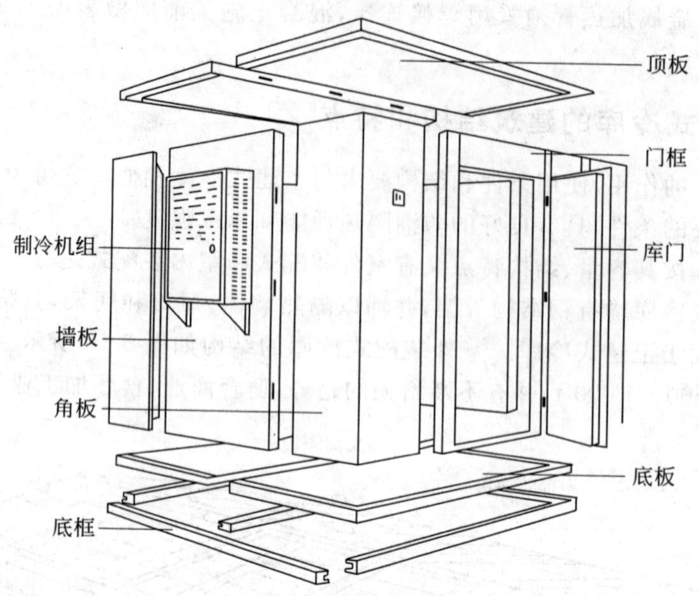

图 5-11　室内装配式冷库的基本结构

表 5-5　夹层隔热板性能指标

密度/(kg·m^{-3})	导热系数/[W/(m·K)]	抗压强度/(N·cm^{-2})	抗弯强度/(N·cm^{-2})	抗拉强度/(N·cm^{-2})	吸水性(g·100cm^{-2})	自熄性/s
40～55	≤0.029	≥20.0	≥24.5	≥24.5	≤3	≯7

夹层板的内、外面板多为玻璃钢板，亦有薄钢板、铝合金板或其他塑料板。冷库以夹层板做墙体，其接缝连接应牢固、平整、严密。其密封材料应无毒、无臭、耐老化、耐低温，有良好的弹性和防潮性能。

室内装配式冷库常用 NZL 表示，根据库内温度控制范围分为 L 级、D 级和 J 级 3 种类型，其性能参数如表 5-6 所示。

表 5-6　室内装配式冷库主要性能参数

库　　级	L 级	D 级	J 级
库温范围/℃	5～5	−18～−10	−20～23
公称比容积/(kg·m^{-3})	160～250	−160～200	−25～35
进货温度/℃	≤32	热货≤32；冻货≤−10	≤32
冻结时间/h	18～24		
库外环境温度/℃	≤32		
隔热材料的导热系数/[W/(m·K)]	≤0.028		
制冷剂	R12，R22		
电流	三相交流，380±38 V，50 Hz		

室内装配式冷库标记示例：NZL-20(D)表示库内公称容积 20 m^3、库内温度为 −18～−10 ℃的 D 级冷库。

室内装配式冷库所有焊接件、连接件必须牢固、防锈。所有镀铬或镀锌的镀层应均匀。冷库的木制件应经过干燥防腐处理。冷库门装锁、把手及安全脱锁装置，其 D、J 级冷库门或门框上需安装电压 24 V 以下的电加热器，以防冷凝水和结露，库内装防潮灯。测温元件置于库内温度均匀处，其温度显示装置装在库外壁易观察位置。冷库地板应有足够的承载能力。大中型室内、外装配式冷库还应考虑装卸运载设备的进出作业。另外，冷库的地板应有融霜及排泄系统，并辅以防冻措施。

5.3　冷库制冷系统

5.3.1　氨制冷系统

氨制冷系统是根据制冷原理将压缩机、冷凝器、节流阀和蒸发器以及为了使制冷效能更高、运行更安全的辅助设备（如油分离器、储液器、气液分离器、低压循环储液桶、集油器、放空气器、阀件、仪表等）用管道连接组成的一个闭合制冷循环。大型氨制冷系统一般又可分为低压系统和高压系统。

1. 低压系统和供液方式

低压系统是指由膨胀阀、蒸发器、压缩机吸气口所组成的系统。

低压系统中的蒸发过程，可以在不同型式的装置中实现，其主要区别在于蒸发器的类型和向蒸发器供液的方式。冷库制冷系统的供液方式主要有 3 种：直流供液、重力供液和氨泵供液。下面分别叙述这 3 种方式下的低压系统。

1）直流供液系统

在直流供液系统中，氨液通过节流膨胀后直接进入蒸发器蒸发，图 5-12 为氨热力膨胀阀直流供液系统示意图。热力膨胀阀可以通过感温包的作用，根据回气过热度的变化，在一定范围内自动调节供液量。当系统负荷增大，回气过热度增大，感温包中压力上升，推动热力膨胀阀阀针，使阀口开大，增加供液量，反之则减少供液量。因此其对负荷变化的适应性比手动膨胀阀要强一些。

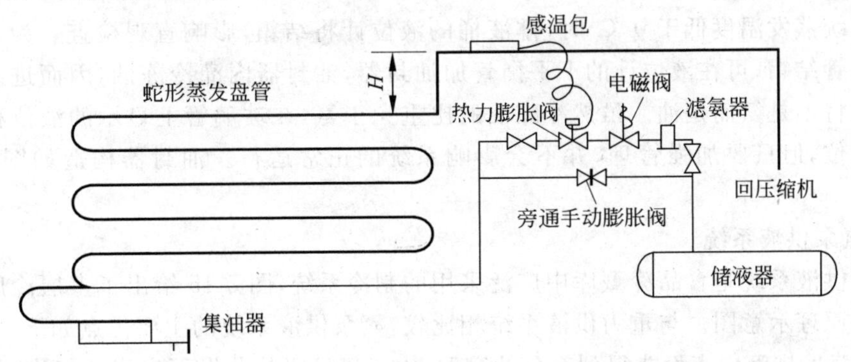

图 5-12　氨热力膨胀阀直流供液系统示意图

采用热力膨胀阀的直流供液系统，回气管路上可以不设氨液分离器，也便于实现操作自动化。在采用自动操作的系统中，热力膨胀阀前应装电磁阀，停机时自动截断氨液通路。回气管上不设置氨液分离器，压缩机的吸入总管应比蒸发盘管高一些，图 5-12 中 $H=200\sim300$ mm，以免突然停机时蒸发盘管内的氨液进入管路和压缩机的吸气腔内，从而引起再次自动开机时发生液击。

2）重力供液系统

图 5-13 为重力供液系统循环示意图，从机房来的高压氨液经浮球阀进入氨液分离器，然后由氨液分离器的出液管进入蒸发器。回气则在氨液分离器内经过气液分离，从吸入管返回压缩机。氨液分离器与蒸发器之间可产生程度不同的再循环。

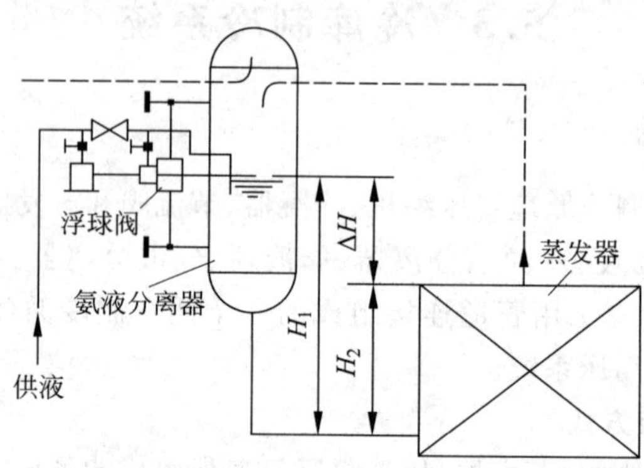

图 5-13　重力供液系统循环示意图

在图 5-13 中，氨液分离器与蒸发器之间，制冷剂的流通（或称循环）是由于 H_1 与 H_2 的液柱压力差而完成的。液柱静压差 H_1-H_2 应足以克服系统的摩擦阻力和局部阻力。当许可时，适当提高氨液分离器液面的相对高度 ΔH，以及采用流通阻力较小的蒸发器，合理配统管线，对保证系统的正常工作是有利的。

在较大的重力供液系统中，库房氨液分离器布置在库房调节站内，机房值班人员难以随时根据库房负荷变化而调整其供液量，有可能仍然将一部分氨液带进总回气管中，危及压缩机的安全运行。因此，在机房内加设氨液分离器及排液桶，如图 5-14(a)所示，即可保证压缩机的安全运行。

当系统蒸发温度低于 0 ℃ 时，排液桶的液位计将结霜，影响直观检查。为了避免液位计玻璃管结霜，可在液位计的下平衡管加油封器，油封器内灌冷冻油，因而进入液位计玻璃管的将不是氨而是油。虽然冷冻油的比重大于氨，在玻璃管上显示的液位稍低于排液桶的液位，但只要加强管理，并不会影响系统的正常运行。油封器构造如图 5-14(b)所示。

3）氨泵供液系统

氨泵供液系统是食品冷藏库中广泛采用的制冷系统，图 5-15 给出了多层冷库用氨泵供液系统原理示意图。与重力供液系统相比较，氨泵供液系统的主要优点如下。

(1) 蒸发排管内表面能得到充分的润湿，由于氨液吸热蒸发而生成的气泡，将被流速较高的、数倍于蒸发量的氨液迅速带走，不致黏附在蒸发排管的内表面，因而能使蒸发排管发挥更大的制冷效能。

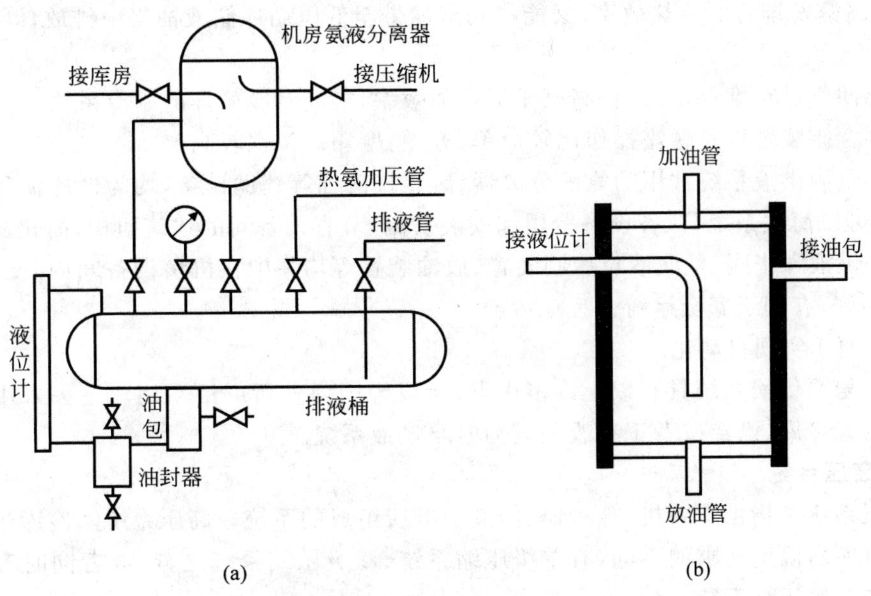

图 5-14　氨重力供液系统回气处理方式原理示意图

(a) 回气处理装置；(b) 油封器构造

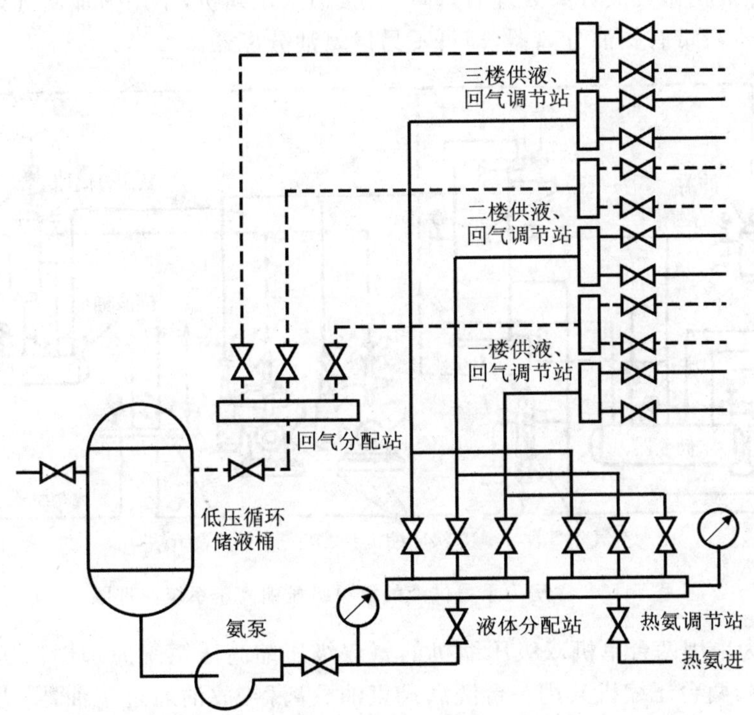

图 5-15　多层冷库用氨泵供液系统原理示意图

(2) 较大流量的氨液，以较高的流速流过蒸发排管，能冲刷蒸发排管内表面的润滑油油膜，提高蒸发排管的传热效率，又能将润滑油带至低压循环储液桶集中排放，既方便，又安全。

(3) 回气过热度小，可以提高氨压缩机的效率，提高制冷循环的制冷系数。

(4) 融霜装置以及融霜操作比较简单、方便，融霜效率也较高。

(5) 重力供液系统常用的氨液分离器、融霜排液桶等辅助设备，均为低压循环储液桶所取代，可以简化系统，节省设备费用和安装费用，节省设备间的建筑面积，简化操作。

(6) 供液膨胀阀、氨液液位控制装置、放油装置等均集中在机房设备间内，便于监视、操作和维修，有利于安全运行。

(7) 便于实现自动化。

由于氨泵供液系统具有以上许多优点，所以为国内外所广泛采用。过去采用重力供液系统的老冷库，已经或者正在改装成为氨泵供液系统。

2. 高压系统

高压系统是指由压缩机、冷凝器、储液器等所组成的系统。高压系统随冷库生产及储存货物对库房温度要求的不同，有单级压缩系统、双级压缩系统之分，或者同时有单级压缩系统和双级压缩系统。

图 5-16 为库房为重力供液的氨单级压缩高压系统原理图。低压系统为重力供液式，在机房内设有回气处理装置——氨液分离器及排液桶。当低压系统为氨泵供液时，回气经低压循环储液桶做气液分离处理后，即可直接进入压缩机，不用另加回气处理装置。此外，若压缩机本身带有氨油分离器，即可不另设氨油分离器。

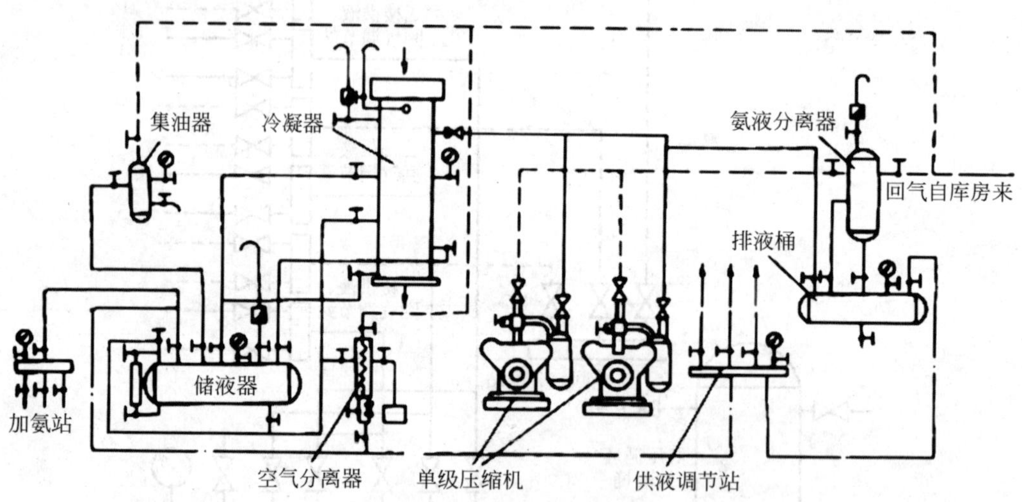

图 5-16　库房为重力供液的氨单级压缩高压系统原理图

图 5-17 为采用两台单机双级压缩机的氨双级压缩高压系统原理图。压缩机本身不带氨油分离器，两台压缩机共用一台洗涤式氨油分离器，放油通过集油器，进入压缩机的回气若来自重力供液系统，则应根据具体情况是否考虑如图 5-16 所示那样加设回气处理装置。

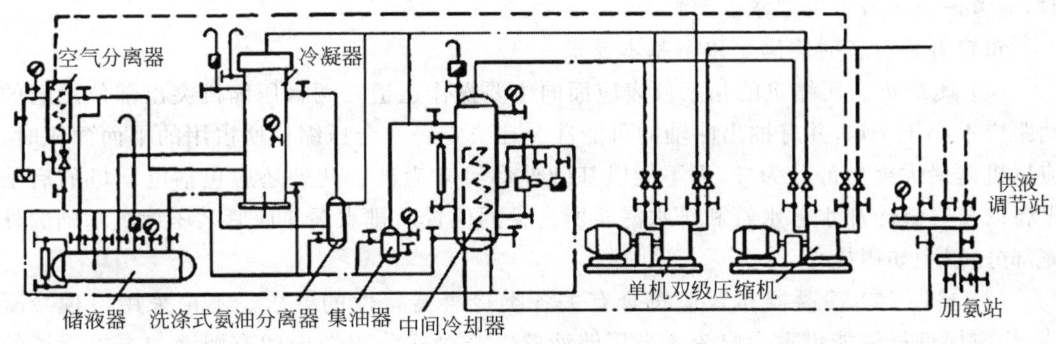

图 5-17　采用两台单机双级压缩机的氨双级压缩高压系统原理图

图 5-18 为氨双级压缩及单级压缩联合组成的高压系统原理图。1＃压缩机为双级压缩的低压级压缩机，2＃压缩机为双级压缩的高压级压缩机，3＃压缩机为单级压缩机。在管路连接上，2＃机及 3＃机可以对换使用，选配 2＃机及 3＃机的电动机功率时，应按两种不同工况进行校核。

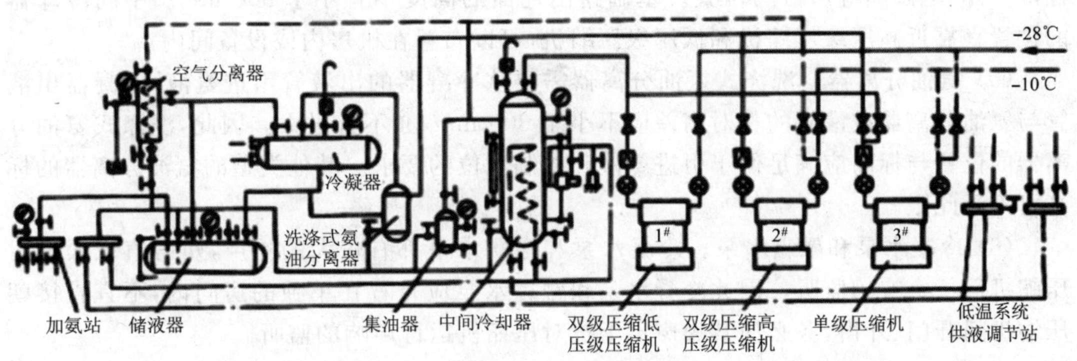

图 5-18　氨双级压缩及单级压缩联合组成的高压系统原理图

3. 氨制冷系统机房

氨制冷系统一般设有专门的制冷机房。制冷机房及设备间，是冷藏库的重要组成部分。在冷藏库的总平面布置设计中，应使机房及设备间靠近冷藏库的制冷负荷中心，同时避开库区的主要交通要道。

制冷机房及设备间要求通风良好，南方炎热地区宜朝南布置，并有南北方向的穿堂风，屋面有适当的隔热措施。机房建筑面积宜适当留有余地。当采用单机双级压缩机或单台机组制冷量较大的压缩机时，应事先落实设备订货的可靠性，防止设备型号规格发生重大变化而造成建筑面积不够的被动局面，施工时如设备未到货，则不宜先捣筑设备基础。

设备布置应符合制冷工艺流程，适应操作管理和维护保养设备的需要，同时应合理紧凑，以节省建筑面积。主要操作通道的实际宽度不应小于 1.5 m。非主要操作通道宽度不小于 0.8 m。

各种管道的走向及标高应有统一安排，适当照顾美观。建筑设计考虑门、窗的布置时，应考虑管道设计的要求。

布置各种设备时应满足以下基本要求。

(1) 压缩机。压缩机的指示仪表应面向主要操作通道。两台压缩机突出部位之间的间距应不小于1 m，并有抽出曲轴的可能性。在决定每一台压缩机所占用的平面面积时，应以机体最大突出部分为准，而不能以基础外形尺寸为准。此外还应包括电动机的启动设备以及气缸冷却水上水管和排水漏斗所占去的位置。排水漏斗应紧靠压缩机基础的外露部分，以免妨碍操作。

(2) 冷凝器。冷凝器布置应符合有关各类冷凝器特性的要求。不论采用何种冷凝器，均应保证氨液能借重力自流入高压储液器。壳管式冷凝器应留有清洗和更换管子的操作空间和位置。淋浇式、蒸发式冷凝器应布置在开敞而通风良好的地方，但应防止水滴随风飘入机房和配电间。

(3) 高压储液器。高压储液器应靠近冷凝器。若布置在室外，应防止太阳直接照射。液面指示器应安排在易于观察而又比较安全的地方。

(4) 中间冷却器。中间冷却器所占用的平面面积应包括液面控制装置如浮球阀或遥控液位计、电磁阀等所占的位置。基础露出地面的高度不宜小于300 mm。中间冷却器的位置宜靠近高压级压缩机和低压级压缩机，可以布置在机房内或设备间内。

(5) 氨油分离器。洗涤式氨油分离器需要从冷凝器的出液管引进氨液，冷凝器出液管与氨油分离器进液管的相对高差应不小于300 mm，亦不宜过大。因此，洗涤式氨油分离器的位置与标高应满足便于引进氨液和控制液位的要求。其他类型的氨油分离器的标高可不受此限。

(6) 冷凝水泵和融霜水泵。冷凝水泵和融霜水泵都有较大的噪声，妨碍值班人员对压缩机运行声响的监听。因此冷凝水泵和融霜水泵应布置在单独的房间内，不宜直接朝压缩机间开门、开窗，务必使其噪声不干扰对压缩机运行声响的监听。

5.3.2 氟利昂制冷系统

以氟利昂为制冷剂进行制冷的系统称氟利昂制冷系统，简称氟系统。氟利昂因毒性小、蒸发温度低以及便于自动控制等优点，在国外小型冷库中应用较多。由于氟利昂价格昂贵，国内在大中型冷库中使用极少，但在一些小型冷库中采用直接供液方式，以热力膨胀阀与电磁阀配合电子膨胀阀对制冷剂流量进行调节控制，制冷系统较为简单，操作方便，有广泛的应用。

氟利昂冷库与氨冷库在建筑、平面布置、耗冷量计算及主要机器设备的选择计算等方面基本相同，但氟利昂与氨制冷剂相比，在和油、水相互溶解上各不相同，使制冷系统各有特点。冷库用的氟利昂制冷剂过去主要是R12和R22，但是由于臭氧层破坏和温室效应，R12已经基本完成替代，一些混合制冷剂如R404A和R502等在小型冷库中得到了应用。

在蒸发温度较高的冷库中，采用单级压缩制冷系统就可达到要求。图5-19为氟利昂单级压缩制冷系统原理图，压缩机排出的过热蒸气首先被油分离器分离，然后进入冷凝器，冷凝下来的液体流入储液器，由储液器引出的氟利昂液体在热交换器中和低压低温气体换热而被冷却，再通过干燥过滤器除去杂质和水分，经电磁阀、热力膨胀阀节流降压，进入冷分配设备吸热蒸发，对库房降温。吸热蒸发形成的蒸气再流经热交换器被盘管中的高压液体加热，形成一定的过热度后被压缩机吸入。

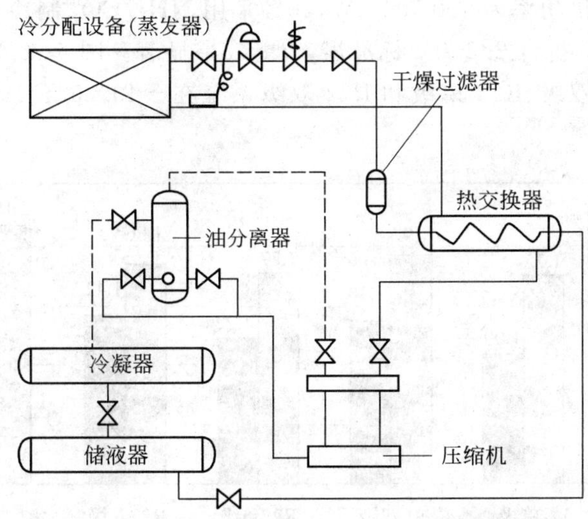

图 5-19　氟利昂单级压缩制冷系统原理图

被油分离器分离出来的油，经浮球阀自动控制或通过手动阀放回压缩机曲轴箱。干燥过滤器也可设在储液器和热交换器之间的液体管道上。对于小型制冷装置，为减少制冷剂充注量，也可用冷凝储液器代替冷凝器和储液器。系统中的电磁阀在压缩机停止工作后即切断向冷分配设备的供液，以防止制冷剂液体流入蒸发器等低压系统，避免压缩机启动时发生液击。在小型制冷装置中，为简化系统，也有将供液管与回气管捆在一起的，这同样能起到热交换器的作用。

5.3.3　NH_3/CO_2 复叠和载冷剂制冷系统

1. NH_3/CO_2 复叠和载冷剂制冷系统优点

NH_3 和 CO_2 都是环保性能良好的制冷剂，但分别存在各自的问题。将 NH_3 和 CO_2 通过系统有机组合，如 NH_3/CO_2 螺杆复叠和载冷剂制冷系统，可同时克服 NH_3 在人员密集场合不安全和 CO_2 在单一工况下压力高、效率差的缺点。使用 NH_3/CO_2 螺杆复叠制冷系统替代目前大量使用的 HCFCs 双级压缩机系统，使用 NH_3/CO_2 螺杆载冷剂制冷系统替代目前大量使用的 R22 单级压缩机系统，既可以促进 NH_3 和 CO_2 等天然制冷剂(natural refrigerant)的推广使用，也可实现较为理想的制冷效率，取得环境、效率的最大化。其主要优势如下。

1）节能

如果 R22 的替代技术没有节能效果，也就是制冷系统 COP(制冷系数)很低，那么制取相同的冷量新系统就会耗费更多的电力，而产生电力的主要手段还是碳的燃烧。更多的电力消耗意味着更多的 CO_2、SO_2 以及氮氧化物的排放。这样相当于拆东墙补西墙，从另一方面过度消耗了资源，破坏了环境。选择替代方案的时候不应以牺牲性能为代价，应该优选热力学性能高的系统。

由于CO_2传热性好、换热效率高，不同工况下，NH_3/CO_2复叠制冷系统相比R22双级制冷系统，效率平均提高20%以上。以我国农产品冷链物流发展规划中建设1 000万t物流冷冻冷藏库，装机功率为400 000 kW，40%采用NH_3/CO_2制冷系统估算，每年节省电力约0.64亿kWh，折合2.2万t标准煤，节能效果显著。图5-20为NH_3/CO_2复叠制冷系统和氨单级、氨双级、R22单级和R22双级系统在−40/25 ℃、−50/25 ℃工况的性能对比。

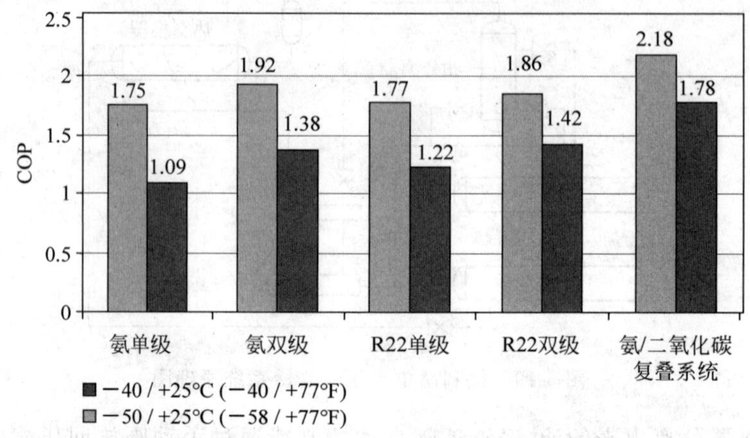

参考资料：NIELSEN P S，LUND T. Introducing a new ammonia / CO_2 cascade concept for large fishing vessels [C]//2003 IIAR Ammonia Refrigeration Conference，Albuquerque，2003.

图5-20 NH_3/CO_2复叠制冷系统和氨单级、氨双级、R22单级和R22双级系统性能对比

2）安全

由于NH_3制冷系统存在无法回避的安全问题，并且NH_3直接蒸发的制冷系统的充注量巨大，当NH_3直接进入人员密集的操作间、食品冷冻冷藏间，遇到火灾、地震等不可抗力因素时，NH_3泄漏导致的次生灾害必然发生。

NH_3/CO_2复叠制冷系统克服了NH_3制冷系统不安全因素：NH_3仅存于机组内部，限制在设备间，不进入加工间人员密集区域和冷冻冷藏间；NH_3工质充注量是常规系统的1/10。该系统充分利用NH_3良好的传热制冷性能，克服了其不安全因素。而CO_2作为中间介质具有安全、无毒、不可燃的特性，即便泄漏，对人员、食品也无较大伤害；并且CO_2是天然灭火剂，火灾时可起到阻燃作用。

3）环保

HCFCs氢氯氟烃类制冷剂，以HCFC-22（二氟一氯甲烷）为例，ODP=0.055，GWP=1 700，不仅破坏臭氧层，还有很强的温室效应，尤其是氯原子在破坏臭氧层的时候作为一种催化剂反复进行，对环境的破坏具有延续性和滞后性。

而NH_3和CO_2都属于天然制冷剂，NH_3的ODP和GWP均为0，CO_2的ODP=0，GWP=1，对环境的破坏作用很小。采用天然制冷剂，对环境没有任何的破坏作用，具有很高的环保效益。

4）智能控制

两级复叠系统存在一个最佳的中间温度，可以使系统性能最优。随着复叠系统用户需求工况的转变，不同冻品对蒸发温度要求也不同。不同冻品初始降温阶段蒸发温度越高，系统制冷量越高，系统蒸发温度会根据客户需要作出改变，并且环境温度也会对冷凝温度产生影响，系统工况的波动是一定存在的。

为了能在系统波动的时候快速切换到最优的中间温度，达到最优的系统性能，除采用变频电机提升部分负荷的性能之外，还需要对系统采取全自动控制，即工况的快速识别和系统的快速切换控制。NH_3/CO_2 复叠制冷系统中仍然含有部分 NH_3 制冷剂，如果采用全自动的系统控制，可以降低误操作的风险和事故发生的概率，对系统的安全性有益。

NH_3/CO_2 复叠和载冷剂制冷系统采用全自动智能控制，并增加物联网远程运维监控，可极大提升客户的使用体验。

2. NH_3/CO_2 复叠和载冷剂制冷系统工作原理

1）NH_3/CO_2 复叠制冷系统

NH_3/CO_2 复叠制冷系统流程如图5-21所示，该系统由高温级和低温级两部分组成。高、低温级各自成为单一制冷剂的制冷系统，其中，NH_3 作为高温级制冷系统制冷剂，CO_2 作为低温级制冷系统制冷剂。高温级系统中 NH_3 的蒸发用来使低温级制冷机排出的 CO_2 气体冷凝，用一个冷凝蒸发器将高、低温级两部分联系起来。它既是低温级的冷凝器，又是高温级的蒸发器。低温级 CO_2 吸收热量后经低温级压缩增焓，再通过冷凝蒸发器将热量传递给高温级 NH_3，而高温级的 NH_3 经高温级压缩增焓，最后通过冷却水系统或风冷冷凝器将热量传给环境介质。

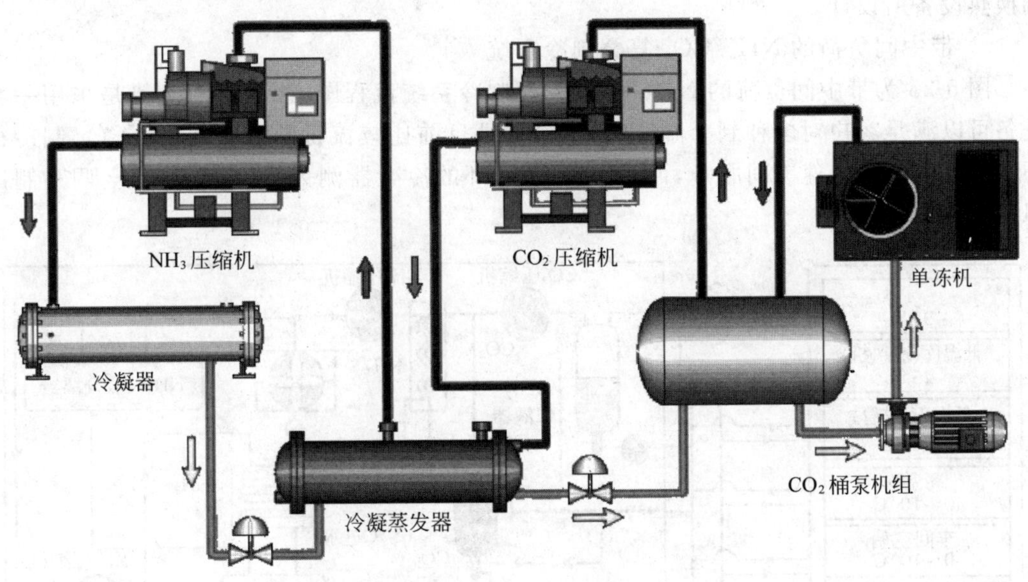

图5-21 NH_3/CO_2 复叠制冷系统流程

2）NH_3/CO_2 载冷剂制冷系统

NH_3/CO_2 载冷剂制冷系统的主要设备流程图如图5-22所示。载冷剂制冷系统与复叠制冷系统的差异在于，CO_2 载冷剂制冷系统不采用 CO_2 高压压缩机，经冷凝蒸发器冷凝的 CO_2 经过桶泵系统向末端蒸发器供液。CO_2 载冷剂制冷系统与传统乙二醇、氯化钙载冷剂制冷系统的差异在于，CO_2 是相变传热，传热效率高，泵功耗小，总耗功低。

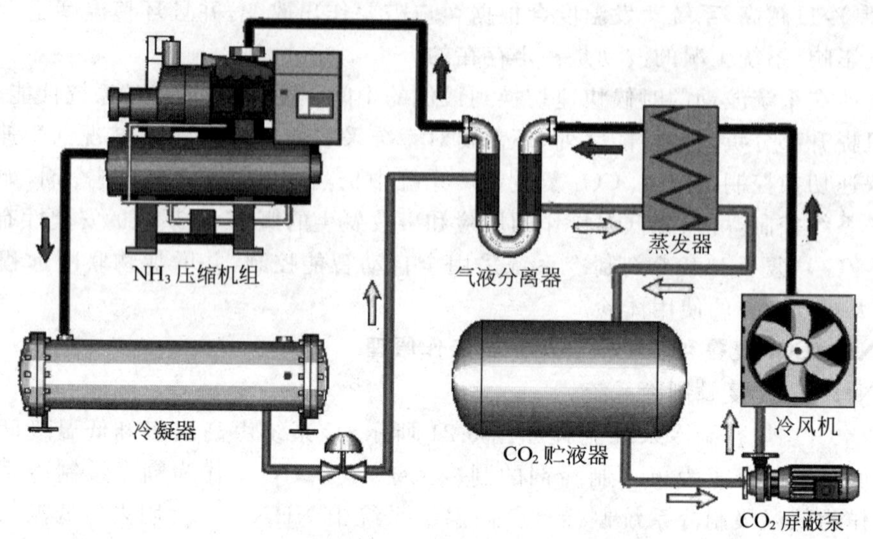

图 5-22 NH_3/CO_2 载冷剂制冷系统的主要设备流程图

CO_2 复叠制冷系统专门为－40 ℃左右的单冻机而设计，而 CO_2 载冷剂制冷系统专门为速冻间、冻结间、冷藏间等－35～－15 ℃工况范围内的采用顶排管或者冷风机的末端换热设备所设计。

3）带中间负荷的 NH_3/CO_2 复叠制冷系统

图 5-23 为带中间负荷的 NH_3/CO_2 复叠制冷系统流程图，该系统的优势是采用一套设备可以满足客户对多种制冷温度的需求，也是目前比较流行的系统用法。CO_2 制冷循环的蒸发侧为低温速冻间服务，而 CO_2 制冷循环的冷凝器侧为低温库、车间空调和制冰间服务。

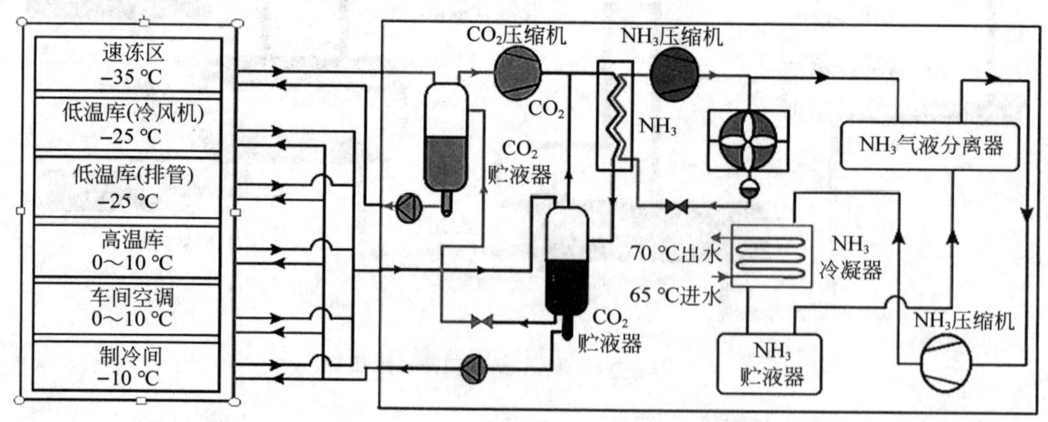

图 5-23 带中间负荷的 NH_3/CO_2 复叠制冷系统流程图

3. NH_3/CO_2 复叠和载冷剂制冷系统主要设备

NH_3/CO_2 复叠制冷系统主要由 NH_3 制冷压缩机组、NH_3 辅机、CO_2 制冷压缩机组、CO_2 辅机、电气控制 5 部分构成。NH_3 辅机包括冷凝器、贮液器、气液分离器、节流装置等；CO_2 辅机包括冷凝蒸发器、贮液器、气液分离器、干燥过滤器、泵、节流装置等。

CO_2 载冷剂系统主要由 NH_3 制冷压缩机组、NH_3 辅机、CO_2 辅机、电气控制 4 部分构成。NH_3 辅机一般包括冷凝器、贮液器、节流装置等。CO_2 辅机一般包括冷凝蒸发器、贮液器、干燥过滤器、CO_2 泵等。冷凝蒸发器 NH_3 侧蒸发为虹吸式，包含 NH_3 气液分离器。

5.3.4 冷库制冷系统的自动控制

1. 小型多温伙食冷库的自控系统

图 5-24 是小型伙食冷库制冷装置系统原理图。它有两台压缩机，正常情况下一台工作，一台备用(图中只画出一台压缩机，另一台略)。该伙食冷库共分 5 个库，其库温分别是：菜库(4±1)℃，乳品库(2±1)℃，饮料库(9±1)℃，鱼、肉库(−10±1)℃。

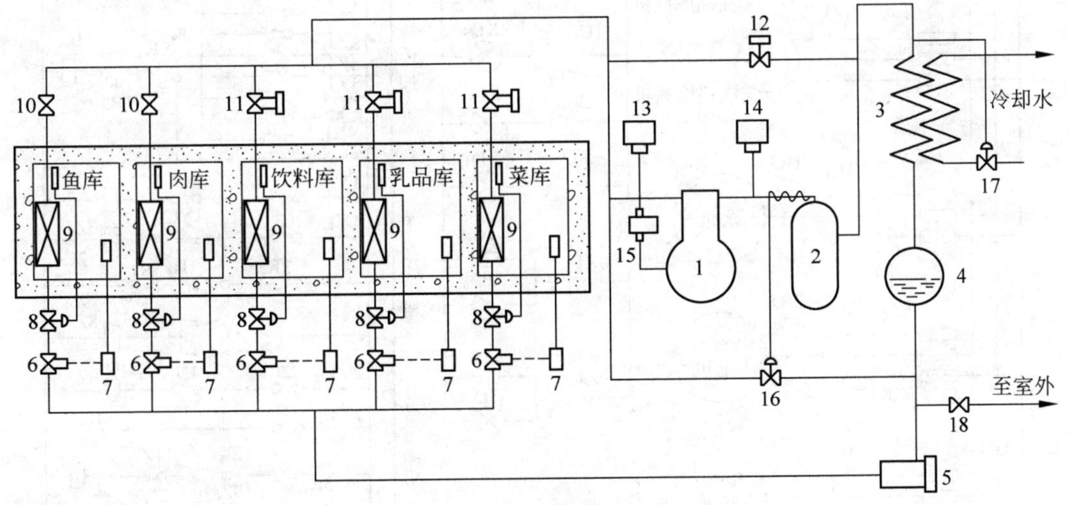

图 5-24 小型伙食冷库制冷装置系统原理图

1—压缩机；2—油分离器；3—冷凝器；4—储液器；5—干燥过滤器；6—电磁阀；7—温度控制器；8—热力膨胀阀；9—蒸发器；10—止回阀；11—蒸发压力调节阀；12—旁通调节阀；13—低压控制器；14—高压控制器；15—压差控制器；16—注液阀；17—水量调节器；18—安全阀

各冷库都采用绕片式蒸发器。整个制冷系统的调节包括温度调节、压力调节和安全保护这 3 方面。下面对照该系统的控制电路(图 5-25)做分析说明。

1) 温度调节

如图 5-25 所示，用热力膨胀阀 8、温度控制器 7、电磁阀 6 及低压控制器 13 这 4 个调节元件来控制各库温度。

如图 5-25 所示，当把开关 $K_1 \sim K_6$ 都放到自动位置上，并合上压缩机开关 1K 时，则Ⅰ号压缩机投入工作(若合上 2K，则Ⅱ号压缩机投入工作)，制冷装置就处于自动工作状

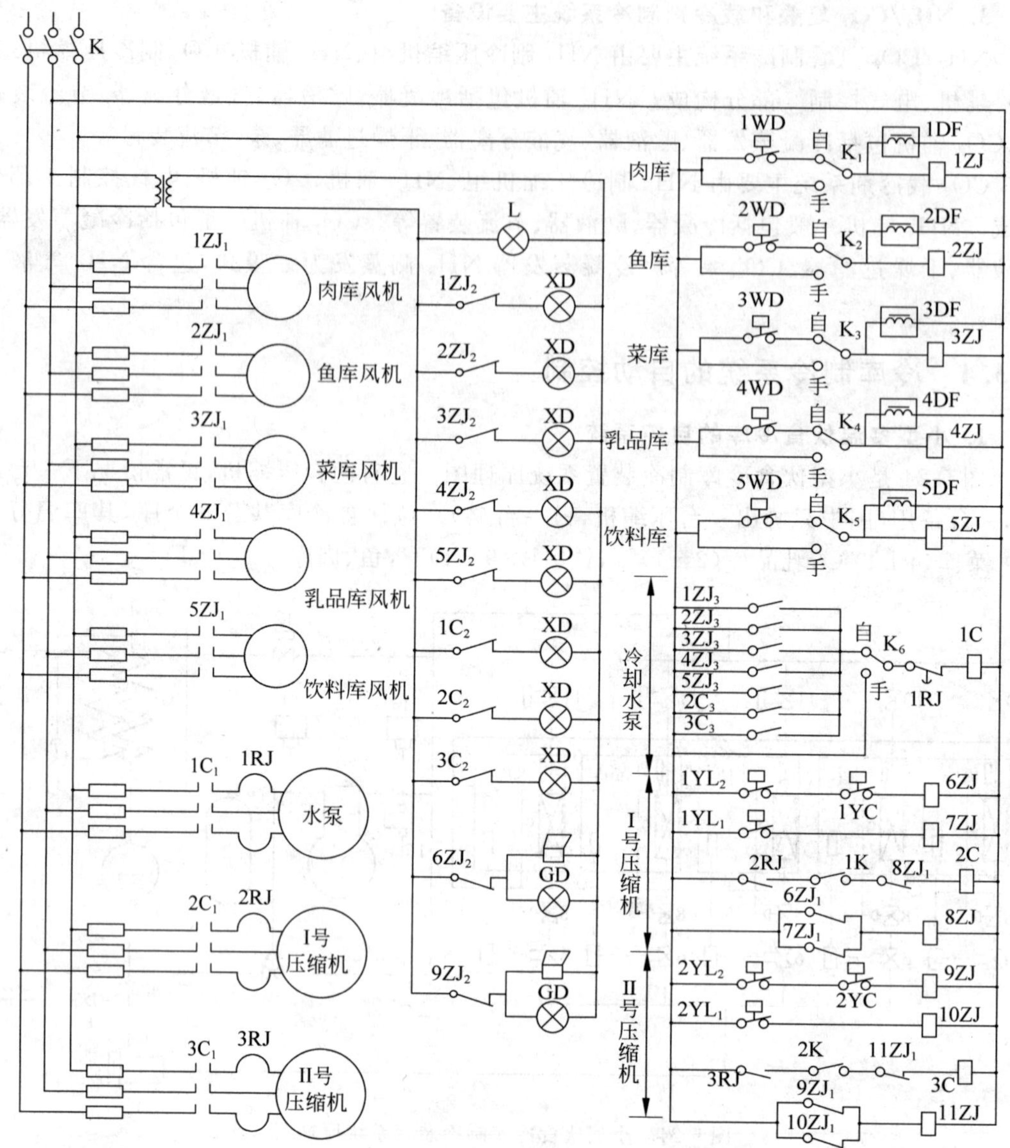

图 5-25 小型伙食冷库制冷装置的控制电路

K_1～K_6—转换开关；$1YL_1$，$2YL_1$—低压控制器；$1YL_2$，$2YL_2$—高压控制器；1YC，2YC—压差控制器；K—电源开关；1WD～5WD—温度控制器；L—白色指示灯；1DF～5DF—电磁阀；1ZJ～11ZL—中间继电器；XD—绿色指示灯；1RJ～3RJ—电动机过载保护器；1C～3C—交流接触器；GD—红色指示灯及报警

态，各冷库温度控制器根据各冷库实际库温控制着各自电磁阀的启闭。例如，肉库温度高于规定的库温值，则温度控制器 1WD 的触点闭合，电磁阀 1DF 的线圈通电，电磁阀开启，此时膨胀阀也因库温升高而开启，故制冷剂进入肉库蒸发器制冷降温；同时，中间继电器 1ZJ 的线圈通电，使常开触点 $1ZJ_1$ 闭合，肉库风机启动；常开触点 $1ZJ_2$ 闭合，绿色指示灯亮，常开触点 $1ZJ_3$ 闭合，冷却水泵的接触器 1C 线圈通电，常开触点 $1C_1$ 闭合，水泵启动工作。从图 5-25 中可以看出，冷却水泵是受 5 个冷库温度控制器和两台压缩机控制的，只

要它们之中任意一个处于接通状态(即只要在 $1ZJ_3$～$5ZJ_3$、$2C_3$和 $3C_3$中任意一个触点接通),水泵就投入工作,只有在 5 个冷库和两台压缩机全部停止工作时,水泵才停止工作。随着制冷装置的工作,各库温度都逐渐下降,当某一冷库温度达到规定值时,则温度控制器就切断该路电磁阀。当 5 个冷库都达到规定温度时,5 个电磁阀都被切断,全部停止向库房蒸发器供液。此时,由于压缩机仍在运转,因此低压压力下降,当其到达低压断开值时,则低压控制器 $1YL_1$(或 $2YL_2$)断开,造成中间继电器 7ZJ 的线圈断电,常闭触点 $7ZJ_1$闭合,中间继电器 8ZJ 的线圈通电,常闭触点 $8ZJ_1$断开,因此接触器 2C 的线圈断电,触点 $2C_1$断开,Ⅰ号压缩机停车。若某一冷库温度回升,超过规定温度值,则动作过程与上面相反,压缩机马上投入工作。所以通过以上 4 个调节元件的工作,可把各冷库的温度控制在所需的范围内。

2）压力调节

用如图 5-24 所示的蒸发压力调节阀 11、旁通调节阀 12、水量调节器 17 和低压控制器 13 来控制各种压力。高温库蒸发器出口安装蒸发压力调节阀,保证了 5 个冷库在各自所需的蒸发压力下工作。

当 5 个冷库内只剩下一个冷库未达到规定温度值,而吸气压力降低到某一给定值,旁通阀自动打开,让一部分高压冷剂蒸气直接进入吸气管,使吸气压力保持在给定值以上,避免了压缩机出现不该有的启停频繁现象。

在冷却水进水管路上安装水量调节阀,把冷凝压力控制在所需的范围内。

低压控制器控制吸气压力,当 5 个冷库都达到规定温度时,一旦吸气压力降至低压给定值,低压控制器的触点马上断开,切断压缩机电机电源,使压缩机立即停车。

3）安全保护

用图 5-24 中的高压控制器 14、安全阀 18、压差控制器 15、注液阀 16、止回阀 10 来实现多方面的安全保护。

高压控制器控制排气压力。当压力超过高压给定值时,高压控制器 $1YL_2$(或 $2YL_2$)断开,中间继电器 6ZJ（或 9ZJ）的线圈断电,常闭触点 $6ZJ_1$(或 $9ZJ_1$)闭合,使中间继电器 8ZJ（或 11ZJ）的线圈通电,常闭触点 $8ZJ_1$(或 $11ZJ_1$)断开,导致压缩机接触器 2C（或 3C）的线圈断电,常开触点 $2C_1$(或 $3C_1$)断开,Ⅰ号压缩机(或Ⅱ号压缩机）停车。同时,常闭触点 $6ZJ_2$(或 $9ZJ_2$)闭合,红灯亮,警报器响。

高压控制器失灵或压缩机不在工作的情况下,由于失火或其他原因引起冷凝器压力剧增而超过允许值时,安全阀自动跳开,将系统中的高压冷剂应急释放至容器外,防止爆炸事故的发生。

用压差控制器来保护油压,当油压小于油压给定值时,压差控制器 1YC（或 2YC）断开,同样可使Ⅰ号压缩机(或Ⅱ号压缩机）停车。

在吸气管和高压液管之间装注液阀,当排气温度超过允许值时,注液阀打开,一部分液体冷剂经阀节流而进入吸气管,使吸气温度降低,从而达到降低排气温度的目的。

在低温库上安装止回阀,防止高温冷剂蒸气倒流冷凝在低温蒸发器内,避免启动时产生液击。

2. 采用氨制冷系统冷库的自动控制

图 5-26 是以氨为制冷剂的冷藏库的制冷系统原理图。下面对该系统的控制调节进行说明。

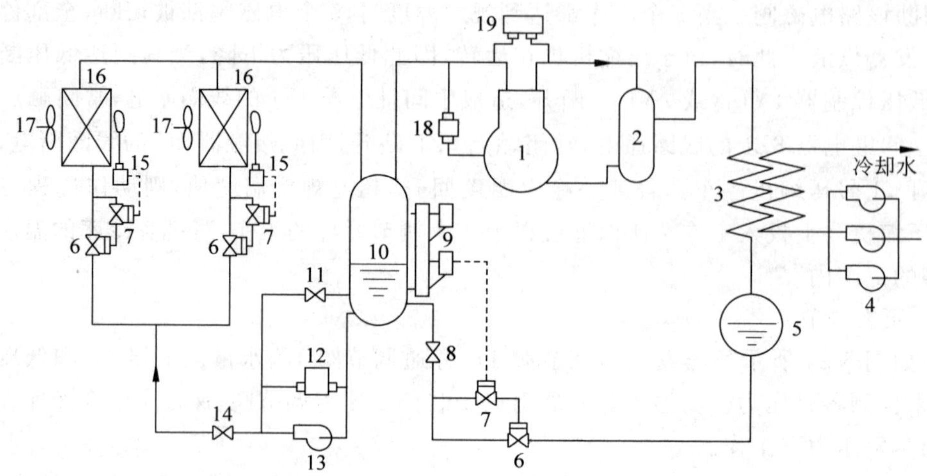

图 5-26 以氨为制冷剂的冷藏库的制冷系统原理图

1—压缩机；2—油分离器；3—冷凝器；4—冷却水泵；5—高压储液器；6—主阀；7—电磁导阀；8—手动膨胀阀；9—电感式浮球遥控液位计；10—低压循环储液桶；11—旁通阀；12—压差控制器；13—氨泵；14—止回阀；15—温度控制器；16—蒸发器；17—冷风机；18—油压差控制器；19—高低压控制器

1）温度调节

用温度控制器 15、电磁导阀 7、主阀 6、冷风机 17、氨泵 13 来控制各库房温度。当库温高于给定温度上限值时，温度控制器触头接通，发出降温信号，从而使电磁导阀打开，主阀打开，氨泵运转供液，冷风机起动工作，压缩机启动工作；当库温低于给定温度下限值时，温度控制器触头断开，使电磁导阀关闭，主阀关闭，停止该库房的供液，该库房冷风机也停止运转，这样就能把库房温度控制在所需的范围内。当各库房的温度都达到给定温度下限值，不需要供液降温时，氨泵和压缩机自动停止工作。

2）冷凝压力调节

用调节水量的方法来控制冷凝压力。该系统有 3 台水泵。第一台水泵的工作受温度控制器控制，只要有任意一间库房温度控制器发出需降温的信号，则在供液降温的同时该台水泵投入工作，另外两台水泵受压力控制器控制，随着热负荷的增大，冷凝压力升高，当冷凝压力升高至 1.28 MPa（表压）时，第二台水泵投入工作[在冷凝压力下降至 1.15 MPa（表压）时，该泵停止工作]；当冷凝压力升高至 1.4 MPa（表压）时，第三台水泵也投入工作[在冷凝压力下降到 1.25 MPa（表压）时，该泵停止工作]。

3）低压储液器液位调节

使用电感式浮球遥控液位计 9、电磁导阀 7、主阀 6 来控制储液的液位。当液位下降至下限值时，遥控液位计发出信号，使电磁导阀开启，主阀开启，向低压储液器供液，让液面回升，当液面回升至上限值时，遥控液位计发出信号，使电磁导阀关闭，主阀关闭，停止向低压储液器供液。这样就能把低压储液器的液位控制在一定范围内。

为了防止因液位过高现象而出现事故(液位过高易引起压缩机液击事故),则再用一支遥控液位计来控制。当液位达到最高限定位置时(约是低压循环储液桶高度的70%),遥控液位计发出信号报警,并切断压缩机电机的电源,使压缩机停车。

4) 氨泵控制

由于一台氨泵向几个库房蒸发器供液,当一部分库房温度已达给定值,停止进液降温时,会造成氨泵供液量过剩,引起排出压力升高,这样既使库房降温速度减慢,又增加了泵的动力消耗。为防止这种现象的产生,在泵的出口安装旁通阀11,当排出压力超过给定值时,旁通阀自动打开,将多余的氨液旁通至低压循环储液桶。

为了防止氨泵缺液运转(缺液运转不仅库房得不到足够的冷剂,而且易引起氨泵的气蚀损坏),在泵的进、出口之间安装压差控制器12,当氨泵进出口的压差值低于给定值(0.051 MPa),则一方面发出报警信号,另一方面切断氨泵电源,使氨泵停止工作。

为防止氨泵停止工作阶段发生液体倒液冲击现象,所以在氨泵排出管路上都安装止回阀14。

5) 压缩机能量调节

压缩机的能量调节是通过压力控制器控制吸气压力的方法来实现的。

系统中有4台压缩机,第一台压缩机(4V-12.5)的工作是受库房温度控制器控制的。只要有一个库房温度高于温度给定上限值,则温度控制器发出降温信号,使冷风机启动,供液电磁导阀开启,主阀开启,氨泵运转供液,同时使这台压缩机投入运转。只有在所有的冷风机全部停止运转后,经30 s延时,这台压缩机才停止工作。

第二台压缩机(8S-12.5)受压力控制器控制。在系统运转半小时后,当吸气压力大于0.2 MPa(表压)时,它就投入运转,在吸气压力下降至0.09 MPa(表压)时,它停止工作。

第三台压缩机(8S-12.5)是在系统运转1 h后,当吸气压力大于0.22 MPa(表压)时投入运转,在压力下降至0.11 MPa(表压)时停止工作。

第四台压缩机(4V-12.5)是在系统吸气压力达0.30 MPa(表压)时投入运转,在压力下降到0.05 MPa(表压)时停止工作。8S-12.5压缩机是带有能量卸载装置的,单机的能量调节也是使用压力控制器来控制的,即按照吸气压力的变化,分别控制卸载油缸的油路,从而实现单机的能量调节。

6) 安全保护

(1) 使用高低压控制器来保护高、低压。

(2) 使用油压差控制器来保护油压。

(3) 使用热继电器实现电机过载保护。

(4) 安装水电磁阀及"714晶体管液位继电器"来控制压缩机的缸套冷却水,保证只有在冷却水先接通的条件下才允许压缩机启动工作。

7) 其他

(1) 应用光电管来控制供油泵的工作,实现自动加油。

(2) 应用微压差控制器来控制蒸发器霜的厚薄,实现不定时自动开始融霜。

(3) 应用铂热电阻作为测温元件,通过温度指示仪及时了解各库房的实际温度,达到库房温度巡回遥测的目的。

3. NH_3/CO_2 复叠制冷系统的自动控制

NH_3/CO_2 复叠控制模块采用全自动运行，自动能量调节。

高温、低温压缩机能量控制指高温机根据低温机的冷凝压力进行能量调节，低温机根据系统的温度要求或低温机的吸气压力进行能量调节。

与常规的复叠机组或者载冷剂机组相比，CO_2 复叠制冷系统还存在如下特点。

(1) 系统的控制和传感装置，需采用耐高压、高可靠性的电磁阀、电动阀及控制传感元件。

(2) NH_3/CO_2 制冷系统停机后，随着环境温度升高，低温级压力升高，当低温级压力升高到设定压力后，辅助制冷机组开机，冷凝气液分离器内气体，防止整个低温级系统压力升高，如图 5-27 所示。因为 CO_2 是自然环保工质，对于不配置辅助制冷机组的客户，需要增加贮液器或气液分离器的压力检测装置，当压力升高到最高允许的压力值时，控制泄放阀动作。注意需要根据保温层的导热系数和保温层厚度计算整个低温级的制热量。

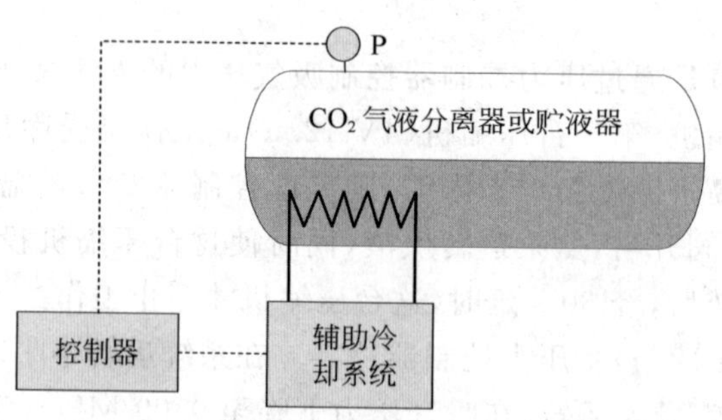

图 5-27 NH_3/CO_2 辅助制冷系统控制原理

(3) 对于 NH_3/CO_2 复叠制冷系统，它涉及两套制冷系统的控制，NH_3 制冷系统作为高温机，CO_2 制冷系统作为低温机。CO_2 制冷系统在环境温度对应的压力较高，如果直接开机，容易造成压缩机压缩终了排气压力超高。故开机顺序是，首先开启 NH_3 制冷机组，待 CO_2 制冷系统的吸气压力达到规定值后再开启，否则低温机会因为压力过高而无法工作。

5.4 气 调 库

5.4.1 气调贮藏的发展史

人类的生活离不开蔬菜、水果等产品。随着生活水平的提高，人们对果蔬产品的要求越来越高，生产的季节性和供应的长期性之间的矛盾也越来越突出。贮藏保鲜这门科学就是以满足人们在生产旺季贮存新鲜果蔬以备淡季享用的要求为目标。我国在很早就开始了水果的贮藏保鲜，在《诗经》中就有多处关于贮藏桃、李、梅、枣等的记载，采用冰等自然冷源贮藏水果等食物。随着科学技术的发展，又出现了机械制冷的冷藏，最近几十年又出现了气调贮藏，使新鲜果蔬的贮藏时间大大延长，贮藏质量也大幅度提高，许多过去人们无法想象的易腐产品如今不仅实现了周年供应，而且实现了跨海远洋运输，供应国际市场，其中冷链技术和气调贮藏起到了巨大的作用。果蔬的贮藏保鲜经历了由简到繁、由低级到高级的一个发展过程，即常规贮藏—降温贮藏—机械冷藏—气调贮藏的过程。目前我国市场上的许多高档果品都是气调贮藏的产品。

"气调贮藏"一词最早出现于英国，当时称为气体冷藏(refrigerated gas storage)。后来美国学者建议改为气调贮藏，并被广泛接受，目前我国通称的CA(controlled atmosphere)贮藏就是指的后者。

5.4.2　气调贮藏的基本原理

气调贮藏就是在冷藏的基础上，把果蔬放在特殊的密封空间内，同时按照果蔬的不同要求改变贮藏环境的气体成分，从而达到良好的贮藏效果。它是建立在对果蔬采后生理深刻认识基础上的一项新技术，堪称贮藏行业一项技术革命。在果蔬贮藏中降低温度、减少氧气含量、提高二氧化碳浓度，可以大幅度降低果蔬的呼吸强度和自我消耗，抑制催熟激素乙烯的生成，减少病害发生，延缓果蔬的衰老进程，从而达到长期贮藏保鲜的目的。近年来，随着气调技术的不断发展，又出现了与此相近的多种新技术，如低乙烯技术(将乙烯脱至果蔬的临界值以下)、超低氧技术(氧气浓度为1%)、快速气调技术(降温降氧在7天之内完成)等，使气调贮藏获得更好的结果。

5.4.3　气调贮藏的特点

与通用的常规贮藏和冷藏相比，气调贮藏具有以下特点。

1. 贮藏时间长

果蔬贮藏保鲜效果好坏的主要表征是能否很好地保持新鲜果蔬的原有品质，即原有的形态、硬度、质地、色泽、风味、营养等是否得以很好地保存或改善。气调贮藏由于强烈地抑制了果蔬采后的衰老进程而使上述指标得以很好地保存，不少水果经气调长期贮藏(如6～8个月)之后，仍然色泽艳丽、果柄青绿、风味纯正、外观丰满，与刚采收时相差无几。气调贮藏可以很好地保持果蔬硬度，防止果蔬变软。这是因为它抑制果胶酶的活性，抑制了果胶的降解。

2. 贮藏质量好

气调贮藏可以很好地保持原果色泽。绿色辣椒冷藏十几天，就开始变红，但用气调贮藏，可以明显抑制变红。冬枣采后变红现象非常明显，但用气调可以得到明显抑制。

气调贮藏可以明显降低呼吸强度，降低糖、有机酸和其他风味物质的消耗，保持果蔬风味。苹果冷藏至第二年3月，酸度已明显下降，风味已大大降低，但气调贮藏至第二年5—6月，酸度仍然较大，保持原果风味。

3. 贮藏损失减少

如上所述，气调贮藏有效地抑制了果蔬的呼吸作用、蒸腾作用和微生物的危害，因而也就明显地降低了贮藏期间的损耗。

4. 抑制长霉和发芽

蒜薹硅窗袋贮藏中，破袋后，长霉早而且严重。气调贮藏可以明显抑制霉菌生长，减轻腐烂。气调贮藏对抑制果蔬发芽也十分理想。气调贮藏还可抑制果蔬褐变，如桃子贮藏，利用气调贮藏可以有效地抑制果肉褐变。

5. 明显抑制乙烯产生

有一些果蔬，如猕猴桃、桃自身产生乙烯量大，对乙烯又很敏感，采用气调贮藏可以明显抑制乙烯的产生，延长其贮藏期。

6. 延长了货架期

货架期是指果蔬结束贮藏状态后在商店货架上摆放的时间。对经营者来说，货架期是一个很重要的指标；对商家来说，没有足够货架期的商品是一种很危险的商品，也是一种经营难度极大的商品。众所周知，气调贮藏由于长期受到低氧和高二氧化碳的作用，当解除气调状态后，果蔬仍有一段很长时间的"滞后效应"，这就为延长货架期提供了理论依据。试验表明，在保持相同质量的前提下，气调贮藏的货架期是冷藏的 2～3 倍。

7. 有利于开发无污染的绿色食品

在果蔬气调贮藏过程中，可以不用任何化学药物处理，所采用的措施全是物理因素，果蔬所能接触到的氧气、氮气、二氧化碳、水分和低温等因子都是人们日常生活中所不可缺少的物理因子，因而也就不会造成任何形式的污染，完全符合绿色食品标准。

8. 有利于长途运输和外销

以气调技术处理后的新鲜果蔬，由于贮后质量得到明显改善而为外销和远销创造了条件。

9. 具有良好的社会效益和经济效益

气调贮藏由于具有贮藏时间长和贮藏效果好等多种优点，因而可使多种果蔬几乎达到季产年销和周年供应，在很大程度上解决了我国新鲜果蔬"旺季烂、淡季断"的矛盾，既满足了广大消费者的需求，长期为人们提供高质量的营养之源，又改善了水果的生产经营，给生产者和经营者以巨大的经济回报。

应当特别指出的是，气调贮藏并非简单地改变贮藏环境的气体成分，而是包括温控、增湿、气密、通风、脱除有害气体和遥测遥控在内的多项技术的有机体，它们互相配合、互相补充、缺一不可。这样才能达到各种参数指标的最佳控制和最佳贮藏效果。

5.4.4 气调库的结构及建造

1. 气调库的建筑组成

气调库一般应是一个小型建筑群体，主要包括：气调间，预冷间，常温穿堂，技术穿堂，月台，机房，变、配电间及控制室，循环水池，其他建筑。

(1) 气调间。气调间是果蔬贮藏的场所。气调库一般应由若干个气调间组成，每个库内应装有冷却、加湿、通风、监测、压力平衡、各种管道等设施，同时还应有气密门、取样孔等。

(2) 预冷间(也可同时作为整理间)。预冷间是用来对果蔬冷却加工的库房，其大小根据气调库的规模和日进货量来确定。其也可以做果蔬出库时的整理间，在果蔬入库出库时进行挑选、分级、过磅、装箱。其也可临时用来堆果和散热。预冷间应采光通风良好、地面便于清洗，它内连贮藏库，外接月台和停车场，是一个重要的缓冲场和操作间。

(3) 常温穿堂。常温穿堂是果蔬进出各个气调间的通道，并起到沟通各气调间、便于装卸周转的作用。在小型果蔬气调库中，因气调间数量少，可以不设常温穿堂，而是与月台或整理间合并。

(4) 技术穿堂。这是气调库特有的建筑形式，通常设置在常温穿堂或整理间的上部，它的作用是方便操作管理人员观察库内果蔬贮藏情况和库内设备运行情况。其也是制冷、气调、水电等管道及阀门安装、调试、操作维修的场所。

(5) 月台。气调库月台供装卸货物之用，有铁路月台和公路月台之分。小型气调库只设公路月台，公路月台应高出路面 0.9～1.1 m，与进出汽车高度一致，宽度为 4～6 m。

(6) 机房。机房包括制冷机房和气调机房。制冷机房内装若干台制冷机组，所有贮藏库的制冷、冲霜、通风等皆由该房控制。气调机房是整个气调库的控制中心，所有库房的电气、管道、监测系统等皆设于此室内，主要设备有配电柜、脱氧机、CO_2 脱除器、乙烯脱除器、O_2 和 CO_2 监测仪、加湿控制器、温湿度巡检仪、果温测定器等。

(7) 变、配电间及控制室。变、配电间及控制室用于放置变压器及各种控制仪器。在小型气调库中，一般将变压器放在室外架空搁置，配电间应尽量靠近负荷大的机房，库内温、湿度及气体成分的检测、控制都在控制室里集中进行，便于操作管理。采用计算机检测和控制时，在控制室内设置空调器。变配电间及控制室对防火的要求严格，室内通风、采光条件要好。

(8) 循环水池。循环水池用来提供和收集制冷系统、气调设备的冷却水和库房冷风机的化霜水。水池通常采用钢筋混凝土结构，在小型气调库中，也可采用玻璃钢水箱。水池或水箱应设补水、溢流和排污口。

(9) 其他建筑。如办公室、值班室、泵房、包装材料库、质检室、卫生间、发电机房、车场、道路、绿化、围墙等皆为气调库的配套附属建筑。

2. 气调库的建筑结构特点

气调库作为一组特殊的建筑物，其结构既不同于一般果品冷藏库，也不同于一般民用和工业建筑，应有严格的气密性、安全性和防腐隔热性。其结构应能承受得住自然界的风、雨、雪以及本身的设备、管道、水果包装、机械、建筑物自重等所产生的静力和动力作用。同时还应能克服由于内外温差和冬夏温差所造成的温度应力和由此而产生的构件变形等，保证整体结构在当地各种气候条件下都能够安全正常运转。气调库的基础应具备良好的抗挤压、抗弯曲、抗倾覆、抗移动能力，保证库体在遇到水害、冰雪、大风等自然灾害时的稳定性和耐久性。气调库是在传统果蔬冷库的基础上逐步发展起来的，与一般冷库有许多共同之处，又有许多不同点。一般恒温库所具备的设施气调库也都有，只是有所不同罢了。其不同主要表现在以下几点。

1) 气密性

普通冷库对气密性没有什么要求，而对气调库来说气密性则至关重要，要想在气调库内形成气调工况，气调库必须有严格的气密性。只有气密性合格，才能保证库内气体成分的稳定，才能达到气调贮藏的技术要求。

2) 安全性

由于气调库是一种密闭式冷库，库内温度的波动，能使库内外产生很大的压差，因此要求气调库有良好的围护结构和承重结构以及安全设施才能保证气调库的正常运转。由于管理不当或库体安全设施失灵,库体坍塌破坏的情况国内外都有发生。

3）单层建筑

由于果蔬在库内运输、堆码和贮藏时,地面要承受很大的动、静载荷,如果采用多层建筑,一方面气密处理十分复杂,另一方面在气调库使用运行中易破坏气密层,所以现在的气调库绝大多数采用单层建筑。

4）库房利用率高

库房利用率一般用容积利用系数表示。该系数是指气调库内果蔬贮藏时实际占用的容积(含包装)与气调库的公称容积之比。气调库入库时有较大的装货密度,除留出必要的检查、通风通道外,尽量减少气调间的自由空间。这样做不但贮藏费用低,而且调气时,果蔬能较快地进入气调状态。库房利用率与库房结构、库房大小、长宽高尺寸、包装方式甚至贮藏品种等多种因素有关。

5）压力平衡

为保障气调库的安全运行,必须保持库内压力的相对平衡。这种压力平衡的调节靠两个设备来完成,即缓冲气囊和压力平衡阀。压力平衡阀是一个安全装置,内通气调库,外接大气,中间用水封隔开,当库内压力升高时,气体可通过此装置自动外泄,反之则气体内窜,以平衡内外压力,确保库体安全。缓冲气囊是另一个气调库的安全装置,由一个大型塑胶袋通过管道与库体相连,用来平衡库内气体的压力,又名人工肺。

6）速进整出

气调贮藏要求果蔬入库速度快,尽快装满封库和调气,在尽可能短的时间内进入气调状态。出库时也要尽量做到一次出完或在短期内分批出完,否则,频繁开库门,库内的气体指标变化大,会增加运行费用,影响贮藏效果。

7）围护结构

气调库的围护结构主要由墙壁、地坪、天花板组成。要求具有良好的气密隔热、抗温变、抗压和防震功能。其中墙壁应具有良好的保温隔湿功能和气密性。地坪除具有保温、防潮隔湿和气密功能外,还应具有较大的承载能力,它由气密层、防水层、隔热层、钢筋混凝土层等组成。天花板的结构与地坪相似。

8）其他设施

气调库的特殊设施还包括气密门、取样孔等部分。其中气密门为具有弹性密封材料的推拉门,可以自由开闭,气密良好。在门的中下部开一取样孔,又称观察窗,窗门之间由手轮式扣紧件连接,弹性材料密封,中间为中空玻璃,用来进行观察或取样,也可供操作人员进出或小批量出货。

3. 气调库的结构与主要设备

气调库是在冷藏库的基础上发展起来的,主要用于新鲜果蔬的长期贮藏。不同品种的果蔬特性各不相同,对气调贮藏要求的条件也不同,一般气调库主要由库体、气调系统、气体净化系统、加湿设备,以及制冷设备等组成,如图 5-28 所示。

气调库库体要求具有良好的隔热性,减少外界热量对库内温度的影响,更重要的是要求具有良好的气密性,减少或消除外界空气对库内气体成分的压力,保证库内气体成分调节速度快，波动幅度小，从而提高贮藏质量，降低贮藏成本。气调库库体主要由气密层和保温层构成。气调库按建筑方式可分为 3 种类型：装配式、砖混式、夹套式。装配式气调库围护结构选用彩钢聚氨酯夹芯板组装而成，具有隔热、防潮和气密的作用。该类库建筑速度快，美观大方，但造价略高，是目前国内外新建气调库最常用的类型。气调库采用专门的气调门，该门应具有良好的保温性和气密性。图 5-29 所示为装配式气调库体外形。

要使气调库达到所要求的气体成分并保持相对稳定，除了要有符合要求的气密性库

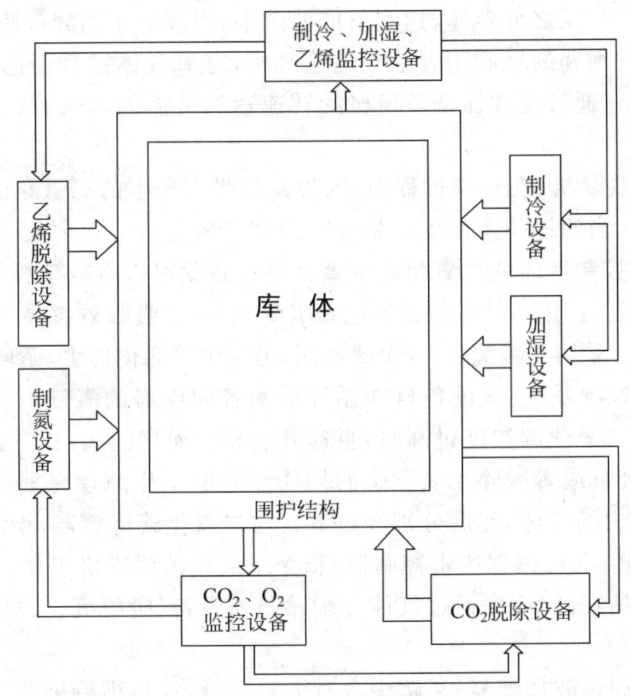

图 5-28　气调库结构框图

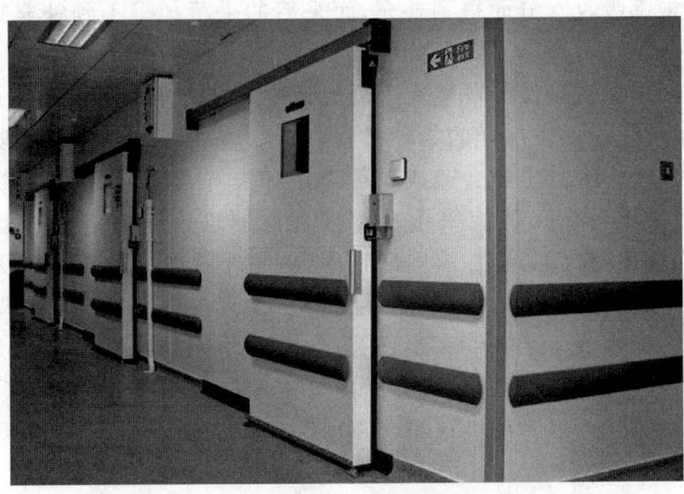

图 5-29　装配式气调库体外形

体外，还要有相应气体调节设备、管道、阀门所组成的系统，即气调系统。整个气调系统包括：制氮系统，二氧化碳脱除系统，乙烯脱除系统，温度、湿度及气体成分自动检测控制系统。

气调库主要包括如下设备。

(1) 脱氧机：它的作用是把库房内的氧气浓度降至一个合理的指标，它的工作流程是通过闭环风机将库内气体抽出，通过装满碳分子筛的罐体内部，碳分子筛吸附氧气分子，而氮气分子自由通过，又回到库内，闭环风机的转速是通过氧气传感器和变频器控制的，氧气浓度高时高转速，反之低转速，达到节能的效果；当该分子筛罐吸附饱和时，转换至另一个罐继续吸附，该饱和的罐利用真空泵迅速解析，富氧气体被排至库外，解析后的分子筛等待下一次循环。通过变频器调整风机的转速达到节能的效果，通过真空泵达到解析迅速高效的目的。

(2) 二氧化碳脱除机：在气调过程中，因果蔬呼吸而产生的二氧化碳会使库内的二氧化碳浓度越来越高，当超过一定浓度时果蔬将出现二氧化碳中毒现象，最终使果蔬腐烂变质。因此必须严格控制库内的二氧化碳浓度。该设备就可以有效地控制气调库内的二氧化碳浓度。其特点是：选用高品质的二氧化碳吸附剂，具有吸收效率高、再生快、可靠性高、使用寿命长等特点。采用双罐配合，一个罐吸附，另一个罐活化再生，循环工作，效率高。

(3) 气体检测控制系统：该设备自动循环检测各间库房的氧气、二氧化碳的浓度；当氧气浓度过低或者二氧化碳浓度过高时，自动开启相应库房的阀门，并且启动二氧化碳脱除机，做出相应的补氧或者脱除二氧化碳的操作。它的工作原理是通过采样泵和采样管分别采集各间库房内的气体，然后分别经过氧气与二氧化碳传感器，检测出氧气与二氧化碳的浓度值，通过 PLC(可编程逻辑控制器)指令二氧化碳脱除机工作。

(4) 气体分配站：各间库房通过气体分配站与主设备(脱氧机、二氧化碳脱除机等)相连接。

(5) 气调专用超声波加湿器：果蔬中含有大量水分，这是维持果蔬生命活动和新鲜品质的必要条件。采后的果蔬和采前的果蔬一样，仍不断地进行水分蒸发，但采前果蔬蒸发的水分可以通过根部吸收水分而得到补充，而采后的果蔬却得不到补充很容易造成失水过多而萎蔫，使表面皱缩，降低了商品价值，而且损失了重量、降低了效益。因此大多数果蔬在贮藏期间都要求保持高湿的环境。采后贮运中果蔬失水的过程和作用与采前的蒸腾截然不同，又不单纯是像蒸发一样的物理过程，它与产品本身的组织细胞结构密切相关，因而称之为水分蒸散。水分蒸散会造成果蔬失重和失鲜，失水严重还会造成果蔬代谢失调，因此必须进行适度补湿。我们采用超声波加湿器进行库内空气补湿，它的特点是：①全闭式循环，即取库内气体，经加湿器回到库内，与外界空气隔离。②设有温度补偿，自动调节控制水温。超声波雾化的最佳水温在 15～20 ℃，如果我们的加湿器和库房连接后，没有温度补偿，即使在工作中，水温还是会下降的，在 5 ℃时，加湿量会降低 70%。③水箱独立设计，与机体分离，双层，不会因内外温差造成结露而滴水。④可以与制冷系统互锁，即制冷时不加湿，以防风机结霜严重。⑤超声波振子带有聚能罩，每小时有效加湿量增加 50%～70%。

(6) 果蔬灭菌机：它是利用臭氧的原理进行除乙烯、杀菌的。臭氧在果品贮藏保鲜中的应用是近几年来我国水果贮藏领域快速发展最突出的特点。臭氧在果品贮藏上的应用取决于 3 个最显著的特点：去乙烯、杀菌、保湿。它在工业中解决了冷库长期贮藏引起的各种问题，如早熟、变质病原菌的产生、失水等问题，即使在普通冷藏条件下 7～8 个月仍可保持水果的品质、新鲜度及环境的清洁。臭氧的分子式为 O_3，具有氧化性，杀菌能力比氯强，O_3 极易分解：$O_3 \rightarrow O_2 + O$，其分解产物 O 不稳定且是环境清新剂。

(7) 库体安全阀：安装在库体墙壁上，用于调节库内气体压力的一种装置，多采用水封式，优点是水封效果一目了然，缺点是冬天需要防冻。

(8) 压力平衡袋：一般安装于库外顶板上方，是用于调节库内气体压力的一种气袋。

(9) 便携式气体分析仪：用于氧气与二氧化碳的浓度检测，体积小，方便携带。

上面介绍的主要是气调设备部分，其实气调库还有一个更主要的问题就是库体气密性。库体的保温材料现在都是采用彩钢聚氨酯夹芯板，板缝的处理采用气密胶与无纺布结合的方式来确保气密性。还有要注意的就是地面的气密性。库门要采用气调专用平移保温门，门上多数带观察窗，方便进出检查商品质量。

5.5　其他新型冷库

5.5.1　自动化立体冷库

近年来，随着土地在我国基础设施建设中日益紧张，大型冷库建设开始采用高层建筑方案，但传统依赖人工与电梯搬运的多层冷库，已无法满足冷库在食品低温冷链流通体系中所应具有的仓储、分拣包装、物流配送功能，开始借鉴国外食品流通领域中采用的先进的自动化立体化冷库物流技术。

自动化立体化冷库是用电子计算机控制的能自动控制制冷装置和自动卸载货物的新型冷库。

1. 自动化立体冷库的结构

这类冷库大多数是单层，库内装有多层金属货架，货物存放在托盘中，托盘通过自动巷道式起重机进行装卸，根据电子计算机的指令可以从指定的货架中取出或放入货物托盘。

在采用预制装配式隔热围护结构的单层冷库内设有轻型钢制作的多层高位货架，供存放货物的托盘用，托盘的装卸依靠巷道式堆垛起重机，根据电子计算机的指令在库内进行水平和垂直移动，可从指定的货格中取出或放入货物托盘，并用平面输送带进行货物进出库的自动化操作。冷库装有空气冷却器，使库房上部空间形成低温空气层，靠对流进行冷却，以保持库内设定的温度。

其特点是冷库内装卸作业和制冷装置操作全部自动化，库内不需要任何工作人员，电子计算机代替人工管理，但初期投资较高，基本比普通冷库贵 50%～60%，对维修人员的技术水平要求也较高。

2. 自动化立体冷库的重要组成

自动化立体冷库能够实现冷链货物的高密度存储、自动化输送、智能化管理调度，以减少冷库内的人工作业。自动化立体冷库包括以下部分：库房、冷库板、制冷系统、物流系统等。其中冷库板和制冷系统对冷库的制冷和保温起到了至关重要的作用;适应于低温操作的物流系统保证了自动化立体冷库的正常工作。其构成如图 5-30 所示。

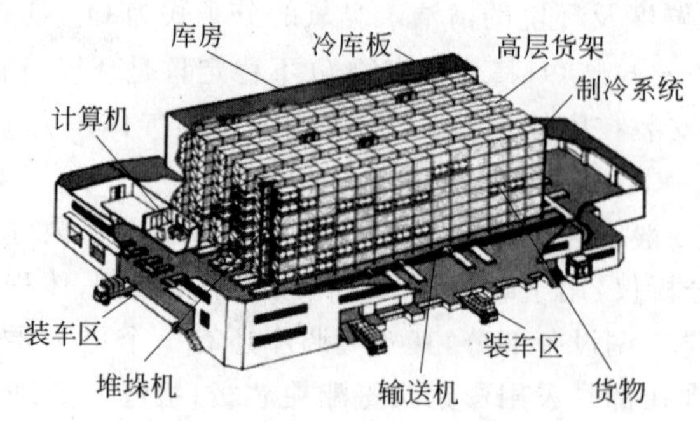

图 5-30 自动化立体冷库的构成

自动化立体冷库的关键设备包括:

1) 冷库型堆垛机

冷库型堆垛机是自动化立体冷库里存取货物的重要设备,在一定程度上决定了立体冷库的性能和稳定性。相比于常温库堆垛机,冷库堆垛机在低温状态下需防止钢结构"冷脆"及变温应力;冷库堆垛机电机需采用带加温模块的耐低温电机,电器元件也需要采用耐低温器件;冷库堆垛机上需安装温度探测感应;此外,常温立体库的堆垛机认址方式有激光测距仪认址、BPS(barcode positioning system)条码带认址、认址片认址、编码器认址等。由于冷库的内部环境比较恶劣,可视效果较差,空间中弥漫雾气,设备上结有霜层,采用 BPS 条码带认址方式是最合适的选择。

2) 货架

冷库货架材料同样需要防止钢结构"冷脆"及变温应力,使用耐低温钢材。此外,由于制冷系统的风机需要定时检修,货架设计及安装时需要为风机考虑充足的检修空间。

3) 输送线

输送线是高层货架堆垛机与出入库区间输送物料的设备。低温环境下,输送线的光电开关不能采用反射开关,要改用对射开关,以避免放光板起雾结霜造成光电开关信号错误。因此,在库区和理货区之间需要规划过渡间,同时,过渡间的设计也最大限度地保持库内温度平衡,防止冷空气流失。

4) 冷库门

过渡间设计两道冷库门,两道门互锁设计(一道门开启时,另一道门关闭)。为了减少能量损失,减少开门次数,门的开启速度或通过过渡间的速度应尽量快。门与输送设备联动,由自动控制系统控制,运行快速准确。冷库门为平移门或提升门,门扇四周设有自限温电缆防冻装置,其门洞口地坎上加设地坪电加热,以防止开门后产生冷凝水滴到地坪上冻结而损坏库门。库门有变频装置、锁门防断电装置和库内卸锁逃生装置及风幕机联动装置,具有任意位置启闭、停电手动开门、关门遇阻回开防夹功能。

5) 冷库板及制冷系统

由于冷库对于空气的温度、湿度、环境的要求都比较高,冷库板和制冷系统的选择至关重要。冷库板主要是用聚乙烯、聚苯烯、聚氨酯为夹芯板原料，以聚氨酯板最好，保温性最好，不吸潮。制冷系统的压缩机有活塞式、螺杆式、离心式等，自动化立体冷库中通常采用螺杆压缩机并联机组；冷凝器以蒸发式冷凝器换热效果最好，常应用于立体冷库中。此外，由于主库区与出入库区温差较大，为了提高制冷效果，通常分别采用独立制冷系统。

3. 自动化立体冷库的安装工艺

自动化立体冷库的安装工艺如图 5-31 所示。

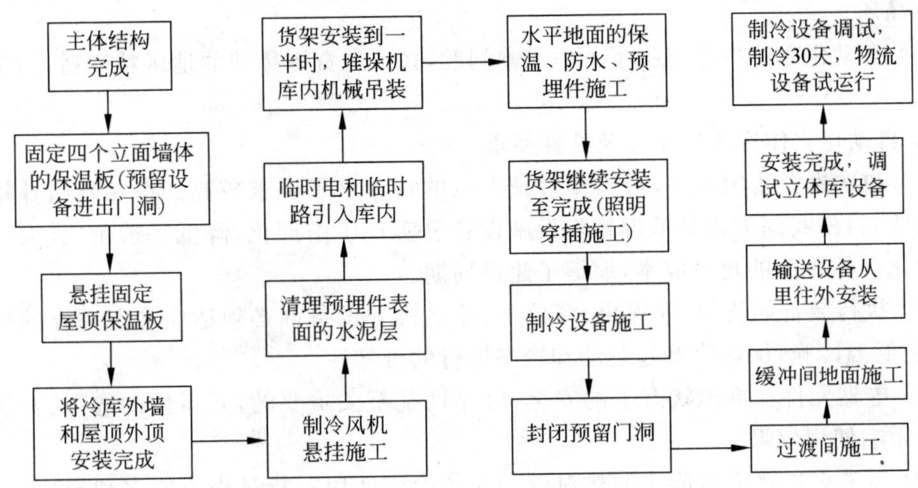

图 5-31　自动化立体冷库的安装工艺

4. 自动化立体冷库的特点

1）自动化立体冷库与传统冷库的对比

自动化立体冷库与传统冷库的对比如表 5-7 所示。

表 5-7　自动化立体冷库与传统冷库的对比

冷库类型	叉车货架冷库	楼库式冷库	自动化立体冷库
人员	人员需求多，担任作业效率低	人员需求多，担任作业效率低	仅理货区需要人员，自动化作业效率高
劳动强度	长期低温作业，劳动强度大	长期低温作业，劳动强度大	不需要低温作业，劳动强度低
空间利用	叉车挑高有限，空间利用率低	货物地堆，空间利用率低	高层货架密集存储，空间利用率高
能耗	工作人员进出频繁，冷气易流失，能耗较高	工作人员进出频繁，冷气易流失，能耗较高	集中制冷，有效控制跑冷，照明要求低，能耗低
温度调节	自动探测，人工调节	自动探测，人工调节	自动探测，自动调节

2）自动化立体冷库的优点

（1）冷库装卸都是采用自动化设备进行管理，制冷设备运行全部实现自动化，库内不需要任何操作人员，节约人工成本。

（2）可以保证商品的先进先出管理，适合大批量物流仓储使用，能够智能化管理冷库内的商品，减少仓储过程中的损耗率。

（3）自动化装卸量大，作业迅速，能够全天 24 小时不间断装卸，克服了人工的生理因素。

（4）采用计算机管理，所有数据均保存在计算机内，方便后期管理维护。

（5）由于立体冷库进出货无人进出，开关门为两重门设置，门的尺寸远小于传统冷库，开关门动作时间降低到 30%左右，最大限度地保证了冷库温度的稳定性，能可靠地保障商品品质。

（6）自动化立体冷库解决了土地成本问题，在土地资源稀缺的地区特别适合，节省建造成本。

3）自动化立体冷库的缺点及特殊要求

（1）初次投资费用较大，对操作管理人员的技术水平要求较高。但随着国外技术的引进吸收，目前我国大部分低温物流设施设备已实现了国产化，降低了造价，极大地降低了自动化立体冷库的建设成本，缩短了建设周期。

（2）执行装备如货架、堆垛机、穿梭车、输送机等设备都必须适应冷态环境的特殊要求，避免低温冷脆，保证冷态起制动和冷态运行的可靠性。

（3）电器元件在低温状态下的安全、可靠性是至关重要的，元器件的选用、安装工艺将直接影响使用效果。

（4）需考虑货物进出造成的热对流。立体冷库使用时热量损失有多种形式，如货物的输入造成热量的入侵、货物的呼吸、库内照明、库门的开闭，又如出入通道形成热量的对流，这些都会带来库内温度变化，在冷库设计阶段都要考虑好这些因素，选择好制冷型号。

整体而言，自动化立体冷库虽然有着许许多多其他类型冷库无法匹敌的优点，但是在使用的过程当中同样会有缺点，用户在选择冷库建造类型的时候，要根据自身的使用需求合理选择，避免不必要的浪费，造成使用成本增加。

5.5.2 冰温库

冰温贮藏是将食品贮藏在 0 ℃以下至各自的冻结点的范围内，属于非冻结保存，是继冷藏、CA 贮藏后的第三代保鲜技术。冰温贮藏最早是日本山根昭美博士于 20 世纪 70 年代提出的。在贮藏效果方面，和传统保鲜技术相比，冰温技术有以下优点：不破坏细胞；最大限度地抑制有害微生物的活动；最大限度地抑制呼吸作用，延长保鲜期；在一定程度上提高水果、蔬菜的品质。

为实现冰温贮藏，需要将贮藏库内的温度控制在 0 ℃到被贮藏食品的冰点温度之间，要求温度波动小、风速均匀，因此，在冰温库的设计上主要采用如下两种方式。

1. 夹套式冰温库

夹套式冰温库的结构如图 5-32 所示。库体采用夹套式的结构防止外界温度变化对库内温度的扰动，采用送风网格或孔板、设置多个回风口以保证库内的空气流速均匀，并且采用多个蒸发器以实现空气温度的均匀分布。

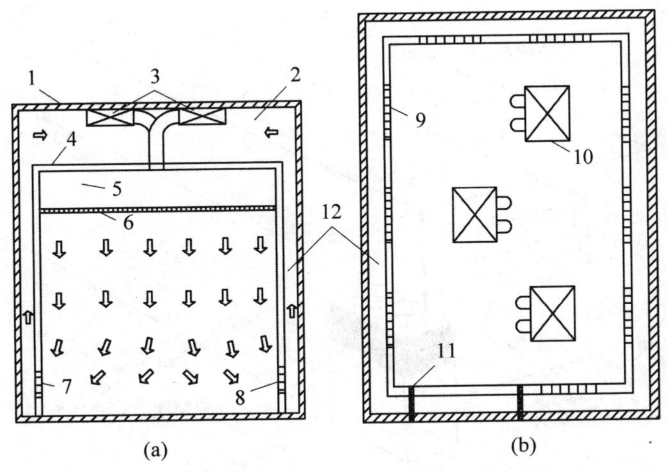

图 5-32　夹套式冰温库的结构

(a) 剖面图；(b) 平面图

1—外层保温库体；2—回风顶层；3—蒸发器；4—内层库体；5—静压箱层；6—送风网格；7，8，9—回风口；10—蒸发器；11—库门；12—空气夹层

2. 蓄冷式冰温库

蓄冷式冰温库结构示意图如图 5-33 所示。其一方面采用类似夹套库的方式采用送风及回风将食品贮藏区分隔开以降低外界温度变化对库内温度的扰动，另一方面在送风道设有翅片蓄冷壁以保证送风温度近似恒定。

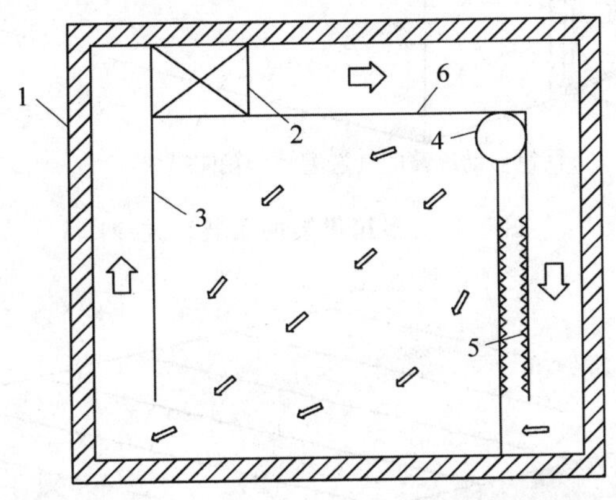

图 5-33　蓄冷式冰温库结构示意图

1—保温库体；2—蒸发器；3，6—风道隔板；4—循环风机；5—翅片蓄冷壁

5.5.3　集装箱式冷库

集装箱式冷库是在冷藏集装箱的基础上发展而来的一种新型的装配式冷库，采用标准尺寸的冷藏集装箱以及各个功能模块组装而成(图 5-34)，并可拼接成多个冷箱(图 5-35)或多层冷箱(图 5-36)的冷库。

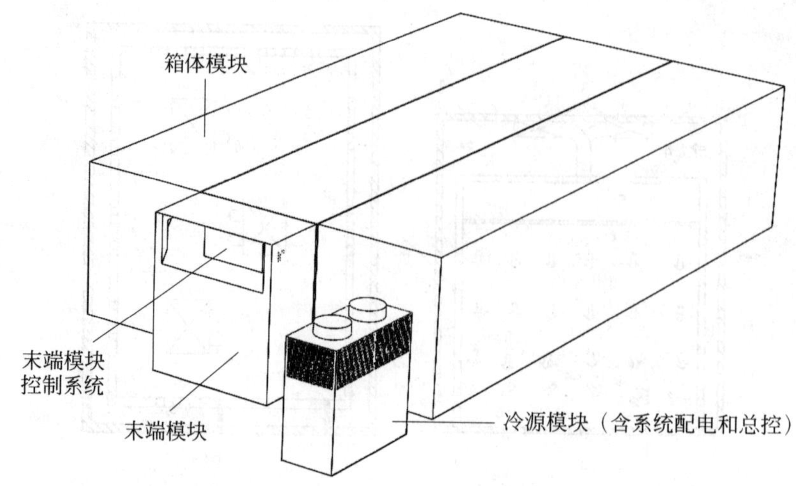

图 5-34　集装箱式冷库

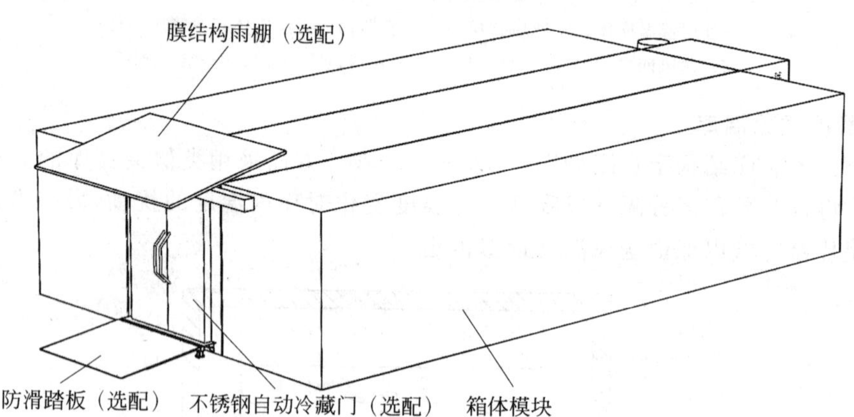

图 5-35　多箱拼装的集装箱式冷库

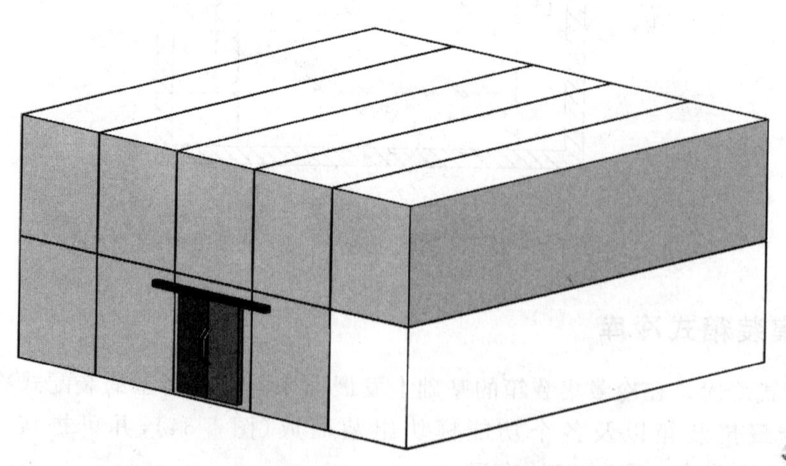

图 5-36　双层多箱拼装的集装箱式冷库

它的特点主要包括：

(1) 投资风险低，具有可拆卸、可移动和可重复使用的特点，可按实际需求，调整冷箱的使用位置，可根据市场需求逐步增加冷箱模块数量调整规模和功能。可避免因规划变更、拆迁等因素导致的投资浪费，也可避免因市场评估失误导致的资金压力，投资风险降到最低。

(2) 集装箱式冷库是设备，不是建筑，不需要走工程建设程序。移动冷箱属于类集装箱设备，只需要一片硬化地面接上电源即可使用。无须办理报规划审批、消防图审查、施工图备案、安检备案、质监备案、环保备案、施工许可证，同时无须额外聘请监理公司等第三方质量监督机构，避免了四方(建设、监理、市场监管局、施工单位)验收的不必要环节。同时可以根据需求就近安装使用，大大减少了项目前期的准备工作，降低了管理人员成本和时间成本。

(3) 交货期短。从设计、生产、运输到验收调试，根据不同需求，可以快速投入使用，组合箱最短可实现发货到交付使用7天完成，单箱最短第二天就可投入使用。

(4) 质量和交期可控。集装箱式冷库箱主要由箱体模块、冷源模块、末端模块及标准配件组成。采用现行国家及行业标准在工厂标准化、模块化生产，最大限度地避免了现场施工多工种、多专业交叉作业引起的窝工及质量问题。工厂生产有严格的质量管理体系，产品质量有保障，加工制造周期可控，现场简单拼装就可完成，展示产品与现场实物无差别。品质、安全和交期均有保障。

(5) 智能化控制系统。制冷设备、制冷系统、冷箱载体等信息以数字化展示，模块本身具备一定程度的人工智能，通过互联网实时监控，信息集中处理，平台能够帮助用户及时解决使用过程中的困难和问题，降低能耗，提升企业运营效率。

(6) 使用寿命长，运行费用低。冷箱产品外壳主要采用MGSS不锈铁材料，箱体外壁均采用全焊接技术，再经喷砂、底漆、中间漆、面漆4道表面涂装工艺，不存在传统冷库难以避免的冻融循环对库体的致命破坏，空仓时无须运行保冷，箱体使用寿命不低于30年。制冷系统主要设备均采用国际顶尖品牌，性能及品质优良。同时通过国内顶尖的制冷工艺设计团队对系统进行优化，保证设备在最优的状态下运行，保证使用寿命，降低运行能耗。

5.6 冷链物流中心

冷链物流中心是整个冷链体系中的一个重要节点，由于节点所联结的上下游不同，上下游对于节点的功能需求也不尽相同，形成了冷链物流中心的功能定位。最大化地满足冷链上下游的需求，是冷链物流中心的价值所在。冷链物流中心的功能定位如图5-37所示。

5.6.1 冷链物流中心的建设

1. 冷链物流中心的作用

物流中心的出现和形成是社会生产的发展和社会分工的细化的结果。食品物流过程中的冷链物流中心的出现第一是满足降低物流成本的要求。订单的小型化趋势及商品的多元化趋势使集中理货、集中处理、统一送货成为趋势。物流中心为商品的流通节约了成

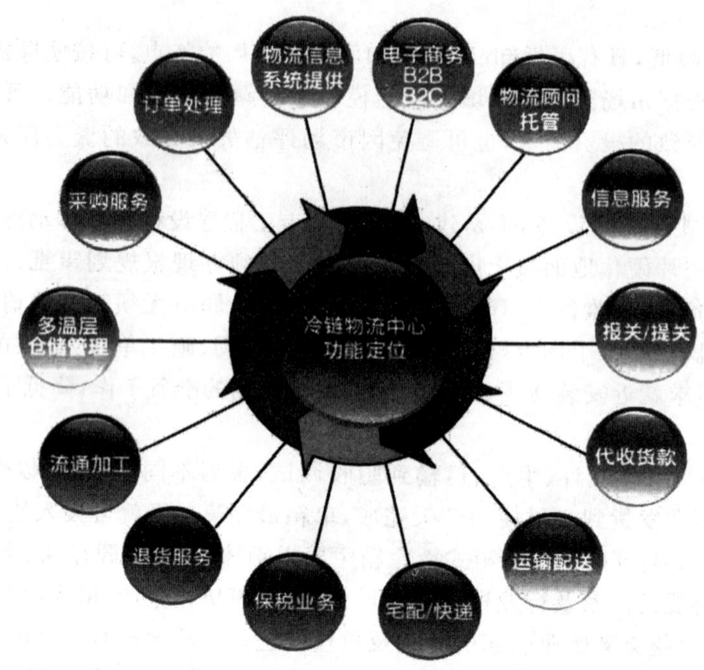

图 5-37　冷链物流中心的功能定位

本，为满足客户服务提供了平台。第二是满足食品物流及冷产品货运量急剧增加的要求。食品中的冷产品以超过10%的速度增长带动了食品物流的发展，同时食品销售渠道的扩宽和销售范围的扩大使物流需求成倍地增长。货运量的增加和流通链的加长使冷链物流中心的出现成为一种必然。冷链物流中心可以加快商品的流转速度，为商品的批量运输和订单的快速反应提供了路径。第三是冷藏运输方式和运输工具的巨大变革。以前冷产品的运输只能依靠简单的冰辅助冷却的方式，使运输距离和转移方式都受到了很大的限制。车载冷冻机、船用制冷集装箱和铁路的保温机车等运输设备的出现不但使冷产品的流通更快、更远，同时冷产品在运输工具之间的转换使物流运作变得更加复杂。冷链物流中心可以满足各种运输方式之间的转换。第四是大量新的贸易形式的出现。在零售行业，随着激烈的商业竞争，超市、仓储超市、连锁商业、专卖店等新的贸易形式大量出现，贴近顾客、低价格销售的营销方式使冷链物流中心应运而生。冷链物流中心的主要服务对象依然是商业企业。第五是完善城市功能的需要。为满足城市居民大量的食品供应、多级分拨的商品流通需求，冷链物流中心是必不可少的形式之一。

冷链物流中心的建设是物流战略的重要组成部分。物流中心的位置、规模、形式及设备的选择是一次性的决策，将对建成后的运作成本产生非常大的影响。比如，连锁企业的配送中心距离市中心每增加10 km，配送成本平均增加4%～7%。所以，从战略角度考虑物流规划是节约成本的关键。

2. 组建冷链物流中心的考虑因素

中国冷链物流网收集权威资料的调查显示，多数企业普遍认可以下5点因素。

(1) 安全：安全问题已成为大多数企业关心的首要因素。其包括物业设施安全、物业管理水平、政治稳定、城市规划等。

(2) 交通基础设施:物流园区周围的交通设施也是投资者考虑的重要因素之一。无论其是否靠近港口,园区周围的运输设施同样重要,其直接影响企业采购原材料或企业产品配送的成本和运营效率。

(3) 靠近港口:靠近港口也十分重要。离港口的距离往往直接影响到企业产品配送、原材料采购。

(4) 租金:企业在选址评估时,物流园区的租金范围其实并不是首要考虑因素。因为即使在一线城市,交通条件以及安全风险的综合考虑也多于租金的吸引。

(5) 当地经济环境和政府的支持:如果企业的产品是进行当地配送,那么当地的经济环境显得尤为重要。国家和当地政府的政策支持也必不可少。当地的消费能力、园区与目标市场的便捷性都将增加对投资者的潜在吸引。

3. 物流中心规模的设计

物流中心的建设规模是物流中心建设的重要组成部分。建设规模过大,会增加投资成本,使企业面临亏损的危险。建设规模太小,不能满足运作和发展的需要,同样会给企业带来麻烦。冷链物流中心在规划中首先要考虑物流中心的功能。在库房内要有接货区、验货区、储存区、分拣区、备货区、出货区、回收货品区。要有冷机房、电控制室、员工休息室、运作管理办公室、垃圾处理房等。

4. 冷链物流中心形式的选择

冷链物流中心有不同的建筑形式,如楼式多层建筑、自动化立体建筑、高货架立体建筑和平面建筑等形式。冷链物流中心形式的选择要考虑地理位置、土地价格、商品特性、设备水平和物流中心柔性化等因素。我国 1980 年之前建造的冷库一般是多层楼库。此种结构利于库房保温,节省土地,单位库房存量的建筑成本较低。但此结构不适用于快速流动的商品,特别是现代物流中心的设计一般不采用此类模式。日本冷链物流中心多采用自动化立体库房。它的特点是投资较大、技术要求高、土地利用率较高、运作效率高和管理水平要求较高。目前我国正在建设的冷库较多地采用高货架立体库房模式。它的特点是土地利用率较高,满足食品卫生及快速流通的要求,库房柔性化设计和库房综合利用较容易。

5. 物流中心设备的选择

冷链物流中心设备的选择是物流中心建设的重要组成部分,它直接影响运营的成本和效率。冷库最重要的设备是制冷系统,采用集中制冷还是独立制冷对制冷效率有非常大的影响。在冷藏和恒温库中,采用一级直接冷却还是分级冷却对制冷效率和温度波动有直接关系。另外,在人工操作环境中保证空气新鲜和避免冷能的散失也是设计时应考虑的问题。冷库中安装和使用的设备选择在考虑经济性、耐用性和维修成本的同时,要考虑冷环境下的使用要求,考虑材料在低温环境下的物理变化和电控制系统耐低温的能力。

5.6.2　冷链物流中心的管理

1. 冷链物流中心流程

冷链物流中心的运作流程、信息流程和一般产品物流中心没有根本的区别。冷链物流中心的运作流程(图 5-38)有以下几点值得提出。

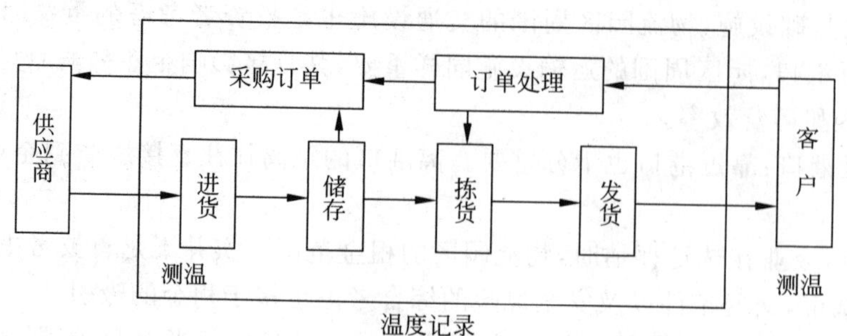

图 5-38 冷链物流中心的运作流程

(1) 冷链物流中心的运作流程要尽量短。由于在低温环境中,运作成本较高,工作环境相对较差,所以冷链物流中心的库内运作流程应尽可能减少。比如采用尽量减少库内搬动作业、不进行拆箱拣货作业、增加订货批量以提高机械作业率等措施来避免和减少库房内的作业。

(2) 冷链物流中心的流程应以时间为先。多数物流中心的流程是以综合货品流转效率高为原则进行设计。而冷链物流中心的流程设计要重点考虑有特种需求的货品,或快速流转货品的时间要求。按货品到货时间的先后顺序安排拣货,分货能使单一货品的流转速度最快,占用的功能区域时间最短。

(3) 冷链物流中心的作业时间应尽量集中。分散的作业安排可能会提高单位工时的生产效率,但集中时间安排各作业环节有利于各功能区域的能量节省。

2. 冷链物流中心运作管理

冷链物流中心运作管理是由产品特性和行业特点所决定的。在通用干货物流中心的运作管理中所包含的内容,在冷链物流中心同样包括。冷链物流中心的运作管理包括接货、存货、分拣、装车等环节的日常管理内容,也包括库房盘点、防虫防鼠、坏货处理等定期实施的作业内容。冷链物流中心的库房管理所遵循的原则与其他行业物流中心并没有大的差别。库位安排要遵循 ABC 分类的货品移动距离最短原则,货品要按照类别、形状及相似性原则摆放,拣货位的安排要按照出货频率来设计,等等。以下几点是冷链物流中心在运作管理中所应强调的。

(1) 温度控制与记录。冷链物流中心的温度控制与记录是管理的重要一环。物流中心各功能区域的温度设定和控制方法是根据产品要求、作业模式和设备类型等因素来决定的。随着制冷技术的发展,温度控制实现了自动化,为节省人力、节约电力提供了很大的帮助。温度记录是管理控制的手段,是企业内部管理不可缺少的环节,也是保证产品质量可追踪的必要条件。

(2) 作业安全与作业效率。冷链物流中心必须有一套完整的安全管理体系才能保证运作的平稳运行。安全体系应包含组织机构、责任划分、人员培训、应急预案处理程序等。冷库的安全问题是由它的设施设备和作业环境所决定的,包括冷媒泄漏可能引起的事故、地面结冰引起的人员伤害、长时间冷库作业可能引起的人员伤病和设备在冷环境下所出现的事故等。忽略安全隐患的防范可能带来不可弥补的损失。

(3) 物流中心应急系统。冷链物流中心的应急系统是它的系统特点所决定的。冷库可能出现的问题有电力系统中断、冷媒泄漏和运营中造成的事故等。一般冷库有双回路电力系统支持，以最大限度减少单一路线停电带来的影响。在没有双回路电力系统的地方，自备发电机以防万一。冷媒泄漏可能造成长时间的停止运作，冷库员工的操作也可能造成库板、散热器等部位的损坏，快速补充和修复泄漏系统是冷库正常运作的保证。另外，在系统出现故障的情况下，尽快停止出入库作业，防止冷散失，最大限度延长库内低温环境是必要的营运应对措施。

【扩展阅读】

古人冰镇食品的几种方法

【参考文献】

[1] 余华明. 冷库及冷藏技术[M]. 北京：人民邮电出版社，2007.

[2] 张朝晖，马国远，石文星，等. 制冷空调技术创新与实践[M]. 北京：中国纺织出版社，2019.

[3] 杨瑞丽，邸倩倩，刘斌，等. 冰温贮藏库构造关键技术[J]. 制冷技术，2012，32(4)：5-7.

[4] 陈传军，刘利波，刘昭. 浅析自动化立体冷库建设[J]. 制造业自动化，2017，39(8)：154-156.

[5] 霍青梅，李彦杰. "冷链物流中心统筹规划及工程建设"系列连载之一　冷链物流中心规划概述[J]. 物流技术与应用，2009，14(8)：112-116.

[6] 李万秋. 冷链物流系列讲座之二 冷链物流中心管理[J]. 物流技术与应用，2006，11(10)：124-126.

【思考题】

1. 试分析土建式冷库和装配式冷库各自的特点与适用场景。
2. 试比较氨、氟利昂、CO_2 作为冷库制冷系统用制冷剂的优点和问题。
3. 试分析气调库的特点。
4. 试分析自动化冷库的优点。
5. 试分析冰温库的优点。
6. 试分析集装箱冷库的优点。
7. 试分析冷链物流中心规划应注意的问题。

【即测即练】

第6章

冷藏运输装备

【本章导航】

本章主要介绍常用的冷藏运输装备，包括公路、铁路、水路和航空的主要冷藏运输装备，以及冷藏集装箱。通过本章的学习，掌握冷藏运输装备的基本要求及分类，冷藏运输装备的基本结构及制冷系统构成，了解冷藏运输装备的研究现状、发展趋势等。

6.1 冷藏运输装备技术概述

目前我国每年有超过10亿t的易腐食品，但实际采用冷藏运输的尚达不到1/10。从国际农产品流通产业发展的经验看，当人均GDP(国内生产总值)超过4 000美元时，对冷链的需求将急剧增加，可见，目前我国已进入冷链物流的高速发展期，对冷藏运输的需求也必然会急剧增加。目前，冷藏货物的运输有4种基本的运输方式，即公路运输、铁路运输、水路运输、航空运输。近些年随着市场的发展，我国冷藏运输的多元化竞争格局已经基本形成。冷藏运输装备由于运输方式的差异也有较大不同，发展速度和规模化程度差异较大。

6.1.1 冷藏运输装备的分类

1. 公路冷藏运输

公路冷藏运输是目前冷藏运输中最普遍、最常见的重要方式。公路冷藏运输通常采用两种运输设备：一种是装有小型制冷设备的冷藏汽车，另一种是仅用隔热材料使车厢保温的保冷车。在长途运输中，机械制冷是最常用的方法，因为从它的重量、所占空间和所需要费用来说都是有利的。

公路运输的主要特点是机动、灵活，可实现“门到门”运输，较适合运输中、短途货物，并且公路运输有速度较快、可靠性高和对产品损伤较小的特点。

公路运输的特点使得它特别适合于配送短距离的产品。公路运输不仅可进行直达运输，而且可以作为其他运输方式的接运工具，并可减少运输过程中的中转环节及装卸次数。由于递送的灵活性，公路运输在中间产品和轻工产品的运输方面也有较大的竞争优势。总的来说，公路运输在物流作业中起着骨干作用。

2. 铁路冷藏运输

铁路的地区覆盖面广，适应性强，可全天候不停运营，具有较高的连续性、可靠性和安全性。但是因受到铁轨、站点等的限制，铁路运输的灵活性不高。铁路一般是按照规定的时间表进行运营的，发货的频率要比公路运输低。铁路运输的一个主要优势是以相对较低的运价长距离运输大批量货物。因此，它在城市之间拥有巨大的运量。尤其在我国，幅员辽阔，铁路运输是货物运输的主要方式。现在世界上几乎所有大都市都通铁路，铁路在国际运输中也占有相当大的市场份额。

目前我国使用的冷藏列车主要是机械保温车。机械保温车是在车厢上装有小型制冷设备，车厢温度可保持为－24～－18 ℃。国外还有采用干冰、液氮等冷却方式的冷藏列车。利用平板车运送拖车和冷藏集装箱的方法，可从发货地点直接运到收货地点，中途可避免多次装卸，不仅降低了成本，而且保证了货物的质量，被广泛采用。

3. 水路冷藏运输

水路运输是最古老的运输方式。其主要优点是能够运输数量巨大的货物，适合于进行长距离、低价值、高密度、便于机械设备搬运的货物运输。水路运输的主要缺点是运营范围和运输速度受到限制。另外，水路运输的可靠性与可接近性较差。除非其起始地和目的地都接近水道，否则必须由铁路和公路补充运输。水路运输的最大优势是低成本。因此，水路运输是大宗货物长距离运输的理想选择。

水路冷藏运输的主要工具为冷藏船。冷藏船上都装有制冷设备，船舱隔热保温，常用冷藏货仓来装运放在托盘上或适箱的货物。

4. 航空冷藏运输

航空运输的最大优点在于运输速度快，对于高价货物，易腐烂、易变质货物等是一种必要的运输方式。但货运的高成本使得航空运输并不适用于大众化的产品，通常航空用来运输高价值产品或时间要求比成本更为重要的产品。另外，航空运输受天气影响较大，使得可靠性降低。

5. 冷藏集装箱

冷藏集装箱是具有一定隔热性能的、符合一定低温要求的、适用于各种食品冷藏运输而进行过特殊设计的一种集装箱。冷藏集装箱具有特殊的隔热结构，可靠的制冷保温功能，完善的自动控制，良好的适用性和灵敏性，其他类型的运输工具难以替代。冷藏集装箱可以灵活地吊装到火车、汽车、船舶上使用。它既适用于国内陆上、海上冷藏运输，又适用于欧亚大陆架和国际海上冷藏运输。

6.1.2 冷藏运输装备的技术要求

冷藏链中的运输装备，主要是指铁路冷藏(保温)车、公路冷藏汽车、冷藏船(舱)、冷藏集装箱以及相应的转运、贮存、换装等设备。在技术上，应满足以下基本要求。

(1) 具有良好的制冷、通风及必要的加热设备，以保证食品运输条件。

(2) 运输冷冻、冷却食品的车、箱体，具有良好的隔热性能，以减少外界环境对运输过程条件的干扰。

(3) 冷藏运输的车、船、箱等，应配备一定的装卸器具，以实现合理装卸，保证良好的贮运环境。

(4) 冷藏运输设备应配有可靠、准确且方便操作的检测、监视、记录设备，并进行故障预报和事故报警。

(5) 冷藏运输设备应具有承重大、有效容积大、自重小以及良好的适用性的特点。

6.2 公路冷藏运输装备

6.2.1 公路冷藏车的类型

公路冷藏车具有使用灵活、建造投资少、操作管理与调度方便的特点。它是食品冷藏链中重要的、不可缺少的运输工具之一。它既可以单独进行易腐食品的短途运输,也可以配合铁路冷藏车、水路冷藏船进行短途转运。

冷藏车实际上称作冷藏保温汽车,它分冷藏汽车和保温汽车两大类。保温汽车是指具有隔热车厢、适用于食品短途保温运输的汽车;冷藏汽车是指具有隔热车厢,并设有制冷装置的汽车。冷藏汽车可以按以下方式分类。

(1) 按制冷装置的制冷方式,可分为机械冷藏汽车、冷冻板冷藏汽车、液氮冷藏汽车、干冰冷藏汽车和冰冷冷藏汽车等。其中机械冷藏汽车是冷藏汽车中的主型车。

(2) 按专用设备的功能,根据《关于易腐货物的国际运输及使用的专用设备的国际协议》(简称 ATP),冷藏汽车分类如下。

① 按隔热汽车体传热系数,分为普通隔热型,$0.4\ W/(m^2 \cdot K) < a \leqslant 0.7\ W/(m^2 \cdot K)$;强化隔热型,$a \leqslant 0.4\ W/(m^2 \cdot K)$。

我国标准为 A 类,$a \leqslant 0.4\ W/(m^2 \cdot K)$;B 类,$0.4\ W/(m^2 \cdot K) < a \leqslant 0.6\ W/(m^2 \cdot K)$。

② 机械冷藏汽车按外温(t_w)为 30 ℃时,车内温度($_n$)可持续保持的温度范围分为:A 级,$t_n=0\sim12$ ℃之间任意给定;B 级,$t_n=-10\sim12$ ℃之间任意给定;C 级,$t_n=-20\sim12$ ℃之间任意给定;D 级,t_n 能达到≤2 ℃;E 级,t_n 能达到≤−10 ℃;F 级,t_n 能达到≤−20 ℃。

③ 非机械冷藏汽车按外温(t_w)为 30 ℃时,车内温度(t_n)可持续保持的温度范围分为:A 级,t_n 能达到≤7 ℃;B 级,t_n 能达到≤−10 ℃;C 级,t_n 能达到≤−20 ℃。

④ 装有加热装置的冷藏汽车,按车内温度可升至 12 ℃以上,维持某一温度 12 h,其允许的外温条件分:A 级,允许外界平均温度为−10 ℃;B 级,允许外界平均温度为−20 ℃。

作为冷藏链的一个中间环节,冷藏车的任务是:当没有铁路时,长途运输冷冻食品,作为分配性交通工具做短途运输。

虽然冷藏车可采用不同的制冷方法,但设计时都应考虑如下因素:车厢内应保持的温度及允许的偏差;运输过程所需要的最长时间;历时最长的环境温度;运输的食品种类;开门次数等。

下面介绍几种常见公路冷藏车的特点。

6.2.2 机械冷藏汽车

机械冷藏汽车的整车布置主要取决于选用的制冷机组结构型式及制冷机组主要部件(动力装置、压缩机、冷凝器和蒸发器等)的安装位置。

按是否自带动力装置,制冷机组可分为独立式(自带动力装置)和非独立式(不带动力装置)两种。独立式制冷机组的动力装置多采用内燃机或电动机。其中,有的独立式制冷机组仅有一种动力装置;有的则既装有内燃机又装有电动机,以其中的一种为主,另一种作为备用,以提高制冷机组的工作可靠性。非独立式制冷机组本身虽无动力装置,但是可以方便地利用汽车发动机为动力装置。取出动力方式一般有两种途径:一种是利用皮带传动,直接从发动机前端取出;另一种是利用变速器的取力窗口,从中间轴或倒挡轴上通过齿轮传动取出。

按动力装置、压缩机、冷凝器和蒸发器四大部件安装位置不同,制冷机组又可分为整体式和分体式两种。四大部件组装成一体,则称整体式;四大部件按其需要分别安装在冷藏汽车的不同部位,彼此用管道相连,则称分体式。无论是整体式还是分体式,动力装置总是与压缩机安装在一起,并用皮带传动机构驱动压缩机工作。

整体式机械冷藏汽车的外形结构示意图如图 6-1 所示。

图 6-1　整体式机械冷藏汽车的外形结构示意图

目前，机械冷藏汽车一般均采用蒸气压缩式制冷机组。制冷系统是由制冷压缩机、冷凝器、膨胀阀和蒸发器等基本部件组成。制冷剂在系统中不断循环流动，发生状态变化，与外界发生热量交换，其原理如图 6-2 所示。

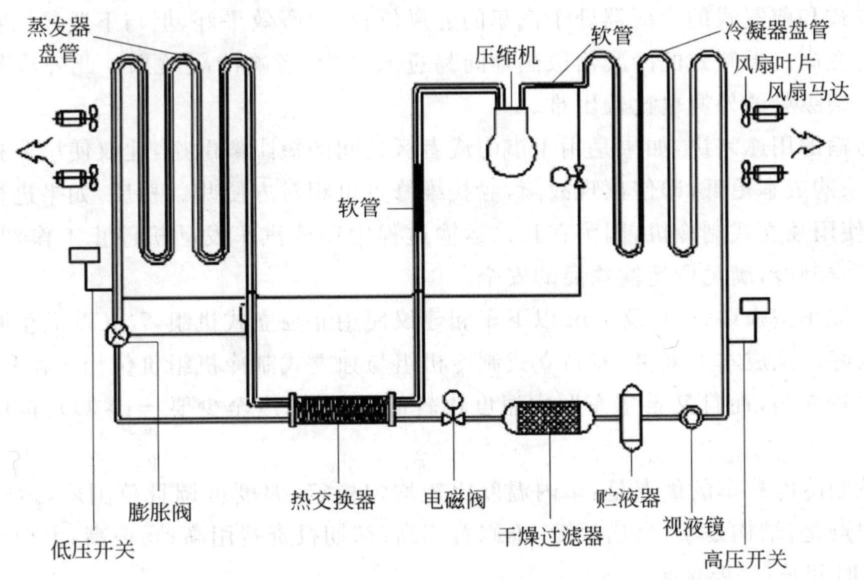

图 6-2　机械冷藏汽车制冷系统原理图

机械制冷装置有的只具有制冷功能，采用这种装置的机械冷藏汽车厢内调控温度只能是等于或低于某一温度值。有的机械制冷装置不仅能制冷而且能制热，采用这种装置的冷藏汽车厢内调控温度则可以为一个温度范围，并可在寒冷地区(车外环境温度低于−10 ℃甚至低于−20 ℃)运输一般易腐货物。机械制冷装置的制热功能靠制冷剂在系统中进行加热循环获取。

分体式机械冷藏汽车按冷凝器的位置可分为顶置式、前置式和下置式 3 种，如图 6-3 所示。

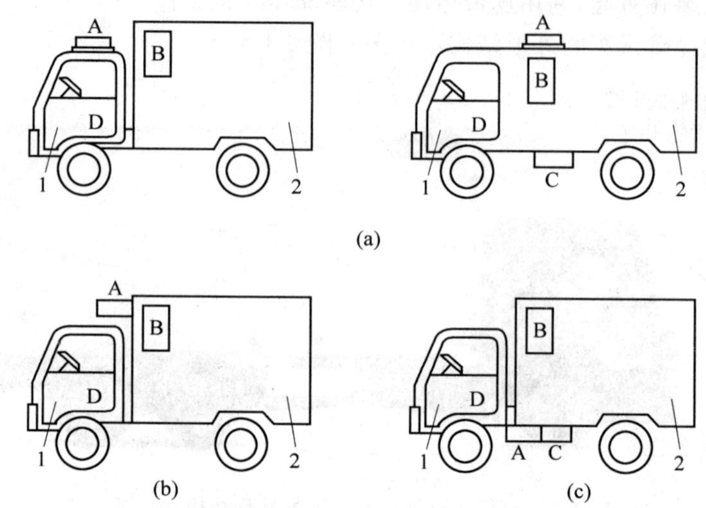

图 6-3　分体式机械冷藏汽车布置方式

(a) 顶置式；(b) 前置式；(c) 下置式

1—汽车底盘；2—车厢；A—冷凝器；B—蒸发器；C—电机及备用压缩机；D—压缩机

顶置式和前置式的冷凝器处于汽车的迎风位置，冷凝效果好，但与下置式比较其整车质心位置变高。下置式的冷凝器散热片间易进入飞尘，影响冷凝效果。此外冷凝器布置在汽车车架纵梁的外侧也比较困难。

从运输的用途来讲，如果是用于市内或者区县间的短距离配送，建议使用非独立式机组，不仅采购成本更低，即使出现故障，寻找维修点也相对方便些。相反，如果进行长途运输，建议使用独立式制冷机，因为在长途运输过程中即使汽车发动机停止工作，制冷机仍然可以正常制冷，满足所运输物品的安全。

从所配车型来讲，7 m 及 7 m 以下车厢建议使用非独立式机组，7 m 以上车厢使用独立式比较好。从成本上来讲，非独立式制冷机组与独立式制冷机组价位相差在几万元，如果预算比较充裕，而且又希望车厢内温度比较低(所需温度至少要−10 ℃)，选用独立式比较好。

机械制冷冷藏车的优点是：车内温度比较均匀稳定，温度可调且范围广，运输成本较低。其缺点是：结构复杂，易出故障，维修费用高；初期投资费用高；噪声高；大型车的冷藏速度慢，时间长；需要融霜。

另外，对于中、短途运输“小批量、多品种”的需要，多温运输的概念已引起市场的关注。新型多温运输的灵活性和便利性改善了传统冷藏运输功能单一的缺点，弥补了传统冷藏运输不同温度食品不能“混装”的缺陷，降低了对货物运量、货物种类的要求，减少了运输次数、提高了运输效率，在保障食品运输品质安全的同时降低了运输能耗。因此，自 20 世纪末多温运输概念提出以来，就为相关领域专家学者所关注并在西方发达国家得到初步应用。

多温区冷藏车能够实现一车同时混装冷冻、冷却或常温的多种货物，且各自均保持在最适宜的运输温度条件下，这就是多温区冷藏汽车的巨大优势，它的出现更充分地展现了公路冷藏汽车优秀的灵活性。

通过将车厢内的空间进行分区，然后利用制冷系统维持不同的车厢温度（如三温区：高温区 0～10 ℃，中温区 －20～0 ℃，低温区 －40 ℃），用以实现不同种类、不同储藏温度的易腐货物的运输（图 6-4、图 6-5）。

图 6-4　三温区冷藏车实物图

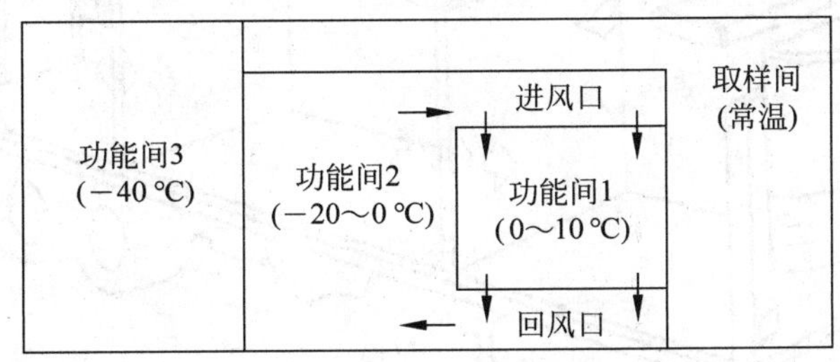

图 6-5　三温区冷藏车内部功能间分布图

多温区冷藏车将区域间整车运输的优势发挥到极致，节省了运输时间，降低了运输成本，同时保证了不同货物对温度的不同需求。

6.2.3　机械式冷藏挂车

机械式冷藏挂车又称冷藏拖车。它具有如同机械冷藏车的隔热厢体、制冷机组，并有较大承载能力的后轮和一定支承力的小前轮。冷藏挂车的制冷设备由车下电源供电，通常采用机组式制冷系统，并整体安装。

冷藏挂车使用灵活，往往一个动力牵引车可以为多台冷藏挂车服务，进行短途调运。

图 6-6 所示为典型机械式冷藏挂车的结构和冷风吹送循环原理。

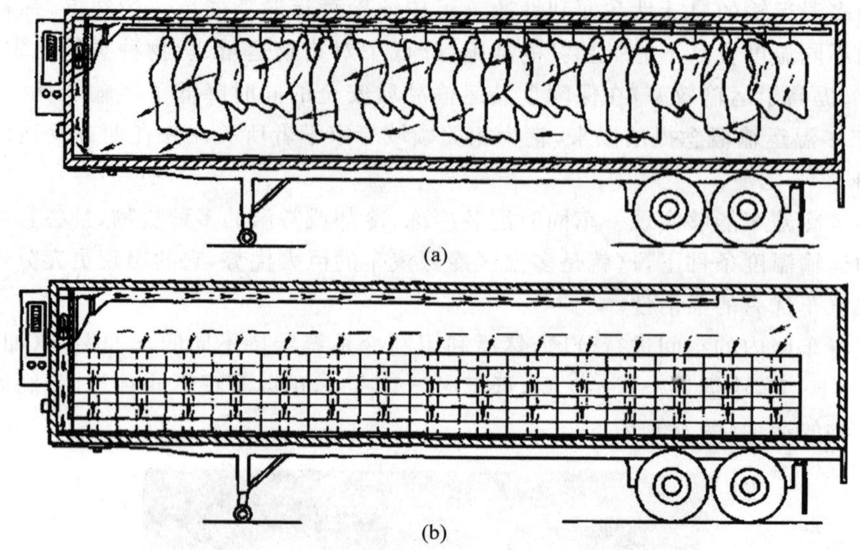

图 6-6 典型机械式冷藏挂车的结构和冷风吹送循环原理
(a) 车内吊挂食品吹风冷却;(b) 车内箱装食品吹风冷却

此外,制冷机组可以以单独机组控制多间冷藏半挂车或冷藏车的不同温度,使一辆冷藏车装载数种不同温度要求的货物,其典型结构及工作原理如图 6-7 所示。

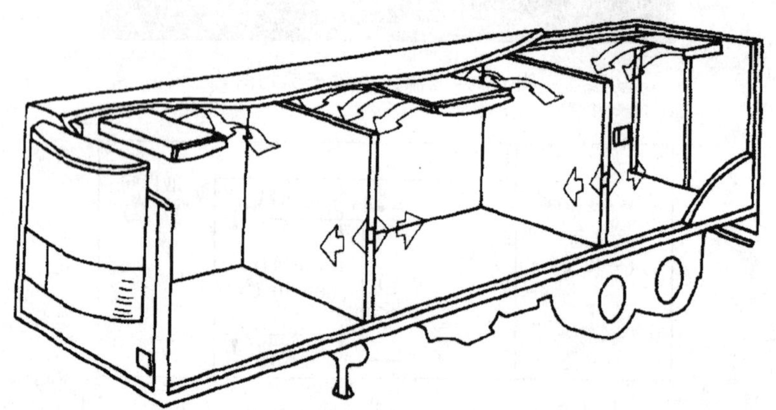

图 6-7 多间冷藏半挂车典型结构及工作原理

6.2.4 蓄冷板式冷藏车

蓄冷板式冷藏车是利用有一定蓄冷能力的冷冻板进行制冷。蓄冷板式冷藏车主要在一些短途公路运输中采用。

冷藏汽车用的冷冻板有 100～150 mm 厚的钢板壳体,壳体内充注有特殊的溶液——共晶液,并布置有制冷蒸发盘管。它利用制冷机与冷冻板相连,且向冷冻板充冷,使板内的共晶液在一定温度下冻结。冷冻板依靠冻结的共晶液融解时向周围吸热的原理,对汽车货间起制冷降温作用，实现制冷。选用不同性质的共晶液体就会有不同的冻结温度，进而可以得到不同的汽车制冷温度。通常蓄冷板式冷藏车使用的共晶液的冻结温变约 −40～−25 ℃。冷冻板式的蓄冷器不仅可以用于冷藏汽车，还可以用于铁路冷藏车、冷藏集装箱、小型冷库等。

蓄冷板式冷藏车在外温 35 ℃、货件温度 −20 ℃要求时，其蓄冷时间为 8～12 h。特殊要求的冷冻板冷藏汽车可蓄冷 2～3 d。蓄冷板式冷藏车的保冷时间，除取决于冷冻板共晶液容量外，还取决于汽车车体的隔热性能。一种采用厚 100 mm 的聚氨酯泡沫塑料做隔热的冷冻板式冷藏车，其车体传热系数约 0.29 $W/(m^2 \cdot K)$。蓄冷板式冷藏车的冷冻板大多布置在如图 6-8 所示的车厢两侧或车顶，但也有的布置在车端，通过冷风机向车内送风。

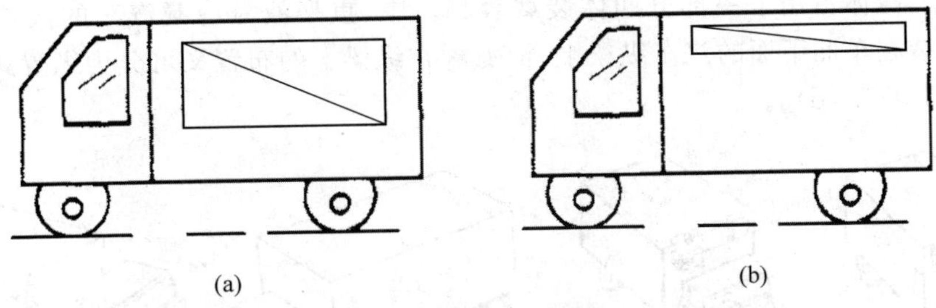

图 6-8　蓄冷板式冷藏车冷冻板布置方式示例

(a) 冷冻板置于车厢两侧；(b) 冷冻板置于车顶

应用中的蓄冷板式冷藏车，进场停用后，使用外接制冷机组向冷冻板充冷。一般 8～12 h即可充冷结束，板内共晶液全部冻结，等待出车装货使用。小型蓄冷板式冷藏车可直接取下冷冻板，送至车下充冷站充冷，使用时重新装上已冻结的冷冻板于车上供使用。若暂时不出车，则已充冷的冷冻板可存放在低温库内备用。另一种自带冷冻机式蓄冷板冷藏车，在进场停用时，可借地面电源启动制冷机完成自身充冷。

蓄冷板式冷藏车具有车内温度稳定、制冷时无噪声、故障少、结构简单、投资费用较低等特点。但其制冷的时间有限，仅适用于中、短途公路运输：对长途运输用的蓄冷板式冷藏车，可安装发电机组，在汽车行驶中可随时开启冷冻机使其晶液冻结，进行自动蓄冷。冷藏汽车用的冷冻板，往往被用于航空集装箱等运送珍贵水果、新鲜海珍等各类保鲜食品。

蓄冷板式冷藏车结构如图 6-9 所示。

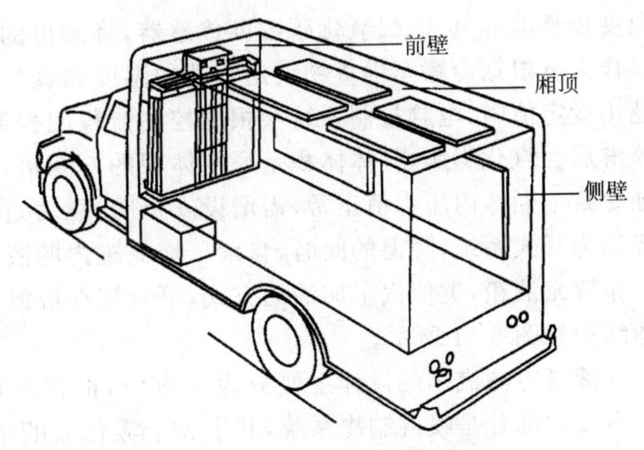

图 6-9　蓄冷板式冷藏车结构

6.2.5 液氮/干冰制冷冷藏汽车

液氮或干冰制冷这种制冷方式的制冷剂是一次性使用的，或称消耗性的。常用的制冷剂包括液氮、干冰等。

液氮制冷式冷藏汽车主要由汽车底盘、隔热车厢和液氮制冷装置构成。液氮制冷式冷藏车是利用液氮汽化吸热的原理，使液氮从－196 ℃汽化并升温到－20 ℃左右，吸收车厢内的热量，实现制冷并达到给定的低温。

图 6-10 所示为液氮制冷式冷藏汽车液氮罐的几种布置方式。轻型液氮冷藏汽车的液氮罐较小，因此，液氮罐往往安装在厢内；竖装液氮罐多装在厢内前侧[图 6-10(a)]；横装液氮罐多装在厢内前壁上方[图 6-10(b)]。液氮罐布置在厢内，优点是结构紧凑、安装方便。但是，罐体占用了一部分厢体装载容积。中、重型液氮冷藏汽车的液氮罐尺寸较大，通常安装在车厢下面的汽车纵梁上，液氮罐在纵梁上的布置又可分为纵置式和横置式两种[图 6-10(c)、(d)]。

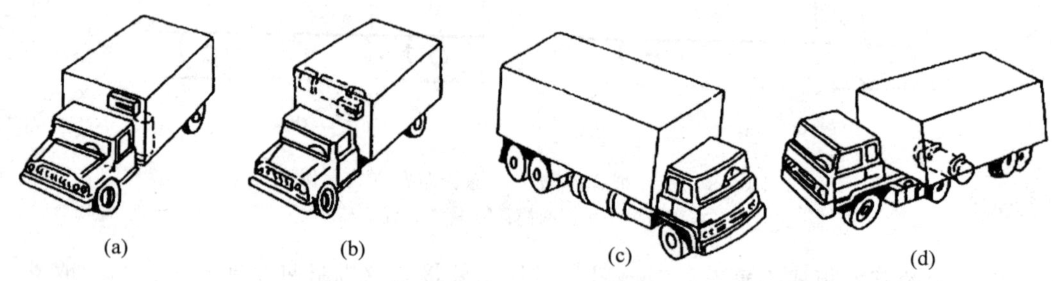

图 6-10 液氮制冷式冷藏汽车液氮罐的几种布置方式

(a) 内竖置；(b) 内横置；(c) 外纵置；(d) 外横置

液氮冷藏汽车一般由自增压液氮罐、液氮流通管路、雾化器和控制系统等组成。开启制冷模式后，液氮由自增压液氮罐流出，流经液氮流通管路到达冷藏车厢体顶部，通过雾化器将低温液氮雾化后喷淋到冷藏车厢体内，实现迅速降温的效果。冷藏车厢体内布置温度传感器和氧气、二氧化碳浓度传感器，将测得的数据信号实时反馈给电脑控制系统。操作人员根据冷藏车内货物设定合适的温度和氧气、二氧化碳浓度值，传感器测得的数值超出设定值时，电脑控制系统会根据控制流程图控制液氮开关的开启和关闭。由于液氮喷淋后会汽化膨胀，气体体积是原来体积的 650 倍，冷藏车厢体内压力会迅速增大，为保证冷藏车厢体内压力值正常，需增设安全阀，压力过高时，安全阀会自动开启。液氮喷淋降温为开式系统，降温的同时，自增压液氮罐内的液氮量会逐渐减少，为方便使用，在厢体上布置充液箱，类似汽车加油的方式，可直接在液氮充注站处补充液氮。液氮冷藏汽车基本结构如图 6-11 所示。

液氮冷藏汽车的设计主要分为 3 方面，根据冷负荷选择合适容积的自增压液氮罐。最重要的部分是喷淋制冷系统，其中关于雾化器的结构类型、排列方式、雾化器数量和风机风速都是影响液氮冷藏车温度场均匀性的关键因素。最后是控制系统的设计，怎样合理设计控制流程图，同时兼顾液氮冷藏车厢体内的温度场和氧气、二氧化碳浓度是控制系统的难点。

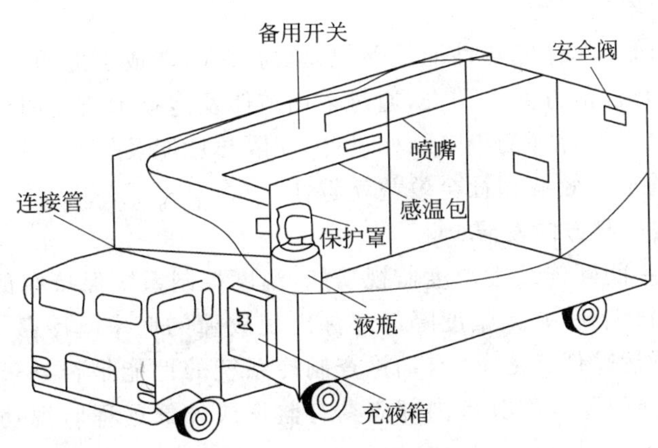

图 6-11 液氮冷藏汽车基本结构

液氮制冷时，车厢内的空气被氮气置换。而氮气是一种惰性气体，长途运输果蔬类食品时，不但可减缓其呼吸作用，还可防止食品被氧化。

液氮制冷式冷藏汽车的优点是：装置简单，初投资少；降温速度快，可较好地保持食品质量；无噪声；与机械制冷装置比较，重量大大减少。其缺点是：液氮成本较高；运输途中液氮补给困难，长途运输时必须装备大的液氮容器，减少了有效载货量。

用干冰制冷时，先使空气与干冰换热，然后借助通风使冷却后的空气在车厢内循环，吸热升华后的二氧化碳由排气管排出车外。有的干冰制冷冷藏汽车在车厢中装置四壁隔热的干冰容器。干冰容器中装有氟利昂盘管，车厢内装备氟利昂换热器。在车厢内吸热汽化的氟利昂蒸气进入干冰容器中的盘管，被盘管外的干冰冷却，重新凝结为氟利昂液体后，再进入车厢内的蒸发器，使车厢内保持规定的温度。干冰制冷冷藏汽车的优点是：设备简单，投资费用低；故障率低，维修费用少；无噪声。其缺点是：车厢内温度不够均匀，冷却速度慢，时间长；干冰的成本高。

6.2.6 冷藏车的发展趋势

1. 向功能化、技术含量高的方向发展

在冷藏车功能方面，市场越来越需要高技术含量、高附加值的产品。制冷装置、制热装置、液压举升装置、厢体隔仓装置、侧拉门装置、计量测量装置等，以及各种厢体的车身结构器材，都有广泛的市场前景。

2. 向环保方向发展

目前环保是世界性的课题，中、重型冷藏车由于其独立式制冷机组的噪声和排放的污染，发展将受到限制。制冷剂应采用对大气环境污染小的，冷藏车聚氨酯材料的发泡剂都必须由无氟材料来取代。目前，冷藏车的车厢内壁普遍采用玻璃钢材料，其中的玻璃纤维、树脂类等含苯类物质均对人体有害，都可能对所运食品产生二次污染。世界卫生组织规定，运输食品车辆的车厢内壁必须为不锈钢材料制造。向新型冷藏车发展，大大减少环境与食品污染是冷藏保温车发展的必然选择。

3. 向节能方向发展

目前使用的冷藏车车体隔热性能较差,热负荷较大,造成了能源浪费。新研制的冷藏车应在提高车体隔热性能方面下功夫,通过采用整体发泡技术或三明治夹心预制板结构,提高车门的气密性,采用合理的隔热结构设计,使隔热性能及气密性能提高。车厢的隔热性能越好,冷藏车的经济效益和社会效益就越佳。

4. 向自动化与检测方向发展

冷藏车应具有不间断连续性温度监视功能,温度控制系统保持在最佳工作状态,从而可以极大地减少燃料消耗,并大幅度降低部件出现故障的概率。冷藏车还应具有自动检查功能,在每天执行运输任务之前,自动检查制冷系统的性能是否处于良好状态,侦测出任何可能存在的功能故障。驾驶室内部应具有监视或外部远程监视功能,可以让驾驶员即时了解和控制温度。

随着高等级公路和高速公路的不断增多,车辆的行驶速度不断提高,同时社会对冷藏车需求量增加,我国冷藏车近年来发展速度很快,已成为国家易腐产品的主要运输工具。可以预计,今后几年我国冷藏车市场仍将会继续保持较高的增长速度。

6.3 铁路冷藏运输装备

在食品冷藏运输中,铁路冷藏车具有运输量大、速度快的特点,它在食品冷藏运输中占有非常重要的地位。铁路冷藏车应具有良好的隔热、气密性能,并设有制冷、通风和加热装置,它能适应铁路沿线各个地区的气候变化,保证车内食品必要的贮运条件,迅速地完成食品运送任务。它是我国食品冷藏运输的主要承担者,也是食品“冷藏链”的主要一环。

铁路冷藏运输经历了一个低谷期,但随着我国铁路冷藏市场开拓力度的加大和新型冷藏集装箱运输装备的投入运用,2016 年铁路冷藏货运量有所提升,达到 50 万 t。2017 年全国铁路开行冷藏货运列车 265 列,铁路冷藏货运量达到 143.53 万 t。

6.3.1 铁路冷藏车的主要类型

国内外铁路冷藏运输装备主要包括不带冷源车辆和带冷源车辆,不带冷源车辆主要为隔热车,带冷源车辆主要包括采用蓄冷剂制冷的加冰保温车、冷板保温车以及采用机械制冷的机械冷藏车、冷藏集装箱运输平车。

目前,我国铁路冷链物流装备以机械冷藏车(包括 B_{10} 型、B_{22} 型、B_{23} 型等)和冷藏集装箱运输车组(BX_{1K} 型)为主,近年来也逐步发展了铁路隔热车。

6.3.2 机械冷藏车

机械冷藏车是以机械式制冷装置为冷源的冷藏车,它是目前铁路冷藏运输的主要工具之一。图 6-12 为 B_{10} 型单节机械冷藏车外形图及车厢内运输货物情况。

机械冷藏车具有制冷温度低、温度调节范围大、车内温度分布均匀、运送速度快的特点。另外,机械冷藏车适用性强,更实现了制冷、加温、通风换气以及融霜的自动化。同

图 6-12 B_{10}型单节机械冷藏车外形图及车厢内运输货物情况

时，它设有运输过程的自动检测、记录及安全报警。但与加冰冷藏车相比，其车辆造价高、维修复杂、使用技术要求高。

我国现有铁路机冷车主要车型的技术参数如表 6-1 所示。

表 6-1 我国现有铁路机冷车主要车型的技术参数

参数	车型		
	B_{10BT}	B_{22}	B_{23}
限界	GB 146.1—83	GB 146.1—83	GB 146.1—83
构造速度/(km·h^{-1})	120	120	120
轴数(轴)/轴重/t	4/21	4/21	4/21
车辆自重/t	41.1	38	38
车辆载重/t	38	46	46
有效容积/m^3	100	105	105
有效载货面积/m^2	43.6	46.0	46.0
线性尺寸(外长，内长，内宽，装货高)/m	21,17,2.558,2.3	21,18,2.558,2.3	21,18,2.558,2.3
隔热结构及隔热料	车顶，乘务间拼装式聚苯乙烯，其余聚氨酯发泡	车顶拼装式聚苯乙烯，其余聚氨酯发泡	车顶拼装式聚苯乙烯，其余聚氨酯发泡
传热系数/(W·m^{-2}·K)	≤0.27	≤0.27	≤0.27
气密系数/(m^3·h^{-1})	≤40	≤40	≤40
车内温度/℃	−24～14	−24～14	−24～14
通风量/(m^3·h^{-1})	300 Pa 时，8 000	阻力 6 mmH_2O时，4 000	阻力 6 mmH_2O时，4 000
设计外气温度/℃	−40～40	−45～45	−45～45
压缩机型式	单级	双级	双级
电机功率/kW		2×7.5	2×7.5
循环风机功率/kW	约 2	2×1.04	2×1.04

机械冷藏车制冷系统都是采用蒸气压缩式制冷机来制冷，在车辆制冷系统中，常用

到以下一些辅助设备，这些辅助设备的名称、作用、安装位置如表 6-2 所示。

表 6-2 机冷车辅助设备的名称、作用、安装位置

名　称	作　用	安装位置
分油器	防止压缩机排出的润滑油大量进入冷凝器和蒸发器。如果让油在冷凝器和蒸发器上积上油膜，将大大降低传热效果，增大流动阻力。装设分油器可把混合在制冷剂蒸气中的油分离出来，并送回压缩机重新做润滑油用。但由于车辆运行的摇晃振动，分油器的自动回油工作不可靠，有的已不采用分油器	安装在压缩机和冷凝器之间，靠近压缩机的排气管道上
贮液器	贮液器也称贮液筒，是用来贮存制冷循环中的制冷剂液体，以适应工况变动时制冷工质流量的变化。在检修制冷设备时，以及在制冷系统较长时间不工作时，可将系统中制冷剂全部收贮在贮液器中，以免泄漏而造成损失。但对负荷很小的制冷设备(全封闭系统)，经严格控制充入的制冷剂量，并反复检测试验确无问题时，亦可省略贮液器	安装在冷凝器和膨胀阀之间
干燥过滤器	吸收制冷剂中的水分，过滤金属屑末、氧化皮等杂质，保证制冷剂的循环畅通无阻	安装在膨胀阀之前
汽液分离器	当制冷压缩机从蒸发器吸入制冷剂蒸气时，有时因蒸气中夹带有制冷剂或润滑油的液滴，这样就有可能产生液击而使阀片、活塞、连杆等损坏，特别是采用毛细管节流装置时，由于毛细管节流对制冷剂流量不可调节的特性，当负荷减少时，蒸发器中制冷剂不能完全蒸发，为避免制冷压缩机吸入液体制冷剂，故设汽液分离器，以对制冷剂蒸气中的液体分离贮存	安装在压缩机吸气口之前
高压压力继电器	当制冷系统的压力异常高时，高压压力继电器工作，切断电动机的电源，停止压缩机的运转，保护制冷系统	安装在制冷系统中的高压管路上
低压压力继电器	当制冷系统的压力异常低时，低压压力继电器动作，切断电动机的电源，停止压缩机的运转，保护制冷系统	安装在制冷系统中的低压管路上
单向阀	限定制冷剂单向流动，阻止其倒流。当制冷剂沿正常方向进入时，靠其本身压力顶开阀芯而流动；相反，当制冷剂流动中断或呈反向流动时，阀门关闭	大多安装在压缩机与冷凝器之间的管路中
截止阀	根据需要开启或关闭制冷系统的管路，并控制液体的流量	根据需要安装在不同的管路上
电磁阀	是一种自动开启的阀门，用于自动接通和切断制冷系统的管路	通常安装在冷凝器和膨胀阀之间，位置应尽可能靠近膨胀阀
蒸发风机	可以强化制冷剂在蒸发器中的蒸发过程，并将蒸发器冷却降温的空气送入车内	安装在蒸发器附近
冷凝风机	用于强化制冷剂在冷凝器中的凝结放热过程	安装在冷凝器附近
电加热器	冬季制暖时用到，作用是给送入车内的空气预热	安装在蒸发器之前

机械冷藏车制冷系统原理如图 6-13 所示。

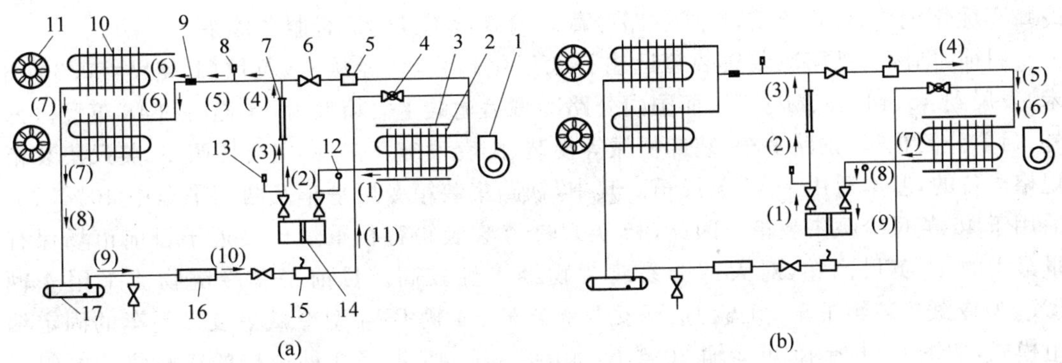

图 6-13　机械冷藏车制冷系统原理图

(a) 制冷工况；(b) 融霜工况

1—循环风机；2—蒸发器；3—水盘管式电热元件；4—热力膨胀阀；5—融霜电磁阀；6—直通截止阀；7—金属软管；8—控制冷凝风机开停的压力控制器；9—单向阀；10—冷凝器；11—冷凝风机；12—低压压力控制器；13—高压压力控制器；14—压缩机；15—制冷电磁阀；16—干燥过滤器；17—贮液器

注：(1)～(11)为制冷系统的流程顺序。

在机械冷藏车中，制冷设备主要在低温工况下工作，一般运输冷却和冻结货物时，蒸发温度在－30～－5 ℃之间，蒸发器表面温度低于 0 ℃，而货物间的空气中总是含有一定数量的水蒸气，因此机械冷藏车的蒸发器是经常带霜工作的。霜层影响传热，降低制冷效果，为保证预定的车内温度，机械冷藏车的制冷系统必须考虑蒸发器的融霜。因此其制冷系统的工作分为制冷和融霜两种工况。

1. 制冷工况

制冷机组投入工作时，首先开启蒸发器的循环风机，再启动压缩机，同时制冷电磁阀也打开，融霜电磁阀关闭，制冷电路连通。如图 6-13(a)所示，用箭头标出了制冷时的原理流程，并用数字标明了制冷流程顺序，即蒸发器→压缩机→冷凝器→贮液器→干燥过滤器→制冷电磁阀→热力膨胀阀→蒸发器。

2. 融霜工况

制冷工况转入融霜工况是用手动切换。融霜工况时，融霜电磁阀打开，制冷电磁阀关闭。高温高压的制冷剂蒸气经融霜电磁阀进入蒸发器，蒸发器表面温度迅速升高，使结霜融化滴在蒸发器下面的水盘里。水盘里有管式电热元件，冰霜融化后沿排水管排出车外。如图 6-13(b)所示，用箭头标出了融霜时的原理流程，即压缩机→金属软管→融霜电磁阀→蒸发器→压缩机。

机械冷藏车在我国是以车组的形式使用(有时也可作单节车使用)的。机械冷藏车运输易腐食品时的工况要求是：对没有预冷的果蔬能从 25～30 ℃冷却到 4～6 ℃；在 0～6 ℃的温度下运送冷却货物；在－18 ℃以下运送深度冷冻货物；在 11～13 ℃运送香蕉等货物。

6.3.3　冷藏集装箱运输平车

冷藏集装箱作为一种新型的冷藏运输载运工具，具有一定的运输灵活性和多式联运便捷性，铁路发展冷藏集装箱可较好地与市场接轨，体现铁路的比较优势，并与铁路机械冷藏车优化配置、合理分工,形成铁路冷藏运输载运工具的综合服务体系。

目前,国际上铁路冷藏集装箱运输有大型化趋势,已经从40英尺(1英尺=0.304 8米)发展到45、48、53、71英尺,而国内公路冷藏运输的主力箱型为45英尺和48英尺。另外,目前公路拖车、铁路平车、装卸机械等换装、配套设施及工具,主要按照40英尺集装箱规格配备的,基本适用于45英尺箱。其中,铁路集装箱专用平车及两用平车中40%以上适用于45英尺冷藏集装箱。因此,45英尺冷藏集装箱容积重量比接近于目前市场保有量最大的40英尺高箱,对大部分易腐货物经济性较高。目前平车冷链物流采用4辆BX_{1K}型冷藏集装箱平车+1辆B_{23}型发电乘务车+4辆BX_{1K}型冷藏集装箱平车的固定编组模式,如图6-14所示,可运输20英尺、40英尺及45英尺3种规格的冷藏集装箱组。图6-15为铁路自发电式冷藏集装箱。表6-3列出了各种尺寸铁路冷藏集装箱参数。

图6-14 BX_{1K}型冷藏集装箱运输车组

图6-15 铁路自发电式冷藏集装箱

表6-3 各种尺寸铁路冷藏集装箱参数

指标	铁路冷藏集装箱				
	45英尺冷箱		40英尺冷箱(总重30 480 kg)	20英尺冷箱(总重30 480 kg)	40英尺干货箱
	箱货总重30 480 kg	箱货总重34 000 kg			
容积/m^3	74.5	74.5	68	30	77
载重/t	23.48	27	25	27.2	26.6
重量容积比/($t\cdot m^{-3}$)	0.32	0.36	0.37	0.91	0.35

目前可用于铁路运输的冷藏集装箱主要为柴电一体式冷藏集装箱，其主要参数及特点如表 6-4 所示。

表 6-4 柴电一体式冷藏集装箱主要参数及特点

项目	主要参数及特点
制冷方式	电源供电制冷 柴油机驱动制冷
供电方式	电源供电
最短运行时间	240 h
适运距离	适合长距离运输
铁路运输安全性	高
造价	造价高
备注	适于铁路、公路运输

制冷能力：在环境温度 38 ℃、箱内温度 2 ℃时，每小时制冷量达到 17.3 kW 以上；0 静压状态下，每小时风量达到 5 600 m^3 以上，可满足最大长度 16～17 m 箱体的制冷需求。

冷机主要性能对比分析如表 6-5 所示。

表 6-5 冷机主要性能对比分析

指标名称		冷王 SB－210＋/50	开利 Vector 1850
技术规范	外部尺寸（宽×高×厚）/mm	2 150×1 933×590	2 050×2 227×430
	自重/kg	848	930
	电力驱动	有	有
	冷媒	R404a	R404a
	自动新风系统	手动（选项）	可选
主要技术指标	制冷量（室内 0 ℃/室外 30 ℃）/W	18 166/10 990（备电）	18 000/14 400（备电）
	制冷量（室内－20 ℃/室外 30 ℃）/W	9 921/5 934（备电）	9 600/9 200（备电）
	制冷量（室内 2 ℃/室外 38 ℃）/W	17 588/8 783（备电）	17 308/13 846（备电）
	制冷量（室内－18 ℃/室外 38 ℃）/W	9 380/6 441（备电）	9 231/8 846（备电）
	制冷量（室内－29 ℃/室外 38 ℃）/W	6 150/4 400（备电）	6 340/6 133（备电）
	风量/($cm^3 \cdot h^{-1}$)（0 静压）	5 947	5 600
	温控范围/℃	－29～27	－29～29
	温度误差/℃	±0.2	±0.3
	可满足最大车厢长度/m	16	17
	箱内温差/℃	0.9～2.8	1
发动机	额定功率	25.4/10.4（备电）	25.3/13（备电）
	油耗	0.8～4.5 升/小时，典型保持温度状态时 1.48 升/小时	2.5 升/小时（连续） 1.53 升/小时（起停）

6.3.4 铁路隔热车

隔热车是不设专用制冷和加温设备的保温车(图 6-16),它是利用车体良好的隔热性、货物蓄冷(热)和适量补充或夹带一次消耗性冷源来完成货物保温的运输车辆。隔热车在结构上类似通用货车中的棚车,车体各个内表面具有隔热性能优良的保温层,能够承担大部分易腐货物或有控温要求的特殊货物的保温运输。

图 6-16 铁路隔热车

隔热车的主要结构特点为:①车辆主体结构为车辆外部壳体和传力构件,其采用钢材制造;②车辆内部壳体(包括侧墙、端墙和车顶)采用 PVC(聚氯乙烯)、铝合金板、不锈钢板等材料制造;③采用导风槽的铝合金地板;④在内部壳体(包括地板)和外部壳体之间填充保温材料(如聚氨酯发泡、聚苯乙烯发泡等)作为隔热层。

隔热车与机械冷藏车、冷藏集装箱等相比具有以下优点:①不设制冷或加温设备,结构简单可靠、检修方便,采购、运用和维修费用较少;②容积大、载重高、自重低,经济效益好;③无盐水、燃油废气、氟利昂等污染,低碳环保;④配合一次消耗性冷源(如水冰、干冰、液氮等),使用时可免去货物的预冷,并可进行适合中国国情的中长距离运输。

基于我国铁路隔热车发展现状,结合隔热车的结构特点,在隔热材料选取、热桥改进、新材料采用方面,我国铁路新型隔热车的发展方向如下。

(1) 隔热材料选取。目前主流隔热车采用的保温隔热材料为现场发泡喷涂的硬质聚氨酯泡沫材料,该材料是以聚醚或聚酯与多异氰酸酯为主要原料,再加阻燃剂、稳定剂和发泡剂等,经混合、搅拌产生化学反应而形成发泡体的一种低温隔热材料。通过对聚氨酯泡沫、气凝胶纳米超级绝热材料和聚异氰脲酸酯泡沫 3 种材料的主要性能指标进行比较,分析计算后可知在综合考虑热阻、厚度和重量 3 个参数的关系时,采用聚异氰脲酸酯泡沫作为隔热材料是一种较好的技术升级的选择。

(2) 热桥改进。由低热阻材料相连的车厢内外壁所构成的热浪区是隔热车保温系统中的主要热桥。尽管热桥面积仅占车厢面积的 2%~5%,但对车厢总热导率的影响却很大。因此,新型保温车车体开发、改进设计中重要关注点就是最大限度地阻断热桥,排除出现内外蒙皮直接由金属零件相连。

(3) 新材料采用。随着钢材加工工艺的提高,高强度钢(通常指屈服强度不小 450 MPa)逐渐被重视,越来越多地应用于实际工程中。相比于普通强度钢材,高强度钢的屈服强度、极限强度、可焊性、冲击韧性、耐候性、耐磨性等综合性能指标更好，因而新型隔热车车体钢结构中重要承载部件应选用高强度钢材，如中梁、侧梁等。铝合金材料密度低，约为钢材的 1/3，重量较轻。以铁路货车为例，如用耐候钢、不锈钢与用铝合金相比，其重量比为 1∶0.81∶0.56。车体部分零部件可考虑采用铝合金材料，如内衬相关部件或车门等。因此，新型隔热车车体开发应充分考虑新材料的使用，发挥各种材料的优势，最大限度地减小车体自重，增大车辆载重，提高车辆的经济效益。

6.3.5　铁路冷藏货物运输操作与管理

铁路冷藏货物运输操作主要包括冷藏货物的托运、装车与卸车、冷藏车辆运行组织 3 个环节。本书只重点讲述托运与装卸环节，因为这两个环节都涉及托运人（货主），而车辆运行组织环节一般只与铁路部门有关，这里不做讲述。

1. 铁路冷藏货物的托运

(1) 运输期限的规定：易腐货物容许运输期限的长短，与货物质量、性质、品种、采收季节、成熟度、环境气候、加工处理方法等一系列的因素有关。必须依据科学实验和实际经验以及有关的专业知识来确定。铁路部门规定易腐货物的容许运输期限至少须大于货物运到期限三日，发站方可承运。

(2) 冷藏货物的规定：托运人托运易腐货物时，货物的质量、温度、包装和选用的车辆，均须符合“易腐货物运输条件表”和“易腐货物包装表”的规定。易腐货物的初始质量和包装是优质运输易腐货物的重要前提。易腐货物的质量和包装由托运人负责。铁路在运输过程中除对合同规定的义务应承担责任外，同时也应负责监督托运人、收货人承担合同规定的义务。

(3) 托运要求的办理：使用冷藏车运输易腐货物时，托运人应在货物运单“托运人记载事项”栏内具体注明“途中加冰”“途中制冷”“途中加温”“途中不加冰”“途中不制冷”“途中不加温”“不加冰运输”等字样。

“途中加冰”是指使用加冰冷藏车时，由沿途的加冰所按作业分工进行加冰。

“途中制冷”是指使用机械冷藏车时，要求在运输途中按规定的运输温度控制车内温度。

“途中加温”是指在寒冷季节运输怕冷、怕冻的易腐货物时，为使货物不因外界气温过低而造成冷害、冻害所采取的技术措施。目前铁路运输仅采用开启机械冷藏车的电热器使车内温度升至规定范围的加温方法。

“途中不加冰”是指加冰冷藏车在装车地进行始发加冰后，沿途各加冰所不再加冰的运输方法。主要是在发站外温较高而沿途各站气温逐渐下降的地带采用这种运输方法。

“途中不制冷”是指使用机械冷藏车时，沿途不用开启制冷系统制冷降温，这实际上是将机械冷藏车当作无冷源保温车（隔热车）进行保温运输。

“途中不加温”是指用冷藏车装运易腐货物时，沿途不用开启机械冷藏车的电热器。这也是将冷藏车当隔热车使用。

“不加冰运输”是指将加冰冷藏车用于装运易腐货物时，无论在发站还是在途中加冰所都不加冰的运输方法。这也是一种保温运输方法。

2. 铁路冷藏货物的装车与卸车

1）冷藏车的预冷

冷藏车的预冷，是指在装车前将车内温度冷却到规定的温度。使用冷藏车冷藏运输易腐货物，对车辆进行预冷，是保证易腐货物质量的一项重要技术作业。装车前如有足够的时间对冷藏车进行预冷，使车内温度达到所装货物的适温范围则最为理想。这样就可以大大减少运输途中的冷消耗，有利于货物降温和保持合适的运输温度，有利于提高冻结或冷却货物的质量。这在热季显得更为重要。

铁路运输部门对机械冷藏车的预冷规定如下：冻结货物为－3～0 ℃；香蕉为 12～15 ℃；菠萝、柑橘为 9～12 ℃；其他易腐货物为 0～3 ℃。

2）冷藏货物的装载

（1）装车时间。机械冷藏车：装货车为 8 辆以上的，每组装（卸）车时间不得超过12 h；装货车为 4 辆以上的，每组不得超过 6 h。其中每一车的装（卸）车时间不得超过3 h。

（2）装车要求。经过预冷的冷藏车装车时，应采取措施保持车内温度。货物装车完毕时，机械冷藏车乘务员应检查车门关闭是否严密，及时记录车内温度，并开机调温。

3）冷藏货物的卸车

（1）卸车和交付。冷藏货物的卸车和交付是运输过程的终结环节。必须认真做好这一工作，以免因卸车作业失误而尽失前功。

卸车作业基本要求是：作业迅速，场地卫生，防护妥当，搬出及时。

对冻结货物卸车温度的检测，可在卸完车门部位的货物时（刚从车门部位卸下的货物温度一般偏高，没有代表性，不宜用作测温货件），在车内抽查 2～3 件货物（操作方法与装车时相同），以所测货件的平均温度值作为交接温度记入作业单有关栏目内。对机械冷藏车所装货物质量的检测，以及货物温度的测定，车站应会同机械冷藏车机械长及收货人共同进行。收货人要求组织直接卸车时，应由收货人自卸，并要求组织不中断卸车作业，缩短车辆待卸时间。严禁以车代库。

（2）车辆清洁。车辆的清扫、洗刷和消毒，是保持卫生状态良好、防止货物受到污染的必要措施，也是保护车体结构和车内设备不受损坏的重要手段。

6.4 船舶冷藏运输装备

6.4.1 船舶冷藏运输装备的分类

1. 船舶冷藏运输的分类

船舶冷藏运输可分为 3 种：冷冻母船、冷冻渔船和冷冻运输船。冷冻母船是万吨以上的大型船，它配备冷却、冻结装置，可进行冷藏运输。冷冻渔船一般是指备有低温装置的远洋捕鱼船或船队中较大型的船。冷冻运输船包括集装箱船，它的隔热保温要求很严格，温度波动不超过±5 ℃。冷藏运输船又有 3 种基本类型。

（1）专业冷藏运输舱：主要用于城市之间或城市所属区域范围冷藏运输易腐食品。用于渔船船队，收集和储运渔获物的冷藏船及鱼品加工母船也属于此类。

(2) 商业冷藏舱：商业冷藏舱即一般货船设置的冷藏货舱。冷藏货舱主要用于运输冷藏货，但也可用于装运非冷藏货。

(3) 冷藏集装箱运输船：这类船上设有专门的制冷装置与送、回风设备，为外置式冷藏集装箱供冷。

2. 船舶冷藏运输的要求

1) 保温绝热

具有隔热结构和气密性良好的冷藏舱船体结构，必须通过隔热性能试验鉴定或满足平均传热系数不超过规定值的要求。其传热系数一般为 0.4～0.7 W/(m^2·K)，具有足够的制冷量，且运行可靠的制冷装置与设备，以满足在各种条件下为货物的冷却或冷冻提供制冷量。

2) 结构灵活

冷藏运输船舶冷藏舱结构上应适应货物装卸及堆码要求，设有舱高 2.0～2.5 m 的冷舱 2～3 层，并在保证气密或启、闭灵活的条件下，选择大舱口及舱口盖。

3) 自动控制

船舶冷藏的制冷系统有良好的自动控制功能，保证制冷装置的正常工作，为冷藏货物提供一定的温度、湿度和通风换气条件。水路冷藏的制冷系统及其自动控制器、阀件技术等比陆用制冷系统要求更高，如性能稳定性、使用可靠性、运行安全性及工作抗震性和抗倾斜性等。

3. 船舶冷藏运输用制冷装置的注意事项

冷藏运输船上一般都装有制冷装置，船舱隔热保温。船上条件与陆用制冷设备的工作条件大不相同，因此船用制冷装置的设计、制造和安装，需要具备专门的实际经验。在设计过程中，一般应注意以下几个方面的问题。

(1) 船上的机房较狭小，所以制冷装置要尽可能紧凑，但又要为修理留足够的空间。考虑到生产的经济性和在船上安装的快速性问题，为了满足船上快速安装的要求，已越来越多地采用系列化组装部件，其中包括若干特殊结构。

(2) 设计船用制冷装置时，要注意船舶的摆动问题。在长时间横倾 15°和纵倾 5°的情况下，制冷装置必须能保持工作正常。

(3) 与海水接触的部件(如冷凝器、泵及水管等)必须由耐海水腐蚀的材料制成。

(4) 船下水后，环境温度变化较大，对于高速行驶的冷藏船，水温可能每几个小时就发生较大变化，而冷凝温度也要相应地改变，船用制冷装置需按最高冷凝温度设计。

(5) 环境温度的变化会引起渗入冷却货舱内的热量的变化，因此必须控制制冷装置的负荷波动，所以，船用制冷装置上一般都装有自动能量调节器，以保持货舱温度恒定不变。

运输过程中，为了确保制冷装置连续工作，必须装备备用机器和机组。船用制冷压缩机的结构形式与陆用的并无多大差别，但由于负荷波动强烈，压缩机必须具有良好的可调性能。因此，螺杆式制冷压缩机特别适于船上使用。

4. 船舶冷藏制冷设备与陆用冷藏设备的区别

船舶冷藏制冷设备应具有更高的使用安全可靠性，较高的耐压、抗湿、抗震性能及耐冲击性;具有一定的抗倾性能,在航行时能抗风浪及在一定的倾斜条件下能保证压缩机正常润滑、安全工作;船用制冷装置的用材应有较好的耐蚀性能;船用制冷装置的安装、连接应具有更高的气密性及运行可靠性;船用制冷装置选用的制冷剂应不燃、不爆、无毒,对人体无刺激,不影响健康;船用制冷装置应具有更好的适应性,安全控制、运行调节及监视、记录系统更加完备。船舶冷藏制冷设备及备用机的主要要求应以我国《钢质海船入级与建造规范》为依据,渔船应以我国《钢质海洋渔船建造规范》为依据,所有设备配套件均应经船舶检验部门检验并认可后才能装船。

6.4.2 渔业冷藏船

目前渔船上常用的保鲜方式主要有 4 种:冰藏保鲜(−1～0 ℃)、冷海水保鲜(−1～0 ℃)、微冻保鲜(−5～−3 ℃)及冻结保鲜(−18 ℃及以下)。冰藏保鲜、冷海水保鲜及微冻保鲜方式的保鲜期一般不超过 2 周,其中冰藏保鲜与冷海水保鲜方式的保鲜期仅 1 周左右,其较短的储藏期仅适用于近海渔业作业,通常采用单级压缩制冷系统即可制取其所需的低温环境。对于进行远洋渔业作业的渔船(图 6-17),则需要采取冻结保鲜的方式来长期储藏渔获物,中国的渔船一般采用单机双级活塞式压缩制冷系统来实现渔获物的冻结保鲜。一般情况下,大多数渔获物在−18 ℃的冷藏温度下就可以长期储藏,而某些特殊渔获物则需要更低的冷冻冷藏温度,如南极磷虾采用−40 ℃冻结、−35 ℃冷藏;金枪鱼采用−55 ℃冻结、−50 ℃冷藏等。

图 6-17 远洋渔业冷藏船

1. 蒸气压缩制冷系统

船舶对制冷压缩机及其附属设备在重量、体积、安全可靠以及备件方面比陆用有更高的要求,这是因为远洋渔船在航行作业中只能做简单的检修。设计选用制冷压缩机时,首先应保证任何一台制冷机出故障时,其他制冷机连续运转能维持鱼舱设计的最低温度,确保捕到的渔获物不会变质。

在 441～588 kW 渔船中,机舱的面积压缩得较小,制冷设备和主辅机都安装在同一机舱内。《钢质海洋渔船建造规范》对氨系统的通风换气,以及针对氨所配备的安全保护设施要求较高,氨制冷系统的泄漏,将对船上轮机人员的操作环境造成严重破坏。因此船上较少采用氨作为制冷剂。

目前，国产渔船的制冷保鲜方式有冷却排管冰鲜（冰融冷鱼排管保持 0～4 ℃舱温）、微冻保鲜[微冻至 −3 ℃，在（−3±1）℃舱温下冷藏]、冻结冷藏（平板冻结器冻至 −20～−15 ℃，冻结能力 3～9.3 t/d，排管冷却舱温 −25～−18 ℃）3 种。制冷系统几乎全部为国产直接膨胀供液系统、压缩机制冷。

引进和国外有关渔船采用的制冷设备有：小型拖网冷冻渔船东海－150 采用 R12 活塞式双级机 1 台液泵供液打低温，R12 活塞式单级机 1 台直接膨胀供液打制冷冰鲜。鲁渔捕－600 采用 BCS－50M 型 R502 双级半封闭活塞式压缩机 1 台，$CaC1_2$ 盐水冷却打冻结。日本北转船 349GT，用制冰冰鲜、冻结冷藏保鲜方式。中型远洋拖网加工船开创、开拓等中型双甲板艉滑道拖网加工船采用螺杆式和活塞式压缩机 R22/ $CaC1_2$ 间接冷却，机械装卸冷海水预冷，冻结用卧式和立式平板冻结器，风冷冷藏舱。钓船奋斗号、远洋钓船采用 −60～−40 ℃低温冻结装置，主要应用 RL 型转子式、螺杆式和活塞式压缩机，制冷剂主要有 R717、R22、R502。

蒸气压缩制冷系统在渔船上有着广泛的应用，通过对制冷剂流量的调节来控制系统的制冷量，使冷藏舱温度处于一个较小的范围内波动，较冰藏保鲜而言冷藏舱的温度控制更为方便。蒸气压缩冷冻机冷冻效果好、效率高。但必须用柴油发电机产生的电力驱动，使柴油的消耗量增加，运行费用增加。

目前，中国及世界上大部分的渔船用制冷系统一般采用 R22 作为制冷剂，然而，根据《蒙特利尔议定书》，发达国家和发展中国家最晚将分别于 2020 年和 2030 年全面禁止使用该制冷剂。考虑到渔船运行时的摇摆环境及空间的有限性，寻找一种安全、高效、环保的可长期替代 R22 的制冷剂显得尤为重要。

目前，可用于替代 R22 的制冷剂分为两类：HFC 类工质、自然工质。其中 HFC 类工质主要有 R410A、R407C 及 R134a 等；自然工质中，NH_3 与 CO_2 的研究相对成熟。

2. 吸收式余热回收制冷系统

近海捕鱼的中小型渔船一般是带冰作业。由于中小型渔船吨位小，不可能装压缩式制冰机，装冰又占用巨大空间；与此同时，渔船上的柴油机约有 30%的热量从尾气排入大气而浪费。利用柴油机余热驱动的吸附式或吸收式制冰机可在不增加柴油机任何油耗情况下，仅回收其尾气余热即可实现制冰，满足渔民的需求。用于渔船的这种新的绿色制冷方式的研制开发，还处于理论分析和实验室试验阶段，鲜有安装于渔轮上并成功运行的先例。

图 6-18 显示了用于渔船保鲜的吸附制冷的冷冻水系统。采用沸石/水做工质对，两个沸石吸附单元 4a 和 4b 组成一个系统。每个单元由吸附器、冷凝器/蒸发器、水箱及搅拌器组成。吸附器的结构类似于壳管式换热器，沸石分子筛填入壳侧。两个单元通过切换阀 2 能相互转换它们的脱吸附过程。试验用的吸附单元由多根吸附制冷单元管组成，单元管上部作为吸附床充填沸石，下部做冷凝器/蒸发器。一个单元管含有 400 g 沸石 13X 和 120 g 的纯净水（此质量比作为样机的沸石/水质量比）。在解吸温度 200 ℃、吸附温度为大气环境温度、循环时间为 3 h 的情况下，一根单元管可以把 1 kg 的水，从 24 ℃冷却到 2 ℃。基于单元管的实验结果，已制成的中型吸附式冷冻水样机，其制冷能力设计为一个循环 3 500 kJ。测试结果显示，当随着柴油机负荷增加，排气温度增高时，样机制

冷能力增加而循环周期缩短。

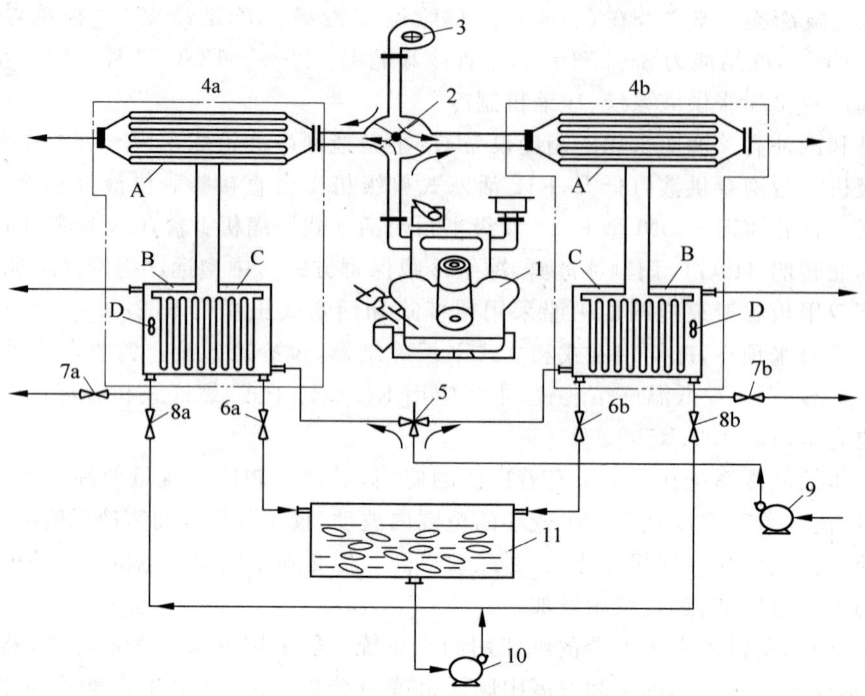

图 6-18　吸附制冷的冷冻水系统

1—柴油机；2—切换阀；3—送风机；4a，4b—沸石吸附单元（A—吸附器；B—冷凝器/蒸发器；C—水箱；D—搅拌器）；5—三通电磁阀；6a，6b，7a，7b，8a，8b—阀门；9，10—泵；11—储鱼箱

热能制冷可以直接利用燃料能、太阳能或余热能等，该过程比电能制冷系统至少少用一个透平机和发电机。虽然热能制冷的 COP 值较压缩式制冷低，但其利用的热源是低品位的初级能源，能源综合利用率并不低，特别是其直接应用太阳能和余热能时，它的能源综合利用率会有更大的提高。对于渔船柴油机，其尾气余热量较大，具有很大的回收利用价值，而捕捞量在 100 t 以下的渔船需带冰出海，很不经济。因此利用柴油机余热制冰是一个既节省能源利于环保又满足渔船冰量需求的有效途径，也是中小型渔船制冷系统发展的一个重要方向。

3. 渔业冷藏船制冷系统发展趋势

中国渔业发展起步较晚，且受到渔业发达国家技术封锁政策的影响，中国渔船的配套设施及渔业技术一直处于较低水平。中国的渔船用制冷系统几乎全部采用 R22 作为制冷剂，在渔船制冷系统、冷冻冷藏设备及渔获物保鲜技术方面均承袭于渔业发达国家。未来中国渔业冷藏船制冷系统发展趋势如下。

(1) 加快自主开发研究进度，实现船用配套的冷冻冷藏系统与设备的国产化，提升中国远洋渔业竞争力。

(2) 对利用渔船主机排烟余热驱动的吸附式/吸收式制冷系统在船上的使用做进一步研究，寻找合适的工质对，同时对系统进行改进，使得其在渔船上运行更加稳定，不仅更合理利用了主机燃料能源的余热，而且能节约成本为中小型渔船提供碎冰来冰藏渔获物。

(3) 制冷剂在一定程度上决定了制冷系统的性能，具有优秀的制冷性能的制冷剂可以使制冷系统小巧，且较低的工作压力还能使系统运行更加安全，因而在寻找合适的制冷剂来替代船用制冷系统中 R22 的应用应加大研究力度。

(4) 发展渔船用超低温(蒸发温度－65 ℃以下)制冷系统，为远洋渔业的发展提供支撑。

6.4.3　商用冷藏货船

我国海上冷藏运输任务主要由冷藏货船承担。为了适应运输的要求，提高船舶的通用性，海上冷藏运输大部分由设置冷藏货舱的一般杂货船完成，其吨位从几百吨到千吨以上。

图 6-19 为船舶典型冷藏货舱的布置图。该船及冷藏货舱均符合我国“海船建造规范”及国际造船通用技术要求。该船的冷藏货舱分 A、B、C、D 4 层，划分成 A、B 和 C/D 3 个冷藏分舱，总舱容积为 2 400 m^3。

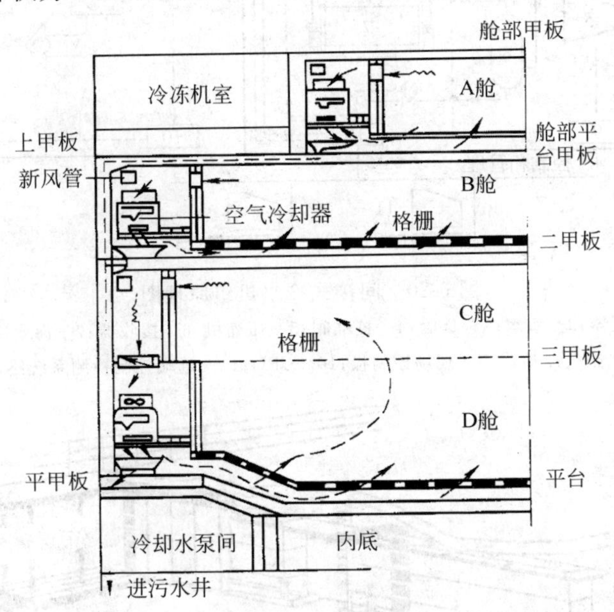

图 6-19　船舶典型冷藏货舱的布置图

冷藏货轮既可用于装冷藏货，也可用于装载杂货。冷藏船所采用的制冷装置有氨制冷装置和氟利昂制冷装置。专业冷藏船和渔船以氨制冷机为主，而一般冷藏船或冷藏货舱多采用氟利昂制冷机。制冷压缩机目前仍以活塞式为多。冷却方式有盘管冷却和吹风冷却两种。采用氟利昂制冷剂时，较多选用吹风冷却。冷藏船的供冷方式有干式直接供液、重力供液、氨泵供液及满液式直接供液等。

一般一艘冷藏船可能有许多货舱区域，而每个区域的冷藏温度不尽相同(－27～13 ℃)，这样要求选用多台制冷机组同时工作，设备的稳定性成了船厂和船东最关心的问题。图 6-20 是间接式冷水机组原理图，由 RCM(远端控制检测系统)控制机组运行。送风系统一般分为两种。早先为无风管系统，如图 6-21 所示。循环空气直接进入紧贴舱壁放置的冷风机(建议配置3速风扇,使最大货舱通风次数能达到90次/每小时)进行冷却,垂直进入铺在地板上的格栅,通过格栅上的小孔由下而上吹出冷风,最后由安装在天花板上的格栅回到冷风机再度冷却,周而复始,以达到保持设定库温的目的。近年来风管系统则被普遍采用,如图6-22所示。冷风机被放置在紧挨着冷藏舱室的另一房间内,回风通过舱壁上的格栅进入冷风机进行冷却,然后分别经过不同倾斜角度的风管进入地板层上的格栅垂直吹出,由此形成一个闭路循环。与无风管系统相比,它能更好地组织气流,且不占冷库的上部空间,但初投资比较大。以前在我国造的冷藏船也有一些沿用一般冷库的布局,配上若干个冷风机,但制冷效果远没有以上两种方案好,现已不大被采用。

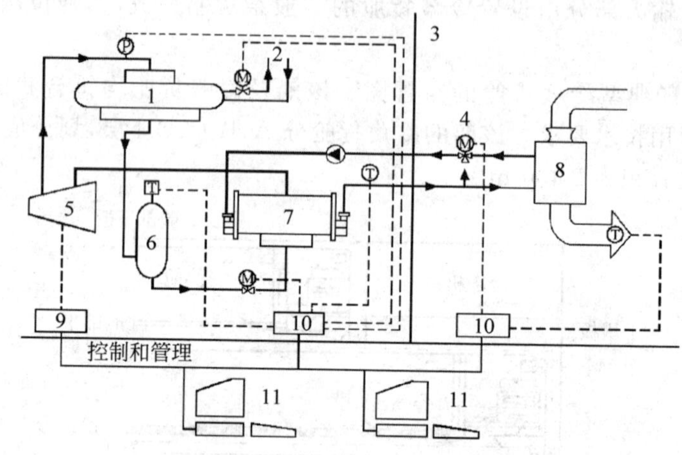

图6-20 间接式冷水机组原理图

1—冷凝器;2—海水;3—货舱;4—校准阀;5—压缩机;6—接收器;7—海水冷却器;8—空气冷却器;9—现场控制板;10—CPU;11—远端控制检测系统终端

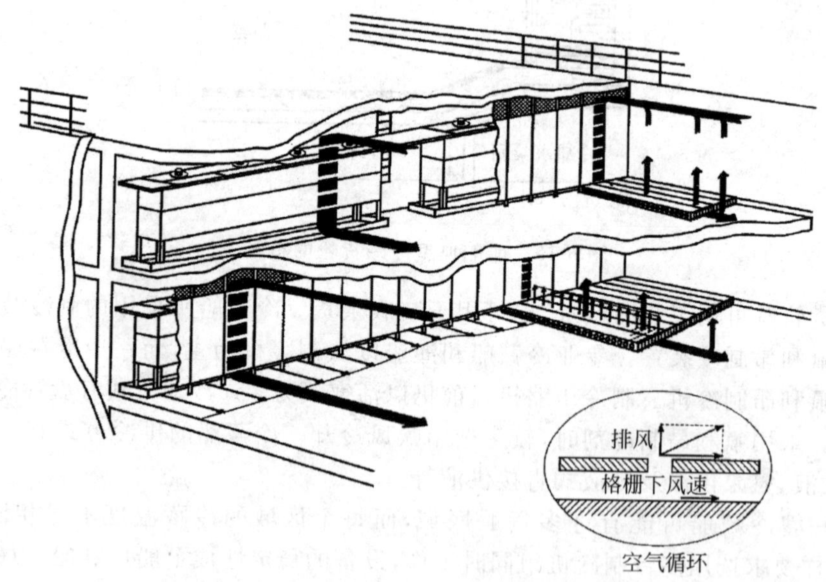

图6-21 无风管系统

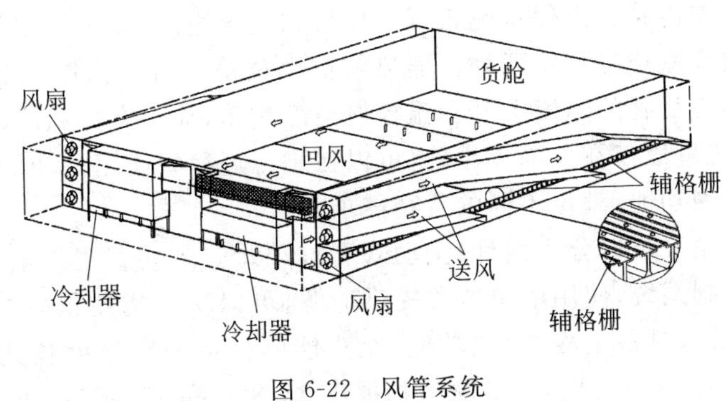

图 6-22 风管系统

6.5 航空冷藏运输装备

6.5.1 航空冷藏运输的特点

航空冷藏运输是现代冷链的组成部分，是市场贸易国际化的产物。航空运输是所有运输方式中速度最快的一种，但是运量小、运价高，往往只用于急需物品、珍贵食品、生化制品、药品、苗种、观赏鱼、花卉、军需物品等的运输。航空冷藏运输作为航空运输的一种方式，具有以下特点。

(1) 运输速度快。飞机作为现代速度最快的交通工具，是冷藏运输中的理想选择，特别适用于远距离的快速运输。然而飞机往往只能运行于机场与机场之间，冷藏货物进出机场还要有其他方式的冷藏运输来配合。因此，航空冷藏运输一般是综合性的，采用冷藏集装箱，通过汽车、列车、船舶、飞机等联合连续运输，被称为横跨集装箱运输，不需要开箱倒货，实现“门到门”快速不间断冷环境下的高质量运输。资料介绍，这种横跨运输费用在美国港口内已经降低到集装箱水路运输费用的 1/30，港口停留时间从 7 天降低到 15 h。

(2) 可广泛应用冷藏集装箱。航空冷藏运输是通过装载冷藏集装箱进行的，除了使用标准的集装箱外，小尺寸的集装箱和一些专门行业非国际标准的小型冷藏集装箱更适合于航空运输，因为它们既可以减少起重装卸的困难，又可以提高机舱的利用率，给空运的前后衔接都带来方便。

(3) 液氮、干冰作为冷源。由于飞机上动力电源困难、制冷能力有限，不能向冷藏集装箱提供电源或冷源，因此空运冷藏集装箱的冷却方式一般采用液氮和干冰。在航程不太远、飞行时间不太长的情况下，可以适当对货物预冷后保冷运输。由于飞机飞行的高空温度低、飞行时间短，货物能够较好地保持。

6.5.2 航空冷藏运输的装备

航空冷藏货物运输起始于 1928 年，首先由荷兰航空公司将鲜花、水果、蔬菜等易腐货物通过飞机运输到英国。1969 年，美国推出了航空用途的冷藏箱，标志着航空冷藏运输形成了完整的闭环。在后续的发展中金枪鱼、药品等高货值货物也加入了航空冷藏运输的货物清单中，航空冷链货物主要为高附加值货物。

飞机运输的航空冷藏箱由保温侧板、门、地板和顶板组成，满足一定的保温要求，有隔热航空冷藏箱和温控航空冷藏箱两种。隔热航空冷藏箱没有任何制冷和加热装置，仅提供保温箱体延缓预冷货物的温度上升。温控航空冷藏箱，除了有保温层以外，还有一个自动温控系统，该系统可以仅在地面使用，也可以在飞行过程中使用，实时调节箱内的温度，可以实现冷冻和冷藏功能，满足不同的货物需求。

温控航空冷藏箱又可以分为两种：主动式和被动式。主动式温控航空冷藏箱装备有一套主动式温控控制系统，使用电源装置提供能源，可以实现货舱精确控温，并且在飞行过程中也能保持运行，具备制冷、加热功能，至少能够保持一定温度长达 48 h，为冷冻货物提供可达−10 ℃及以下温度，为冷藏货物提供 2～8 ℃和 15～25 ℃的运输温度。被动式温控航空冷藏箱，是相对于主动式来讲的，在飞行过程中，没有采用主动电源，而是使用一种可消耗的冷媒作为能量进行温度控制，通常这种方法控温精确不高，只是将货舱温度控制在一个较大的范围内。这种冷媒可以是冰、干冰（可选升华控制装置）、惰性液化气（可选蒸发器装置）、相变材料等。

主动式温控航空冷藏箱和被动式温控航空冷藏箱在箱体结构上，最大的不同点是，主动式温控航空冷藏箱需要有一个独立的设备仓，用于安装制冷装置，而被动式温控航空冷藏箱对此没有要求。

普通的航空冷藏箱采用干冰作为冷媒，单位重量制冷量高，但是也具有一定的局限性，比如：控温精度不高，没有加热功能，不能与货物直接接触，通过间接传导的方式将冷量传递到货物存储空间，需要特殊的加冰基站等。同时，由于干冰被认为是航空运输中的危险物品，一般一个货舱不允许装载超过 200 kg，这样就限制了单机所能运输干冰冷藏箱的数量。因而，由于干冰制冷的航空冷藏箱使用限制，客户更多地追求使用范围更广、通用性更强、控温更精确的运输工具，采用机械制冷方式，自带电源的主动式航空冷藏箱可以更好地满足市场需求。

目前主动式航空冷藏箱主要由国外厂商提供。表 6-6 列出了目前国外的 3 种 RKN 主动式航空冷藏箱，包括内外部尺寸、内容积、自重，温控范围、电池等相关参数。

表 6-6 国外 3 种 RKN 主动式航空冷藏箱性能参数表

项　目	AcuTemp C safe RKN	Envirotainer RKN el	Aircontainer ATC-RKN
外形图片			
外形尺寸 ($L\times W\times H$)/mm	1 962×1 505×1 614	2 000×1 530×1 620	2 007×1 534×1 620
内部尺寸 ($L\times W\times H$)/mm	1 219×1 273×1 278	1 340×1 319×1 315	1 440×1 336×1 340
计费容积/m^3	1.975	2.3	2.6

续表

项　目	AcuTemp C safe RKN	Envirotainer RKN el	Aircontainer ATC-RKN
开门尺寸 ($W\times H$)/mm		1 340×1 315	1 364×1 340
总重/kg	15 562	15 562	15 562
箱体重量/kg	646	635	400
控温范围/℃	4～25	0～20	2～25
电源/V	交流 100～250	交流 100～240	交流 110～230
电池容量/Ah	220	220	171
电池运行时间/h	大于 100	大于 100	72
最大充电时间/h	8	8	4～12
认证	FAA,EASA	FAA,EASA	EASA

注：FAA(Federal Aviation Administration)，是指美国联邦航空管理局；EASA(European Aviation Safety Agency)，欧洲航空安全局。

在航空冷链标准方面，近年来国际航空运输协会(IATA)一直在努力推行"货运2000(Cargo 2000)"项目，即航空货运行业在世界范围内推行的行业质量管理标准目标，试图在一个可量化衡量航空货运公司流程效率的质量标准流程体系下执行流程。可以看出，Cargo 2000既是一个流程标准，也是IATA在全世界范围内推进的流程改进项目，目的就是要达到货物的准时交付，该项目通过在航空公司和代理人之间建立起严格的流程和双方必须遵守的时间概念，由此来推动行业树立起高质量的、让客户满意的运输理念。Cargo 2000的测量措施能帮助确保承运人履行承诺——按照预订舱位运输，有明确的截止时间，对冷链有严格的监控。但是全球冷链协会CCA(Cool Chain Association)已经先行一步，推出了"冷链质量指标"(Cool Chain Quality Indicators,CCQI)。它涵盖了各种运输方式，并要求供应链中的所有公司必须证明它们能符合冷链运输要求，还使用了风险评估方式来确立流程。深圳宝安机场在2007年就率先通过了Cargo 2000，成为内地首家通过此认证的航空地面操作代理，能够为各航空公司提供以国际公认的Cargo 2000为衡量标准的地面操作服务。

6.5.3 航空冷藏运输的发展前景

随着国民经济的发展和人民生活水平的提高，航空冷藏得到了快速发展。随着冷藏运输工具、冷藏技术的发展和普及程度的提高、冷藏集装箱联运组织系统的改善，横跨集装箱运输的费用大幅下降，运输时间大大缩短。人们对航空冷藏运输的需求量越来越大，如高级宾馆的生鲜山珍海味、特种水产养殖的苗种、跨国的花卉业、观赏鱼等，经常采用航空冷藏运输的方式，因此，航空冷藏运输是很有发展前途的行业。

6.6 冷藏集装箱

6.6.1 冷藏集装箱的定义及类型

1. 冷藏集装箱的定义

集装箱是一种标准化的运输工具，根据国际标准化组织的定义，它应具备下列条件。

(1) 具有足够的强度，可长期反复使用。

(2) 适用于一种或多种运输方式运送，途中转运时，箱内货物不需换装。

(3) 具有快速装卸和搬运的装置，特别便于从一种运输方式转移到另一种运输方式。

(4) 便于货物装满和卸空。

(5) 具有 1 m^3 及其以上的容积。

凡具有隔热的箱壁(包括端壁和侧壁)、箱门、箱底和箱顶，能阻止内外热交换的集装箱被称为保温集装箱(thermal container)。保温集装箱是一个总称，根据中华人民共和国国家标准 GB/T 7392—1998《系列 1 集装箱的技术要求和试验方法　保温集装箱》的分类，保温集装箱中常见的冷藏集装箱种类和定义详见表 6-7。

表 6-7　冷藏集装箱种类和定义

代码	冷藏集装箱种类	定　义
30	耗用冷剂式冷藏集装箱	指采用液态之类做制冷剂的带有或不带蒸发控制的集装箱。此类集装箱泛指各种无须外接电源或燃料供应的保温集装箱
31	机械式冷藏集装箱	设有制冷装置(如制冷压缩机组、吸收式制冷机组等)的保温集装箱
32	制冷/加热集装箱	设有制冷装置(机械式制冷或耗用制冷剂制冷)和加热装置的保温集装箱
45	隔热集装箱	不设任何固定的临时附加的制冷和/或加热设备的保温集装箱
46	气调或调气装置的冷藏和加热式集装箱	设有冷藏和加热装置并固装有一种调气设备，可以产生和/或维持一种修饰过的空气成分的保温集装箱

2. 冷藏集装箱的类型

1) 耗用冷剂式冷藏集装箱

耗用冷剂式冷藏集装箱(expendable refrigerated container)主要包括冷冻板冷藏集装箱、干冰冷藏集装箱和液氮冷藏集装箱。

冷冻板冷藏集装箱是指采用冷冻板，利用低温共晶液进行储冷和供冷的集装箱。

干冰冷藏集装箱和液氮冷藏集装箱，是利用干冰或液氮在大气压力下汽化温度低的特点，用干冰或液氮在汽化时所吸收的潜热和升温显热，达到制冷效果。采用干冰或液氮制冷所用设备简单，无运动部件，降温快，制冷过程中无须动力电源供应。

耗用冷剂式冷藏集装箱的特点是在运输过程中，不需要外接电源或燃料供应等，无任何运动部件，维修保养要求低。其主要缺点是：无法实现连续制冷；贮冷剂放冷或消耗后必须重新充冷或补充；较难实现精确温度控制；制冷设备占用空间较大。耗用冷剂式冷藏集装箱只能适应小型冷藏集装箱的短距离运输。目前耗用冷剂式冷藏集装箱只在区域性短途冷藏运输中尚有使用，而在国际冷藏运输中已无使用并有逐步淘汰的趋势。

2）机械式冷藏集装箱

根据 GB/T 7392—1998 的分类，机械式冷藏集装箱（mechanically refrigerated container）是指“设有制冷装置（如制冷压缩机组、吸收式制冷机组等）的保温集装箱”。制冷/加热集装箱是指“设有制冷装置（机械式制冷或耗用制冷剂制冷）和加热装置的保温集装箱”。在实际应用中，通常把这两类保温集装箱统称为“机械式冷藏集装箱”。

机械式冷藏集装箱不仅有制冷装置，而且同时具有加热装置，可以根据需要采用制冷或加热手段，使冷藏集装箱的箱内温度控制在所设定的温度范围内：一般机械式冷藏集装箱的箱内控制温度范围为－18～38 ℃。

机械式冷藏集装箱以压缩式制冷为主：当机械式冷藏集装箱在船上运输或集装箱堆场时，由船上或陆上电网供电；而当机械式冷藏集装箱在陆上集装箱专用拖车运输时，一般由车载柴油发电机供电。

机械式冷藏集装箱是当前技术最为成熟、应用最为广泛的一种冷藏运输工具。

3）隔热集装箱

隔热集装箱（insulated container）是指不设任何固定的、临时附加的制冷或加热设备的保温集装箱：隔热集装箱是一个具有良好隔热性能的集装箱。为实现其保温功能，必须要有外接制冷或加热设备，向箱内输送冷风或热风以达到保温目的。

隔热集装箱的特点是箱体本身结构简单，箱体货物有效装载容积率高，造价便宜。适合大批量、同品种冷冻或冷藏货物在固定航线上运输。其缺点是缺少灵活性，对整个运输线路上的相关配套设施要求高。

隔热集装箱在 20 世纪 70 年代前曾经是国际冷藏保鲜货物的主要运输工具之一，随着 80 年代之后机械式冷藏集装箱的大量使用，隔热集装箱已逐步被更为灵活的机械式冷藏集装箱所取代，但在某些具有稳定货源的航线上仍有使用。

4）气调冷藏集装箱

气调冷藏集装箱（CA refrigerated container）具有一般机械式冷藏制冷或加热功能，同时气调冷藏集装箱装有一种调气设备，可以产生和维持一种处理过的空气成分，以减弱新鲜果蔬的呼吸量和新陈代谢强度，从而减缓果蔬的成熟进程，达到保鲜的目的。

气调保鲜的关键是调节和控制货物贮存环境中的各种气体的含量。目前最常见的是采用充氮降氧的方法来降低环境中的氧气含量，控制乙烯含量，减缓果蔬成熟。气调冷藏集装箱的气密性要求较高，一般要求漏气率不超过 2 m^3/h。

采用气调冷藏运输具有保鲜效果好、贮藏损失少、保鲜期长和对果蔬无任何污染的优点。

由于目前实际应用中以机械式冷藏集装箱和隔热集装箱为主，因此本章主要介绍隔热集装箱和机械式冷藏集装箱，尤其以机械式冷藏集装箱为主。

3. 冷藏集装箱的尺寸和计量单位

国际通用冷藏集装箱作为一种标准化的运输工具，其外观尺寸必须符合 ISO 668：1995 和 GB/T 1413—2008 的有关规定，而冷藏集装箱内部尺寸则由于制造厂家的不同而有所变化，但冷藏集装箱的最小内部高度为集装箱外部高度减 241 mm，最小内部宽度为 2 330 mm，最小门框开口宽度为 2 286 mm，冷藏集装箱最小内部长度和门框开口高度可参见 GB/T 1413—2008《系列 1 集装箱分类、尺寸和额定质量》的有关规定。

从 表6-8所列冷藏集装箱的外形尺寸中可看出，各种型号冷藏集装箱的宽度均为

表 6-8 冷藏集装箱的外形尺寸和允许公差

集装箱型号	长度 L				宽度 W				高度 H				额定质量 R（总质量）	
	/mm	公差/mm	/ft in	公差/in	/mm	公差/mm	/ft in	公差/in	/mm	公差/mm	/ft in	公差/in	/kg	/1b
1AAA	12 192	0～10	40ft 或 40′	$0\sim\frac{3}{8}$	2 438	0～5	8ft 或 8′	0～3/16	2 896	0～5	9ft6in 或 9′6″	0～3/16	30 480①	672 002
1AA									2 591	0～5	8ft6in 或 8′6″	0～3/16		
1A									2 438	0～5	8ft 或 8′	0～3/16		
1AX									<2 438		<8ft 或 8′			
1BBB	9 125	0～10	29ft11 $\frac{1}{4}$in 或 29′11 $\frac{1}{4}$″	$0\sim\frac{3}{16}$	2 438	0～5	8ft 或 8′	0～3/16	2 896	0～5	9ft6in 或 9′6″	0～3/16	25 400①	560 002
1BB									2 591	0～5	8ft6in 或 8′6″	0～3/16		
1B									2 438	0～5	8ft 或 8′	0～3/16		
1BX									<2 438		<8ft 或 8′			
1CC	6 058	0～6	19ft10 $\frac{1}{2}$in 或 19′10 $\frac{1}{2}$″	$0\sim\frac{1}{4}$	2 438	0～5	8ft 或 8′	0～3/16	2 591	0～5	8ft6in 或 8′6″	0～3/16	24 000①	529 002
1C									2 438	0～5	8ft 或 8′	0～3/16		
1CX									<2 438					
1D	2 991	0～5	9ft9 $\frac{3}{4}$in 或 9′9 $\frac{3}{4}$″	$0\sim\frac{3}{16}$	2 438	0～5	8ft 或 8′	0～3/16	2 438	0～5	8ft 或 8′	0～3/16	10 160①	22 400
1DX									<2 438		<8ft 或 8′			

① 某些国家对车辆和装载货物的总质量有法规限制(如铁路和公路部门)。

2 438 mm；长度有 12 192 mm、9 125 mm、6 058 mm 及 2 991 mm 4 种。箱高为 2 438 mm 的集装箱的型号为 1A、1B、1C 及 1D，箱高为 2 591 mm 的集装箱为高箱，其型号为 1AA、1BB 及 1CC，箱高为 2 896 mm 的集装箱为超高箱，其型号为 1AAA 和 1BBB。

国际上集装箱的计量单位用 TEU（twenty feet equivalent units）来表示，TEU 又称 20 ft 换算单位，是计算集装箱箱数的换算单位。目前各国大部分集装箱运输，都采用 20 ft和 40 ft 两种集装箱。为使集装箱箱数计算统一化，20 ft 集装箱作为一个计算单位，40 ft 集装箱作为两个计算单位，以便于统一计算集装箱的营运量。

6.6.2　冷藏集装箱及其制冷机组

1. 隔热冷藏集装箱

隔热冷藏集装箱（insulated reefer container）本身是一种具有良好隔热性能的集装箱，所有箱壁均采用热导率低的隔热材料制成。如图 6-23 所示，在箱子的一端有两个风口，下部为送风口，上部为回风口，风口可通过专用接头与制冷装置的供风系统相连。从隔热冷藏集装箱上部回风口抽回的回风，经制冷装置冷却降温后，再分别送入集装箱的下部送风口。低温空气从送风口进入箱内后，先进入箱底风轨，再向上经过货物后，从回风口被抽回到制冷装置，以达到对冷藏货物降温、保温的目的。

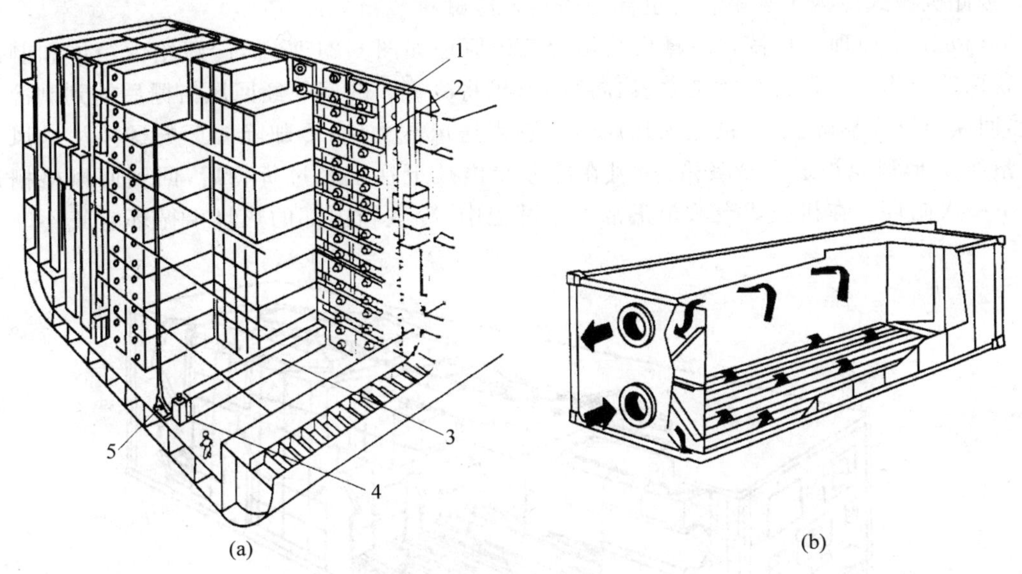

图 6-23　隔热冷藏集装箱

(a) 结构与装载方式；(b) 气流流动情况

1,3—风管；2—送风机；4—空气冷却器；5—排风机

由于隔热冷藏集装箱必须依赖于其外部的制冷与送风装置进行工作，因此在使用中有明显的局限性。

隔热冷藏集装箱本身无任何制冷能力，必须依赖外部制冷装置与系统来维持其正常的工作。当集装箱处于船舶运输途中时，采用船舶集中式制冷系统向冷藏箱供冷，但货舱中必须有隔热冷藏集装箱专用设施，且冷藏箱只能装载在船舶货舱内。由于船舶制冷装置不可能提供太多种送风温度，且各冷藏箱的回风经汇合后返回到集中式制冷装置处，即各箱的回风存在混合问题，因此隔热冷藏集装箱较适合运送同品种的冷藏货物。另外，只有当冷藏箱的数量足够多时，集中式制冷装置才能显示其经济性。因此，隔热冷藏集装箱只有在运送大批量、同品种的冷藏货物时，其经济性才能得到充分体现。

当隔热冷藏箱处于集装箱堆场时，可采用集装箱堆场的集中式制冷系统向冷藏箱供冷，以维持冷藏箱的正常工作。因此，保证隔热冷藏箱正常工作的必要条件是：集装箱所途经的堆场，必须要有能维持冷藏箱正常工作的集中式供冷装置和设施。

当隔热冷藏箱处于车辆运输途中时，一般采用壁挂式(clip-on)制冷装置向冷藏箱供冷，以保证隔热冷藏箱的正常工作。

目前国际上隔热冷藏箱主要用于澳大利亚与欧洲及美国之间、欧洲与南美之间的肉类和季节性水果的运输。隔热冷藏集装箱的制造在20世纪70年代达到顶峰，但由于隔热冷藏集装箱在使用上的局限性，目前除在具有稳定的大批量货源的部分航线上仍有使用外，隔热冷藏集装箱已逐步被使用上更具灵活性的机械式冷藏集装箱所取代。

2. 机械式冷藏集装箱

机械式冷藏集装箱由具有良好隔热结构的集装箱和与箱体构成一体的机械制冷装置组成。机械式冷藏集装箱的外形尺寸是标准的20 ft或40 ft。制冷装置藏在箱体的一端，因此机械式冷藏集装箱有时也称为内藏式冷藏集装箱。

(1) 工作原理。机械式冷藏集装箱的工作原理如图6-24所示，冷藏箱由箱体和制冷装置两部分组成。制冷装置的蒸发器离心风机将冷藏箱的回气经回风格栅后抽到制冷装置，回风经蒸发器降温后，被送入送风道并进入送风压力室；冷却降温后的送风从送风压力室经T形风轨被送入冷藏箱，冷风在冷藏箱内从下往上经过货物后，回到回风格栅进入下一次循环。在机械式冷藏箱正常工作过程中，冷藏箱内部的热量由循环空气不断带

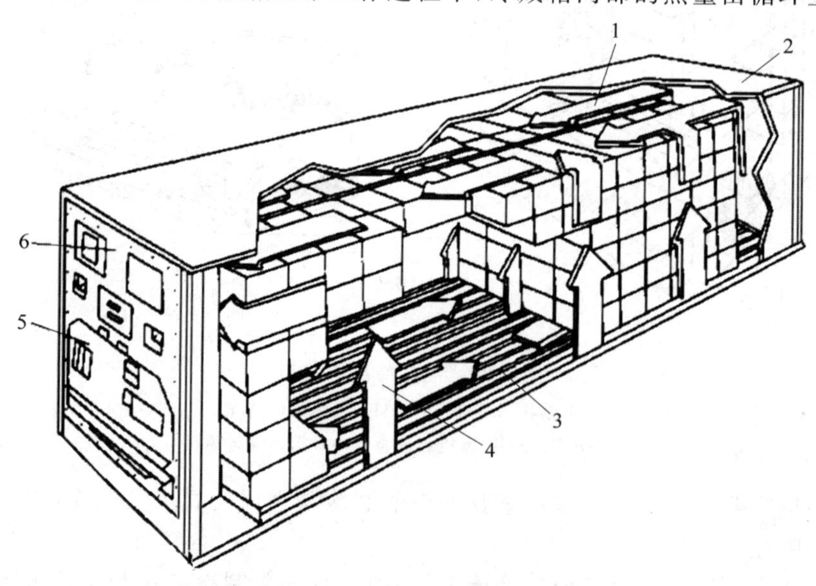

图6-24 机械式冷藏集装箱的工作原理

1—回风气流；2—箱体；3—通风轨道；4—送风气流；5—制冷机组；6—冷风机位置

回到制冷装置;制冷装置中的制冷剂则不断地将热量从蒸发器带到冷凝器,并经冷凝器将热量排至周围环境中。

(2) 运行模式。机械式冷藏集装箱根据设定温度,可分为冷藏工况和冷冻工况两种。当设定温度为－9.9 ℃及以上时,为冷藏工况;当设定温度为－10 ℃及以下时,为冷冻工况。

在冷藏工况下,机组的运行模式有“制冷”“加热”“融霜”3 种;在冷冻工况下,机组的运行模式有“制冷”“空运行”“融霜”3 种。

所谓“空运行”模式,就是指在冷冻工况下,当回风温度降至低于设定温度 1 ℃(不同机组可以有不同值)以下时,冷藏集装箱机组控制器要求进入“空运行”模式。在“空运行”模式下,控制器停止压缩机和冷凝器风机运转;切断供液电磁阀供电;蒸发器风机继续运转(除非在“经济运行”模式);压缩机至少停机 5 min。

为达到节能效果,机组可以选择在“经济运行”模式或“正常运行”模式运行。通常蒸发器风机为双速风机,控制器根据设定温度和是否为经济运行模式来决定蒸发器风机的转速。

当机组处于“正常运行”模式运行时,在冷藏工况下,蒸发器风机持续高速运转;在冷冻工况下,蒸发器风机低速运转,低速转速为高速时的一半。

当机组处于“经济运行”模式运行时,在冷藏工况下,当温度达到设定温度范围时,控制器使蒸发器风机低速运行,节省耗功;在冷冻工况下,当回风温度降至低于设定温度 1 ℃以下时,机组从“制冷”模式转入“空运行”模式,控制器停止压缩机和冷凝器风机,蒸发器风机从低速变为停止,以达到节能目的。

3. 气调集装箱

(1) 气调运输的发展及其优点。20 世纪 70 年代末 80 年代初,国外开始利用气调集装箱进行海上或陆上长途运输。经过不断的努力和完善,目前各水果出口大国已经利用气调集装箱把本国水果运输到全球更多的地方,从而占据更大的市场份额。例如,把香蕉从拉丁美洲运至欧洲和亚洲,把新西兰的猕猴桃、油桃从智利运到美国等。此外,许多名贵果蔬和热带水果采摘后仅能存放 7～14 d,以往只能空运,现在则可以实现海运或陆运。实践证明,气调运输可以选择成熟度较高、风味更好的果实,无须担心到达目的地时会“熟过头”;它还能减少果实内部生理紊乱和各类病害的出现,降低损耗率;与传统冷藏运输相比,果实到岸状态均匀、货架期长,更受销售商欢迎。

(2) 气调集装箱的要求和类型。

① 对气调集装箱的要求。水果的大规模气调运输离不开气调集装箱的发展,不管在海上还是在陆上的运输过程中,各种设备的工作环境远比气调库中恶劣,所以对气调集装箱及其内部设备有很高的坚固性(能经受途中摇晃、颠簸)、可靠性(无须在途中进行维修)和方便性(操作人员往往并非专业人士)要求。

与气调库一样,气调集装箱的使用效果和运行费用受气密程度的影响,所以要求它具有良好的气密性。早期,由于技术不成熟,甚至有些产品就是在冷藏集装箱内加装一套气调设备,却没有采取密封措施,漏气率往往达到 5 m^3/h 或更多。针对泄漏主要发生在箱门这一现象,生产商采取的措施有:靠磁力将一层塑料帘吸在门框内部(意大利 Isocell 公司)，将双扇门改为特制的单扇门等。现在，经过良好设计和安装的集装箱漏气率低于 1 m^3/h。

气调集装箱是在冷藏集装箱的基础上发展而来的。目前有些产品即为原来生产冷藏集装箱的公司生产的，有些则是与气调设备生产商合作的产物。与冷藏集装箱一样，气调集装箱的外形尺寸是标准化的，但是气调设备往往会占据一定的储藏空间，所以各生产商的一大任务就是在保证使用效果的前提下，尽量缩小气调设备的外形尺寸，使整套设备紧凑。

② 气调集装箱的类型。装备完整的气调集装箱非常类似于一座小型气调库，除制冷系统外，还配备了膜分离制氮机、碳分子筛 CO_2 脱除机、催化氧化除乙烯机、加湿设备、减湿设备、计算机控制记录系统等。

按照降氧方法的不同，气调集装箱分成两类。

(a) 采用充气法的气调集装箱。图 6-25 为采用充气法的气调集装箱结构原理图。装满货物后，用 N_2 和 CO_2 的混合气体冲洗箱内，来迅速降低 O_2 浓度，提高 CO_2 浓度。早期产品是在码头装满货物后，直接向箱内充注预先配制好的混合气体。此后的运输过程中，依靠气体成分测控装置，O_2 浓度降低时通入新风，CO_2 浓度升高时进行脱除。但如果箱体密封性能差，渗进的 O_2 会多于果蔬呼吸耗氧量，O_2 浓度就无法维持在所需的低水平上，同样 CO_2 也无法维持在一定的高水平上。为此，有些产品改为携带液氮钢瓶和干冰，运输过程中，根据箱内气体环境的变化情况，自动进行充氮降氧、通风增氧、充入或脱除 CO_2 等操作。这类集装箱的早期代表产品是美国加州 Transfresh 公司于 20 世纪 90 年代末推出的 TectrolCA 系统。该系统的主要优点是初投资少，缺点是运行费用高，并且需要依赖果蔬的呼吸作用，不是一个完全独立的系统，故有人认为不能称其为 CA 集装箱，而只能称其为 MA(modified atmosphere)集装箱。

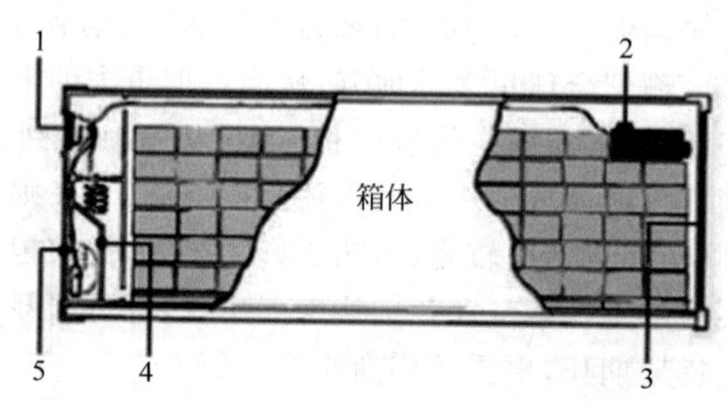

图 6-25　采用充气法的气调集装箱结构原理图

1—控制器；2—CO_2 洗涤器；3—后门密封帘；4—注入口；5—通信口

(b) 依靠制氮机来降氧的气调集装箱。该类气调冷藏集装箱基本原理是将压缩气体通过氮气发生器、二氧化碳脱除机、乙烯脱除机等装置进行氮氧分离，在向集装箱内充氮的同时，利用制冷系统和加湿系统调整到运输食品所需要的温湿度，并将车内原有的气体抽出，排出集装箱，使箱内的食品始终处于一个恒温恒湿的低氧化状态，从而达到运输过程中保持食品新鲜度的目的。图 6-26 为依靠制氮机来降氧的气调集装箱结构原理图。

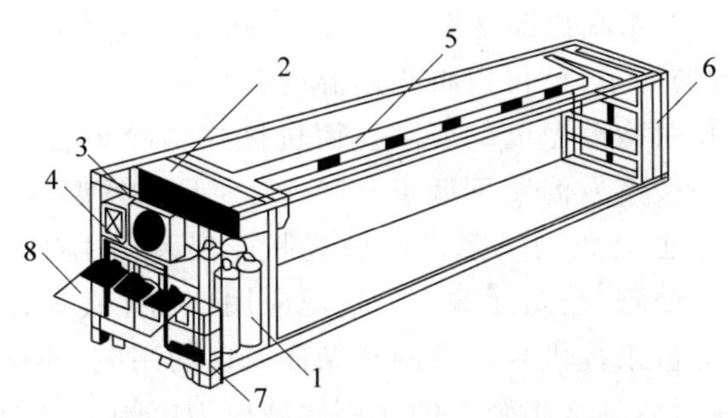

图 6-26 依靠制氮机来降氧的气调集装箱结构原理图

1—制氮机组；2—制冷机组；3—风机；4—加湿机；5—风道；
6—密封门；7—动力设备；8—设备维护门

4. 干冰为冷源的冷藏集装箱

(1) 干冰作为冷源的冷藏集装箱的优点。

① 制冷量大，降温速度快。干冰的制冷量较大，常压下干冰的温度为－78.9 ℃，汽化热为 573 kJ/kg。1 kg 干冰变为 25 ℃时 CO_2 气体能吸收 653 kJ 的热量，而 1 kg 的液氮(－196 ℃)转化成 25 ℃的氮气时吸收的热量为 411 kJ，只有干冰的 60%。可见，使用干冰做冷源需要的干冰量仅是液氮的 60%。

另外，由于干冰制冷是利用干冰升华制冷，制冷过程快，而且还可以方便地通过箱内温度调节系统调节干冰的汽化量，因而能在较短的时间内使冷藏集装箱内温度达到要求温度。而机械式冷藏集装箱从制冷系统起动到系统输出最大制冷量有一个较长的工作过程，最大制冷量的输出还受到制冷机组的限制，因而其降温速度较之干冰制冷要慢得多。

② 结构简单，运行可靠，成本低廉。干冰为冷源的非机械式冷藏集装箱系统利用干冰升华时较大的汽化热和较低的汽化温度来实现制冷目的，它除了干冰储存及温度控制装置外，没有其他任何运动部件，这样就大大地减少了故障出现的可能，提高了运行的可靠性，同时也降低了维修费用。比较而言，机械式冷藏集装箱的制冷系统结构复杂，零部件多，而且工作压力高(一般为 114 MPa 左右)，非常容易出现设备故障和系统泄漏，维修工作量大、费用高。有关统计资料显示，机械式制冷系统的折旧费大约是非机械制冷的 218 倍，维修费约为非机械制冷的 514 倍。而且干冰为冷源的冷藏集装箱没有制冷机组，制造成本相对也要低。

另外，与液氮制冷集装箱相比，干冰冷藏集装箱有两大成本优势，第一是干冰每升的价格比液氮的价格低得多；第二是干冰制冷集装箱的机构简单，它在使用前通过外置减压装置将高压液态 CO_2 转化为常压雪花状干冰，充灌到集装箱的冷源存储室，集装箱自身不带减压装置，这比液氮制冷集装箱少了一套喷淋装置，同时也进一步提高了其运行可靠性。

③ 充灌速度快，使用方便。在冷源存储室内的雪花状干冰是由高压液态 CO_2 经减压装置减压后形成的，其充灌速度较快，可以达 60～100 kg/min，以 20 ft 冷藏集装箱为例，一天干冰的消耗量为 500 kg，如一次要充灌 5 d 使用的干冰，即 2 500 kg，充灌时间仅为 25～42 min，这比冷板式冷藏集装箱的冷板蓄冷时间要短得多，而且充灌方便、操作简单，无须冷源的搬运，也无须专业人员操作。

④ 应用领域广阔。干冰汽化温度低，常压为−78.9 ℃，以干冰做冷源的冷藏集装箱只要通过温度控制装置的调节，就可以将箱内温度调节到−78.9 ℃至常温下的任何一个温度，满足不同冷藏货物对冷藏温度的要求。而机械式制冷集装箱由于受到所用制冷剂以及制冷系统的限制，一般蒸发温度不低于−30 ℃，而且蒸发温度越低，冷机的运行工况越恶劣，制冷系统的效率也会急剧下降。机械式制冷集装箱由于用电量大，需要额外电源，供电问题制约了它在铁路、公路运输中的广泛应用。而干冰制冷集装箱不存在这方面的问题，它只需少量的电量来提供自动控制和循环风扇的用电，而这可以通过蓄电池来提供，无须外加电源，因此干冰制冷集装箱的应用领域更为广阔。

⑤ 兼有冷藏运输和气调运输双重功能。干冰制冷的降温速度快，降温时对食品组织的细胞破坏较小，而且低温的 CO_2 气体从箱体顶部导入箱内，更增加了一定量的通风量。箱内温度很容易达到均匀，食品能够很快地整体处于冷的储存环境，有效地防止了食品变质。另外，CO_2 气体无色、无味、无毒，是一种化学性质稳定的惰性气体，可以遏制果蔬的氧化呼吸过程，是一种理想的气调保鲜气体，目前广泛应用于气调保鲜中。因此，干冰制冷集装箱可以引入汽化了的 CO_2，提高箱内 CO_2 的浓度，起到气调保鲜作用；同时，由于果蔬呼吸作用受到遏制，呼吸热减少，减少了箱内热负荷，使干冰消耗量减少很多；当然必须通过引入一定的新鲜空气来调节集装箱内空气的成分，因为过高的 CO_2 含量反而会引起水果腐烂。

(2) 发展干冰为冷源的非机械式制冷集装箱所存在的问题。虽然以干冰为冷源的冷藏集装箱优势众多，但现在各国仍处于实验开发阶段，要投入实际应用还存在以下几方面问题：一是冷藏集装箱箱体设计，要求箱体有更好的隔热性能和更高的气密性；二是箱内温度的控制，要求箱内各处温差尽量小；三是解决箱内食品的污染问题，主要是部分食品在高浓度 CO_2 环境中表面会发黑，影响外观；四是箱内容积的利用率要提升。

6.6.3 冷藏集装箱应用

1. 冷藏集装箱使用的一般要求

(1) 冷藏集装箱装货后应检查冷藏或冷冻货的原有质量，并在货单上加以说明。

(2) 在装箱过程中，应严格装货堆码原则，避免冷风短路造成降温不平衡，降低制冷装置的制冷效率。

(3) 冷冻货长距离运输时，箱内设定温度与实际温差不能超过 3 ℃；若运送冷却货，其温度误差应不大于 0.5 ℃，最好不大于 0.25 ℃。

(4) 集装箱运送新鲜水果、蔬菜等，应及时打开通风口进行通风换气，但运送冷冻货时应关闭通风口。

(5) 在运送纸盒包装的冷却货时，应根据室外气温及湿度情况及时进行通风，保持箱内空气的干燥，防止包装箱外表面结露。

2. 冷藏集装箱的降温、保温性能要求和箱内温度分布

1) 冷藏集装箱降温、保温性能

冷藏集装箱运送冻结货物时通常使用温度不高于−18 ℃。一般，20 ft(610 cm)冷冻集装箱的平均降温速度(空箱)为 31 ℃/h。但装货后，由于货物热容量较大，降温速度会大大减慢，有时达到设定温度要求需要 15～16 h。若进货温度较高，则达到设定温度需要 2～3 d。

冷藏集装箱箱内的温度升、降速度与箱内装载货物有关，当达到设定温度范围(−18±3) ℃后，应维持其箱内温度的稳定。但在计算冷藏箱不制冷时的箱内温升时，可采用如下经验公式作为标准值计算：

$$冷却货(不通风时) = 00\,054 \times (t_1 - t_0) \quad (℃/h)$$

$$冷冻货 = 00\,067 \times (t_1 - t_0) \quad (℃/h)$$

式中，t_1、t_0 分别为外界温度和箱内温度，℃。

2) 冷藏集装箱箱内温度分布

目前，国内外广泛采用的冷藏集装箱的冷风循环均采用“上送下回式”，即冷风从制冷装置的下部吹出。冷风从箱内底部通风轨吹出，经过货物、箱内侧板、门板，吸收热量再上升到箱体上部，最后为冷风机吸入，进而经蒸发器吸收热量，降温后再从下部吹出，如此冷风循环实现箱内的降温，为了保持箱内温度的均匀，箱内强制循环的风机除在融霜期外，需要不停地转动运行；为了保持箱内的低温，蒸发器进、出口的空气必须有一定的温差；蒸发器吸收箱内回风的热气，使其降温，再以更低的温度向箱内吹送。

冷藏集装箱至少有两个温度传感元件(传感器)。一个装在蒸发器下部冷风出口处，感应送风温度，这也是箱内最低温度；另一个装在回风口，感应箱内回风温度，即箱内最高温度。通常以回风温度代表箱内实际温度。但在运送水果、蔬菜时，为防止货物冻坏，把送风温度作为箱内实际温度，以保证运输货物的质量。

事实上，冷藏集装箱运送冷却货时，为防止货物发生“冻伤”或腐烂变质，对运送过程的温度控制精度要求更高，相对而言，运送冷冻货时，其温度控制精度较低一些；此外，为提高运送冷却货的温度控制精度，在制冷装置的制冷系统中装有热气旁通阀、吸气调节阀等能量控制装置，以实现制冷装置按制冷实际要求调节制冷量的供给。

冷藏集装箱装载之后，由于堆码的原因可能会造成箱内温度的不均匀。通常箱底送风口温度最低，而回风口和箱门端的下部温度最高。运送冷却货时，由于水果、蔬菜呼吸热的作用，可能使货物中心部位温度偏高。图 6-27 即为用 20 ft 集装箱运送 20 t 苹果的箱内温度场分布试验。在环境温度 40 ℃、箱内温度设定为 2.5 ℃的条件下，测得图 6-27 中各区的温度值为：A 区(2.5～3.6 ℃)、B 区(3.0～3.5 ℃)、C 区(3.5～4.0 ℃)、D 区(4.0～4.5 ℃)、E 区(4.5～5.0 ℃)、F 区(5.0～5.5 ℃)、G 区(5.5～6.0 ℃)、H 区(6.0～6.5 ℃)。

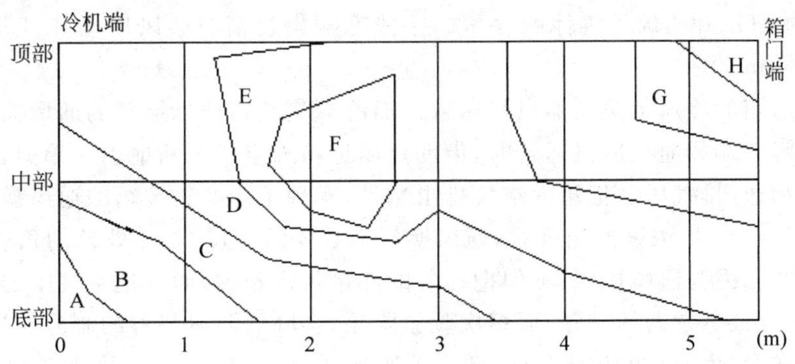

图 6-27　用 20 ft 冷藏集装箱运送 20 t 苹果的箱内温度场分布试验

3）冷藏集装箱货物运送温度和换气

(1) 货物运送温度。冷藏集装箱运送食品时，为保证运送质量必须维持一定的箱内温度。在冷藏集装箱使用过程中，承运人员应确保冷藏箱在设定温度下，使之稳定运行。实际上冷藏集装箱的运送温度，既是冷藏货质量的保证温度，也是制冷机经济运行温度。不过在冷藏集装箱使用中，对箱内温度原则上按货主要求确定。

目前，国外在运输冷冻食品时，一般都以 1960 年美国食品医药协会所推荐的运输温度（−18 ℃）为标准。这一标准，也为世界大部分国家所接受。在欧洲，对冷冻食品的温度要求多采用−20 ℃为标准。

(2) 箱内送风温度与回风温度。冷藏集装箱既能装运冷却货，又能装运冷冻货。故在温度控制上必须兼顾二者不同的要求。装运冷却货时，如蔬菜类产品，货物比较娇嫩，既需要冷却，又怕"冻伤"，故其温度不能过低；但装运冻货时，则在允许的范围内，其温度越低越好。

实际使用的冷藏集装箱的箱内温度也是不均匀的。一般在制冷机起动时送风温度较低，回风温度因冷风在箱内吸热，温度较高，在制冷机停止运行时，其送、回风温差仅为 2 ℃左右。

由于冷藏集装箱送风温度变化范围大，而冷却货物对温度的敏感性高，因此，在冷藏箱设计时必须予以考虑。通常冷藏集装箱制冷装置均有一个设定温度临界点（−5 ℃或−10 ℃）。

在临界点以上时为冷却运行模式，采用送风温度控制的方式，用来运送果蔬、花卉类货物，以防止"冻伤"；在临界点以下时为冻结运行模式，采用回风温度控制方式，控制冷藏集装箱冷冻货物的最高运送温度，保证运送质量。

由于冷却货物对箱内温度变化的敏感性高，因此，在现代新型集装箱制冷装置中采用了不同形式的能量控制调节装置，在冷藏集装箱使用中随时调节制冷量的供给，防止冷却货物"冻伤"。因此在运送冷却货物时，当送风温度接近设定温度时，能量调节装置自动地减少能量（制冷量）的供给。越接近设定温度，能量供给越少，以至仅仅维持箱体漏热而必需的能量，并维持箱体的热平衡和箱内温度的稳定。这种控制方式有效地避免了箱内温度产生过大的波动。

(3) 冷藏集装箱的通风换气。冷藏集装箱进行通风换气的基本目的是运送冷却货时，控制箱内 CO_2 和乙烯等气体的含量。一般冷藏集装箱的通风口全部打开时，最大换气量可达 280 m^3/h。

冷藏集装箱的冷风由蒸发器风机压入。而冷藏集装箱通风换气的通风器的吸入口与蒸发器风机吸入端相通。风机运转时，借助负压把箱外空气不断地引入箱内，通风器的排出口与外界相通，排气压力把箱内空气排出箱外，实现了冷藏集装箱的通风换气。

从控制箱内 CO_2 浓度的角度看，通风换气是必要的，但从制冷效果的角度看，通风换气又是不利的。因为通风换气，不但把箱外的热量带入箱内，而且把空气中的水蒸气也带入箱内，进而导致蒸发器的结霜，而多次频繁除霜，会降低制冷装置的制冷效果。因此，冷藏集装箱运送无"生命"的冷冻货时，必须关闭通风换气口，甚至连排水口也要关闭。当然，在运送冷却货时，虽然应该打开通风换气口，但从制冷效果考虑，换气口不能开得过大。关于冷藏集装箱的换气量，一般均以美国森基斯特·格罗尔(Sunkist Grower)公司的推荐值作为标准，即通常控制CO_2的体积分数在0.1%以下(短时间允许达到5%)。当控制CO_2的体积分数在0.1%以下时，以40 ft冷冻集装箱计算，每1 000个纸盒需要0.8 m^3/h的换气量；当CO_2的体积分数达到5%时，则每1 000个纸盒需要1.6 m^3/h的换气量。冷风循环量一般为4 000～5 000 m^3/h。

通风型冷藏集装箱在装运冷冻货时，应有较大的制冷量，而在装运冷却货时，应有较大的冷风循环量。为此，目前冷藏集装箱的蒸发器风机多为双速风机，即在装运－6 ℃以上冷却货时，风机高速运转，提高冷风循环量，以满足冷风循环的要求；达到－6 ℃左右时，风机低速运转，以满足制冷量的需求。

在我国食品冷藏运输中，冷藏集装箱作为冷链的重要一环受到重视。随着我国食品工业和国际航运业的发展及冷藏集装箱自身技术的提高，它将得到更广泛的应用。

3. 冷藏货物的拼箱混装

对于低温深冷货物拼箱运输，除了制成食品与食品原料由于卫生原因及不同种类货物串味影响外，一般不存在其他重大影响。一般货物在比其推荐设置温度更低的温度下冻藏，更有利于保证质量。一般应避免多种保鲜水果和蔬菜拼箱混装，由于承运货量、品种和成本等因素需要拼箱装运时，应注意下述问题。

(1) 温度。温度是水果和蔬菜拼箱混装的主要考虑条件，拼箱混装的水果和蔬菜冷藏温度越接近越好。因水果和蔬菜对温度变化特别敏感，低温可以降低呼吸强度，但温度过低会造成冻害；高温不仅增加呼吸强度，加快成熟，而且会降低抗腐能力，还可能产生斑点和变色等。

(2) 相对湿度。相对湿度是水果和蔬菜拼箱混装的重要考虑条件。相对湿度过高，水果和蔬菜易腐败；相对湿度低，则会脱水、变色，失去鲜度。大部分水果和蔬菜一般相对湿度要求为85%～90%。

(3) 呼吸作用。呼吸作用也是水果和蔬菜拼箱混装的重要考虑条件。水果和蔬菜呼吸可产生少量乙烯(一种催熟剂)，可使某些水果和蔬菜早熟、腐烂。产生较多乙烯气体的水果和蔬菜不能与对乙烯敏感的水果和蔬菜拼箱混装。

(4) 气味。有些水果和蔬菜能发出强烈的气味，而有些又能吸收异味，因此，这两类水果和蔬菜不能混装。这同样也是水果和蔬菜不能拼箱混装时需考虑的一个条件。

4. 冷藏集装箱的装箱及运输管理

1) 装箱要求

根据冷冻货物、保鲜货物、一般冷藏货物及危险品等特性的不同，其在冷箱内的堆装方式也不同。

(1) 冷冻货物。对货物应进行预冷处理，并预冷到运输要求的温度。装箱前检查设定的温度、湿度及新鲜空气换气量是否正确，装箱时制冷系统应停止工作。箱内堆装的货物应低于红色装载线和不超出T形槽的垂直面。箱内堆装的货物应牢固、稳妥，货物总重量不超过冷箱最大允许装载量。

(2) 保鲜货物。因有呼吸作用而产生CO_2、水汽、少量乙烯及其他微量气体和热量。堆装方式应当使冷空气能在包装材料和整个货物之间循环流动，带走因呼吸产生的热量，补充新鲜空气。其有两种标准装箱方式。

① 无间隙积木式堆装法。货物应像堆积木那样堆装成一个整体，货物与箱壁之间不留任何空隙。如果装入的货物无法占满整个冷箱底面，应使用厚纸板或类似材料覆盖剩余面积，这样可以防止空气循环“短路”，致使货物冷却不足，箱内堆装的货物应低于红色装载线和不超出T形槽的垂直面，以保证冷空气良好循环。不能用塑料薄膜等材料覆盖货物。

② 货盘堆装法。除遵守积木式堆装要求外，还应使货盘上堆装箱子的4个角上下对齐，以便质量均匀分布；箱子顶部和底部的通气孔应上下对齐，使冷空气循环畅通。

(3) 一般冷藏货物及危险品等。一般冷藏货物及危险品等由于货物自身不会发出热量，而且在装箱前已预冷到设定的运输温度，其堆装方法非常简单，仅需将货物紧密堆装成一个整体即可。在货物外包装之间、货物与箱壁之间不应留有空隙，但堆装货物应低于红色装载线，这样冷空气才能均匀地流过货物，保证货物达到要求的温度。

2) 包装

包装是冷藏货物运输的重要组成部分，是防止货物损坏和污染的基础。外包装的设计和包装材料应能承受冷冻和运输全过程。包装应能够防止货物积压损坏；承受运输途中发生的冲击；标准的外形尺寸适于货盘或直接装入冷箱；防止货脱水或减慢水汽散失速度；防止氧化的 O_2 障碍作用；在低温和潮湿情况下保持强度，防止串味；经得住−30 ℃或更低的温度；能支持堆放高度为2.3 m的货物。

3) 装箱须知

(1) 货物预冷。对货物应进行预冷处理.并预冷到运输要求的温度。因冷箱设计制冷能力有限，仅能用于保持货物的温度。如果货物温度过高，将使制冷系统超负荷工作，导致该系统出现故障，影响货物安全。

(2) 冷藏集装箱预冷。一般情况下冷箱不应预冷，因为预冷过的冷箱一打开门，外界热空气进入冷藏集装箱遇冷将产生水汽凝结，水滴会损坏货物外包装和标签；在蒸发器表面凝结的水滴会影响制冷量。但在冷库的温度与冷藏集装箱内温度一致，并采用“冷风通道”装货时，可以预冷冷藏集装箱。

当装运温度敏感货物时，冷藏集装箱应预冷。预冷时，应关紧箱门。如果冷藏集装箱未预冷，可能造成货物温度波动，影响货物质量。

4) 预检测试

每个冷箱在交付使用前应对箱体、制冷系统等进行全面检查，保证冷藏集装箱清洁、无损坏，制冷系统处于最佳状态。经检查合格的冷藏集装箱应贴有检查合格标签。

5) 装箱前的准备工作

(1) 不同易腐货物拼箱混装的注意事项:最佳温度设定；新鲜空气换气量设定；相对湿度设定；运输总时间；货物体积；采用的包装材料和包装尺寸；所需的文件和单证等。

(2) 装箱前及装货时的注意事项:设定的温度应正确；设定的新鲜空气换气量应正确；设定的相对湿度应正确；装箱时，制冷系统应停止工作；箱内堆装的货物应低于红色装载线和不超出T形槽的垂直面；箱内堆装的货物应牢固、稳妥；箱内堆装货物的总质量应不超过冷箱最大允许载质量；冷箱装货后总质量(包括附属设备的质量)在运输途中不应超过任一途经国的限重。

6）脱离制冷时间

由于各种运输方式之间的交接，可能出现短途运输或制冷系统故障，造成停止制冷。对冷冻和冷藏保鲜货物短时间地停止制冷状态是允许的。许多产品出现几小时的停止制冷可以接受，但并非所有货物都如此。对任何冷藏货均不允许出现长时间的停止制冷；对于特种货物和温度敏感货物，应保持制冷系统连续工作，避免任何温度波动造成货物质量下降。

冷藏货物运输的技术要求高、风险大，对任何冷藏货物的运输均应做好详细的计划，并认真做好每一环节的工作才能保质保量地将冷藏货物安全运抵目的地，为货主提供优质服务。

6.6.4　冷藏集装箱多式联运

1. 定义

冷藏集装箱多式联运即以易腐货物为运输对象、以冷藏集装箱为运载单元的多式联运过程。为保持易腐货物品质，在运输过程中对运输温度有所要求。因此对于冷藏集装箱多式联运的含义应从两方面理解。一方面是冷藏集装箱多式联运与普通集装箱多式联运具有相同的共性，符合一般多式联运的定义中描述的特征。另一方面是出于对易腐货物特殊运输需求的考虑，运输过程中需要相应的设施设备共同作用，为易腐货物提供全程的温控环境，相关设施设备包括冷藏集装箱、为集装箱供电的设施设备等。

2. 特点

根据冷藏集装箱多式联运的定义以及易腐货物的分类，可以分析得到以下冷藏集装箱多式联运特点。

1）运输条件要求高

易腐货物容易腐烂变质，对多式联运过程中的环境条件要求较高，主要体现在对温度的要求上。一般易腐货物均对储运的温度范围有所要求，温度波动幅度不能过大。部分易腐货物对温度控制的要求极为严格，如新鲜草莓的运输过程要求温度尽量保持在−0.6～0 ℃之间。多式联运一般为长距离运输，不仅可能存在昼夜温差，还可能存在地域性温度大幅变化，因此对运输过程中的温度控制提出了较高的要求。

2）货物运输受季节因素影响，运量波动大

果蔬是易腐货物中极为重要的品类，而受气候或货物本身性质的影响，部分果蔬的收获采摘具有明显的季节性，如北方水果多在秋季成熟、南菜北运多发生在冬春季节等。这造成易腐货物运量受季节的影响出现较大的波动，在进行货物运输组织时应该提前考虑季节性因素对易腐货物冷藏集装箱多式联运的影响。

3）运输时间长，运输时限要求严格

多式联运多为长距离运输，运输时间相对较长是其特点之一。而易腐货物本身品质保持时间有限，对运输时限要求较为严格。这一矛盾加大了易腐货物多式联运的组织难度，需要运输服务提供方具有较高的运输服务能力和管理组织能力。

3. 多式联运网络及流程分析

冷藏集装箱多式联运路径选择是基于其运输网络结构的方案选择，以一般多式联运网络结构为基础，构建冷藏集装箱多式联运网络结构的形态是路径选择的基本条件。冷藏集装箱运输过程中不同流程对应不同的费用、时间等成本因素，影响路径选择决策，对流程进行分析是路径选择研究的必要工作。

多式联运结合了多种运输方式的比较优势，某一运输方式承载货物从运输起点出发，通过特定路径的运输以及中转节点的运输方式转换，最终到达运输终点。这一过程为多式联运的一般过程。冷藏集装箱多式联运虽然在运输货物和运载工具等方面与一般货物多式联运具有显著差异，但运输过程与普通货物多式联运一般过程基本一致。运输过程体现了冷藏集装箱多式联运网络具备的一般要素，包括各类运输服务的枢纽、线路，以及所装备的设施设备；也包括各个客户需求点，一般为运输的起点与终点。多式联运网络结构可用网络拓扑图表示，如图 6-28 所示，在多式联运网络拓扑结构中，“节点”指代运输服务枢纽与客户需求点，“弧段”指代运输线路，而节点与弧段的各项参数为各项运输服务的质量指标，如运输距离、运输速度、中转作业时间等。

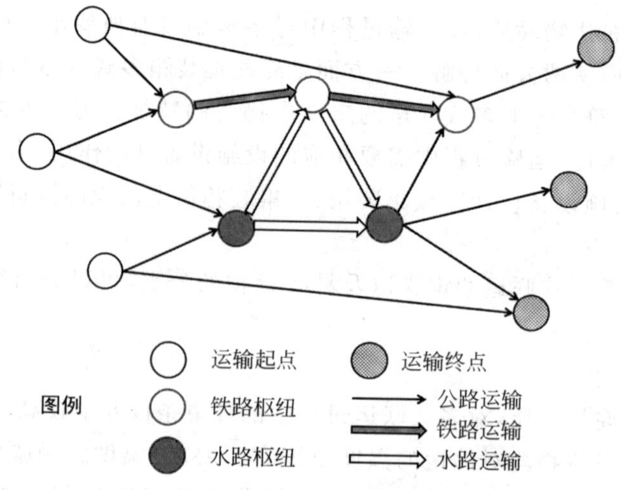

图 6-28 公铁水多式联运网络结构示意图

多式联运流程一般包括多式联运业务流程与多式联运运输流程。多式联运业务流程代表多式联运主体间（如供应商、客户、多式联运承运人、分段承运人等主体）信息流的加工和传递的过程；多式联运运输流程代表货物的流动过程，即货物由运输起点出发，经过不同运输方式与中转节点，最终到达运输终点完成货物交付的过程。多式联运业务流程与运输流程密不可分，具有对应关系。

由冷链物流定义分析可知，易腐货物冷藏集装箱运输最显著的特征是使易腐货物运输全程处于可控的温度环境下，以保证易腐货物品质。由于易腐货物已通过冷藏集装箱实现单元化运输，因此易腐货物冷藏集装箱运输的特殊需求主要体现为装卸货物时的温度控制，以及运输过程中冷藏集装箱保持正常工作状态的特殊服务需求。

装卸货物时的温度控制可保持冷藏集装箱制冷系统正常运转，同时使用专业的设施设备，保证仓库门与冷藏集装箱门密封连接，如在装卸站台利用气密门罩防止“跑冷”。为保证易腐货物全程处于规定温度环境，还需全程对箱内温度进行监控，并在到货交接时检查箱内温度是否达标。

冷藏集装箱的特殊需求主要有动力供应需求、制冷机设备操作以及运输过程信息掌控等。各需求具体内容如下。

1）动力供应需求

动力供应需求即为自带的发电机（组）加油，及时为制冷设备供应电力，以保障冷藏集装箱制冷设备正常工作。

2）制冷机设备操作

制冷机设备操作即在适当时候开启、关闭制冷剂，或进行必要的参数设置，以及温度观察记录等。

3）运输过程信息掌控

运输过程信息掌控主要对制冷设备运行状况，以及箱内温度状况进行掌握监控。

在满足以上易腐货物冷藏集装箱运输特殊需求的情况下，以集装箱多式联运基本流程为基础，易腐货物冷藏集装箱多式联运流程如图 6-29 所示。

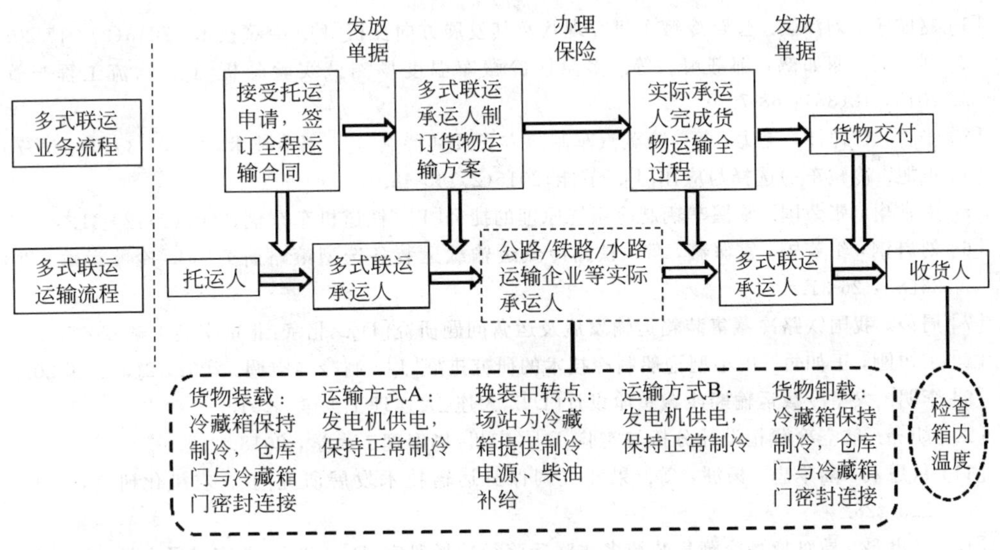

图 6-29　易腐货物冷藏集装箱多式联运流程

【扩展阅读 6-1】

百色—北京铁路果蔬冷藏班列运输案例

【扩展阅读6-2】

巨头沃尔玛的冷藏箱运输

【扩展阅读6-3】

日本邮船公司的多式联运服务

【参考文献】

[1] 赵航宇，刘泽勤. 公路冷藏车研究现状及其发展方向探析[J]. 冷藏技术，2015(2)：17-20.

[2] 刘广海，谢如鹤，邹毅峰，等. 多温区冷藏车温度场测试实验分析[J]. 物流工程与管理，2013，12(35)：68-70.

[3] 张哲，田津津，毛力，等. 冷藏汽车制冷方式及其特点[J]. 制冷技术，2010，38(3)：69-70.

[4] 王旭. 冷藏车的选择与应用[J]. 节能，2015(2)：45-48.

[5] 朱常琳，张荣国. 掌握车辆制冷系统原理的捷径[J]. 铁道机车车辆，2002(5)：29-31.

[6] 刘启钢，纪若婷，宫薇薇，等. 铁路冷藏运输载运装备选型策略研究[J]. 冷藏运输，2018，36(8)：26-31.

[7] 周俊. 我国铁路冷藏集装箱运输发展及运营问题研究[D]. 北京：北京交通大学，2009.

[8] 王树刚，王如竹. 中小型渔船制冷技术的研究进展[J]. 制冷与空调，2002，2(3)：16-20.

[9] 李明. 大型冷藏运输船冷藏鱼舱设计[D]. 大连：大连理工大学，2018.

[10] 胡亮. 航空冷藏箱设计分析与实验[D]. 广州：华南理工大学，2018.

[11] 吕恩利，陆华忠，杨洲，等. 果蔬气调保鲜运输技术发展研究[J]. 农机化研究，2010(6)：225-228.

[12] 李世昌. 易腐货物冷藏集装箱多式联运路径选择研究[D]. 北京：北京交通大学，2018.

【思考题】

1. 冷藏运输装备主要有哪些？
2. 冷藏运输装备的技术要求主要有哪些？
3. 冷藏集装箱主要技术指标参数有哪些？
4. 影响冷藏运输能耗的主要因素有哪些？应如何处理？
5. 冷藏运输装备性能测试的指标主要有哪些？
6. 沃尔玛冷藏箱运输设计了哪些运输模式？在运行过程中遇到了哪些困难，其解决方案是什么？

7. 冷藏集装箱运输的主要问题是什么？沃尔玛采取了哪些措施来应对这些问题？

8. 日本邮船公司在多式联运模式中采用了哪些措施？有何借鉴意义？

【即测即练】

第 7 章

冷藏销售装备

【本章导航】

本章主要介绍目前冷链物流终端的冷藏销售装备，包含制冷陈列柜（refrigerated display cabinets）、厨房冰箱（refrigerated storage cabinets in catering）、饮料冷藏陈列柜（beverage refrigerated display cabinets）、葡萄酒储藏柜、自动售卖机（vending machine）、商用制冰机（commercial ice machines）及冰淇淋机（ice cream machine）等小型制冷设备，同时对近年来随着生鲜电商出现的自助生鲜便利店及生鲜配送柜也进行了介绍，并对上述冷藏销售装备的发展趋势进行了展望。

7.1 冷藏销售装备的定义

冷藏销售装备，主要是指冷链物流终端的小型制冷装备，广泛应用于超市、便利店、饭店等场所的快消品的冷藏冷冻，包含制冷陈列柜、厨房冰箱、饮料冷藏陈列柜、葡萄酒储藏柜、自动售卖机、冰淇淋机及商用制冰机等小型制冷装备。各类装备的定义如下。

制冷陈列柜：由制冷系统冷却的陈列柜，可存放、陈列冷藏和冷冻食品，并使存放的食品温度保持在规定的范围内，包括自携式和远置式两类。可参考 GB/T 21001.1—2015《制冷陈列柜第 1 部分：术语》中的 1.1 条。

厨房冰箱：主要用于非家庭场所使用的餐饮用制冷储藏柜。可参考 SB/T 10794.1—2012《商用冷柜第 1 部分：术语》中的 3.1.9 条。

饮料冷藏陈列柜：用来存放各种饮料的制冷冷柜。可参考 SB/T 10794.3—2012《商用冷柜第 3 部分：饮料冷藏陈列柜》中的 3.1 条。

葡萄酒储藏柜：主要用于冷却和储存葡萄酒的储藏柜。可参考 GB/T 23777—2009《葡萄酒储藏柜》中的 3.1 条。

自动售卖机：由硬币、信用卡或其他支付方式驱动的售卖机。可参考 GB 4706.72—2008《家用和类似用途电器的安全　商用售卖机的特殊要求》中的 3.106 条。

冰淇淋机：冰淇淋机又称为冰淇淋凝冻机，是用来生产冷冻甜品——冰淇淋而专门设计的自动化设备，按照用途可以分为工厂流水线使用的大规模凝冻机和餐饮业使用的商用冰淇淋机。

商用制冰机：用于商业和类似用途的，由工厂制造组装将冷凝机组和制冰部分组合起来，仅有制冰单元或可按说明书一对一成套装配的分体系统制冰机。它是一种把水自动制成形冰的设备，具有制冰和收冰的装置，也可具有储冰或出冰功能，或两者兼有。商用制冷机也称为商用自动制冰机。可参考 SB/T 10940—2012《商用制冰机》中的 3.1 条。

7.2 冷藏销售装备价格

7.2.1 制冷陈列柜

制冷陈列柜是超市及餐饮行业中必不可少的设备之一。

制冷陈列柜具有在低温下能够保存容易腐败的食品或者商品的功用，具有陈列和销售食品或者商品的作用。在容易腐败变质商品或者食品的销售环节当中，需要商品或者食品处于规定要求的低温环境下，以最大程度上保证食品质量，减少食品的冷耗。制冷陈列柜通常应用在商业超市内，用于生鲜类食品销售、陈列环节。制冷陈列柜根据功用、使用场所、规定温度等，具有不同的形式和构造；主要是用来维持和保证适当的温度和湿度，保证食品的新鲜度、品质，为顾客提供安全可靠的食品品质，营造更好的购物环境。

图 7-1 为立式制冷陈列柜的纵截面图。陈列柜系统主要由制冷系统和风系统组成，制冷系统用来提供冷藏食品所需冷量，风系统将冷量送至陈列柜内冷藏空间，并形成风幕。其工作原理为：风幕的回风在风机的作用下，分为两路，一路经过蒸发器进行减湿降温；另一路通过后部小通道形成外层风幕，主要用来隔离陈列柜外热湿环境。其经过蒸发器的回风减湿降温后又分为两部分：一部分由陈列柜后部挡板上的送风小孔送入陈列柜内冷藏食品；另一部分形成内层风幕，用来隔离陈列柜内外环境，同时冷却柜内前排食品。当蒸发器需要融霜时，制冷系统不运行，风系统仍然循环，利用回风的热量对其进行融霜。

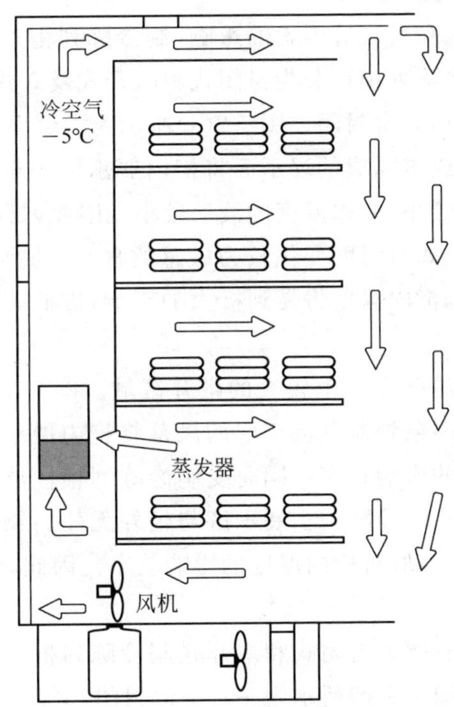

图 7-1 立式制冷陈列柜的纵截面图

1. 制冷陈列柜的分类

随着商家对制冷陈列柜使用温度、性能、外观等方面的要求逐渐增加，制冷陈列柜在满足商家要求的过程中逐渐发展出了更多的种类，且各种类之间的界限也逐渐不明确。按照其使用温度、柜体结构和制冷机组布置方式等，可对制冷陈列柜进行以下分类。

1）按照使用温度的分类

不同货物对冷冻和冷藏温度的要求差异较大，因此，根据货物对贮藏温度的要求不同，制冷陈列柜可分为冷藏型、冷冻型和冷冻却冷冻型等类型。

常见货物的贮藏温度区间如表 7-1 所示。冷藏型制冷陈列柜主要用于贮藏陈列水果、蔬菜、鲜肉等冷鲜食品，其柜内空气的温度通常维持在−6 ℃以上。冷冻型制冷陈列柜主要用于贮藏陈列冰淇淋、冻肉等冷冻食品，其柜内空气的温度通常维持在−18 ℃以下。冷却冷冻型制冷陈列柜则同时具备以上两种制冷陈列柜的功能。

表 7-1 常见货物的贮藏温度区间

分　类	温度区间/℃	贮藏货物
保鲜	5～10	蔬菜、水果等
冷藏	−2～6	鲜肉、饮料等
冷冻	≤−18	冷冻肉、冰淇淋等

2）按照柜体结构的分类

受贮藏容积、展示面积和美观等因素的影响，制冷陈列柜外形结构具有很大的差异。根据柜体结构的不同，制冷陈列柜可分为封闭式和敞开式及立式和卧式等类型。

封闭式制冷陈列柜柜体完全封闭。图 7-2(a)所示为一台立式封闭式制冷陈列柜。由单层或多层玻璃做成的门或盖构成的展示面将柜内展示区和柜外的环境进行隔离，使柜内温度受柜外环境的影响较小，柜内温度的波动较小。因此，封闭式制冷陈列柜适用于对贮藏条件要求较高的货物，如对温度变化较为敏感的食品、药品等。同时，由于封闭式制冷陈列柜门或盖被打开时，柜内温度将受到极大的影响，因此，封闭式制冷陈列柜适用于贮藏存取频率较低的物品。

敞开式制冷陈列柜柜体存在一个较大的敞开区域。图 7-2(b)所示为一台立式敞开式制冷陈列柜。由单层或多层强制气流组成的风幕将柜内展示区和柜外环境进行隔离，导致柜内温度受柜外环境的影响较大。同时受制冷陈列柜性能以及运行状态的影响，柜内温度的波动较大。敞开式制冷陈列柜展示区与柜外无任何物理的阻隔，很大程度地方便了货物的存取，且货物的存取对柜内温度的影响较小。因此，敞开式制冷陈列柜适用于贮藏存取频率较高的物品。

组合式制冷陈列柜则兼顾了封闭式和敞开式制冷陈列柜的结构特点，柜体同时设置有门或盖和风幕等结构。图 7-2(c)所示为一台上部封闭、下部敞开的组合式制冷陈列柜。组合式制冷陈列柜结构紧凑，可同时贮藏有不同温度条件要求的货物，适用于对制冷陈列柜占地面积有严格限制的场所。

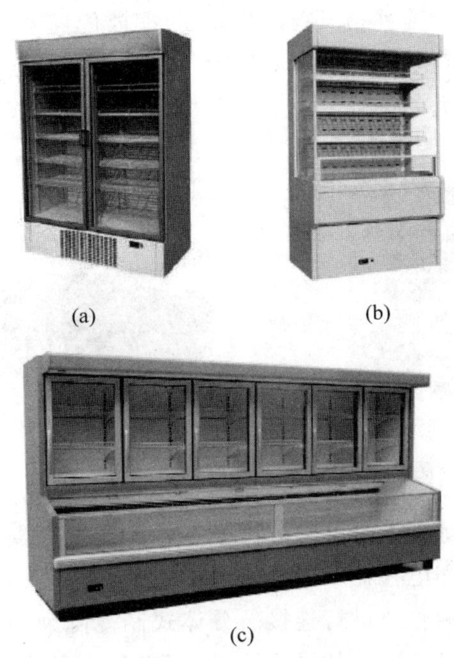
(a)　(b)

(c)

图 7-2　不同柜体结构的冷藏陈列柜

(a) 立式封闭式制冷陈列柜；(b) 立式敞开式制冷陈列柜；(c) 组合式制冷陈列柜

立式制冷陈列柜拥有一个垂直或倾斜的展示面，如图 7-3(a)所示，柜体高度一般高于人体高度；卧式制冷陈列柜的展示面则平行于地面，如图 7-3(b)所示，展示面位于制冷陈列柜的顶部，柜体高度则低于人体高度。两种类型的制冷陈列柜均可以以开门或开盖的方式(封闭式制冷陈列柜)和直接接触的方式(敞开式制冷陈列柜)进行货物的存取。

(a)　(b)

图 7-3　不同结构的制冷陈列柜

(a) 立式制冷陈列柜；(b) 卧式制冷陈列柜

3) 按照制冷机组布置方式的分类

按照制冷机组布置方式的不同，制冷陈列柜可分为内置式制冷陈列柜和分体式制冷陈列柜。

图 7-4 所示的内置式制冷陈列柜是将整套制冷机组安装于制冷陈列柜柜体内，其中压缩机、冷凝器和电控器等部分安装于制冷陈列柜底部空间，而蒸发器则安装于制冷陈列

柜循环风道中。内置式制冷陈列柜具有结构紧凑、摆放位置灵活和可移动等特点，适用于便利店等空间较小、陈列容积需求较小的场所。但由于制冷机组内置于柜体，内置式制冷陈列柜存在着运行噪声较大的问题。

图 7-4 内置式制冷陈列柜及制冷机组

图 7-5 所示的分体式制冷陈列柜仅将制冷系统中的蒸发器安装于制冷陈列柜循环风道中，而将压缩机、冷凝器和电控器等部分安装于柜体外(如机房、室外)，蒸发器和制冷机组其他部分之间通过较长的管路进行连接。分体式制冷陈列柜柜体中仅安装蒸发器，制冷机组其他部分的搭配则具有更大的灵活性：压缩机和冷凝器可单独或同时连接多台制冷陈列柜；压缩机可以选用单机头、多机头和并联机组等。但由于管路连接的限制，分体式制冷陈列柜存在着可移动性较差的问题。因此，分体式制冷陈列柜适用于大型超市等空间较大、陈列容积需求较大、展示位置较为固定的场所。

图 7-5 分体式制冷陈列柜及制冷机组

2. 制冷陈列柜的除霜

制冷陈列柜在营业期间低温制冷空间(蒸发器)通常直接暴露在空气之中，柜体内的蒸发器结霜速度很快。因此，为了保障柜体的制冷能力，系统需要频繁除霜。电加热除霜方式具有安装简单、维修方便、无噪声、运行可靠的特点，是目前低温商用陈列柜的主要除霜方式。但其蒸发器除霜所带来的能量消耗即化霜能耗却不容小觑。据可靠资料，超市中总电量的 60%以上消耗于冷冻冷藏食品的低温制冷设备，而蒸发器除霜消耗了这其中的 37%以上的电能。低温陈列柜频繁除霜过程不仅增加了制冷系统的化霜能耗，而且会影响陈列柜柜内温度的稳定，严重影响冷冻、冷藏商品的质量和外观。陈列柜的结霜以及由此带来的除霜操作是制冷系统运行性能下降和影响食品存储质量的主要因素。表 7-2 列出了制冷陈列柜常用的除霜方式。

表 7-2　制冷陈列柜常用的除霜方式

除霜方式	除霜方法	适用柜内温度/℃	除霜时间/min	特　点	适用陈列柜
切断制冷循环式	制冷机停止运行，霜自然融化	−2 以上	30～50	定时除霜，除霜时间长，除霜时没有能耗	广泛应用于存放蔬菜、水果等的保鲜柜和存放饮料、乳制品等的冷藏柜
电加热式	制冷机停止工作，电加热器加热柜内的循环空气	0 左右或 0 以下	冷藏：15～30 冷冻：20～40	除霜时间短，但要增加电加热器费用和除霜电耗，加热器的功率一般不超过压缩机的功率，且要有过热保护	常用于存放肉、鱼的冷冻柜和存放鲜肉等的冷藏柜
热气融霜式	将贮液器上方的制冷剂气体引入蒸发器来融霜	任何温度	冷藏：5～15 冷冻：15～25	除霜时间短，但冷冻陈列柜采用时需用小功率电加热器来辅助融霜	冷冻柜

3. 立式敞开式制冷陈列柜循环风幕的工作原理

制冷陈列柜风幕循环方式如图 7-6 所示。由于风机的抽吸作用，风幕末端的空气通过制冷陈列柜回风口，经过风机流过蒸发器。流出蒸发器的冷风分为两部分：大部分冷风经由背风板后的通道流动至风幕出口，形成风幕，由于风幕的卷吸作用，会带动周围空气的流动，风幕宽度从出风口到回风口逐渐变宽，风幕阻止外部热量进入柜内的作用减弱，同时在回风口附近由于冷风的外溢造成冷量的损失；而小部分冷风由背风板通孔渗透进入制冷陈列柜柜内，并流过搁架间的间隙与风幕气流汇合，汇合后的风幕返回至回风口，完成风幕的循环。背风板通孔渗透送风与风幕出风之间的风量平衡，是决定制冷陈列柜性能的重要因素之一。

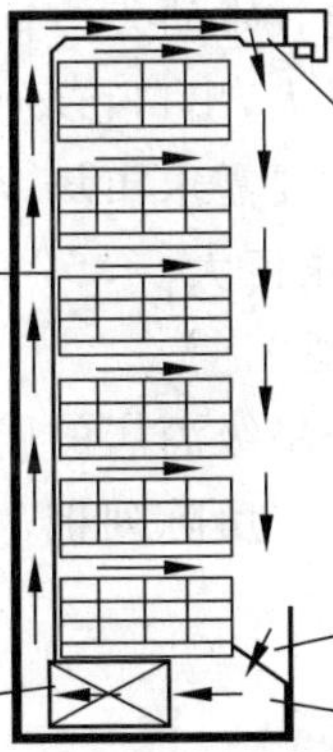

图 7-6　制冷陈列柜风幕循环方式

立式敞开式制冷陈列柜的热负荷可表达为

$$Q = Q_{con} + Q_{cur} + Q_{rad} + Q_{in} \qquad (7\text{-}1)$$

式中，Q 为制冷陈列柜热负荷；Q_{con} 为柜体导热负荷；Q_{cur} 为风幕热负荷；Q_{rad} 为外界热辐射负荷；Q_{in} 为柜内热负荷。根据热负荷的来源，可将制冷陈列柜的热负荷划分为外界进入的热负荷和柜内的热负荷。

立式敞开式制冷陈列柜各部分热负荷所占比例如图 7-7 所示。外界进入的热负荷占制冷陈列柜总负荷的比例达到了 89%，其中环境通过风幕对制冷陈列柜的热渗透负荷占到了 73%。因此，减少立式敞开式制冷陈列柜的热负荷应从减少来自外界环境的热负荷(尤其是热渗透)入手。

商用制冷陈列柜属于高能耗产品，因其环境的相对不封闭性，陈列柜的耗能是巨大的。因此，节能是陈列柜的主要发展方向，目前主要的节能技术有以下几种。

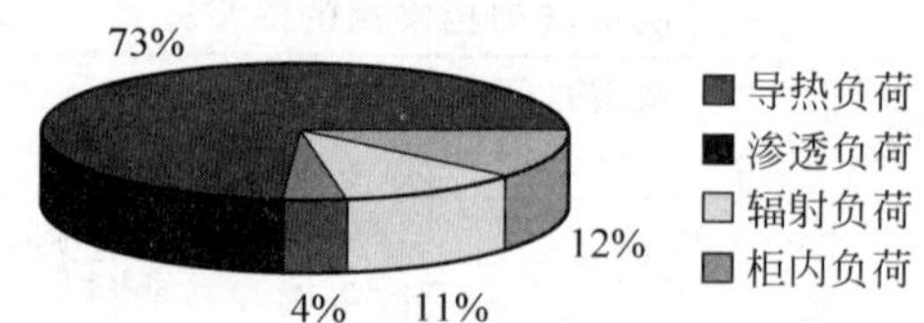

图 7-7 立式敞开式制冷陈列柜各部分热负荷所占比例

(1) 采用高效蜂巢式出口，使风幕气流均匀分布，减少外界热量渗透，并可以减小循环风量。

(2) 增加蒸发器换热面积，提高蒸发温度，从而延长除霜时间。

(3) 采用 LED(发光二极管)照明或将柜内照明改为柜外照明，可以节约能耗。

(4) 采用反射盖板，减少超市照明产生的热辐射，提高商品的储存质量。

(5) 采用热回收系统，夏季回收冷气，冬季回收冷凝热，克服陈列柜随环境温度变化导致柜内温度不稳定、融霜次数增多的问题，从而达到有效节能的目的。

7.2.2 厨房冰箱

厨房冰箱是主要用于非家庭场所的餐饮用制冷储藏柜，应用于酒店、饭店等餐饮类场所。厨房冰箱以不锈钢为内外箱材料，对食品接触安全有要求，近期以节能、R290 制冷剂应用为主要技术研发方向。近几年，厨房冰箱整体市场规模始终保持高速增长态势，国内市场需求巨大，出口市场更是不可小觑。其整体呈两极发展，高端市场以五星级酒店、连锁餐饮为主要需求市场，要求外观精美，产品运行稳定。低端市场大排档、小餐饮，以直冷柜为主，需求巨大。

1. 类型

以一个星级酒店的厨房为例，最常用的厨房冰箱主要有以下 3 种产品：高身冷柜、卧式工作台和厨房陈列柜，如图 7-8 所示。

(a)

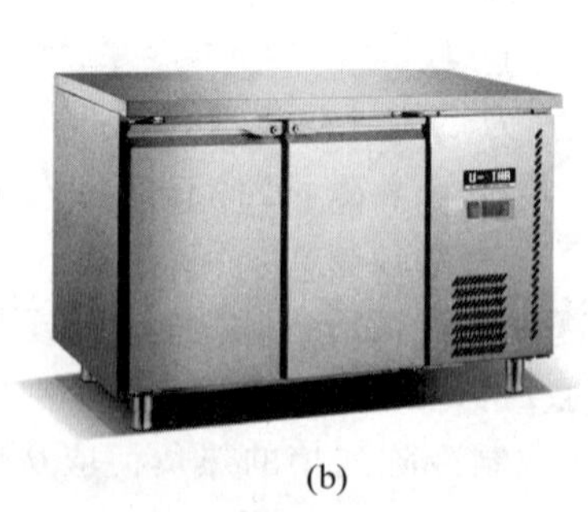
(b)

(c)

图 7-8 厨房冰箱的种类

(a) 高身冷柜；(b) 卧式工作台；(c) 厨房陈列柜

高身冷柜中，2 门柜、4 门柜、6 门柜比较常见，星级酒店的每一个厨房一般都有冷库，冷藏高身柜和冷冻高身柜常用于储存当天的食材，方便存取。工作台中，1 门柜、2 门柜、3 门柜较为常见，冷藏工作台和冷冻工作台除了有冷藏、冷冻储存食品的功能外，兼具操作台的功能[图 7-8(b)]；酒店厨房一般都配有数量众多的工作台，排列起来，组合成一个大型的工作台面，用于切菜、配菜、摆盘。

2. 技术特点

市场上现有的厨房冰箱以风冷柜为主、直冷柜为辅。风冷柜具有降温快、温度均匀的特点，直冷柜降温速度稍慢，箱内温差相对来说要大一点。

厨房冰箱与家用冰箱的区别在于：①外观。厨房冰箱的容积一般相对于家用冰箱来讲要大得多，比较耗电。其外形比较简单，做工简洁大方。家用冰箱的容积相对厨房冰箱来说要小，自然比较省电。②性能。厨房冰箱性能要求很高，因为容量大，需要用来保存商家的很多食品，所以对制冷速度、制冷效果以及稳定性的要求非常高。而对于家用冰箱来说，只需要保存一些平时买回来的零零碎碎的食物即可，对于性能要求并不高，只需要能达到冷藏或冷冻的温度就行。③结构。厨房冰箱加强了坚固的肋骨结构，材料不会变形和破裂，可以更有效地将冷空气锁在冰箱内，达到节能的效果；材料方面，由于厨房工作环境相对家庭厨房恶劣，因此对材质要求较高，一般采用不锈钢板。另外，由于需要频繁开闭柜门，因此柜门一般都可以自动返回关闭，避免浪费冷量。

7.2.3　饮料冷藏陈列柜

饮料冷藏陈列柜简称饮料柜，饮料柜适合用来储藏不需冻结的瓶装、罐装等饮料食品，包括可乐类碳酸饮料食品，至少有一个透明外表面可以从外面看到储藏食品，具有一个或多个间室的制冷冷柜。

1. 类型

饮料柜按是否有门可以分为玻璃门展示柜和风幕饮料柜，如图 7-9 所示。目前市面上的风幕饮料柜多为分体式，因为风幕饮料柜的压缩机较大，所占空间、散热量及压缩机噪声也较大，所以多为分体式；而玻璃门展示柜多为一体式，压缩机小，移动方便。

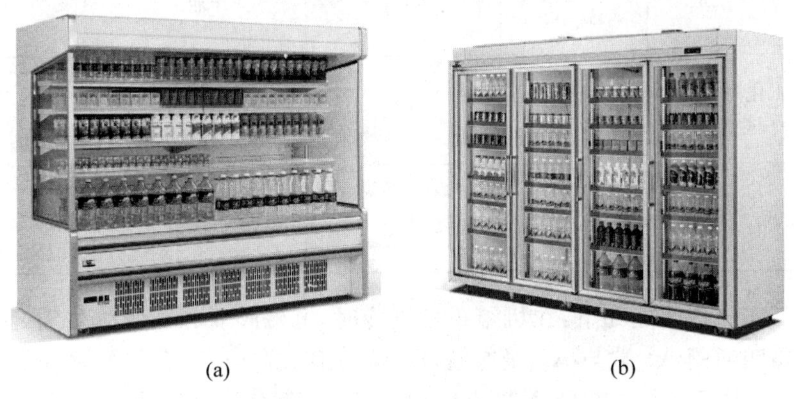

(a)　　(b)

图 7-9　不同类型饮料柜

(a) 风幕饮料柜；(b) 玻璃门展示柜

风幕饮料柜结构和制冷系统与带风幕的制冷陈列柜基本一致，如图 7-1 所示；玻璃门展示柜制冷系统原理如图 7-10 所示，该系统可实现连续制冷。

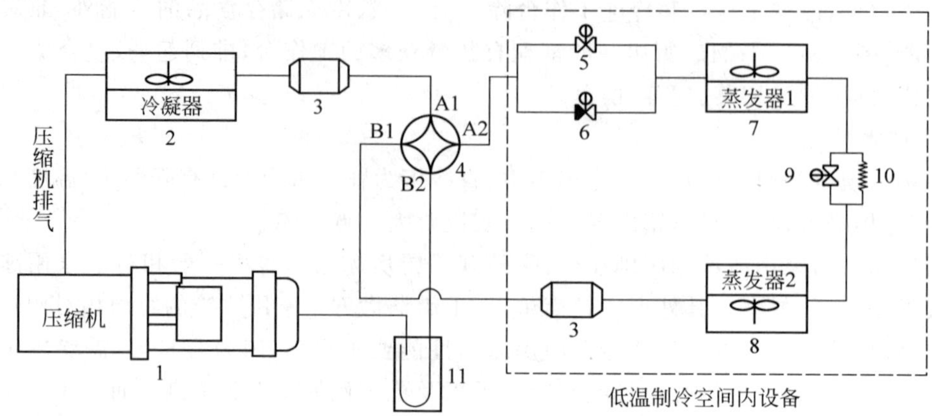

图 7-10 玻璃门展示柜制冷系统原理

1—压缩机；2—冷凝器；3—干燥过滤器；4—化霜四通阀；5—制冷系统主节流机构(膨胀阀)；6—常闭电磁阀；7,8—蒸发器；9—常开电磁阀；10—化霜毛细管；11—气液分离器

图 7-10 所示的制冷系统设置了两组蒸发器 1 和 2，并在两组蒸发器间设置了化霜毛细管 10 和常开电磁阀 9、常闭电磁阀 6 以及化霜四通阀 4 等化霜控制设备。通过改变电磁阀 6、9 和化霜四通阀 4 的工作状态可以实现系统的不同运行模式。表 7-3 列出了机组各运行模式对应的化霜控制设备状态运行情况。

表 7-3 机组各运行模式对应的化霜控制设备运行情况

<table>
<tr><th colspan="2" rowspan="2">运行模式</th><th colspan="4">设备状态</th></tr>
<tr><th>四通阀 4</th><th>常闭电磁阀 6</th><th>常开电磁阀 9</th><th>说明</th></tr>
<tr><td colspan="2">机组停机或系统到达设定温度时</td><td>A1-A2
B1-B2</td><td>闭合</td><td>开启</td><td>压缩机、各风机停机</td></tr>
<tr><td colspan="2">机组正常制冷时</td><td>A1-A2
B1-B2</td><td>闭合</td><td>开启</td><td>压缩机、各风机运行，蒸发器 1 和 2 同时供冷</td></tr>
<tr><td rowspan="2">化霜</td><td>蒸发器 1 化霜，蒸发器 2 制冷时</td><td>A1-A2
B1-B2</td><td>开启</td><td>闭合</td><td>冷凝器 2 和蒸发器 1 风机停止，蒸发器 2 风机和压缩机运行</td></tr>
<tr><td>蒸发器 2 化霜，蒸发器 1 制冷时</td><td>A1-B1
A2-B2</td><td>开启</td><td>闭合</td><td>冷凝器 2 和蒸发器 2 风机停止，蒸发器 1 风机和压缩机运行</td></tr>
</table>

系统的工作原理简述如下：在机组正常制冷时，电磁阀 6 和 9 阀体分别处于闭合和开启状态。化霜四通阀 A1 端与 A2 端连通，B1 端与 B2 端连通。蒸发器之间的化霜毛细管 10 并不工作，这时只有制冷系统主节流机构 5 运行，两组蒸发器串联制冷工作。当系统蒸发器 1 或 2 化霜时，只要使常闭电磁阀 6 和常开电磁阀 9 得电，即常闭电磁阀 6 开启和

常开电磁阀 9 关闭，这时化霜毛细管 10 工作，制冷系统主节流机构 5 被旁通失去作用。通过改变化霜四通阀 4 的连通方向就可实现两组蒸发器的制冷和化霜交替进行，即实现制冷系统的连续制冷。在化霜过程中，需要化霜的蒸发器就成为系统冷凝换热设备的一部分，另一蒸发器仍然制冷工作。由于该系统在化霜时也能同时制冷，因此相对常规制冷系统在化霜过程中，制冷空间内的温度场变化较小。

2. 技术特点

(1) 智能监控分时控制技术：可以针对不同的销售时段，区分淡旺季，有针对性地实施不同的温度和照明控制方案，从而达到节能降耗的目的。

(2) 分级全蒸发化霜水处理技术：采用化霜水两级蒸发技术，第一级充分利用压缩机的热量对化霜水进行加热升温，在压缩机加热作用下蒸发一部分水，未蒸发的化霜水进入第二级蒸发盘。第二级蒸发盘利用冷凝风机产生的高速流动的干热空气，蒸发剩余的化霜水，化霜水在两级水蒸发系统的作用下充分蒸发，不需要人工外排倒水。

(3) 玻璃门防凝露技术：饮料柜的玻璃门很容易凝露，影响展示效果。采用三重凝露防护技术解决门体凝露，双层中空玻璃充注惰性气体，减少热量以传导和对流的方式进行传递；第一层玻璃采用钢化镀膜 Low-E 玻璃，减少辐射热传递；回风除露技术，引导部分干热空气流向玻璃门的外表面，利用热空气对玻璃门外表面进行加热，除去玻璃门表面的凝露。

(4) 热带全载速冷技术：针对饮料热容量大的特点，采用翅片式冷凝器和翅片式蒸发器，翅片迎风面经过“波浪”处理，使热交换面积更大，同时采用高速轴流风机以提高风量及风速，提高了传热效率，加大了传热量，实现饮料快速冷却。

(5) 柔性制冷管路设计：采用“柔性”制冷管路设计，既降低了压缩机的振动传递，又便于风机和压缩机移动到压缩机仓的外面，这样的设计使检测和维修更加方便，提高了维修工作效率。

7.2.4 葡萄酒储藏柜

随着生活水平的提高，酒成为人们美好生活的一部分，酒品市场的扩大带动了储藏酒柜的发展。由于许多酒对储存条件(如温度、湿度、光线等)都有十分严格的要求，故带特殊功能的商用储藏酒柜得到进一步发展。

葡萄酒储藏柜是一个有适当容积和装置的绝热箱体，用消耗电能的手段来制冷，并具有一个或多个间室用来储存葡萄酒。该储藏柜主要用于冷却和储存葡萄酒。葡萄酒储藏柜主要应用在酒店、酒吧、酒庄会所。

由于葡萄酒的生命周期对葡萄酒的成熟、品质有极大影响，故储存葡萄酒有着十分严格的要求。研究表明，葡萄酒的最佳储藏温度为 10～14 ℃，且全年温差不能超过 5 ℃，最佳储藏湿度为 60%～70%。温度升高会导致成熟速度大大增加，湿度过高会破坏软木塞，导致漏酒，湿度过低会使软木塞收缩，进而导致葡萄酒挥发、氧化。此外光线也会对葡萄酒品质产生一定影响。葡萄酒储藏柜能够实现恒温、恒湿、避光、避震、通风等功能，为葡萄酒提供一个最佳的储藏环境。

1. 类型

葡萄酒储藏柜按照结构可分为单温室酒柜、双温室酒柜和多温室酒柜。单温室酒柜[图 7-11(a)]为具有一个独立储酒间室的酒柜;双温室酒柜[图 7-11(b)]为具有两个独立储酒间室的酒柜,其中双温室转换酒柜为红葡萄酒室和白葡萄酒室可以按照用户要求进行相互转换的双温室酒柜;多温室酒柜为具有 3 个或 3 个以上独立间室的酒柜。

(a)

(b)

图 7-11 葡萄酒储藏柜

(a) 单温室酒柜;(b) 双温室酒柜

葡萄酒储藏柜还可按照安装方式分为驻立式酒柜和嵌入式酒柜。驻立式酒柜[图 7-12(a)]是固定式酒柜或非便携式酒柜;嵌入式酒柜[图 7-12(b)]是安装于柜体内、墙凹壁或类似装置的酒柜。

(a)

(b)

图 7-12 葡萄酒储藏柜

(a) 驻立式酒柜;(b) 嵌入式酒柜

此外,酒柜按制冷方式可分为压缩制冷酒柜、半导体制冷酒柜。

压缩制冷酒柜是通过蒸气压缩制冷方式进行冷却的电子酒柜。压缩制冷酒柜又可细分为压缩机直冷式酒柜和压缩机变频风冷式酒柜。其制冷系统由 4 个基本部分即压缩机、冷凝器、节流部件、蒸发器组成。由铜管将四大件按一定顺序连接成一个封闭系统,系统内充注一定量的制冷剂。一般的制冷剂为氟利昂，以往通常采用的是 R22，有些压缩机已经采用 R410A、R-404A、R407 等新型的环保型制冷剂。其制冷原理遵循常规压缩机制冷循环模式，由压缩机吸入来自蒸发器的低温低压的制冷剂气体压缩成高温高压的制冷剂气体，流经热力膨胀阀（毛细管），节流成低温低压的气液两相制冷剂流体，然后低温低压的制冷剂液体在蒸发器中吸收来自空间内空气的热量，成为低温低压的制冷剂气体，低温低压的制冷剂气体又被压缩机吸入。

半导体制冷酒柜是以半导体制冷芯片为电热制冷系统的电子酒柜。半导体制冷器件的工作原理是基于帕尔特原理。其制冷原理如图 7-13 所示。电子从电源负极出发，经金属片、节点 4、P 型半导体、节点 1、金属片回到电源正极。但因左半部是 P 型半导体，导电方式是空穴型的，空穴流动方向与电子流动方向相反，所以空穴是从金属片、节点 3、P 型半导体、节点 4、金属片回到电源负极。空穴在金属中所具有的能量低于在半导体中所具有的能量，当空穴在电场的作用下，由金属片通过节点 3 到达 P 型半导体时，必须增加一部分能量。但空穴本身无法自己增加能量，只能从金属片中吸收能量，并把这部分热能变成空穴的势能，从而使节点 3 处的金属片的温度降低。这样一来，上部金属片的温度降低，成为冷端，温度低的金属片便从周围介质吸热，使周围介质得到冷却，因而达到了制冷的目的。

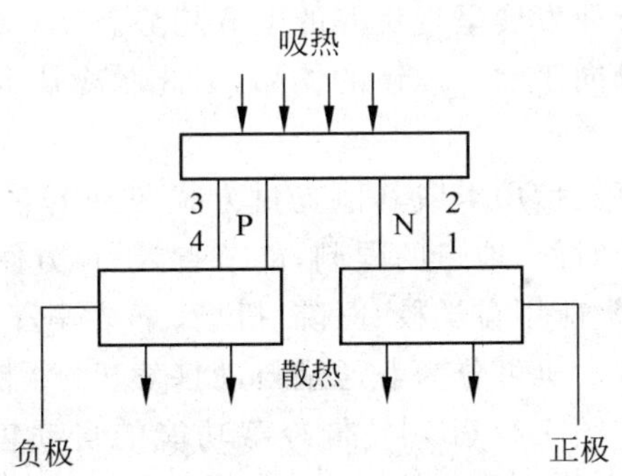

图 7-13　半导体制冷原理

压缩制冷酒柜温控范围大，一般为 5～22 ℃，而半导体制冷酒柜温控范围一般为 10～18 ℃。此外，压缩制冷酒柜受环境温度影响比较小，即使是高温环境，酒柜内温度依然能达到葡萄酒的理想储藏温度，而半导体制冷酒柜只能降低 6～8 ℃。压缩制冷酒柜使用寿命一般达 8～10 年，而半导体制冷酒柜寿命一般是 3～5 年。

2. 技术特点

保存葡萄酒的最佳环境是恒温、恒湿、避光避震、通风、无异味，葡萄酒要卧放在稳定的酒架上，让瓶塞与酒充分接触，维持瓶塞的湿润和密封性。故酒柜有如下特点。

(1) 恒定温度的精确性。葡萄酒最佳的保存温度应该是 10～14 ℃。酒柜内有专业精密压缩机和更精准的温度控制器以及控制系统，对温度控制的精确性和稳定性都比冰箱高。虽然冰箱也可以设置一个恒定的温度，但是冰箱里实际的温度与设定的温度相差比较大，经常处于不稳定状态，很难保证葡萄酒储存的温度需求。

(2) 缓慢降温速度。急速的温度变化会影响葡萄酒品质。葡萄酒柜在刚启用时，温度下降的时间应该是阶段性,而非像冰箱一样直线下降。酒柜温控系统用 24～48 h 的时间,缓慢地将温度调节至所需温度,使得敏感的葡萄酒无法察觉到周围温度的变化。

(3) 通风及湿度调节。如果湿度不够,葡萄酒瓶上的软木塞就会收缩甚至干裂,轻则开瓶时遇到麻烦,重则失去密封功能,导致空气进入,影响葡萄酒的发酵,使葡萄酒变味。如果湿度过高,不仅可以导致瓶口滋生霉菌,而且葡萄酒的酒标容易发霉、脱落。因此,酒柜需要有完善的通风系统,使酒柜内部湿度保持在最佳范围,同时,及时疏散产生的有害气体。

(4) 避震。震动会加快葡萄酒化学反应的速度,对于葡萄酒成熟过程有相当大的影响。酒柜内部有精密的防震压缩机,工作时缓慢、平稳,与酒柜主体并不直接接触,大大减少各种震动。

(5) 避光。光线中的紫外线对于葡萄酒的成熟和老化也有很大影响,如果暴露在强烈日光下 6 个月就足以导致葡萄酒变质。专业酒柜具有双层防紫外线玻璃门,能有效防止紫外线对葡萄酒的侵害。

7.2.5 自动售卖机

随着网络支付的发展、新的消费需求的出现以及更加便捷智能的新零售概念的提出,近年来,我国自动售卖机行业发展呈现良好的上升趋势。现有的自动售卖机以饮品为主,在炎热的天气下,人们更倾向于购买冰镇的饮品,因此制冷技术在自动售卖机中得到广泛推广。

自动售卖机即为由硬币、信用卡或其他支付方式驱动的售卖机。自动售卖机是商业自动化的常用设备,它不受时间、地点的限制,能节省人力、方便交易,又称为 24 小时营业的微型超市。自动售卖机常应用在学校、医院、机场、车站等公共场所。

根据制冷功能,自动售卖机可分为普通型自动售卖机、半制冷型自动售卖机[图 7-14(a)]和冷藏型自动售卖机[图 7-14(b)]。带冷藏功能的自动售卖机即为由硬币、信用卡或其他支付方式驱动的带有制冷功能的售卖机。冷藏型自动售卖机具有整体冷藏功能,

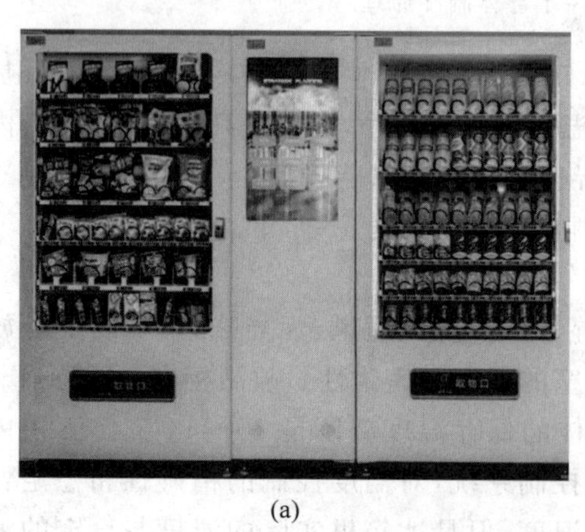
(a)

(b)

图 7-14 自动售卖机

(a) 半制冷型自动售卖机;(b) 冷藏型自动售卖机

采用双层真空带加热除霜功能的钢化玻璃，温度在3～7 ℃范围内可调，可以同时售卖多种需冷藏的小食品、糖果、巧克力、水果及饮品，适用范围更加广泛，能够有效保证售卖货物的质量。

冷藏型自动售卖机不仅对存储温度有一定要求，而且对展示性也具有较高的要求，因此商用冷柜的一个典型特点是多采用单层或多层透明玻璃门(用于储存食品材料的厨房冰箱除外)。为了减少玻璃门漏热和防止门体结露，低温冷柜常采用中空玻璃、双中空玻璃，要求较高的场所会采用Low-E中空玻璃和双Low-E中空玻璃。研究表明，真空玻璃在环境温度为30 ℃时，不结露湿度也能达到70%。在柜内温度分别为－20 ℃和－25 ℃时，复合真空玻璃门不结露时最大湿度分别为84%和82%。

7.2.6　商用制冰机

商用制冰机也称为商用自动制冰机。商用制冰机由制冷压缩机、冷凝器、蒸发器、节流装置、供水装置、电气控制、储冰箱等部分组成。

1. 类型

商用制冰机按照与储冰空间的组合形式可分为一体机、单体机和组合机。一体机[图7-15(a)]为同时具有制冰装置、冷凝机组及储冰空间的商用制冰机；单体机为不具备储冰空间的商用制冰机；组合机是将单体机和储冰空间组合在一起的商用制冰机，又称为分体式制冰机[图7-15(b)]。商用制冰机按照制冷机组的冷却方式可分为风冷型和水冷型。商用制冰机按照与制冷机组组合形式可分为远置式制冰机和自携式制冰机。远置式制冰机是制冰装置和压缩冷凝机组分开的一种商用制冰机；自携式制冰机是制冰装置和压缩冷凝机组组合为一体的商用制冰机。

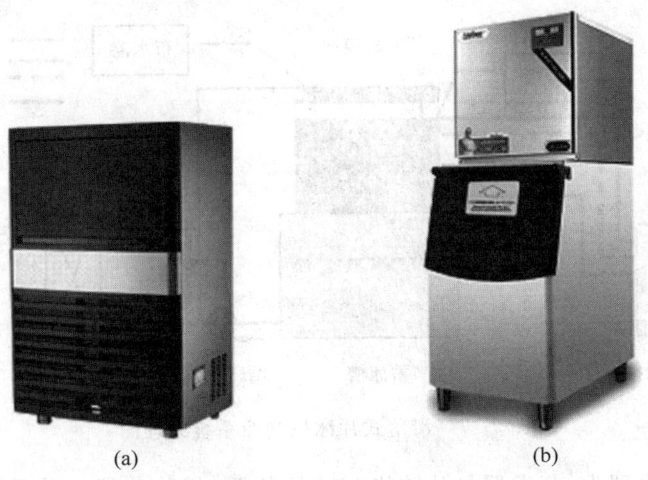

(a)　(b)

图7-15　制冰机示意图

(a) 一体式制冰机；(b) 分体式制冰机

制冰机主要分为大型工商用制冰机和小型商业用制冰机。大型制冰机主要应用在大型商业超市、肉食品加工、冰蓄冷空调、混凝土降温、纺织化工等领域。小型制冰机主要应用在酒店餐饮、商业场所(咖啡店、KTV、酒吧等)、医疗生物等领域。2016年国内制冰机产量约 14 万台，商用制冰机占了整个制冰机市场的九成以上，而家用制冰机和工业制冰机所占市场份额很小。制冰机行业在我国仍是一个新兴行业，市场空间巨大，竞争也在不断加剧。随着时代的发展和人们生活水平的提高，与酒店、娱乐场所有着密切关联的制冰机产品，将有很大的发展前景。

2. 技术特点

由于商用制冰机本身的需求和特点，其需要较快的冷却速度和较大的制冷量。此外，对冰块的硬度、涂层的附着性、电镀件耐盐雾性都有一定的要求。

图 7-16 和图 7-17 分别为片冰机系统原理图和滑落式片冰机制冷系统原理图。

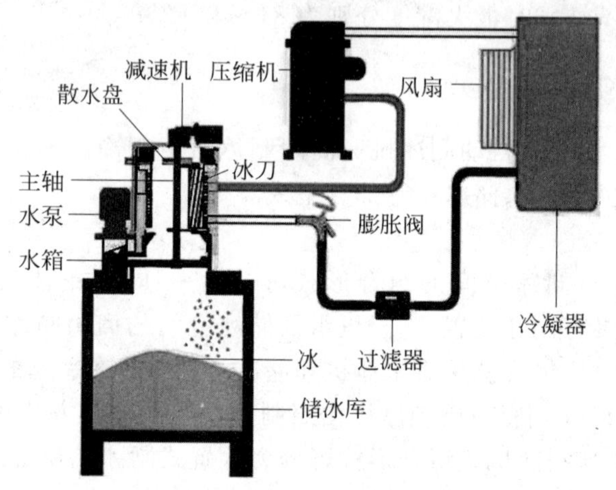

图 7-16 片冰机系统原理图

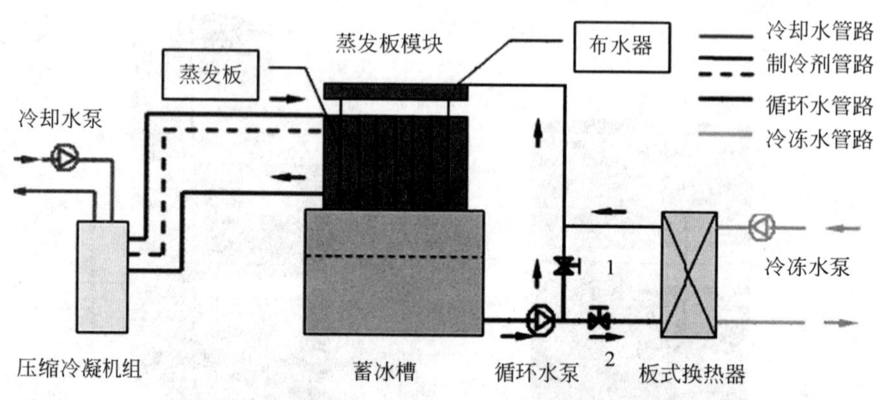

图 7-17 滑落式片冰机制冷系统原理图

片冰机制冰原理为：蒸发器是片冰机制冰的装置，俗称冰桶。其呈圆柱体状，内部有环状的导流环，使低温冷媒快速与水（散水盘均匀洒出的水）冷热交换，迅速结成冰，减速机带动冰刀把冰刮下，落在储冰库。

滑落式片冰机制冰原理为：通过补充水阀门，水自动进入一个蓄水槽，然后经流量控制阀将水通过水泵送至分流头，在那里水均匀地喷淋到制冰器表面，像水帘一样流过制冰器的表面，水被冷却至冰点，而没有被蒸发冻结的水将通过多孔槽流入蓄水槽，重新开始循环工作。当冰达到所要求的厚度,将压缩机排出的热气重新引回制冰器夹壁内,取代低温液态制冷剂。这样在冰和蒸发管壁之间就形成了一层水的薄膜,这层水膜将在冰靠重力的作用自由地落进下面的槽中时,起到润滑的作用。而在采冰周期中所产生的水将通过多孔槽回到蓄水槽中,这样也防止了湿冰被机器排出。

7.2.7　冰淇淋机

冰淇淋机按冰淇淋成品所需要的形态可分为软冰淇淋机和硬冰淇淋机。软冰淇淋机又称为冰淇淋凝冻机,是用来生产冷冻甜品冰淇淋而专门设计的自动化设备。硬冰淇淋机是专门用来生产经过硬化处理的硬冰淇淋的自动化机电设备。硬冰淇淋机分为台式硬冰淇淋机、流动式硬冰淇淋机和自动硬冰淇淋机。

冰淇淋机制冷系统的总体构成如图 7-18 所示,它主要分为 3 个系统:制冷系统、电气系统及控制系统。

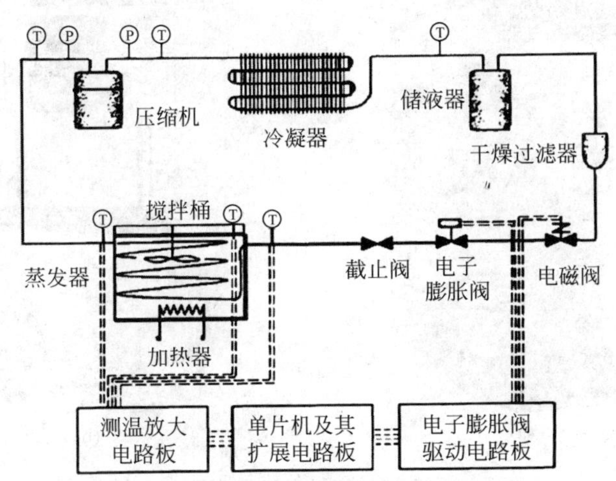

图 7-18　冰淇淋机制冷系统的总体构成

冰淇淋机的制冷系统主要包括四大部件:压缩机、冷凝器、节流装置和蒸发器。压缩机是心脏,起着吸入、压缩、输送制冷剂蒸气的作用。冷凝器是放出热量的设备,将蒸发器中吸收的热量连同压缩机功所转化的热量一起传递给冷却介质带走。节流装置对制冷剂起节流降压作用,同时控制和调节流入蒸发器中制冷剂液体的数量,并将系统分为高压侧和低压侧两大部分。蒸发器是输送冷量的设备,制冷剂在其中吸收被冷却物体的热量实现制冷。通常情况下冰淇淋机的蒸发器与搅拌桶结合在一起,所以一般称其为蒸发搅拌桶,冰淇淋的制作过程就是在其内部经冷冻搅拌完成。除上述四大件之外,常常还配有一些辅助设备,如电磁阀、储液器、易熔塞、压力控制器等,它们是为了提高运行的经济性、可靠性和安全性而设置的。

系统的工作原理是低温低压的制冷剂被压缩机吸入,压缩成高温高压的气体后排入冷凝器,在冷凝器中向冷却介质(水或空气)放热,冷凝为高压液体,然后经节流装置节流为低温低压的液体,最后在蒸发器中吸收被冷却物体(本系统即为冰淇淋原料)的热量之后,汽化成低温低压的蒸气,从而达到循环制冷的目的。这样,制冷剂在系统中经过压缩、冷凝、节流、蒸发 4 个基本过程完成一个制冷循环。

1. 类型

软冰淇淋机按照机器造型可分为台式软冰淇淋机[图 7-19(a)]和立式软冰淇淋机[图 7-19(b)];按照出料口的数量可分为单头、双头、三头或者多头冰淇淋机,市场上多数冰淇淋机为三头冰淇淋机,也就是所谓的三色冰淇淋机。单头冰淇淋机[图 7-19(a)]只有一个储料缸、一个制冷缸和一个出料口,同时只能出一种颜色即一种口味的冰淇淋。其价格相对便宜,体积小巧,重量一般在 80 kg,功率一般在 750～1 800 W。单头冰淇淋机一般适用于小的酒吧、咖啡店、西餐厅、KTV 和网吧等对冰淇淋的产量和口味要求不多的场合。三头冰淇淋机[图 7-19(b)]有两个储料缸、两个制冷缸和 3 个出料口,同时可以出 3 种颜色即 3 种口味的冰淇淋,其中包括两种纯口味和一种混合口味,是市场上比较常见的类型。其重量一般在 150 kg,功率在 1 700～4 000 W。

(a)

(b)

图 7-19 冰淇淋机示意图

(a) 单头台式冰淇淋机;(b) 三头立式冰淇淋机

近年来,水果冰淇淋机逐渐被使用和推广,水果冰淇淋机以新鲜水果为制作材料,运用物理机械原理将冷冻后的水果挤压成为冰淇淋。

2. 技术特点

由于冰淇淋对硬度有一定要求,所以冰淇淋机使用电子数控模块,自动控制并设有出料计数功能,可随时调节冰淇淋硬度。除此之外,冰淇淋机主机采用全封闭压缩机,搅拌缸采用夹层冷媒 S 形流向直接制冷设计,具有能耗低、制冷量大的优点。

7.3 自助生鲜便利店

7.3.1 概述

目前,在零售市场上占主导地位的仍是传统便利店,如沃尔玛等大型超市和连锁性质的社区便利店仍然是人们日常消费的主要场所。但是,传统便利店存在着排队结账、资金回流慢、经营成本高(租金、人工费)等类似的问题,而自助生鲜便利店弥补了传统便利店的不足:一是节省了租门店和雇用服务人员的费用,降低了运营成本,进而降低盈亏平衡点;二是自助结算系统加快结算速度,在一定程度上缓解了排队结账的难题;三是自助生鲜便利店体量小,营业点布置灵活,可直接开在社区里面;四是试错成本低,使商家最终达到利润最大化的目的;五是 24 小时营业可满足消费者任何时间段的消费需求;六是在无人售货的环境之下,减轻了消费者的心理压力,可以营造出一种轻松的购物环境;七是满足消费者尝试新鲜事物的心理需求,使其感受科技魅力。

7.3.2　生鲜便利店的制冷系统

一般来说,生鲜便利店制冷系统集空调、冷藏和冷冻功能于一体,其系统原理如图 7-20 所示,该复杂系统的室内主要工作部件包括两台室内嵌入式顶送风空调器,两台立式敞开式制冷陈列柜和一台卧式敞开式冷冻陈列柜(带增压压缩机 4),室外机组主要由 3 台压缩机(压缩机 1—3)和冷凝器组成。根据不同的负载情况,该系统能通过对系统内各回路上阀门的开关控制形成不同的工作模式。图 7-20 所示的工作回路为夏季工作模式,在该模式下,系统能同时满足超市室内的空调制冷以及冷冻、制冷陈列柜的制冷需求,其工作原理(lg$P$-h 图)如图 7-21 所示。

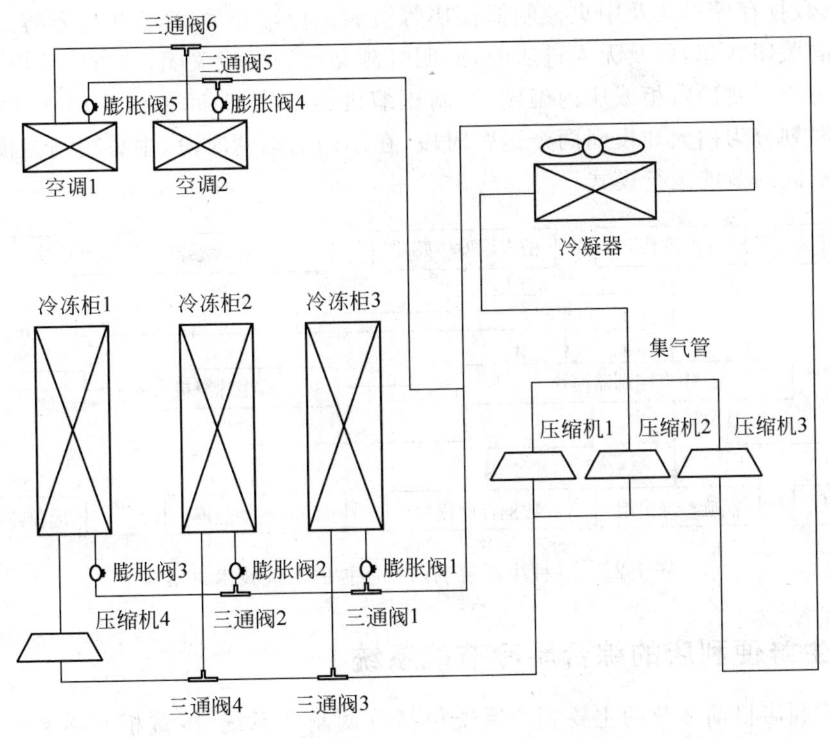

图 7-20　生鲜便利店多元组合制冷系统原理

这种多元组合制冷系统最大的优点是有效结合了冷冻、冷藏及空调的特点,通过电磁阀、换向阀等控制部件可以实现多种工作模式,从而能针对各种不同运行工况最大地发挥系统的效能,达到节约超市能耗的作用。但由于这种新系统部件较多,包含空调、低温冷冻、中高温冷藏等不同设备，并且管路复杂，调试工作十分复杂，对其优化很有必要。

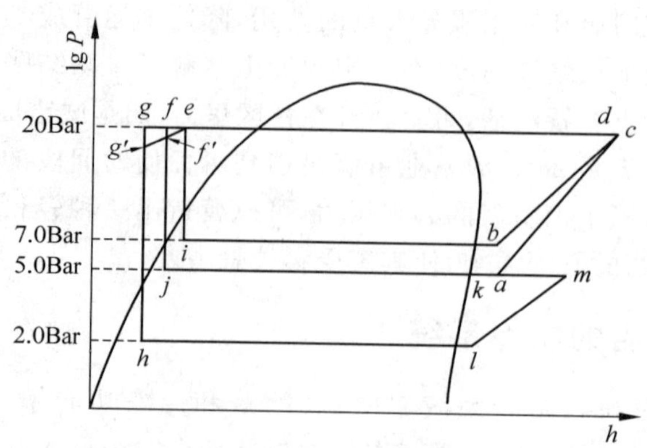

图 7-21　生鲜便利店多元组合制冷系统压焓图

而对于生鲜便利店来说，伴随着能源成本的日益增加，零售商的运营成本也在不断增加。因此，必须有一套良好的管理系统，可以对便利店制冷系统进行智能化、信息化管理，从而降低制冷消耗成本，提高经济效益。图 7-22 即为一种生鲜便利店智能控制系统技术方案。它由位置开关、光线传感器、温度传感器、无线通信模块、现场及远程监控计算机、时钟模块、数据存储模块及中央控制器模块等组成。位置开关、光线传感器等主要感知冷柜柜门等的关闭状态，以及无人进店时，照明灯源亮度调低或关闭，节省照明电量消耗；温度传感器主要监测冷藏柜或店内温度，控制压缩机运行状态；时钟模块用于计时，并将全天运营时间划分为白天和夜间两个运营时段，在不同的运营时段，中央控制器模块将根据设定开启不同的节能运行模式。

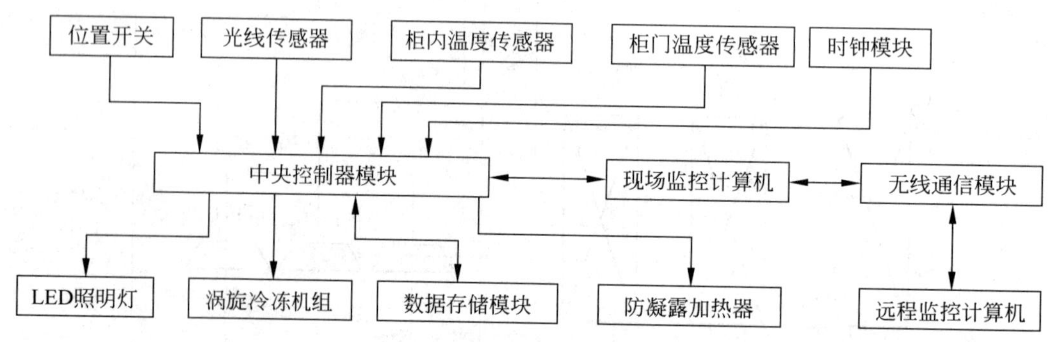

图 7-22　一种生鲜便利店智能控制系统技术方案

7.3.3　生鲜便利店的综合制冷节能系统

生鲜便利店目前涉及的主要制冷系统包括空调制冷系统、冷藏柜制冷系统和冷冻柜制冷系统，3 个系统单独存在。空调制冷系统普遍采用室外型机组和室内型风机，冷藏柜制冷系统和冷冻柜制冷系统普遍使用内藏式冷冻及冷藏柜，内藏式冷冻及冷藏柜将会产生废热，夏季这部分热量增大空调系统的热负荷。如何能实现多系统的综合利用，合理控制和使用冷热源，达到节能环保的综合效果显得尤为重要。

图 7-23 所示为生鲜便利店综合制冷节能系统夏季制冷循环。由空调压缩机将制冷剂进行压缩，压缩成高温高压的制冷剂气体进入空调冷凝器，空调冷凝器将制冷剂冷却后形成高压液态制冷剂，高压液态制冷剂流经空调液路过滤器和空调液路视液镜后达到空调蒸发器膨胀阀和中间换热器膨胀阀，一股制冷剂经空调蒸发器膨胀阀节流降压后进入空调蒸发器，经空调蒸发器冷却，吸收热量后变成气态制冷剂；另一股制冷剂经中间换热器膨胀阀节流降压后进入中间换热器，经中间换热器吸收热量后形成气态制冷剂，两股气态制冷剂经空调气液分离器后回到空调压缩机中，完成空调的制冷循环。冷柜压缩机将制冷剂气体压缩，压缩后形成高温高压的气态制冷剂，高温高压的气态制冷剂经冷柜冷凝器冷却后形成液态制冷剂进入中间换热器，经中间换热器过冷形成过冷态制冷剂，过冷态制冷剂流经冷柜液路过滤器和冷柜液路视液镜后到达冷藏蒸发器膨胀阀和冷冻蒸发器膨胀阀，一股制冷剂经冷藏蒸发器膨胀阀节流降压后进入冷藏蒸发器，经冷藏蒸发器冷却，吸收热量后形成气态制冷剂；另一股制冷剂经冷冻蒸发器膨胀阀节流降压进入冷冻蒸发器，经冷冻蒸发器冷却，吸收热量后形成气态制冷剂，气态制冷剂经辅助加压装置加压后与冷藏气态制冷剂一起回到冷柜气液分离器，经冷柜气液分离器分离后气态制冷剂回到冷柜压缩机，完成冷柜制冷循环。

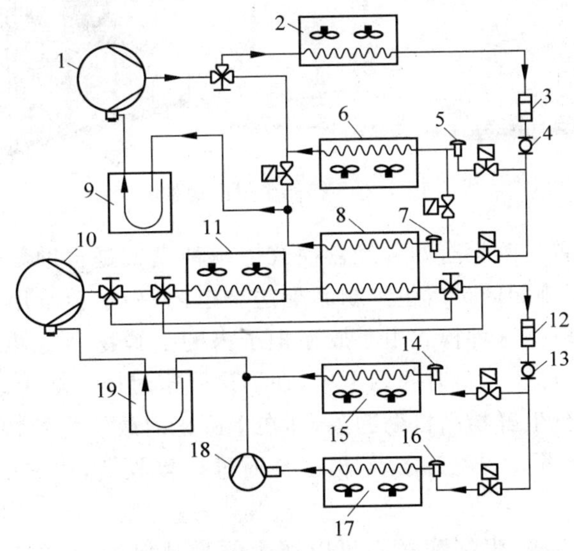

图 7-23　生鲜便利店综合制冷节能系统夏季制冷循环

1—空调压缩机；2—空调冷凝器；3—空调液路过滤器；4—空调液路视液镜；5—空调蒸发器膨胀阀；6—空调蒸发器；7—中间换热器膨胀阀；8—中间换热器；9—空调气液分离器；10—冷柜压缩机；11—冷柜冷凝器；12—冷柜液路过滤器；13—冷柜液路视液镜；14—冷藏蒸发器膨胀阀；15—冷藏蒸发器；16—冷冻蒸发器膨胀阀；17—冷冻蒸发器；18—辅助加压装置；19—冷柜气液分离器

这种综合制冷节能系统的优点是：中间换热器有效地将空调制冷循环和冷柜制冷循环有机结合起来，节能环保；辅助加压装置可实现一台冷柜压缩机同时为冷藏蒸发器和冷冻蒸发器提供冷量，保证了冷柜压缩机的低压缩比和高效率值。

7.4 生鲜配送柜

7.4.1 介绍

从网上下单订购，在家里坐等生鲜蔬菜上门，这已经成了繁忙上班族"逛菜场"的日常方式。随着互联网触角不断深入人们日常生活的每个角落，近两年，生鲜配送开始"火"了起来，给人们的生活带来便利。

智能生鲜配送柜是主要针对生鲜食品（蔬菜、水果、肉类、生鲜等产品）配送设计的冷鲜类智能配送柜（图 7-24）。产品集冷藏、保鲜、智能配送及网络化管理为一体，可与生鲜电商及冷链物流密集结合，实现生鲜食品网络智能化配送功能，并很好地解决配送保鲜问题。

图 7-24 智能生鲜配送柜

目前在社区内放置生鲜柜有两种经营模式。一种模式是自助配送，用户网上可随时下单，下单之后店家安排配送员将生鲜物品配送至柜内，柜子会给用户发送取物通知，用户通过验证码进行自取。这种模式由于放在柜子内的生鲜物品是处于冷藏保鲜状态，用户取用不受时间限制，可在上班时间内下单，在下班回家时楼下取走。另一种模式是用户在楼下的生鲜柜内进行生鲜物品自助购买，即在生鲜柜内放置生鲜物品，不同的格口放置不同的蔬菜，用户选择格口内蔬菜之后，柜子会通过计重收费，用户扫码付费后完成购买流程。

相对于外卖配送模式，生鲜配送柜可以让生鲜物品保鲜性更好，客户自取时间更方便，但是生鲜配送柜制造成本高，需要选择适宜的运营模式推广应用。

7.4.2 技术特点

智能生鲜配送柜由生鲜配送柜、通信设备、分析发放终端等组成，如图 7-25 所示。

1. 各个点的生鲜配送柜

其主要负责各个点的生鲜储存，客户通过 App 或者短信取件码进行取件，内部配置有常规的蒸气压缩制冷系统。

2. 通信设备

鉴于生鲜配送柜的工作环境的通信接口需求，使用无线工业路由器来进行数据通信，

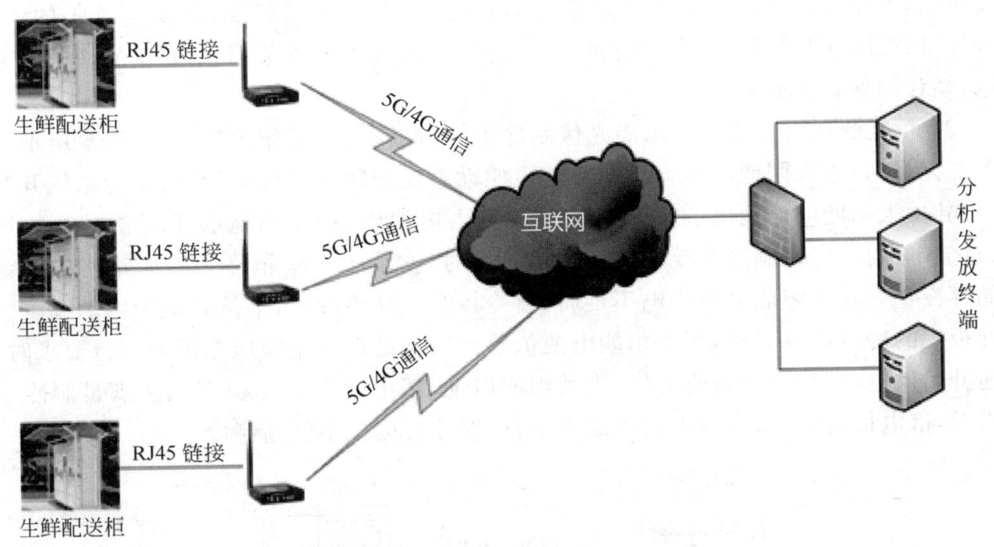

图 7-25　智能生鲜配送柜网络架构图

TR321 系列路由器具备 232 串口及 485 串口、一路 LAN 口、一路 WAN 口，可以满足本需求。

TR321 路由通过 RJ45 网络通信接口与生鲜配送柜进行链接，并通过移动网络将所需数据实时上报平台，或平台实时下发所需数据。

3. 分析发放终端

分析发放终端包括各种服务器及系统软件，主要负责对物流数据的分析和管理，并对各生鲜进行任务发放、处理等。

智能生鲜配送柜是一个基于物联网，能够将生鲜食品保鲜冷藏、暂存、监控和管理的高新技术设备。其外形类似快递行业的物品寄存柜，它的智能之处在于：除了核对信息后会自动发信息给客户，通知客户取件外，还能智能控制储藏箱的温度，保证食材的新鲜，具有以下特点。

(1) 高度定制的业务处理系统，完美协调设备与客户之间互动，并完成业务数据的处理。

(2) 通过运营商网络可以实时监控每一个终端的运行情况，随时调整供应链和电子促销广告，实现设备远程监控与管理，减低设备的维护成本。

(3) 高效率、低成本的收费方式，采用电子货币结算，提高资金管理效率，有效杜绝徇私舞弊以及假钞残钞所造成的经济损失。

7.4.3　发展方向

(1) 多温区。多温区多空间生鲜配送柜通过将配送柜内的空间进行分区，然后利用制冷系统维持不同的室温（如三温区：高温区 0～10 ℃，中温区 －20～0 ℃，低温区 －40 ℃），用以实现不同种类、不同储藏温度的易腐货物的保存。

(2) 智能化。结合物联网、人工智能等技术，实现无人生鲜零售。居民买菜只需要下楼就可以，不用再去蔬菜批发市场或者生鲜商超了，避免人员接触，减少病毒等的传染。另外通过智能化程序可记录蔬菜存放时间，方便消费者了解蔬菜信息，查询到蔬菜的有关信息，能让消费者更放心。

（3）新能源利用。例如太阳能光伏制冷生鲜自提柜，其工作原理如图 7-26 所示。当太阳能充足时，由太阳能电池输出的直流电驱动直流变频压缩机运行，使制冷系统开始制冷。同时，太阳能电池输出的多余电能储存到蓄电池中，控制器能够实现蓄电池的过充电、过放电保护，保证制冷系统的可靠运行。此时，安装于冷藏箱格和冷冻箱格中的蓄冷板储存冷量。在太阳能电池供电不足时，蓄冷板开始释放冷量，维持自提柜内的温度。当蓄冷板中的冷量释放完毕，而太阳能电池依然无法满足直流变频压缩机的运行要求时，蓄电池开始供电，带动制冷系统工作；当太阳能电池、蓄电池和蓄冷板都无法满足制冷系统要求时，市电供电系统启动，驱动压缩机运行，保证自提柜不间断制冷。

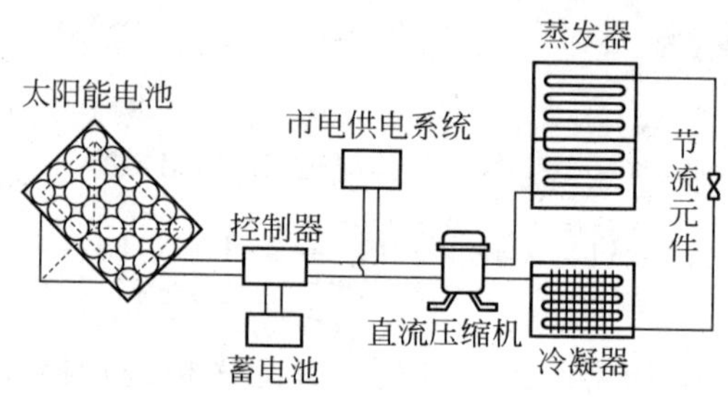

图 7-26 太阳能光伏制冷生鲜自提柜工作原理

7.5 冷藏销售装备技术发展趋势

7.5.1 绝热提高技术

冷藏销售装备作为销售末端，许多设备如饮料柜、冰淇淋柜安置在零售店门口，自动售卖机位于小区露天环境中，相比于室内环境稳定、温度相对较低，其外部环境波动大、温度相对高，即箱体热负荷大且不稳定，造成箱体内部温度控制难度大，对存储的产品质量造成影响。

1. 箱体保温技术

封闭式轻型商用制冷设备热负荷分为两部分：一是降温过程的动态热负荷，主要为储物热负荷，与储物量多少相关，当储物降至目标温度后，该部分热负荷基本为零；二是保温过程的稳态热负荷，主要为箱体漏热，与保温材料及其加工有关。对于经常开关门或者补充快消品的制冷设备来说，有相当一部分的热负荷都是来自降温热负荷。但是，冷链设备绝大部分时间的热负荷为稳态热负荷。箱体本身的保温性能提升是减小制冷设备热负荷的重中之重，也是减少制冷设备用电、减小箱体内部温度波动的关键。总的来说，增加发泡层厚度和寻求导热系数更低的保温材料是两大途径。

发泡层厚度越厚，漏热越少，但是材料成本高，箱体体积大，且影响内部有效容积，因此发泡层厚度的增加有限，企业所追求的是导热系数更低的保温材料。普冷领域中保温材料多为有机保温材料，保温材料的选择需要综合考虑导热系数、密度、机械强度、耐热性和使用温度等因素。国内轻型商用制冷设备保温材料主要采用硬质聚氨酯发泡，因含氟化物，会破坏臭氧层，近年来逐渐出现了一些聚氨酯发泡剂的替代产品，如烷烃（环戊烷）、HFC类（245 fa和365 mfc）以及LBA。

在低温冷柜中，由于内外温差大，漏热负荷较大，真空绝热板（VIP板）在其高端产品中应用较多。真空绝热板（VIP板）是真空保温材料中的一种，由填充芯材与真空保护表层复合而成，它能有效地避免空气对流引起的热传递，因此导热系数可大幅度降低，可以达到0.002～0.004 W/(m·K)，为传统保温材料导热系数的1/10。冷柜采用VIP板隔热，可节能10%～30%，并且增加有效容积20%～30%。VIP板还具有体积小、弹性好、不燃等特性。VIP板虽然保温效果好，但由于高成本导致其在应用过程中多与传统的保温材料结合使用。

2. 门封保温与密封技术

门封是一种镶嵌在制冷设备门体与箱体间的重要密封元件，其功能为阻止箱体内外空气的交换。门封部位引起的总热负荷占设备10%～30%，一是以热传导、热对流和热辐射形式引起的传热热负荷；二是通过磁条安装面和卡槽安装面的间隙进行空气交换引起的传质热负荷。其中，因作用力不同，立式设备与卧式设备的门封结构略有不同。陈列柜、饮料柜、酒柜等立式门体制冷装置的门封由两部分组成，一部分是门封主体，大多为软质聚氯乙烯（SPVC）；另一部分是与箱体钢板相互吸引的磁条，门封处于拉伸状态。卧式冷柜等制冷设备的门封密封作用力由门体本身的重力提供，门封处于压缩状态，低温冷柜的门封多为热塑性弹性体材料（TPE）。

一直以来，PVC都是门封条应用的主要材料，经过十几年的技术完善，基于PVC的密封技术更是趋于成熟，被企业广泛应用。但是PVC材料质地硬、含有卤素，限制了其使用范围。面对这个问题，触感柔软、不含有卤素，同时不会随着时间变硬的TPE成为业界呼声最高的材料。门封基础结构为平直型结构，为适应不同箱体与门体的配合间隙，不断改变门封的结构，主要方向为改变气囊结构、增加辅助气囊和飞边、减小胶条厚度。几十年来，门封从单一的平直结构逐渐衍生到复杂的各向异性结构，其补偿功能不断增加，密封效果也越来越好，但是对生产模具的要求也越来越高。

门封的基本结构和改进结构如图7-27所示。

1）增加辅助气囊

采用平直门封，内部冷空气将直接与外部钢板接触，增加了漏冷。在靠近间室侧增加辅助气囊的作用是隔绝冷空气与钢板直接接触，而增加飞边的作用实质也是构建新的辅助气囊，借助飞边搭在门体上，构成新的密封腔，可以阻碍空气的流动和换热。

2）多气囊结构

空气导热系数约为0.02 W/(m·K)，远低于胶料的导热系数[约0.2 W/(m·K)]，门体关闭后，由于变形、挤压等原因，单个气囊容易变形变小，相当于空气绝热层变小。在门封内部增加筋条，增加气囊数量，一方面提高气囊的抗变形能力，防止气囊变小；另一方面，内部各气囊相互独立和密封，不会发生气体对流换热，换热效果也会大幅度降低。当然，由于胶料的导热系数远大于空气，气囊增多，反而会增加导热，因此一般只优化为3～4个

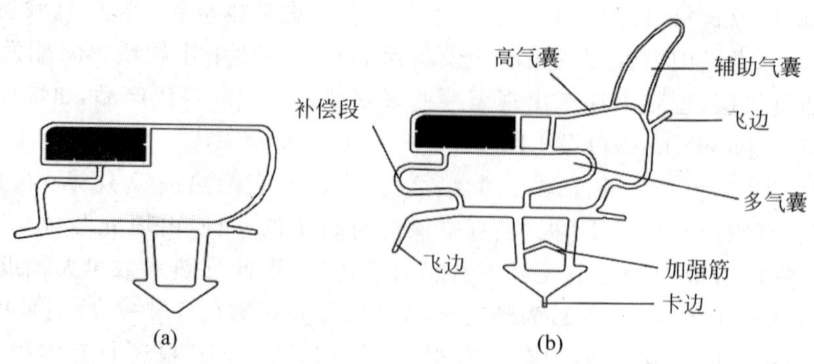

图 7-27 门封的基本结构和改进结构

(a) 基本结构；(b) 改进结构

气囊。

3）增加补偿段

门封实际装配环境与设计尺寸有偏差，设置补偿段就可以通过一定的压缩或拉伸来保证密封性能，确保门封整体结构不变形、不出现明显的闪缝。

4）高气囊和卡边结构

吸合面和安装面是传质的两条途径，为防止装配间隙过大，磁条磁力不足，导致吸合面存在闪缝，拔高靠近冷空气侧的气囊，作为第二道"防线"。同样地，在卡扣下增加卡边，也是防止卡扣不能紧贴卡槽，形成渗透间隙。

5）减小门封胶条厚度

胶条的导热系数较大，在结构强度允许范围内减小胶条厚度，可减小门封热传导漏热。

3. 玻璃门防凝露技术

冷藏柜的玻璃门很容易凝露，影响展示效果。其防凝露技术同葡萄酒储藏柜的玻璃门防凝露技术。

4. 敞开式柜体风幕技术

为方便消费者直接接触、购买商品，超市、商店中通常设有储存食品的敞开式陈列柜及饮料柜，该类冷柜为开口设置、无门体，采用风幕技术来减少敞口处与外界环境之间的热、湿交换，但是与封闭式冷柜相比，能耗还是相对较大，有研究表明柜内 50%～70%的冷量通过风幕而损失，即该类型冷柜的制冷效果与能耗水平受风幕特性的影响较大。风幕的流动与换热受射流速度、射流温度、射流初始紊流度、风幕宽度、敞口高度和宽度、风幕两侧的压力与温差等影响，常采用 CFD(computational fluid dynamics，计算流体力学）与实验研究相结合的方式对风幕的优化设计提供可靠依据。常见的风幕优化措施有：

(1) 立式敞开式陈列柜采用双层（或三层）风幕设计可提高风幕的隔热效率。具有双层风幕的陈列柜含有 2 个独立的送风回路，内层风幕经过冷却器，外层风幕不经过冷却器。它具有如下优点：双层风幕可提高内层风幕速度，减小柜内空气与食品的温差；风幕强度得到加强，外气影响减小，除霜次数减少；双层风幕使商品保持一定温度所需的冷冻能力减小，实现节能并提高商品贮存质量。三层风幕结构复杂，但隔热效果明显，国外已有该类产品的生产报道。

(2) 采用高效蜂窝式出风口,使风幕气流平稳且均匀,减弱环境空气与柜内冷气的换热,同时可减少循环风机风量。在蜂窝式出风口之前采用整流板调整出风口风速场,使出风口送风速度从柜内到柜外逐渐递减以降低陈列柜的能量消耗。

(3) 保证最小当量直径,当量直径过小风幕将封不住敞口,风幕两侧的热湿交换加大;当量直径值过大将加剧风幕两侧的卷吸作用,加快热湿交换的速率,导致增加陈列柜的制冷负荷、融霜时间及次数。

(4) 卧式陈列柜易受环境辐射热的影响,使风幕略带波动可减少陈列商品表面的辐射热。

7.5.2 蒸气压缩制冷系统循环改进

1. 双压缩机系统

轻型商用制冷设备热负荷分为两部分:降温过程的动态热负荷及保温过程的稳态热负荷,同时对降温速率有要求,也就意味着降温过程与保温过程中的冷负荷需求相差较大。为了满足降温速率,往往会选择匹配较大热负荷的压缩机及其制冷系统,但是在保温过程中,实际热负荷远远小于系统制冷能力,出现"大马拉小车"的现象,使得制冷系统长期运行在能效较低的部分负荷状态。因此,双(多)压缩机并联系统可较好解决这个问题:在降温过程满负荷运行,在保温过程单压缩机运行,起到改变制冷能力的作用。如图7-28所示风冷陈列柜并联双压缩机制冷系统,通过合理的控制手段,可实现较明显的节能。

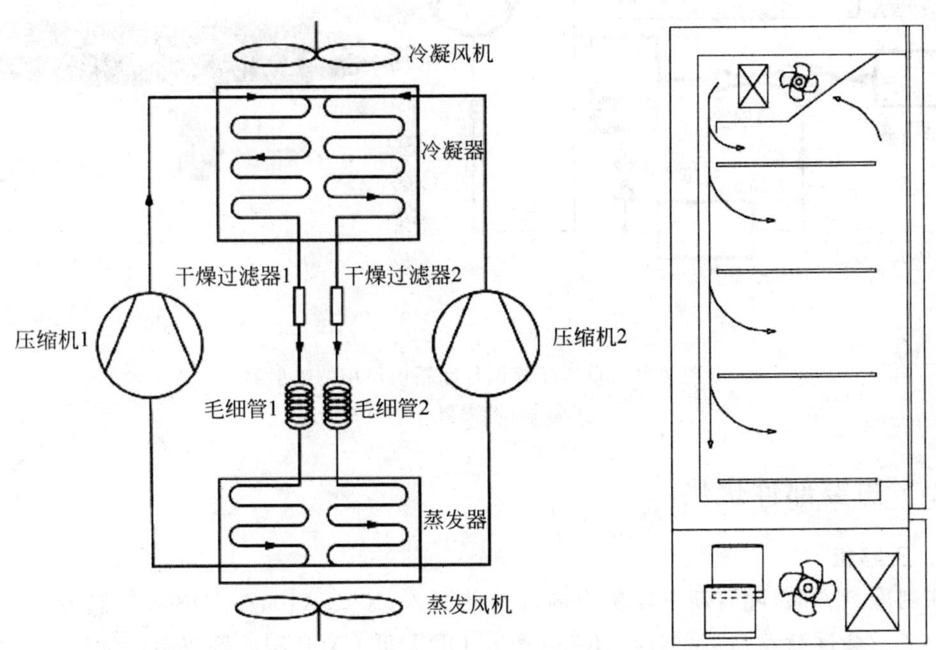

图7-28 风冷陈列柜并联双压缩机制冷系统

2. 双毛细管系统

冷藏柜一般采用单根毛细管作为节流装置，在压缩机开停工况下，系统处于非稳态传热状态，受冷凝压力和蒸发压力变化的影响，单根毛细管节流的流量也发生相应的变化，造成冷藏柜制冷速度慢，且单根毛细管易堵塞。双毛细管并联节流进入蒸发器后形成两条射流并相互干涉，增强了蒸发器内部流体的扰动，强化了传热，减弱了蒸发器内制冷剂在管壁形成的热流边界层和流动边界层，减小了热阻，同时采用双毛细管并联节流后，构成了两条独立的制冷剂通道，使得双毛细管和回气管的接触面增加1倍，提高了过冷度，提高了蒸发器的制冷量，增加了制冷剂和管内壁之间的换热量，提高了蒸发器的换热效率，从而实现了冷藏柜的快速冷却，大大提升了整个系统的性能。

3. 喷射器增效制冷系统

在蒸气压缩系统中增加喷射器也是一种有效的节能手段，可以减少节流膨胀损失，降低压缩机压比，提高制冷效率(图7-29)。在直冷双温电冰箱制冷系统中，通过引入小型两相流驱动喷射器，使新循环冰箱冷藏室和冷冻室的最低蒸发温度分别维持在−7.8 ℃和−26.6 ℃，喷射器的平均升压比可达1.07，耗电量为0.52 kW/24h。与采用传统制冷系统的原型冰箱相比，新循环冰箱的耗电量降低了5.45%，且冷却速度性能也有所提升。该技术可引入制冷陈列柜、厨房冰箱。

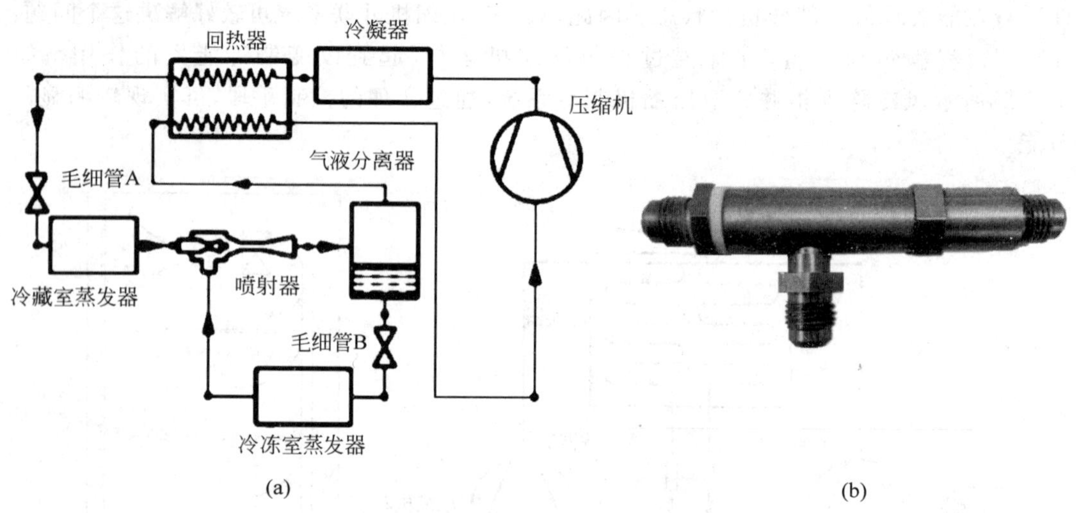

图7-29 单级压缩循环冰箱中使用的喷射器

(a) 喷射器工作原理；(b) 喷射器

7.5.3 重要部件优化

1. 压缩机

在制冷剂方面，随着新一轮制冷剂替代的深入，R22、R404A、R134a等制冷剂压缩机设备的产量会逐渐萎缩，而R744、R290等零ODP、低GWP制冷剂将会持续增长，混合工质也将有进一步的发展。

当前，节能与环境保护越来越受到人们的重视。未来冷藏装备压缩机必然朝着高效、环保、低噪声、宽工况、低成本和高可靠性的方向发展。冷藏装备压缩机的发展趋势归纳为以下几点。

第一，型式多样化。虽然传统的活塞式仍是冷藏装备压缩机的主要压缩机型式，在商用冷柜、陈列柜、冷藏箱、自动售卖机等设备上普遍采用此种型式的轻型商用压缩机，但其他型式的压缩机陆续出现。例如，线性压缩机采用直接输出往复运动的直线电机，活塞向一个方向的运动由电机驱动，反方向的运动则由一个弹簧驱动，形成一个机电振荡系统来实现活塞的往复运动。尽管仍然依靠活塞往复运动压缩气体，但与传统往复式压缩机在结构上有本质的区别，避免了曲柄连杆机构的复杂性和由此带来的机械功耗。虽然目前线性压缩机应用场合还比较局限，只是应用于恩布拉科和 LG 的家用电冰箱，但在可以预见的未来，线性压缩机进入冷藏装备领域并不是不可能的。而滚动活塞式压缩机一般用于 3 匹以下家用空调，极少应用在冷冻冷藏行业，但目前有趋势显示其即将进入冷冻圈，它在商用冷冻圈的使用率不断提升，当前主要应用在轻型商用冷柜和农户的小规模产地型冷库上。主流滚动活塞式压缩机生产厂家用于冷冻冷藏设备的压缩机最大只能做到 7 HP，这与轻型商用制冷设备的制冷量上限非常接近，目前冰箱及压缩机企业已经有部分产品企划尝试验证滚动活塞式压缩机的应用，考虑到市场的接受程度和切换难度，目前仍处于探索阶段。

第二，产品专用化。冷藏装备压缩机的产品专用化对提高产品的可靠性和延长产品寿命，降低产品的故障率具有重要意义。现在轻型商用领域对压缩机的需求越来越高，如果不同种类的产品都使用同样的压缩机，运行模式、工况等差异会导致压缩机寿命变短、故障率高等问题。虽然目前已经有一些专用压缩机，但由于产品系列少、能力范围窄，因此在一段时间内，冷藏装备压缩机的产品专用化将是各设备厂商研究的重点。

第三，工质自然化。由于臭氧层破坏和温室效应加剧，HCFCs 制冷剂的替代进程已经确定，虽然现在已经提出了多种不同的替代物，但无论是新合成的 HFCs（氢氟碳化物）制冷剂还是碳氢化合物等自然工质，在目前替代和应用过程中都遇到了不同的技术难题，还没有完全符合要求的制冷剂。但从趋势上看，只有自然工质能够很好地满足零 ODP 和低 GWP 的环保要求，尽管它们存在这样或那样的不足，但自然工质的冷藏装备压缩机应用一直在持续增长。

第四，变频驱动化。压缩机变频、变容量调节，能更好地匹配制冷机组的负荷变化，有效提高机组的全工况运行效率和适应性。正是由于变频技术有大幅节能、温控精度高、能量调节范围大等优点，因此在冷藏装备压缩机上实现变速控制成为各个冷藏装备压缩机设备制造商的研究热点。目前，冷藏装备用变频活塞压缩机产量逐步扩大。随着变频技术的发展，定速压缩机将进一步被取代，同时，现有的变频压缩机的制冷能力范围还有待进一步拓宽。

第五，体积小型化。随着冷藏装备压缩机的不断发展，产品体积小、占用空间小也将是冷藏装备压缩机的发展趋势之一，在保证制冷量和 COP 的前提下，压缩机体积减小可以降低生产成本、节约空间。压缩机小型化后固然会影响散热，最为可行的 3 个技术优化方案均以提高电机本身性能，从而减少发热为基础，具体可行方式为：磁场设计、绕线方式、材料使用。

2. 换热器

1）翅片管换热器

（1）结构参数优化。不同的翅片形状，不同的结构参数（翅片间距、翅片厚度、翅片高度、管排数、管间距等）对翅片管换热器的换热性能都有一定程度的影响。利用翅片强化换热的基本机理包括两个主要方面：①特殊的翅片通道，如波纹片通道，其内部会因产生边界层分离现象而导致了混合作用。②在翅片通道内会产生边界层的重复生长与尾流破坏。

（2）内螺纹铝管。采用内螺纹铝管代替现在通用的翅片管换热器中的铜管，能够提高制冷剂侧换热系数，减小换热器的整体质量，并且能够使翅片管换热器的成本大大地降低。

（3）小管径化。采用小管径翅片管换热器可有效降低制冷剂充注量，但小管径的采用可能会导致换热性能下降，因此，有必要对小管径翅片管换热器的设计方法进行探究，包括翅片结构设计和制冷剂流路设计。

（4）流程优化。管路中制冷剂流量越大，制冷剂侧换热系数越大，但是同时管路沿程阻力产生的压降越大。因此可通过制冷剂流程的优化来平衡换热系数和压降的关系，改善换热效果，达到翅片管换热器整体强化换热的目的。

2）微通道换热器

高效换热性能和紧凑结构一直以来都是换热器追求的目标，微通道换热器也不例外。从第一代微通道换热器使用较宽、孔径较大的扁管到目前广泛使用的较窄、孔径较小的扁管，其目的就是强化传热，使得换热器更为紧凑。在考虑换热器制造成本的同时，可根据换热器组成部件进行参数化研究，得到高效经济的换热器。

（1）翅片的优化。研究翅片型式及其参数，如开窗角度、片间距等，与流量、压降、空气侧气流组织及风机功耗间的关系。

（2）换热器的布置。集流管的方向，水平、垂直或是倾斜；换热器的布置，如采用倾斜的方式布置换热器，改善凝结水的排除，研究不同布置方式与换热器性能及冷凝水排除效率之间的关系。

（3）扁管。扁管的宽度及其内部开孔的型式和数目，对换热性能和制冷剂充注量影响较大。相同规格的扁管，扁管孔径较小的微通道换热器的换热系数较大且制冷剂充注量较小，但其制冷剂侧的压降会随着孔径的减小而增加，针对不同的需求，对扁管的结构进行最优化设计。

（4）回路设置。微通道换热器的换热性能随着流程数的增加而增加，但当流程达到一定程度时，换热性能不再提高；与此同时，压降会随着流程数的增加而迅速增加。

（5）集流管的设计。特殊结构集流管的设计使得微通道换热器做蒸发器时，制冷剂分配较为均匀，改善其换热性能。

3）D 形管蒸发器

D 形管蒸发器在长度不变的情况下，增大了蒸发面积，降低产品能耗，同时不增加成本。与圆管蒸发器相比，D 形管蒸发器具有应力小、尺寸小、不凝性气体少及与箱壁接触面积大的优点，提高了换热效率，增大了换热量，增大了制冷量，节电 7%。D 形管蒸发器与传统圆管蒸发器比较如图7-30所示。

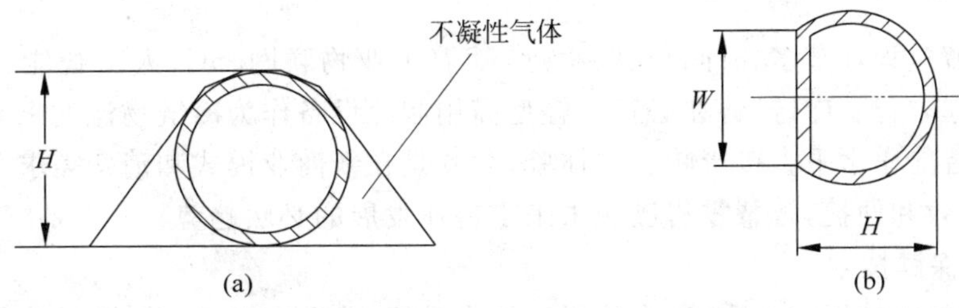

图7-30 D形管蒸发器与传统圆管蒸发器比较
(a) 圆管蒸发器；(b) D形管蒸发器

7.5.4 新型制冷剂替代

2019年1月1日起，旨在削减氢氟碳化物的全球协定《蒙特利尔协定书》基加利修正案正式生效，逐步向天然制冷剂过渡。天然制冷剂或称自然制冷剂是指自然界天然地存在而不是人工合成的可用作制冷剂的物质，如水、空气、氮气、烃(甲烷、丙烷、丁烷等)、氨、二氧化碳、氦等。其中氮、甲烷、空气、氦等因标准蒸发温度很低主要用于低温工程，其他的可用于制冷工程。目前主要发展方向如下。

1. R290 的推广

碳氢化合物制冷剂丙烷(R290)因具有无氟、低碳、天然、高效、价格低廉等诸多优势，被认为是行业内最具发展潜力的新型冷媒，R290作为一种天然制冷剂在全球得到了推广，可在冷藏装备领域等制冷系统中使用。产业在线监测数据显示，2018年R290在轻型商用制冷设备的应用在30%左右。如在立式冷柜中应用R290替代R404A，换热器的内容积比原型机小40%，使开机周期功率和开停机周期功率分别降低2.7%和0.6%，并且最佳工况下的制冷剂充注量也大幅降低，比原型机低30%。50%的换热器制冷剂侧的容积的降低带来30%的制冷剂充注量的降低，对耗电量的影响微乎其微，证实了用R290替换R404A的可行性，可以降低系统的耗电量到34%。在低温冷柜中，在获得相同制冷效果的情况下，R290的耗电量相比R404A减少13.8%，充灌量仅为R404A的41.7%，冷柜的降温速率较R404A有小幅提升。然而，R290具有可燃性，限制了其在行业内的推广使用，这也是下一步需要重点解决的问题。

2. CO_2 的使用

CO_2 具有良好的低温流动特性和换热特性，可用于超市食品的保鲜储存和冷藏以及食品的低温冷冻冷藏。在欧美和日本，CO_2 在商超制冷系统的使用处于领先地位。在国内，2008年北京奥运会期间，海尔集团曾为可口可乐生产数千台 CO_2 冷柜，从2012年开始，可口可乐公司将其采购的50%饮料柜产品使用 CO_2 替代R134a，至2015年饮料柜全部采用 CO_2；大连三洋冷链有限公司于2011年研发了 CO_2 商用制冷陈列柜和制冷机组产品，并实验研究在平均温度低于20 ℃时，CO_2 商用制冷陈列柜比传统产品的能效提高16%，可实现节能与环保并重的综合目标。CO_2 在冷藏销售装备制冷领域的推广应用也受运行压力的限制，这会给系统及部件的设计带来许多新的挑战。

7.5.5 精细化与智能化

冷链物流过程环节多、时间长、路程远，随着工业物联网、5G、人工智能、大数据等新兴技术的兴起，"智慧冷链"势在必行。轻型商用制冷设备作为冷链物流的末端销售环节，其精细化和智能化水平直接影响客户体验，尤其是在新商业模式和消费需求下，商业日益变得智慧、高效和便捷，智慧零售已成未来零售业发展的必然趋势。

1. 智能保鲜技术

冰箱、冷柜继续回归本质，通常从保鲜技术升级、分区存储、除菌、除异味等方面入手，实现持久保鲜。

如卡萨帝搭载的MSA控氧保鲜技术冰箱，可实现储藏室内氮气、氧气比例的自主调节，延缓食材细胞新陈代谢；美的PST＋智能净味除菌技术的冰箱，通过内置离子发生器和净味装置，实现高效除菌、智能净味；奥马无霜保湿冰箱，冷藏室采用无霜保湿设计，留住蔬果水分，同时，冷藏、冷冻各自拥有一套冷气循环系统，可解决除霜费劲、蔬果风干、食材串味三大麻烦。

另外，分区存储也是实现保鲜的重要手段。为此，不少企业推出了专业分区冰箱。例如，TCL推出的急冷式冰箱，具有干、湿、鱼、肉、母婴等多个专业存储空间，解决食材串味等问题，让每一种食材"自然呼吸"。

2. 智能管理系统

1）冰箱智能管理系统

就冰箱行业而言，产品的智能化升级已不再是新鲜事。前几年，冰箱显示模块中多为配置购物、影音娱乐、语音互动等不同功能。如今，越来越多的冰箱搭配了内置摄像模块，通过内置摄像头，可以对食材进行识别，记录最佳赏味期限，数据将被人工智能学习，再经由显示屏主动预警提醒，可以让用户轻松管理食材。另外，还有一些冰箱增加了人体健康检测等功能，以丰富膳食健康的管理，让智能冰箱成为家庭健康管理的核心。

厨房冰箱可自动生成营养菜谱，打造自己的健康菜品库，不同食堂根据前置条件（预算、地区、季节、人群）形成智能菜品库，再以限定条件（价格、营养、菜品、替代品、国家标准营养摄入量）作为总体参考生成营养菜谱，给决策环节审核并自动发起采购计划，实现更加标准化的高质量营养套餐。

2）冷柜智能管理系统

智能商用冷柜以终端体验作为产品先导，结合互联网发展，实现了商用冷柜的无人化管理和智能化操作，极大地方便了终端用户的管理和使用。

如海尔冰柜智能系统，把电子芯片安装在冷柜上，每到访一台冷柜，工作人员记录下访销的时间与次数，由于每台冷柜都有自己的ID(identity document)，可以实现与互联网管理数据库的链接，还可以自动进行数据检测分析、数据定时上传与实时查询。将来的设想是冷柜成为一个大数据收集的平台，能提供一些经销管理方面的数据，如感知客流量，统计哪个时间段客流量大、哪款产品销售好，用户可以根据这些数据安排工作重点。

如海容的冰柜智能管理系统，借助这个系统，企业可以通过电脑上的管理平台管控所有的冷柜。在每台智能冷柜里，都内置了一块智能芯片，业务员通过手机上预装的软件，即可完成巡检打卡、产品报量、信息反馈等工作。比如，业务员可以将冷柜中的货品余量即时汇报，用户通过汇集而来的信息有的放矢地制订计划。

3）智能零售管理系统

智能零售依靠大量智能化技术来支撑，可以通过 RFID(radio frequency identification)、图像识别等技术实现店铺的自动盘点、智能补货、过期商品回收、智能仓储管理、自动出库、智慧物流、自动分拣、智能供应链管理等，运营商可以实现更加精确的销售及库存管理，实时监控功能，可让运营负责人随时通过后台或手机移动端查看运营、运维相关数据；还可实时短信通知设备报警信息，方便快速响应处理故障，节省运营成本。而对消费者，下班回家不想去超市买菜，直接在小区里的蔬菜生鲜售货机就可购买水果蔬菜；冷冻肉类、速冻食品、冰淇淋都可以在社区的冷冻食品售卖机里买到；在无人售货商店可以“即买即走”，货架上的智能感应系统以及商品上的智能标签会自动检测到顾客选购的商品并扣款。

4）智能酒柜管理系统

智能酒柜是一种安装了相应开放式操作系统的普通酒柜，通常搭载的智能硬件设备有摄像头、Wi-Fi、RFID 阅读器、二维码扫描器。其可自动进行酒柜模式调换，始终让葡萄酒保持最佳存储状态，可让用户通过智能手机或电脑，随时随地了解酒柜里葡萄酒的数量、湿度温度信息，可查看每瓶葡萄酒的详细信息，包括葡萄品种、色泽、口感、醒酒时间、如何配餐与葡萄酒酒庄文化等信息，并可提醒用户定时补充葡萄酒等。

【扩展阅读】

自助便利店大量出现被视为新零售的未来

【参考文献】

[1] 马秋阳. 立式制冷陈列柜柜内空气流动与传热性能研究[D]. 郑州:郑州轻工业学院,2013.

[2] 何竹青. 基于 PLC 的硬冰淇淋机测控系统研究与实现[D]. 南京:东南大学,2009.

[3] 苗淮保. 我国轻型商用制冷设备发展现状分析[J]. 冷藏技术，2019，42(3)：45-51.

[4] 代小军，黄鑫，赵晓雷，等. 便利店综合制冷节能系统:201110312069.4[P].2012-04-25.

[5] 钱剑峰，荆莹. 基于太阳能光伏制冷技术的新型生鲜自提柜开发[J]. 哈尔滨商业大学学报(自然科学版). 2017，33(3)：328-331.

【思考题】

1. 制冷陈列柜的类型有哪些？
2. 试述制冷陈列柜常用除霜方式及其特点。
3. 试述厨房冰箱和普通家用冰箱的区别。
4. 试描述压缩制冷酒柜和半导体制冷酒柜的工作原理及特点。

5. 试述生鲜配送柜的发展方向。

6. 冷藏销售装备制冷剂的替代有哪些？

7. 试阐述片冰机和滑落式片冰机的制冷原理。

【即测即练】

第8章

冷链物流信息化

【本章导航】

信息化是提升食品冷链物流产业科技水平、增强物流过程质量安全控制能力、实现冷链降本增效以及推进企业品牌化发展的重要保障。本章首先介绍食品冷链物流信息化技术体系及作用，再介绍冷链物流信息化技术构成以及未来冷链物流信息技术，最后介绍信息化在冷链监控和冷库自动化控制中的应用。

8.1 食品冷链物流信息化技术体系及作用

8.1.1 冷链物流信息化技术体系

食品冷链物流过程中主要应用的信息技术包括：传感器技术，包装标识技术，远距离无线通信技术，过程跟踪与监控技术以及智能决策技术。不同类别的技术，在包装仓储、物流配送和批发零售等各个物流阶段各司其职，是组成食品物流过程信息化管理不可或缺的要素，图8-1展示了各种信息技术在物流过程信息化过程的作用。

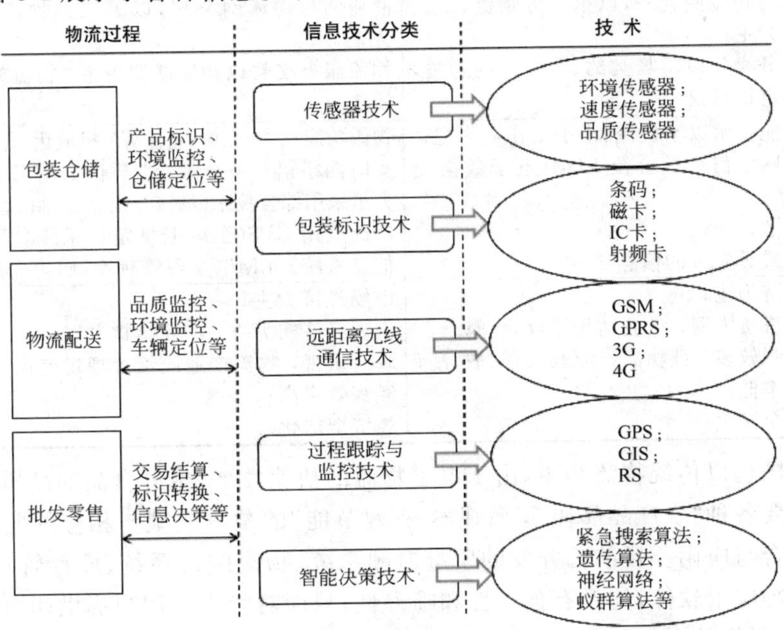

图8-1 食品冷链物流过程信息技术体系结构图

8.1.2 电子物流与传统物流的区别

电子技术在物流业的广泛应用,尤其是利用互联网技术来完成物流全过程的协调、控制和管理,实现从网络前端到最终客户端的所有中间过程的服务,从而使电子物流得到迅速发展。电子物流是前端服务与后端服务的集成,融合应用各种软件与物流服务及相应设备。与传统物流相比,电子物流能够实现系统、企业之间以及资金流、物流、信息流的无缝连接。而且,这种连接还具备预见功能,可以在上下游企业间提供一种透明的可视化功能以帮助企业最大限度地控制和管理库存。同时,电子物流全面应用了客户关系管理、商业智能、计算机电话集成、地理信息系统、全球定位系统、无线互联网技术等先进的信息技术手段,以及配送优化调度、动态监控、智能交通、仓储优化配置等物流管理技术,从而为企业建立快捷的食品物流链系统提供了强大的技术支持,可以说,电子物流包含了食品从"优"到"劣"的整个物理性的流通全过程。当电子物流与食品品质预测模型相结合,则可以远程预见食品品质劣变的生物性流通过程。电子物流与传统物流的区别如表 8-1 所示。

表 8-1　电子物流与传统物流的区别

项目	传统物流	电子物流
服务	物流基础设施落后,服务能力弱; 物流企业以提供单项或多项物流服务为主; 有限地区、部门的物流工程服务; 服务质量不高,难以满足电子物流需要; 提供单向物流工程服务为主; 以"push"型供应链为主	物流基础设施先进,服务能力强; 物流企业以提供综合物流服务为主; 可实现跨部门、跨区域的物流工程服务; 服务质量高,能满足电子物流需要; 能提供循环物流工程服务; 以"pull"型供应链为主
管理	要素相对独立,条块分割管理体制; 单项物流管理,不能控制物流链; 商流网与物流网合一,以第一方物流、第二方物流为主; 物流服务交易以市场契约、企业契约为主,物权决定控制权	要素集成,产业协调联动管理体制; 综合物流管理,全面控制供应链; 商流网与物流网分离,以第三方物流、第四方物流为主; 物流服务交易以物流联盟为主,物流知识创意决定控制权
技术	物流功能技术以半机械、半手工作业为主; 无外部网络信息整合及 EDI(电子数据交流)联系; 技术分散; 有限的或无先进的信息技术	物流功能技术(运输、仓储等)机械化、自动化程度高; 实时网络信息整合系统,广泛使用 EDI 联系; 大量采用综合技术(物流与信息、控制、管理一体化); 广泛应用 GPS(全球卫星定位系统)、RF、GIS(地理信息系统)、LMS(学习管理系统)等先进信息技术
经济	计划经济为主; 宏观经济实力弱,产业结构不够合理; 政府限制较多,且物流产业政策松、散、乱; 经济效率低; 无经济全球化	市场经济为主; 宏观经济实力强,产业结构升级; 政府重视,物流产业政策合理规范; 经济效率高; 经济全球化

目前我国仍以传统物流为主,由于电子物流的快速发展,生鲜食品的品质监控及运营成本迫切需要各种"农产品品质-运营成本-有效节能"的预测模型与相应的监控平台及监控设备的耦合与应用。目前已开发的质量追溯系统、物流配送系统、库存管理系统、货架期预测系统等应用软件,均具有独立性和唯一性,只面对特定的用户提供相对固定的应用功能,这些应用软件大多数在使用前需要购买。与此同时,这些应用软件仍处于一个相对

静态的、独立的应用范围，不能跨环节地扩展并实现实时的绑定功能，也未与物流监控设备进行耦合和深度融合。随着无线传感网技术的快速发展，远程采集数据功能已经基本实现，但是对于所采集的数据量和数据分析以及决策本身仍处于比较盲目的状态。网络服务下的大数据，数据分析、食品质量安全与物流成本的模型耦合成为目前食品冷链物流的灵魂与核心问题，也是一大难题。如何在保障食品质量安全、延长有效货架寿命的前提下，减少物流成本，形成可循环的低碳绿色物流体系是食品冷链物流的重要课题。只有以保障食品品质并延长货架寿命为前提来降低物流成本才是低碳可循环的质量监控，才是冷链物流联合质量管理的最终目标。

8.1.3　信息化技术在冷链物流中的作用

1. 冷链信息共享化与可视化

冷链物流信息闭塞、不透明是制约我国冷链物流发展的一大"痛点"，是导致冷链物流基础设施资源分配不合理、冷链成本过高以及增加农产品冷链流通周期时间的主要原因之一。实现冷链物流上下游信息共享是改善冷链物流效率、确保农产品质量与安全、防止发生农产品冷链物流"断链"问题以及提高消费满意度的关键，同时也是打通冷链物流体系、形成相对完善的冷链物流产业链条的关键。冷链物流信息共享不仅包括农产品冷链物流流通中各环节环境参数、食品质量安全情况、操控参数等相关信息，也包括生产商、供应商、销售商以及消费者之间的信息共享，对于发展农产品冷链物流产供销一体化流通模式，最大化冷链物流资源利用率以及实现冷链物流智能化、自动化操控具有至关重要的推动作用。冷链信息的可视化使得冷链信息的共享更为便捷，将有效破解此前农产品冷链物流无法实时监控冷链环境数据的难题，在为生鲜农产品的高品质流通保驾护航、进一步提升生鲜农产品商业价值的同时，给消费者提供了农产品冷链运输过程中"可视化"数据查询的可靠依据，将给农产品冷链信息的管理和用户的选购习惯带来颠覆性的改变。

2. 冷链操控智能化与自动化

我国冷链物流基础设施建设的不断完善，农产品冷链物流信息化程度的不断建设与发展，互联网、物联网与区块链技术的不断成熟以及大数据挖掘分析、云计算技术在整个冷链物流产业链上的广泛应用，使得实现农产品冷链物流智能化、自动化操控成为未来冷链物流发展的必然趋势与需求。实现冷链物流操控智能化不仅可依据农产品所需温湿度标准存储需求，实现冷链物流各环节温湿度环境参数的自动化、智能化操作、监测与控制，也可显著降低冷链物流各环节人力、物力成本投入，提高冷链物流运行管理效率，实现食品质量与安全可追溯、可监控以及订单信息与位置可跟踪。另外，实现农产品冷链物流各环节智能化、自动化操控管理可减少人为主观因素对提升冷链物流企业运营效率的影响，对于冷链物流各个环节相关行业或国家标准的制定与实施，推动冷链物流各环节操作向精细化、专业化发展以及实现绿色冷链物流具有重要的促进与铺垫意义。

3. 冷链运营精细化与专业化

伴随着冷链物流信息化、智能化、自动化的不断发展，针对农产品在冷链物流流通中的每个环节都可实现农产品质量与安全的实时监控，通过客观的大数据统计与挖掘分析，冷链物流每个操控环节存在的不足或隐患都可被及时获知，并对其进行针对性的处理与优化，这极大地促进与推动了我国冷链物流向精细化、专业化管理运营方向发展。精细化、专业化的冷链物流管理运营模式不仅可确保新鲜农产品在冷链物流每个流通环节都处于合理适宜的低温环境，使得每个流通环节冷链业务分工明确、细致，便于出现质量与安全问题时落实责任，同时也对提高冷链物流各个环节的运营效率、降低全链条运营成本投入以及提升我国冷链物流行业全球化市场竞争力具有至关重要的意义。

8.2 冷链物流信息化技术构成

8.2.1 物流过程设备

物流机械设备是现代化企业的主要作业工具之一，是合理组织批量生产和机械化流水作业的基础，物流设备是贯穿于物流全过程、深入各作业细节的复杂的技术支撑要素。对第三方物流企业来说，物流设备又是组织物流活动的物质技术基础，体现出企业的物流能力大小。物流设备是物流系统中的物质基础，伴随着物流的发展与进步，物流设备不断得到提升与发展。物流设备领域中许多新的设备不断涌现，如四向托盘、高架叉车、自动分拣机、自动引导搬运车(AGV)、集装箱等，极大地减轻了人们的劳动强度，提高了物流运作效率和服务质量，降低了物流成本，在物流作业中起着重要作用，极大地促进了物流的快速发展。

目前的物流设施与设备主要分为七大类，每个大类里面又各自分为许多小类。其中包括，①运输设施设备：公路运输设施与设备，铁路运输设施与设备，水路运输设施与设备，航空运输、管道运输设施与设备等；②仓储设施设备：各种货架，巷道堆垛起重机，输送设备，自动化高层货架仓库等；③物流装卸搬运设备：叉车，起重机械，连续输送机器等；④集装单元化设备：托盘，集装箱，集装箱装卸专用设备等；⑤流通加工设备：包装机械、切割机械、印贴标记条形码设备、拆箱设备、称重设备等；⑥自动分拣设备：条码自动识别设备，自动分拣机(带式分拣机、托盘式分拣机、浮出式分拣机、横向移出式分拣机等)；⑦工业企业物流设施设备。

以上的物流设施与设备是构成物流系统物质基础要素的主要部分。物流设施的布局水平、物流设备的选择与配置是否合理，直接影响着物流功能的实现，影响着系统的效益。物流设施与设备是物流系统的物质技术基础和重要资产，涉及物流活动的所有环节，是物流技术水平高低的标志。

我国近年来物流设备越来越现代化、自动化，主要表现为：①社会化程度越来越高，设备结构越来越复杂，从研究、设计到生产直至报废的各环节之间相互依赖、相互制约；②设备出现了连续化、大型化、高速化、电子化，提高了生产率；③能源密集型的设备居多，能源消耗大，同时设备投资和使用费用十分昂贵，属于资金密集型。而未来先进的物流设备将集中在以下几个方面展开研发：①大型化和高速化；②实用化和轻型化；③专用化和通用化；④自动化和智能化；⑤成套化和系统化；⑥低碳“绿色化”。

8.2.2 信息感知技术

1. 环境信息感知

在冷藏运输过程中，温度、湿度等环境参数是冷链系统中非常重要的检测参数，食品的质量会随着周围环境的波动发生变化，一旦超过食品贮藏的温湿度范围，则可能导致食品发生化学或物理的变化，因此必须严格控制食品运输过程中的温湿度信息，尤其对于长途运输。温湿度监控系统在运输过程中对周围环境温湿度信息进行采集，并将采集数据立即上传网络，以便专业人员及时对食物所处环境进行调整，避免食物在运输过程中发生变质与损失。温度和湿度是目前重点监测的两个参数，适用于各种产品和各个物流环节，其他需要监测的环境参数包括光照、空气含氧量、乙烯含量、硫化氢含量等，可根据具体食品物性特征及储运条件进行选择。针对单一温区、单一产品配送的冷藏车，现有传感器已可较好完成环境信息的实时采集、传输和存储。但多温区冷藏运输系统比单温区冷藏运输系统要求更高、更复杂，目前尚缺乏多温运输过程中车内的温度场分布状况及其温度变化与相互影响研究，对于多温区、多品类产品的冷链运输，尚需要深入研究并开发感知能力强、价格低廉的环境监测传感器或传感器阵列。此外，冷链还在以下方面出现较多问题：一是在运输过程中，一些不正规的运输公司为降低运输成本，可能间断关闭冷藏设备；二是产品从冷藏车搬运到冷库或超市过程中，持续时间过长也可能导致变质。针对这些薄弱环节，需进一步加强感知技术和监管模式研究，确保环境参数的全程实时监测。

2. 产品位置感知

产品位置感知传感器主要监测冷链设备的位置及其运动状况。常用的定位主要包括 GPS 导航、北斗导航(BeiDou navigation satellite system，BDS)、蜂窝定位、室外定位、室内仓库/超市的定位、RFID 定位等。

GPS 在食品物流领域主要用于食品运输车辆的跟踪与三维导航。GPS 技术跟踪利用 GPS 物流监控管理系统，结合 GPS 技术的行车路线软件能够随时跟踪货运车辆与货物的运输情况，使货主及车主随时了解车辆与货物的位置与状态，保障整个物流过程的有效监控与快速运转。基于 Internet 的 GPS，是 GPS 定位信息通过国际互联网传递的一种新的应用方式，它具有成本低、信息透明、易跟踪监控、监控范围更广等特点，比较适合中小物流仓储企业。使用了网络 GPS 的车辆能实现实时监控、双向通信、动态调度、数据存储分析等功能。

近年来，我国自主研发了北斗卫星导航系统，是继美国全球卫星定位系统和俄罗斯全球卫星导航系统之后第三个成熟的卫星导航系统。北斗卫星导航系统由空间端、地面端和用户端组成，可在全球范围内全天候、全天时为各类用户提供高精度、高可靠定位、导航、授时服务，并具短报文通信能力，已经初步具备区域导航、定位和授时能力，定位精度优于 20 m，授时精度优于 100 ns。北斗卫星导航系统是覆盖中国本土的区域导航系统，覆盖范围东经约 70°～140°，北纬 5°～55°。北斗卫星导航系统已经对东南亚实现全覆盖。目前北斗卫星导航系统的民用研究已呈现蓬勃发展之势，需要加强其在冷链物流过程中的应用开发。

产品运动状态感知设备主要包括加速度传感器、转速传感器、开关传感器等，主要用于振动测试、安全防护等。目前这类传感器已比较成熟，可针对具体的应用场合进行优化选择。

3. 产品品质感知

产品品质感知是保证冷链食品质量和安全的关键环节。食品的品质包括以下 5 个方面。

(1) 外表品质:颜色、光泽、形状、大小等。

(2) 物理品质:质构、重量、硬度、黏度、弹性等。

(3) 营养品质:糖度、酸度、维生素、碳水化合物、脂肪含量等。

(4) 安全品质:有害微生物、毒素、有害代谢产物、农兽药残留、重金属等。

(5) 感官品质:新鲜度、色、香、味、形、质构、口感等。

传统的冷链物流侧重于冷冻食品的运输,因此重点关注了安全品质,即冷冻食品是否发生变质。随着生鲜物流的发展,消费者对食品的要求已不仅仅停留在理化指标合格、微生物指标达标、农兽药残留符合标准等基本的安全指标,而是越来越关注功能成分损失等营养品质,关注色香味、新鲜度等感官品质。感官品质是消费者最直接感受到的指标。每个消费者面对产品时,首先感受到的是产品的感官质量,然后才会判断是否喜欢以及是否购买,感官质量是消费者购买产品的第一驱动力并始终影响消费者的购买意向,直接关系到产品的市场销售情况。对于生鲜食品,在冷链中其感官质量极易发生变化,如风味、质地、外观等,这些都逃不过消费者挑剔的感觉器官。因此,在冷链过程中实时监测食品的上述品质参数,是进行物流调控、预警的基础。

传统的化学分析需要进行样品前处理,耗时耗力,具有破坏性,难以在冷链过程中实时监测,国内外学者探索了系列快速无损检测技术,主要是运用各种物理学的方法如声、光、电等对物料进行检测分析,常用的检测方法原理涉及力学方法、电子学方法、光学方法、电化学方法、生物学方法等。常用的传感技术包括嗅觉、味觉、视觉传感器技术,光谱分析技术和生物传感器技术。电子鼻主要由气敏传感器阵列、信号预处理单元和模式识别系统 3 个部分组成。国内外对电子鼻的研究异常活跃,主要应用于饮料、酒类、茶叶、烟草、鱼和肉等食品挥发气味的识别和分类,目的是对之进行质量分级和新鲜度判别,如利用电子鼻可对梨、桃和苹果的成熟度进行检测,采用神经网络分析方法,能把水果样品分成未熟、成熟和过熟 3 个类别,还能预测水果的储藏天数。电子舌技术是 20 世纪 80 年代中期发展起来的一种分析、识别液体/味道的新型检测手段,试验证明,电子舌可以对人的 5 种基本味感:酸、甜、苦、辣、咸进行有效的识别。电子舌可用于米酒品质的快速检测与评价。机器视觉又称计算机视觉,它是利用图像传感器获取物体图像来模拟人的视觉功能,结合计算机和模式识别技术从图像中提取信息,进行处理并加以理解,最终用于实际检测和控制。比如利用颜色信息对水果、猪肉的新鲜度进行判别。光谱分析技术主要包括近红外光谱、中红外光谱、荧光光谱、拉曼光谱、激光诱导击穿光谱等,这类技术主要是对食品中有机物的分子、官能团的信息进行检测,从而定性、定量判别食品的品质,包括各种营养元素的检测、品质劣变的监测。光谱分析技术的优点在于检测速度快,可实现非接触式测量,非常适合在冷藏运输过程中进行实时监测;缺点是这类仪器都比较精密,易受灰尘、高湿、震动等条件干扰,另外需要针对具体的食品类别建立模型,建模成本较高,且需要专人维护。生物传感器是一类对生物物质敏感并将其浓度转换为电信号从而进行检测的仪器,其敏感元件由生物活性材料(如酶、抗体、微生物、DNA 等)和物理化学换能器组成,可直接或间接地检测生物分子等相关参数值。生物传感器具有灵敏度高、选择性好、响应快、可以现场检测的特点,因此作为一种新的检测手段正迅猛发展,目前广泛用于食品中的添加剂、农药及兽药残留、对人体有害的微生物及其产生的毒素以及激素等多种物质的检测。在冷链物流过程中，除了监测产品本身的品质参数外，还需要监测其新陈代谢及质量变化相关的参数，如乙烯含量监测传感器、硫化氢含量监测传感器等。然而目前的食品品质快速实时检测大多仅限于室内静态条件下的研究，缺乏车载、实时检测仪器、装置及相应的品质预测模型，因此目前冷链物流过程中大多仅针对温湿度等环境参数进行监测，较少涉及产品本身品质的实时监测，随着生鲜电商的发展和消费者对食品新鲜度和营养的关注，食品品质的实时监测将成为必然趋势。

4. 开关门与载重感知

易腐食品在低温储运过程中，开关门次数与持续时间是影响冷库与车厢内部温湿度波动的重要原因之一，同时外部热流的渗入也会增加制冷机组负荷量与能耗成本，且易对货物造成二次污染，甚至会由此加速食品腐败进程。因此，开关门次数与时间的最佳化设置以及开关门自动化监控设备的研发等已成为当今研究热点。目前主要以传感器、视频监控与远程门禁控制等物联网技术，实现对开门次数、持续时间以及出入人员的智能化监控，并通过远程授权的方式实现对储运过程开门次数的严格监管，从而保障了食品周围环境的稳定性与自身品质的安全性，提升了冷链规范化与标准化管理。

在冷链运输过程中，超载会加重货物彼此之间的挤压力，导致厢体内部气流与温湿度分布不均，甚至形成制冷盲区，从而加大货物损失与浪费。此外，货物超载也易引发交通事故，危害司机人身安全。因此，基于物联网技术解决超载超限问题也已成为目前冷链行业实现精细化监管的重要手段。

8.2.3　产品包装标识技术

食品冷链物流包装标识技术体系包括 3 层：感知基础层、主体标识层和应用层，如图 8-2所示。感知基础层是自动标识技术的载体，主体标识层是载体对应的具体对象，应用层是物流中的各种应用。目前在食品物流方面的主流自动识别技术集中在条码技术和射频技术。

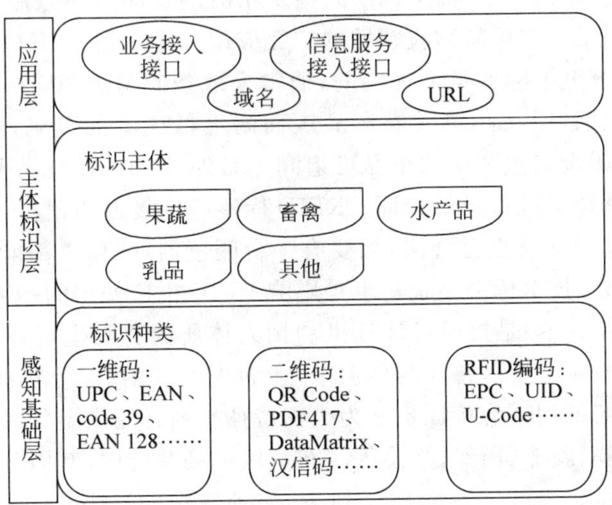

图 8-2　食品冷链物流包装标识技术体系

条码技术是自动识别技术中的主要技术之一，也是应用最广泛的信息追踪技术。它可实现食品信息的快速、准确采集和农产品追踪、质量监管。食品在基地包装好后，由加工人员依据配送过程，为产品加上条码。条码主要包含生产信息、配送车辆信息等。通过相应的条码读取设备对食品上的条码进行扫码，就能读出条码所含信息。利用条码技术，通过对企业的物流信息进行采集跟踪，可以满足企业针对物料准备、生产制造、仓储运输、市场销售、零售管理等全方位的信息管理需求，消费者可以实现对问题产品的追溯查询。条码技术的应用解决了数据采集和数据录入"瓶颈"问题，极大地提高了系统的运行效率和数据的准确性，并大大降低运行成本，是现代食品物流不可或缺的重要工具。目前常用条码标识：一维条码有商品条码 EAN 条码和 UPC 条码，物流条码 39 条码、交叉 25 码和 UCC/EAN-128 条码；二维条码有行排式二维条码，如 PDF417 Code、矩阵式二维条码、QR Code 等。鉴于一维条码没有自动纠错功能、条码尺寸过大、信息容量小、对产品的详细描述依赖预先建立的数据库，二维条码已逐渐被重视与使用，除继承了一维条码的优点外，它还具有信息容量大、可靠性高、保密防伪性强等优点。

RFID 即射频识别，通过将 RFID 电子标签附着在物品表面，阅读器可无接触地读取并识别电子标签中所保存的电子数据，从而达到自动识别物品的目的。与条码相比，RFID 有防水、防磁、耐高温、使用寿命长、读取距离大、标签上数据可以加密、存储数据容量更大、存储信息更改自如等优点。近年来研发成功的"带温度传感器的 RFID 标签"，能够识别食品温度变化的准确时间，实时收集温度数据，同时又能对其所处环境温度进行测量、记录、监控和分析，对食品冷链过程实现可视化的温度控制。其可对冷链物流中流通的产品、车辆、设施设备等进行远距离智能化识别及相关信息自动化采集和传输等，同时起到自动监管、溯源的作用。在生鲜食品上贴标签是 RFID 使用中的一大难题。因为水能够吸收无线电波，并且大多数的易腐食品，像肉类、水果、蔬菜和奶制品，水分含量都很大。事实上，这些产品平均含有大约 90% 的水分。即便如此，美国佛罗里达大学的 Edmond教授团队也已找到这一技术难题的解决方法，并且可以将其运用于生鲜食品的追踪中，他们开发出带有传感器的 RFID 标签及相应的食品腐坏限制系统。然而，RFID 目前成本较高，限制了其在食品物流领域的广泛应用。考虑到 RFID 成本问题，要给每一小单元农产品都加上电子标签是不现实的，通常采取条码与 RFID 技术相结合的方式来对食品加以追溯、识别，即在小单元农产品表面附上低成本的条码，在运输的车辆贴上 RFID 标签，实现物流配送过程中的单品可追溯。另外，RFID 在技术上存在安全隐患，即 RFID 标签无法对阅读器进行身份验证。RFID 标签一旦接近阅读器，就会无条件自动发出信号，无法辨别其扫描器是否合法，只要有一台阅读器，任何人都能获取贴有 RFID 标签的货品信息。另外，技术标准不统一也是影响 RFID 推广使用的一大障碍。

生物识别(biometrics)是指通过计算机利用人体所固有的生理特征或行为特征来进行个人身份鉴定的技术。生理特征与生俱来，多为先天性的；行为特征则是习惯使然，多为后天性的。生理特征和行为特征统称为生物特征。通常用来鉴定人的身份的生物特征包括指纹、掌纹、虹膜、脸像、声音、笔迹等。在基因追溯系统中，基因分析技术是通过聚合酶链式反应(polymerase chain reaction，PCR)原理实现的。Giese 列举了基因分析技术在可追溯系统中的应用实例。其他识别技术包括光学字符识别技术(optical character recognition，OCR)、磁卡识别技术等。光学字符识别技术是利用光学与文字进行识别的技术，这种技术能够通过光学的机制来识别字符。磁卡识别技术应用了物理学和磁力学的基本原理。磁条就是一层薄薄的由定向排列的铁性氧化粒子组成的材料(也称为涂料)，用树脂黏合在一起并粘在诸如纸或塑料这样的非磁性基片上，形成磁卡。

8.2.4 感知信息的传输技术

1. 近距离传输

在感知信息的近距离传输方面，无线传感器网络是新一代的传感器网络，具有非常广泛的应用前景，其发展和应用，将会给人类的生活和生产的各个领域带来深远影响。发达国家如美国，非常重视无线传感器网络的发展，IEEE(电气和电子工程师协会)正在努力推进无线传感器网络的应用和发展，波士顿大学(Boston University)于2004年创办了传感器网络协会(Sensor Network Consortium)，促进了传感器联网技术的开发。ZigBee技术是一种应用于短距离范围内、低传输数据速率下的各种电子设备之间的无线通信技术，由于其具有成本低、体积小、实时性强、功耗低、抗干扰性强、嵌入性好等特点，广泛应用在工农业生产中。GIS、GPS及无线通信技术的集成可实现对冷链运输过程的实时监测与信息的图形化表达。GIS/GPS在物流领域的应用分为4个方面：车辆和货物的跟踪；货物配送路线规划和导航；信息查询；指挥与决策。目前，GIS、GPS及无线通信技术的集成应用在果蔬冷链运输过程中的研究与应用在国内刚刚起步，仅在少数大型物流企业得到应用，中小企业在这方面基本上是空白，而国外在这方面的研究早已开始并在实践中得到广泛应用。

2. 远距离传输

在感知信息的远距离传输方面，目前主要的远距离通信技术有GSM(全球移动通信系统)、GPRS(通用无线分组业务)、4G和5G，其中GSM和GPRS在物流环节的信息传输中应用较为广泛，4G业务正处于壮大阶段，5G技术正处于发展初期。远距离无线通信技术是保障食品物流各环节信息进行传输和交换的基础，4G和5G为食品物流发展提供了新的契机，通过与智能手机结合，能够更加精准地实现车辆的定位、货物的全程监控，其强大围栏功能可以让物流企业精确掌握货物出发与到达状态，能进一步提升行业整合能力，促进中小食品物流企业信息化发展。信息传输技术在食品物流中主要应用在仓储终端与服务器的通信、配送终端与服务器的通信、交易终端与服务器的通信等方面，将终端采集到的图片信息、环境信息、服务请求、GPS定位等信息传输到监管服务器，为食品物流远程监控和管理提供了技术实现手段。

8.2.5 信息技术在物流过程中的应用模型

物流设备实现自动化控制和有效操作的灵魂在于设备中嵌入了适用的应用模型，对于不同的物流设备，其模型的种类和适用性各不相同。目前在冷链物流过程中涉及的模型主要包括以下几种：环境参数调控模型、农产品/食品货架期预测模型、车辆调度和配送路径优化模型、安全库存动态管理模型等。由于农产品/食品的种类多样性及生物学特殊性，其冷链物流过程中环境的温度、湿度以及自身的冰点均存在很大差异。此外，不同的农产品/食品耐受的低温和高温极限也各不相同，因此，不适宜的冷链物流温度或温度波动会直接影响农产品/食品品质、风味变化或导致其生理腐败。适宜的冷链温度和贮运模式对于延缓食品腐败变质、维持新鲜度具有非常重要的意义。基于农产品的生物学特征及其货架期的有限性，物流过程的环境调控、货架期预测以及延伸下来的车辆调度及配送路径优化及库存管理，均与农产品的生物学特征密切关联。

1. 物流环境参数调控模型与管理系统

由于生鲜农产品/食品的品质与所接触的外部环境密切联系，一般遵循时间-温度-耐藏性(time-temperature-tolerance，TTT)原则，即温度越高，食品保持良好品质的时间越短；而湿度越大，整个厢体和食品内微生物生长越快；湿度太小，食品表面过于干燥，外观品质差、重量损耗大。因此实时监测物流过程中的车间或运输车厢的环境参数(温度、湿度)成为品质预测的关键参数和预警前提。目前国内用于农产品冷链物流的环境参数调控监测系统主要侧重于单向静态采集，事后分析，未实现定位、环境数据实时网络传输和预报功能。国外也有一些关于运输车厢环境信息的动态监测和传输的研究，如 Ruiz-Garcia 研究基于 Zigbee 无线传感网节点实时监测蔬菜冷链运输过程的温度和湿度的变化，评价 Zigbee 两种节点模式的无线传感网能耗的区别和数据传输的可靠性，表明焓的方程能够快速预测空气中的绝对水分，也能用以日后评估农产品水分散失。另外，Abad 采用 RFID 标签集成了光照、温度和湿度传感器，实时监控鱼类配送链过程的产品信息。Zhang 通过 Zigbee-RF 的无线传感网监控车辆运输过程中温度、湿度、振动环境因子的变化。韩佳伟等研究基于计算流体力学数值模拟的冷藏车节能组合方式比较。刘敬辉等通过 CFD 仿真分析了风幕在开门时对冷藏车保温性能的影响，并对一种新开发的带外吸风方式风幕机的冷藏车的性能进行了测试，表明在冷藏车门处设置风幕机可以减小冷藏车卸货过程中由于开门造成的能量损失，与不设置风幕机的冷藏车相比，可明显降低冷藏箱内平均温度的上升速率。总体而言，上述系统监测物流车厢内环境参数还不够全面，系统功能相对比较单一，还没有对环境信息的数据处理、预报、定位，并且没有与农产品品质预测关联。随着计算机硬件知识、数据无线传输技术以及 RFID 技术的快速发展，冷链物流监测将从仅仅能够获取数据到自动动态监测、传递和处理数据，继承建模方法，实现物流过程产品信息和品质变化等信息实时、准确、透明和可追溯。随着冷链物流和食品质量安全追溯的日益发展，集成 RFID、GPRS、GPS、温湿度传感器和无线传感网络技术的“环境-品质-定位”智能化物流综合监控方法成为可能。

目前对物流环境调控模型和系统的研究还存在明显的不足，主要体现为：物流环境参数调控管理主要集中于研究通用冷藏农产品/食品的冷藏条件，没有针对不同品类的农产品/食品的适宜贮运环境参数进行调控，也较少考虑物流过程能耗成本投入问题，限制了物流过程的经济效益。物流过程的信息管理系统主要集中于基础数据的采集、存储与查询，所开发的管理系统多是单向、静态、事后分析与推理，没有实时动态过程控制与预测功能，局限性很大，实用性不大。

2. 食品货架期预测模型与决策系统

快速监控和判定食品流通过程中的实时品质对于供应链上生产者和贸易者具有重要的现实意义。其中货架期预测模型是快速判定食品品质的重要手段。货架期是指产品可以被接受并且满足顾客质量要求的时间期限，当食品贮藏至某些品质特性达到不可接受时，即为货架期终点。食品货架期受微生物、酶类和生化反应等内部因素和温度、湿度、pH值、气体氛围、包装等外部因素的综合影响。传统的食品货架期依赖于感官评价、微生物数量和理化指标的综合判定，耗时费力，且不能及时反映产品剩余货架期。食品的货架期通常是厂商根据经验或在恒定贮藏条件下给定的，没有考虑贮运的温度和时间对产品实际货架期的影响，消费时往往错过营养和风味最佳时期，甚至造成食物中毒。从20世纪90年代起，欧盟国家启动了一些大型综合项目如欧盟第五框架、第六框架科技计划，研究肉类食品的质量安全控制、货架期预测模型、微生物风险评估等技术，目前已建立了一些海产品和鸡肉的货架期预测模型、鱼类新鲜度快速评价方法以及供应链全程监控系统，实现产品流通信息实时透明、可追溯和风险分析，提升整个供应链的质量安全。近几年我国才开始发展传感器技术建立食品快速评价方法和基于微生物预报技术的货架期预测模型。其主要包括基于质量损失方程的货架期预测模型、基于预测微生物学的货架期预测模型、基于智能感官技术（电子鼻）的货架期预测模型以及基于光谱技术的品质快速分级与评价。在恒定、可控温度下的货架期预测已经取得了一定的效果，但在动态温度下，特别是冷链"断链"的情况下，如何提高货架期预测模型的准确性，尚需要针对不同食品的物性特征，进一步加强各种储藏、运输设备、传感器与货架期模型的耦合度，实时进行校正，以提高准确度，增加实用性。

开发食品冷链货架期预测软件和决策支持系统，对于物流、仓储和分销过程均具有重要的指导作用。目前有些关于鱼类货架期预测软件的研究，如丹麦水产研究所开发的seafood spoilage predictor(SSP)，可根据鱼类的初始菌数和贮藏期间的温度预测剩余货架期。澳大利亚Tasmania大学食品学院开发的food spoilage predictor(FSP)系统，建立了不同生长因子条件下假单胞菌的生长数据库，利用FSP系统预测人工接种和自然腐败状态下食品中假单胞菌的数量偏差在20%以内。其他同类预测软件也正在开发，主要以针对不同地域、不同产品以及不同SSO (specific spoilage organisms)的生长模型为基础数据库，开发专家系统预测产品货架期。SMAS (safety monitoring and assurance system)是欧盟第五框架科技项目研发的基于TTI(传输时间间隔)技术的肉类供应链质量安全保障系统，整个系统集成了肉类中主要病原菌和特定腐败菌的生长模型数据库、产品特征数据库(pH值、aW等)和时间-温度指示器，可以全程监测肉类从生产到消费的货架期和质量风险评估，根据病原菌和特定腐败菌的初始含量和分布概率来评估肉类的剩余货架期和消费风险概率，进而改善冷链物流和分销过程中的决策管理。目前我国关于食品货架期的预测决策系统的研究还很少，主要为大量的食品品质变化的基础数据，以及食品基础信息的查询与追溯系统，并没有对食品流通过程的实时品质等级以及食用风险进行预测和评估。

建立快速准确的货架期预测方法及其质量管理决策系统对于提升食品整个供应链的质量保障能力和分销管理能力具有重要的现实意义。采用现代无损检测技术和风险评估技术建立的货架期预测模型可以快速判定食品的剩余货架期和质量等级，但是需要对某种/某几种关键品质指标进行深入研究，构建有效精准的货架期预测模型，在此基础上开发应用软件，以便捷的方式输入参数和输出预测结果，同时经过风险分析确定风险等级及其概率，进而开发具有人工智能的质量预警系统是未来食品行业质量管理的发展方向。随着冷链监控技术、人工智能技术和信息传输技术等的迅速发展，这种用于食品冷链物流的质量预警系统将成为可能，但在决策系统中所涉及的温度实时监测技术、信息传输技术、货架期预测模型以及统计分析等硬件软件上的兼容问题有待进一步研究。

3. 车辆调度配送路径优化模型

车辆优化调度问题(vehicle routing problem，VRP)是现代物流研究中的一项重要内容。最早期的车辆调度问题主要集中在静态的车辆调度问题上，描述的是一个运筹学中的优化问题，即有一个配送中心，车辆数目和服务对象确定，总优化目标是用最少的车辆使总的行驶路程最短，而对服务时间没有具体要求。我国城市规模较大，多数物流公司在同一城市内一般设立多个配送中心，而且多种车型同时使用，再加国内物流配送企业较低的专业化水平，因而导致了集货、送货和集—送一体化的混合状况，使配送车辆的调度问题十分复杂，因此，物流配送车辆优化调度问题一直是物流过程研究的热点问题之一。目前多数研究集中在车辆类型、车辆载重、客户时间窗等约束条件下，建立带有时间窗的多配送中心、多车型的综合物流配送优化调度模型，使总吨公里数最小。

车辆优化调度问题可根据不同性质具体分为以下几类：①按照运输任务分为纯装问题、纯卸问题以及装卸混合问题。按照车辆载货状况分为满载问题和非满载问题，满载问题是指货运量多于一辆车的容量，完成所有任务需要多辆运输车辆；非满载问题是指车的容量大于货运量，一辆车即可满足货运要求。②按照车辆类型分为单车型问题和多车型问题；按照车辆是否返回车场划分为车辆开放问题和车辆封闭问题，车辆开放问题是指车辆不返回其出发地，车辆封闭问题是指车辆必须返回其出发地。③按照优化的目标可分为单目标优化问题和多目标优化问题；按照有无休息时间要求可分为有休息时间调度问题和无休息时间调度问题。④组合优化的经典问题——旅行商问题(traveling salesman problem，TSP)，它是计算复杂性理论、图论、运筹学、最优化理论等领域中的一个经典问题。TSP 通过扩展旅行商的数目进而可以得到多旅行商问题(即 M-TSP)，在 M-TSP的基础上，已知客户需求及给每个旅行商加上容量约束就得到了经典 VRP 问题，在经典 VRP 问题中加上了客户被访问的时间窗约束称为有时间窗的车辆优化调度问题。若将各种约束条件加入问题的实际模型中，则可以得到各种车辆优化调度问题，这是一个理论研究逐渐逼近实际问题的过程。事实上，对于车辆优化调度问题的研究，考虑的约束条件越多，就越接近现实生活，但模型的难度也随着这些约束条件的限制而变得越大。

国外物流配送车辆优化调度问题已广泛应用于生产和生活的各个方面，并已经取得了很好的经济效益。农产品/食品产业链和物流领域的快速发展，对以运输为中心的物流配送活动提出了更高的要求，包括农产品/食品品质的等级和货架期时限问题。就目前情况而言，我国的 VRP 研究和应用还不能很好地满足食品冷链物流发展的需要。因此，如何针对各种食品物流配送运输的特点，结合不同的启发式算法进行优势互补和消除缺陷，设计出通用性好、运算速度快、精度高的优良算法，将是今后研究发展的方向。

8.3 未来冷链物流信息技术

8.3.1 人工智能技术

1. 大数据智能

随着互联网、新媒体、无线通信与移动设备、普适计算与泛在网等信息技术在食品生产、加工、储运等全供应链中的深入应用，信息体量持续增长、不断积累，具有数据量巨大、价值密度低、实时在线、多源异构、混杂敏捷等特点，呈现复杂多样的数据集合，需要跨媒体关联，难以在单机计算架构上聚类，必须依托云计算，进行并行/分布式处理，快速抽取出模式、关系、变化、异常特征与分布结构，把数据转化成智慧，通过大数据预警、预测、决策、分析为未来智慧冷链以及可持续冷链发展提供技术支撑，同时也为国家宏观调控、企业提升服务水平以及农户提升个人收入等方面提供可靠决策支持。

2. 群体智能

群体智能是指由大规模自主参与者（人类群体、智能设备等）组成，在互联网、网格大数据以及相应工具和平台的支持下形成群智空间，并围绕特定群智任务实现群体智能的融合、增强与释放的过程。食品冷链供应链各环节相互关联、相互依赖，且各环节人力、设备之间也应协同操作，形成群智、共智体，对于提升食品冷链流通效率与服务水平至关重要。

3. 跨媒体智能

跨媒体智能包括文本、语音、图像、物联网实时数据等多信息源统一表征、关联理解与知识挖掘、知识图谱构建与学习、知识演化与推理、智能描述与生成等技术，实现跨媒体知识表征、分析、挖掘、推理、演化和利用，构建分析推理引擎。跨媒体智能主要包含跨媒体感知计算与跨媒体分析推理技术，其中跨媒体感知计算主要面向三元空间（人类社会空间、物理空间和信息空间）实时感知和认知的需要，借鉴人脑通过视、听、语言等跨媒体感知特性，研究低成本、低能耗的传感器和智能感知技术，研究支持三元空间统一语义表达的自然语言处理和应用模型以及研究跨媒体统一表征、内容智能描述与生成、关联理解和深度挖掘，突破适应复杂场景的主动感知技术，实现超人感知和类人认知。在易腐食品低温冷链流通中，实现多媒体信息数据的深度感知与融合，不仅可以有效提升冷链上下游一体化监管与协调能力，同时有益于精准追溯品质问题发生时间、地点以及责任主体等。

8.3.2　数字孪生多元信息感知技术

随着物联网技术以及冷链信息化技术的不断发展，如何实现冷链物理空间与数字空间的深度交互融合与感知，提升冷链物流食品品质安全数字化管理力以及推进冷链智能制造转型升级等必将成为行业内所面临的重大瓶颈问题。数字孪生技术是近年来提出的以物联网技术为核心，以实现虚实互联互通、数据共享以及群体共智为目标的新兴技术。通过对冷链物理空间的数字化建模，实现冷链动态环境下易腐食品品质的温湿度时空分布模拟、预测与感知，并结合低温环境与食品品质之间的耦合机制，实现食品品质的跨尺度感知，对于提高食品品质安全的精准调控水平，实现环境信息（湿度、光照、空气含氧量、乙烯含量、硫化氢含量）、品质信息（营养成分、功能成分、感官特性）等多源信息感知具有重要应用前景与重大现实意义。

8.3.3　区块链溯源技术

区块链技术是一组加密哈希链接的时间戳块。它已成为一个分散的公共共识，有一个数字分布式数据库来协调交易活动，每笔交易都保存在块中，用于核实。可追溯性信息存储在分散的平台上。基于区块链的可追溯性还可以通过连接 RFID、条形码、物联网设备等将物理流与信息流联系起来。它可以维护和记录不可改变且不能伪造的交易信息。它有助于更有效地实现可追溯性业务中的材料和信息流。因此,区块链将提高信息安全和透明度,并通过基于物联网的设备为农业食品的信息持久性提供信息获取和区块链,从而提供可持续的可追溯性管理产品。区块链共识算法效率是制约其应用的重要因素,如何根据农产品供应链追溯的特点,建立高效的分布式节点共识算法是建立农产品区块链需要解决的关键核心问题。

8.3.4 智能管控技术

在食品质量管理决策方面,重点突破动态温度下的冷链食品货架期预测技术研究,特别是冷链"断链"的情况下,如何提高货架期预测模型的准确性,针对不同食品的物性特征,进一步加强各种储藏、运输设备、传感器与货架期模型的耦合度,实时进行校正,以提高准确度,增加实用性。开发食品冷链货架期预测软件和决策支持系统,不断验证和改良货架期预测模型,构建食品质量安全与物流成本的耦合模型,设定品质参数(如时间-温度、微生物数量)的限定值,系统根据风险等级和风险概率综合判定发出警报,及时提供纠偏措施,形成人工智能的质量预警系统,对提升食品整个供应链的质量保障和分销管理能力具有重要的现实意义。

在物流系统决策方面,研发适用于不同载体的冷链物流过程应用系统,研发应用于物流终端的监控系统和物流企业的物流过程综合管理与智能决策系统,实现对食品冷链物流过程的全程监控与智能化管理。建立全国性公路运输信息网络和航空货运公共信息系统,以及其他运输与服务方式的信息网络,加快构建跨政府部门的物流管理与服务公共信息平台。

8.4 信息化在冷链监控中的应用

信息化技术的快速发展,已经应用到冷链物流的各个环节,冷链信息的感知和采集、冷链信息的近距离与远距离传输、冷链信息的处理与共享服务等,都为冷链全程监控提供了技术和产品保障,为冷链全程监控体系的建设和应用奠定了基础。

8.4.1 如何做好冷链监控

1. 冷链监控对象

冷链监控的直接对象是对温度(湿度)有要求的农产品,对应的主要场景是冷藏车和冷库。

冷库的温度范围:

(1) 高温存储(恒温存储)一般为 5~15 ℃。

(2) 保鲜库温度范围一般为 0~5 ℃。

(3) 中温库温度范围一般为-5~5 ℃。

(4) 冷藏库温度范围一般为-20~-10 ℃。

(5) 低温库温度范围一般为－25～－22 ℃。

冷藏车在运输过程中要全程控温，达到与运输货品相适应的温度，保证农产品在运输过程中不被损坏；冷库是长时间存储农产品的场所，冷库控温效果的好坏更是直接影响着农产品存储品质。

运输与存储效果怎么样？需要以采集的温湿度数据为基础，建立冷链监控平台，不间断地采集监控温(湿)度数据，对超出规定温度范围的情况，及时报警及时处理，保障农产品在被食用前尽量长时间处于合理的存储条件下。

冷链监控具有非常广泛的应用，图 8-3 介绍了一些应用场景，如存储蔬菜、水果的保鲜库，存储鲜肉的冷冻库，存储冷藏、冷冻药品、血液、生物制品的冰柜、冷库，存储生鲜、鲜奶的冷柜、冷藏冷冻车等。

图 8-3 冷链监控平台

2. 冷链监控方法

冷链监控就是采用温湿度传感器技术、数字通信技术、GIS 地理信息技术、物联网技术、计算机技术、云计算等技术，对用于冷链运输设施运输过程中的温度、地理信息、冷库存储温度与位置等进行全程监控，做到监控数据的完整性和全程可追溯，让我们对食用的产品可以查询到全程的存储状态，让我们食用更放心。

通过监测的数据，智能分析并实时掌握各冷链储运设施的温控情况和运行情态，如制冷效果、保湿效果。

对出现的温控异常及时通过短信、微信小程序、App、邮件等各方式提供报警推送。

对车辆和冷库的控温效果作出判断，如监测数据不稳定可能代表着冷链设备即将出现问题，以提示用户要及时做检查与维护，避免出现更严重的问题。

同时监测的数据可以为监管部门、使用部门、运输部门、第三方的数据管理平台等相关方提供数据分享，让数据在不同监管系统发挥不同的作用。真实、透明、公平公正的数据为冷链管理的效果提供最有效的评判。

3. 冷藏车监控

对于冷藏车的监控，当下普遍采用GPRS(4 G/5 G)无线通信与GPS/北斗定位，对车厢内进行温度与定位管理。其主要由无线温度监控记录仪构成，这种仪器将温度传感器安装于冷藏车厢内，监控主机安装于驾驶室，通过车载电源供电，同时主机自带可充电电池。监控主机具有显示、数据超限报警、记录存储、无线传输和GPS定位功能，数据异常自动声光报警，让驾乘人员第一时间发现异常，及时作出处理。冷藏车内据车型不同可以配置两个到多个温度传感器，以便实现均匀测温和特殊位置测温。

当前对于冷藏车的监控，采用两种形式的监控方式，主要区别是温度传感器与监控主机是采用无线通信还是有线通信。

如图8-4所示，冷藏车采用的是无线温度传感器与无线监控主机的组合方式，即传感器将测量数据无线传输到监控主机，监控主机分析处理后再无线远传到云端的冷链监控平台上。

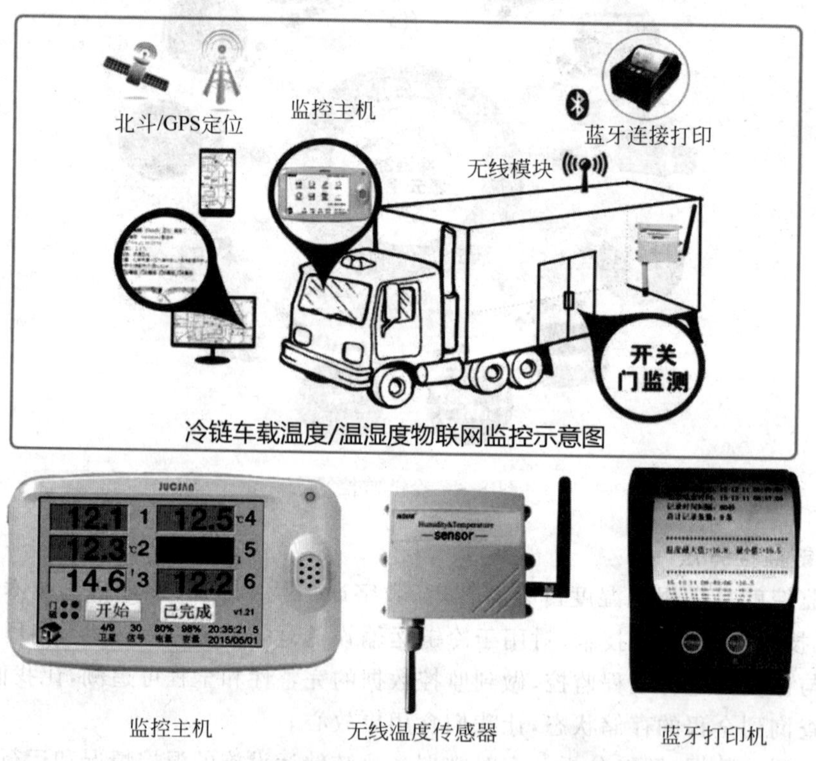

图8-4 冷藏车无线监控示意图

如图8-5所示，温度传感器与监控主机采用有线连接形式，其他与图8-4相同。

4. 冷库监控

对于冷库的监控，形式与冷藏车相同，由于冷库的面积相对较大，从安装与使用方便方面考虑，采用无线温度传感器与监控主机的组合方式更合适，如图8-6所示。从更节省成本考虑，有线温度传感器方式也是可以的。

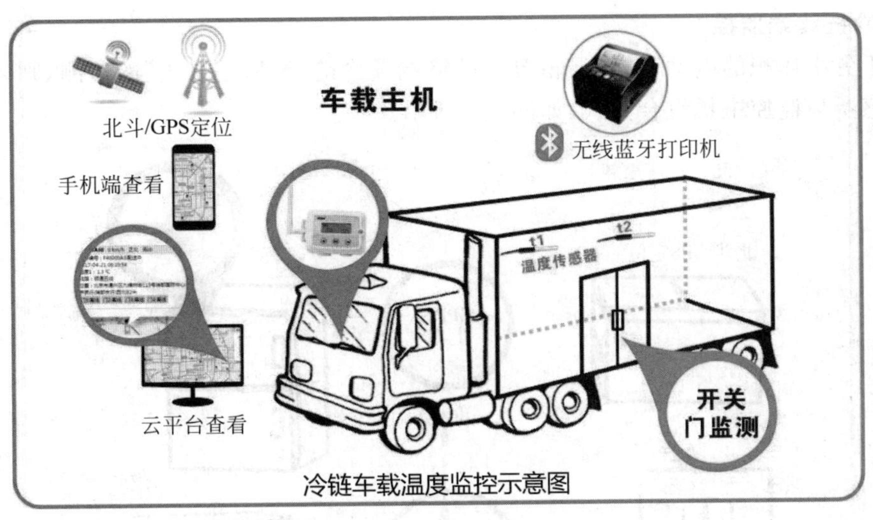

图 8-5　冷藏车有线探头监控示意图

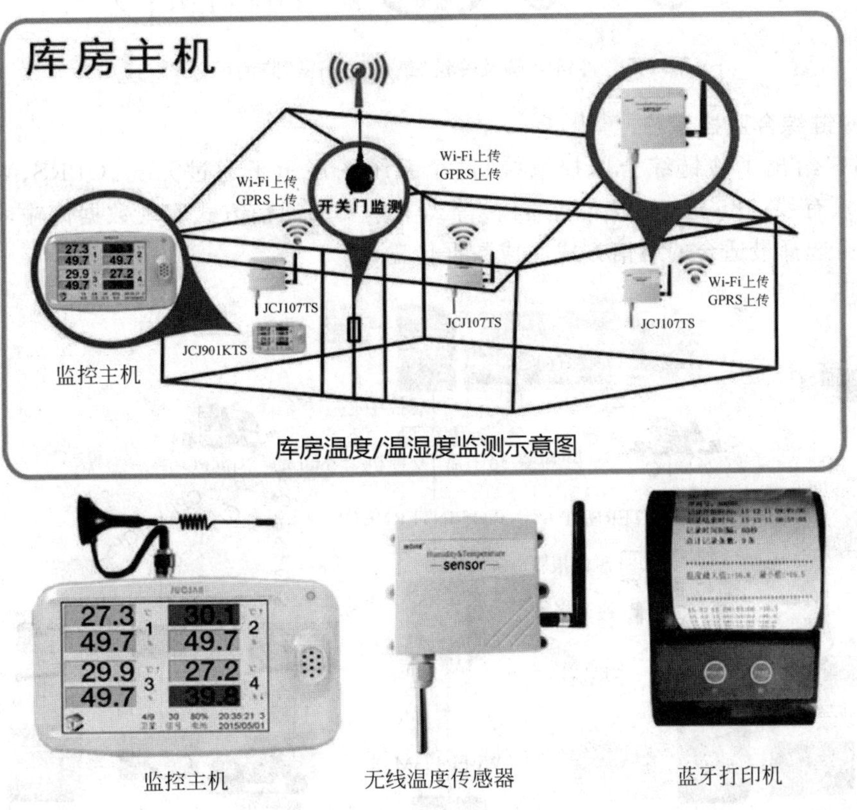

图 8-6　冷库监控示意图

需要说明的是，对于冷库，因监测的点数会更多，且冷库是固定不移动的，所以除上面介绍之外，还可以采用 Wi-Fi 或有线网络（以太网），监控产品选择的余地更大一些，功能是相同的。

5. 冷链终端监控

对于更小体积的电动车、保温箱等冷链终端及冷链"最后一公里"的监测，则采用有线温度传感器与监控主机组合方式，如图 8-7 所示。

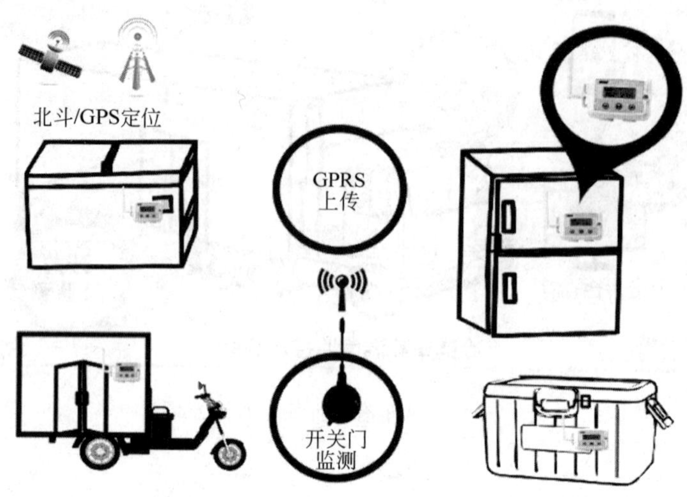

图 8-7 冷链终端及冷链"最后一公里"监测示意图

6. 冷链综合监控系统

图 8-8 给出了冷链综合监控系统，这个系统图展示了通过无线（GPRS、Wi-Fi、433 MHZ 等）、有线（485 通信、以太网通信）等当下主要的通信方式实现数据传输，在不同应用场景下，选择最适合的通信方式完成数据传输。

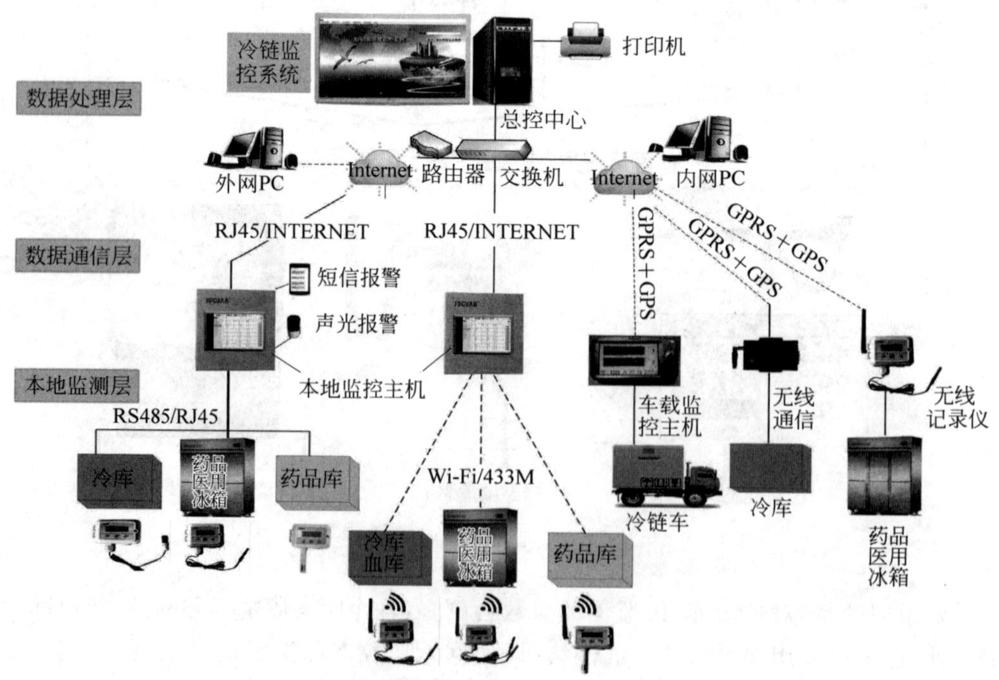

图 8-8 冷链综合监控系统

8.4.2　冷链监控常用设备

表 8-2 给出了几款常用冷链监控设备。上述设备在冷藏车与冷库中的具体应用场景如图 8-9～图 8-12 所示。

表 8-2　常用冷链监控设备

监控主机	参考产品外形	备 注 说 明
无线监控主机	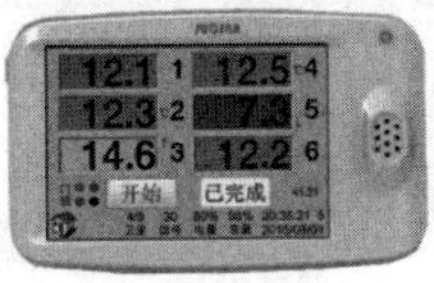	采用有源供电和可充电电池供电 4.3 寸全彩色触控屏显示 支持 16 路无线温度传感器或温湿度传感器 超限支持语音、改变颜色报警 支持报警设置、通信设置 支持 GPS 和 GPRS 无线通信 支持短信报警 支持记录存储、USB 数据线数导出 支持数据续传功能
无线传感器（与上图主机配套使用）	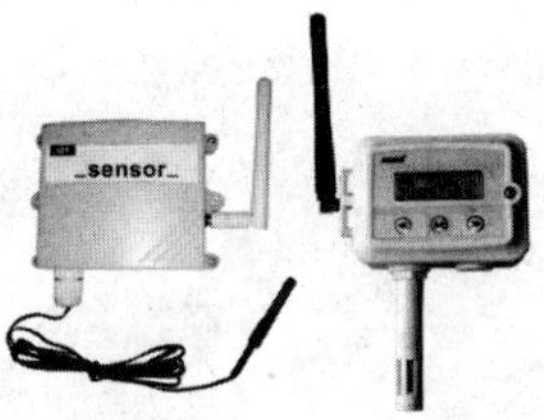	采用有源供电和可充电电池或采用纯电池供电 带 LCD 显示或不显示 支持 433 MHz 无线通信 温度：－40～80 ℃　湿度：0～100% RH 精度：≤±0.5 ℃（0～50 ℃） ≤±1 ℃（其他温度范围） 纯电池工作续航时间≥12 个月 产品分为无线温度传感器和无线温湿度传感器
无线监控主机（有线传感器）	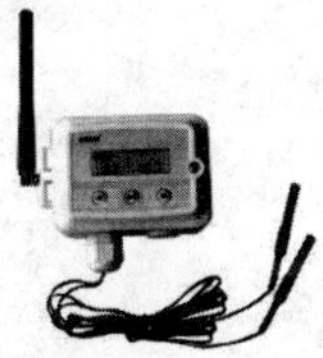 	采用有源供电和可充电电池供电 LCD 屏显示 支持 2 路无线温度传感器或 1 路温湿度传感器 传感器与主机采用有线连接 超限支持屏闪和声音报警 支持报警设置、通信设置 支持 GPS 和 GPRS 无线通信 支持短信报警 支持记录存储、USB 数据线数导出 支持数据续传功能 温度：－40～80 ℃　湿度：0～100%RH 精度：≤±0.5 ℃（0～50 ℃） ≤±1 ℃（其他温度范围）
温度记录仪	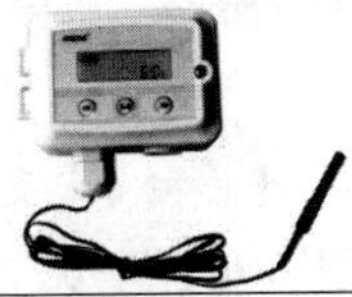	采用有源供电和可充电电池供电 LCD 屏显示 支持 2 路无线温度传感器或 1 路温湿度传感器 传感器与主机采用有线连接 超限支持屏闪和声音报警 支持报警设置，数据记录存储和数据导出 采用 RS485 或 RJ45 通信
温湿度记录仪	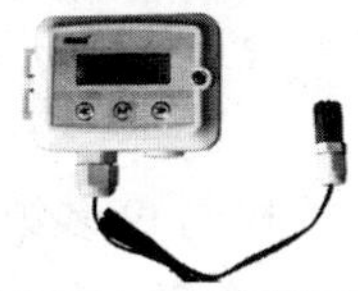	

图 8-9　监控主机在冷藏车上的应用
（主机安装于驾驶室）

图 8-10　无线温度传感器安装于冷藏车箱内

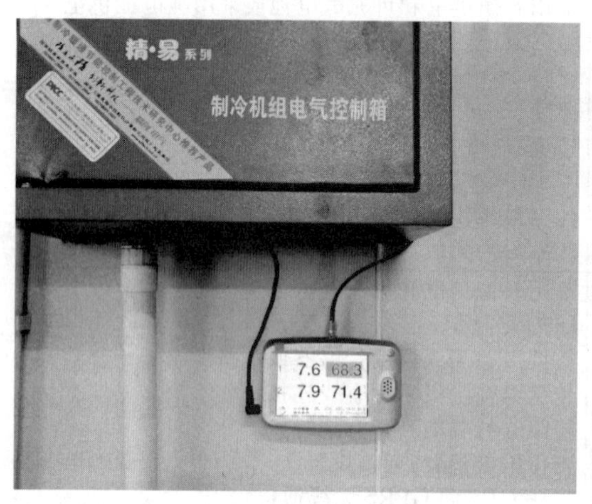

图 8-11　监控主机在冷库上的应用
（主机安装于冷库外侧）

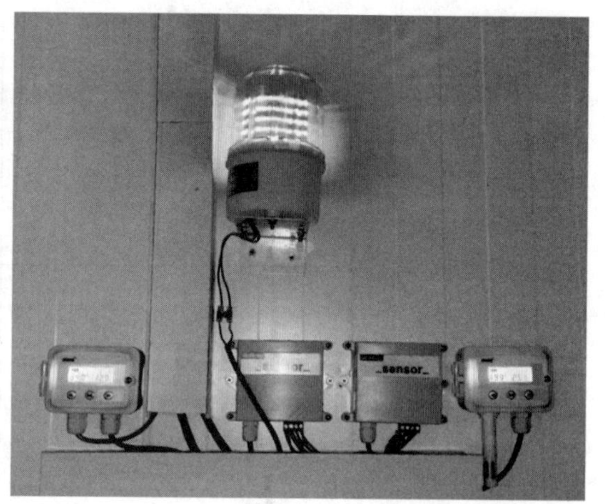

图 8-12　有线通信在冷藏库上的应用

8.4.3　冷链溯源监控平台

对于冷链监控，普遍采用冷链云平台设计，采用云服务，开发相应的冷链监控软件（图 8-13）。

冷链溯源监控平台是基于云端的冷链数据分析处理平台，它支持 PC（个人计算机）、平板、手机等多终端设备。平台通过分配用户登录权限（如管理员、操作员、访问员），用户即可登录平台。用户端不需要安装任何软件，无须对平台进行维护，只管登录使用。平台采用云服务器，充分保障系统平台的安全性和稳定性。

冷链溯源监控平台具有广泛的开放性，可以通过授权与更多第三方平台进行数据交互与共享，将平台数据价值最大化。比如它可以与冷库、冷藏车租赁平台、国家监控平台、

图 8-13　冷链监控云平台

企业监管平台、商超电商平台等进行对接,或自身即为监控部门的冷链监管平台或企业监管平台,据平台定位不同,其平台职能会做相应调整,但其数据监管的功能属性是不变的。

冷链溯源监控平台可以提供数据查询,数据分析,数据报警,数据对接,车辆、冷库信息管理等多功能的支持,为冷链设备设施的正常运营提供安全监控保障。

冷链监控平台功能丰富,提供多种形式数据展示,如数据矩阵,即以实时数据来显示。

1. 实时数据显示

以某医院冰箱温度监控为例,显示监测设备的信息、位置、测量值 、报警状态、在线状态等信息,如图 8-14 所示。

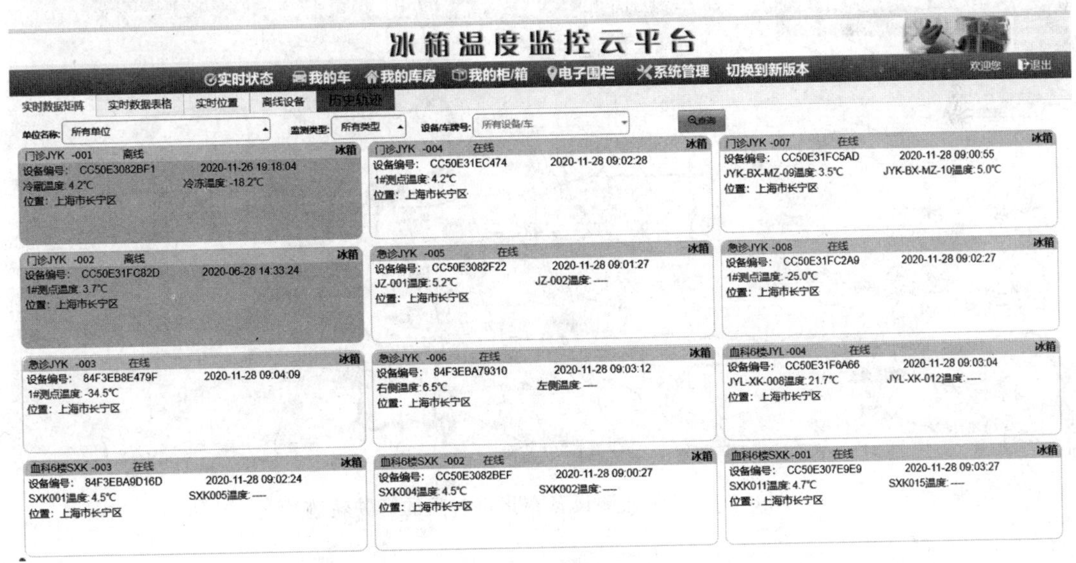

图 8-14　实时显示温湿度状态

2. 以电子地图显示各监测点的实时地理位置

所有监测点在地图上按实际位置显示,方便统一管理所有冷藏车。

3. **在地图上查看某台监控主机的实时数据**

如图 8-15 所示，平台上可以显示监测点的地理位置、编号、日期与时间、测量值、报警状态、在线状态等信息。

图 8-15 监控主机的实时数据

4. **查看某辆车的行驶轨迹**

如图 8-16 所示，平台上可以显示某冷藏车在指定时间段内的行驶轨迹。

图 8-16 显示监测设备在指定时间的行驶轨迹

5. **查看监控主机某一段时间内的数据**

监控系统中可以查询任意监控主机某一段时间内的数据，如图 8-17 所示。

实时状态　我的车　我的库房　我的柜/箱　电子围栏　系统管理　切换到新版本　欢迎您　退出

当前位置 =>　我的车

温控明细　温控曲线　行驶里程　超标明细　离线/上线记录　超时停靠记录

单位名称：生物制品　车类型：所有类型　显示停用车　车牌号：单温度车　全选，A0　报警类型：所有值　配送状态：所有状态

统计：6.0 ℃以下　10.0 ℃以下　开始时间：20-03-26 00:00:00　结束时间：20-03-31 23:59:59　查询　导出Excel　导出PDF

总条数：[10550]　[温度]：超标条数:11；[6]℃以下条数：18840；[10]℃以下条数：20287；最小值:-2.9℃ 最大值:23.7℃ 平均值:5.3℃

序号	时间	1号温度℃	2号温度℃	3号温度℃	报警温度℃		车速 km/h	车牌号	配送线路	位置信息	配送状态	事件类型	车类型
					上限	下限							
4	20-03-26 09:01:35	4.4	3.7	---	8.0	2.0	92	A0D875		河南省郑州市	配送中	周期记录	医药车
5	20-03-26 09:06:35	4.4	3.7	---	8.0	2.0	63	A0D875		河南省郑州市	配送中	周期记录	医药车
6	20-03-26 09:11:35	4.1	3.5	---	8.0	2.0	92	A0D875		河南省郑州市	配送中	周期记录	医药车
7	20-03-26 09:16:35	4.1	3.5	---	8.0	2.0	9	A0D875		河南省郑州市	配送中	周期记录	医药车
8	20-03-26 09:21:35	4.0	3.5	---	8.0	2.0	92	A0D875		河南省郑州市	配送中	周期记录	医药车
9	20-03-26 09:26:35	4.1	3.7	---	8.0	2.0	95	A0D875		河南省郑州市	配送中	周期记录	医药车
10	20-03-26 09:31:35	4.4	4.0	---	8.0	2.0	96	A0D875		河南省郑州市	配送中	周期记录	医药车
11	20-03-26 09:36:35	4.6	4.3	---	8.0	2.0	100	A0D875		河南省开封市	配送中	周期记录	医药车
12	20-03-26 09:41:35	4.9	4.6	---	8.0	2.0	98	A0D875		河南省开封市	配送中	周期记录	医药车
13	20-03-26 09:46:35	5.1	5.0	---	8.0	2.0	99	A0D875		河南省开封市	配送中	周期记录	医药车
14	20-03-26 09:51:35	5.3	5.2	---	8.0	2.0	99	A0D875		河南省开封市	配送中	周期记录	医药车

显示第 1 到第 50 条记录，总共 10550 条记录 每页显示 50 条记录　首页 1 2 3 4 5 … 211 尾

图 8-17　监控主机某一段时间内的数据

6. 查询某台监控主机的历史数据变化曲线

监控系统中可以查询任意监控主机指定时间内的数据变化曲线，如图 8-18 所示。

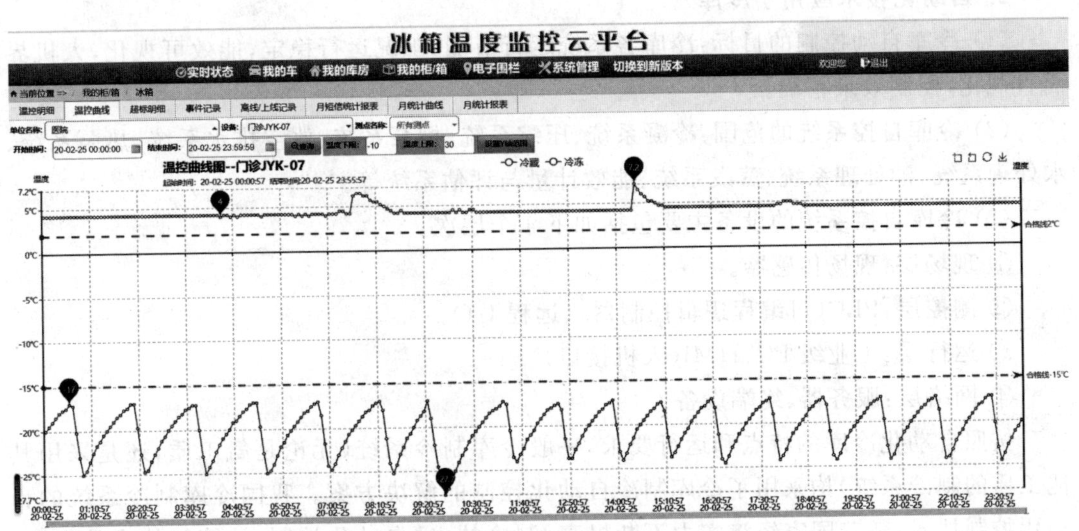

图 8-18　监测设备指定时间内的数据变化曲线

8.5　信息化在冷库自动化控制中的应用

冷库的自动化控制是冷链信息化应用的重要环节，主要由两大控制系统组成，其一是依托计算机控制、网络通信、信息自动识别等先进技术的工业自动化系统，实现冷库收发作业自动化、仓储管理数字化和安全监控可视化等的冷链物流与管理监控系统；其二是在冷库信息实时共享基础上的库温控制，实现制冷设备运行的制冷自动控制系统。

8.5.1 工业自动化简介及在冷库自动控制中的应用

1. 工业自动化简介

(1) 工业自动化的定义:以工业生产中的各种参数为控制目的,实现各种过程控制,在整个工业生产中,尽量减少人力的操作,而能充分利用动物以外的能源与各种资讯来进行生产工作,即称为工业自动化生产,而使工业能进行自动生产之过程称为工业自动化。它是涉及机械、微电子、计算机、机器视觉等技术领域的一门综合性技术。

(2) 工业自动化的应用领域:自动化技术已经被广泛地应用于机械制造、能源、建筑、交通运输、信息技术等领域,成为提高劳动生产率的主要手段。

(3) 工业自动化的组成:主要包括工业自动化软件、硬件和系统三大部分。

(4) 工业控制自动化技术:一种运用控制理论、仪器仪表、计算机和其他信息技术,对工业生产过程实现检测、控制、优化、调度、管理和决策,达到增加产量、提高质量、降低消耗、确保安全等目的的综合性技术。工业控制自动化技术作为20世纪现代制造领域中最重要的技术之一,主要解决生产效率与一致性问题。虽然自动化系统本身并不直接创造效益,但它对企业生产过程有明显的提升作用。

2. 自动化技术应用于冷库

(1) 冷库自动控制的目标:冷库各系统运行节能,工况运行稳定,能效可视化,人机界面直观化,控制效果精确。

(2) 冷库自控系统的范围:冷凝系统、压缩系统、桶泵系统、放空排水系统、热泵系统、水处理系统、油处理系统、蒸发系统、能效计量与评估系统等。

(3) 冷库自控系统的设备主要包括如下4个层次。

① 现场层:现场传感器。

② 测控层:PLC(可编程逻辑控制器)、远程I/O。

③ 运行层:工业级PC、HMI(人机接口)。

④ 网络层:服务器、终端设备。

按照自动化冷库的特点和运行要求,一般冷库制冷系统(无论是氨工质,还是采用其他工质的制冷系统)均采用了冷库制冷自动化控制的解决方案。我国冷库制冷系统的自动化控制技术,随着国家经济实力不断提高,制冷技术、自动化控制、计算机技术的发展,克服了以往实现冷库(尤其是氨制冷的大中型冷库)制冷自动控制的一些技术瓶颈,完善了从单机到系统的各类安全保护,丰富了各类运行参数检测的内容,优化了各个回路的控制流程,使得实现冷库制冷自控更加容易,冷库制冷自控系统的控制功能更加完善,冷库自控系统长期稳定运行更加可靠。

8.5.2 冷库自动控制策略

冷库自动控制策略是冷库制冷系统中冷凝系统、压缩系统、桶泵系统、放空排水系统、热泵系统、水处理系统、油处理系统、蒸发系统等各个子系统的控制策略的集成。

1. 冷凝系统

冷凝系统的自动控制策略如图 8-19 所示，其自动控制的主要目标是基于负载的降温需求，通过冷凝设备的台数控制和其他容量控制以保证系统的冷凝压力处于理想的状态。

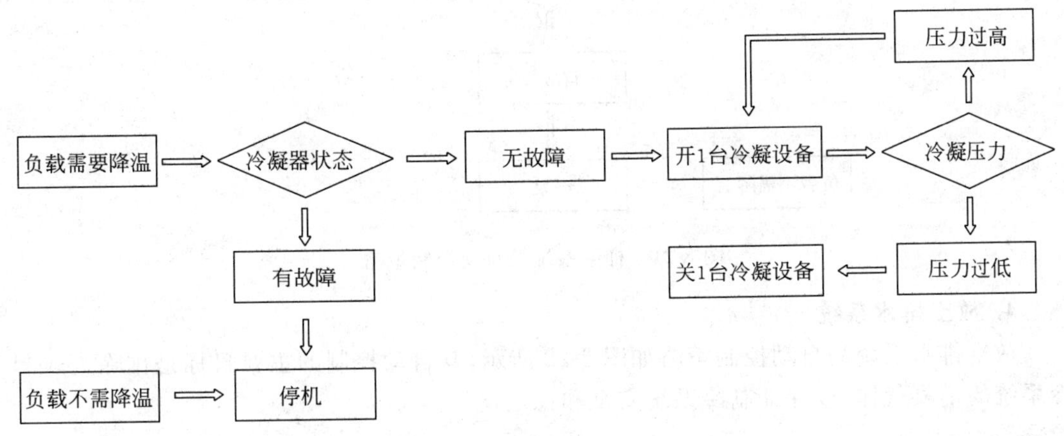

图 8-19　冷凝系统的自动控制策略

2. 压缩系统

压缩系统的自动控制策略如图 8-20 所示，其自动控制的主要目标是基于负载的降温需求，通过压缩机的台数控制和变频控制以保证系统的蒸发压力处于理想的状态。

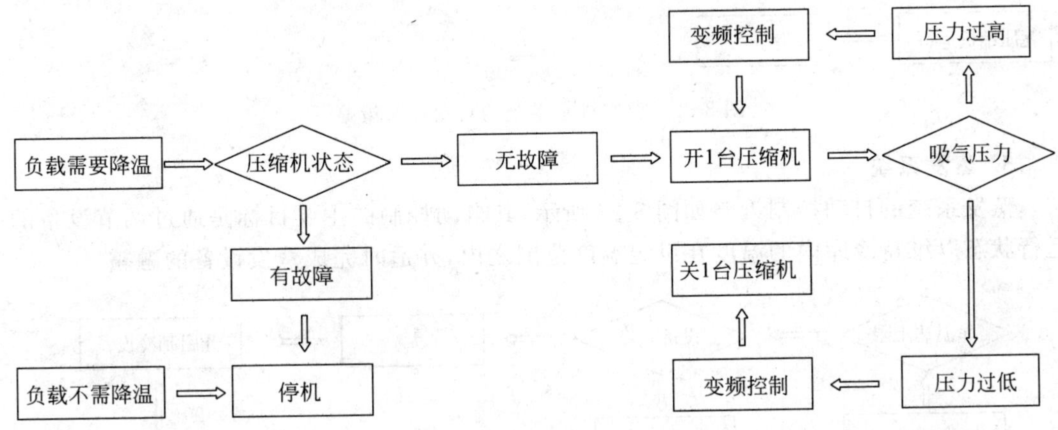

图 8-20　压缩系统的自动控制策略

3. 桶泵系统

桶泵系统的自动控制策略如图 8-21 所示，其自动控制的主要目标是基于负载的降温需求，通过供液泵的启停及其他容量控制以保证系统的负载制冷的需求和液位的状态。

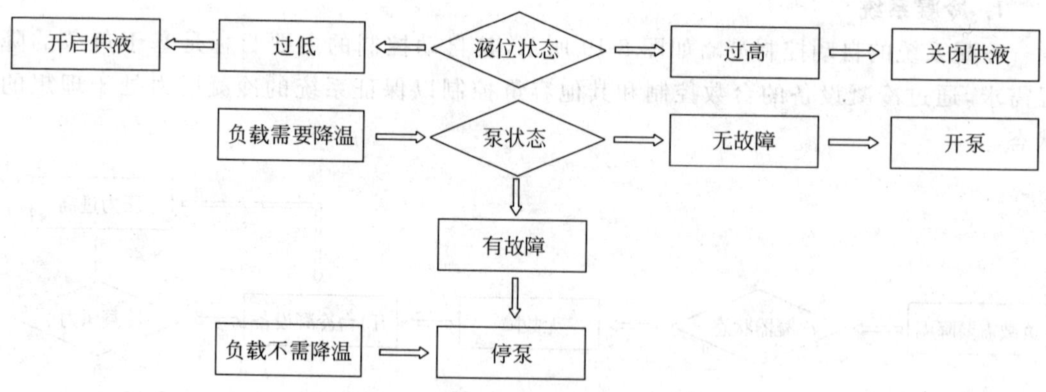

图 8-21　桶泵系统的自动控制策略

4. 放空排水系统

放空排水系统的自动控制策略如图 8-22 所示，其自动控制的主要目标是排除进入制冷系统的不凝气体，以保证制冷系统安全和稳定运行。

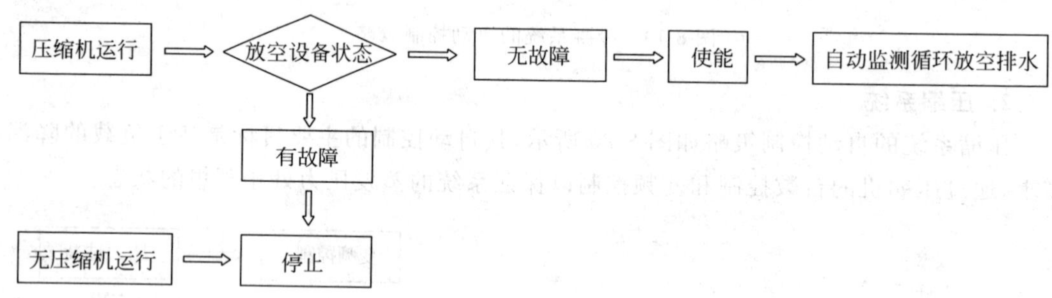

图 8-22　放空排水系统的自动控制策略

5. 蒸发系统

蒸发系统的自动控制策略如图 8-23 所示，其自动控制的主要目标是通过调节设备的运行状态以维持冷库内的温度在设定温度范围之内，并适时完成蒸发设备的融霜。

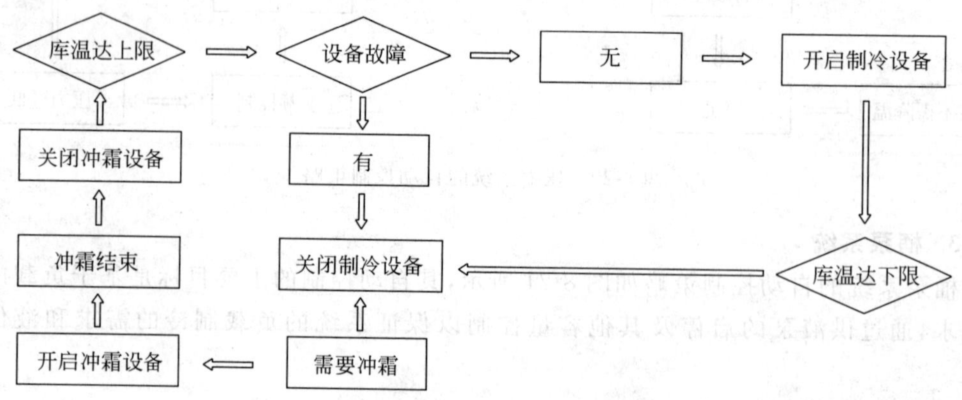

图 8-23　蒸发系统的自动控制策略

8.5.3　基于工业 4.0 的冷库自动控制系统

1. 自动控制系统

工业互联网时代，冷库制冷系统安全与能源管理的方式必须结合自动化、可视化、在线化、移动化和智能化，解决策略才能得到落实，如图 8-24 所示。

图 8-24　基于工业互联网和机器智能相结合的冷库自动控制系统

2. 工业互联智慧运维

工业互联智慧运维主要包括应用层、网络层和控制感知层 3 个层次的运维，如图 8-25 所示。

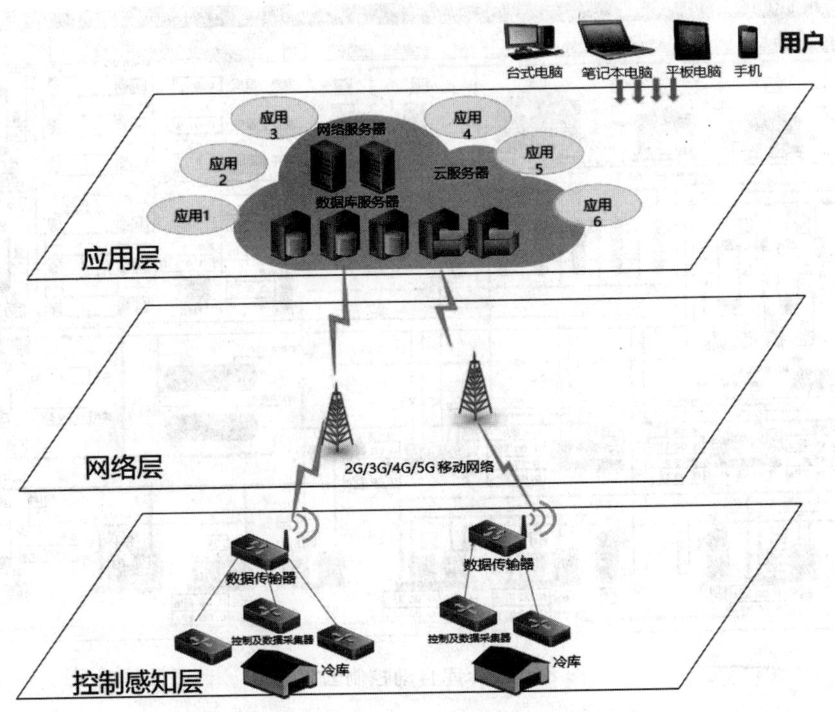

图 8-25　工业互联智慧运维示意图

(1) 应用层：具有物联网与行业技术的深度融合，与行业需求集合，实现工业智能化。

① 海量行业数据处理。

② 行业生产运营数据存储备份机制。

③ 实时推送生产安全及运营信息到管理人手机。

④ 行业数据专业呈现方式体验。

⑤ 制冷生产安全及运营情况的场景化。

⑥ 机器智能学习 & 机器智能分析引擎。

⑦ 行业数据挖掘场景应用。

(2) 网络层:进行数据信息传递和处理,包含通信和互联网的融合网络,网络管理中心和数据处理中心。

① 安全性(协议 & 全程加密)。

② 时效性 & 高并发处理。

③ 容错机制 & 出错重传机制。

(3) 控制感知层:负责对设备的控制及感知,实时采集设备数据信息。

① 信号类型全面性 & 兼容性。

② 采集精度 & 频率 & 稳定性。

③ 数据本地处理 & 结构化打包。

3. 冷库自动控制系统云平台

图 8-26 给出了某冷库自动控制云平台。

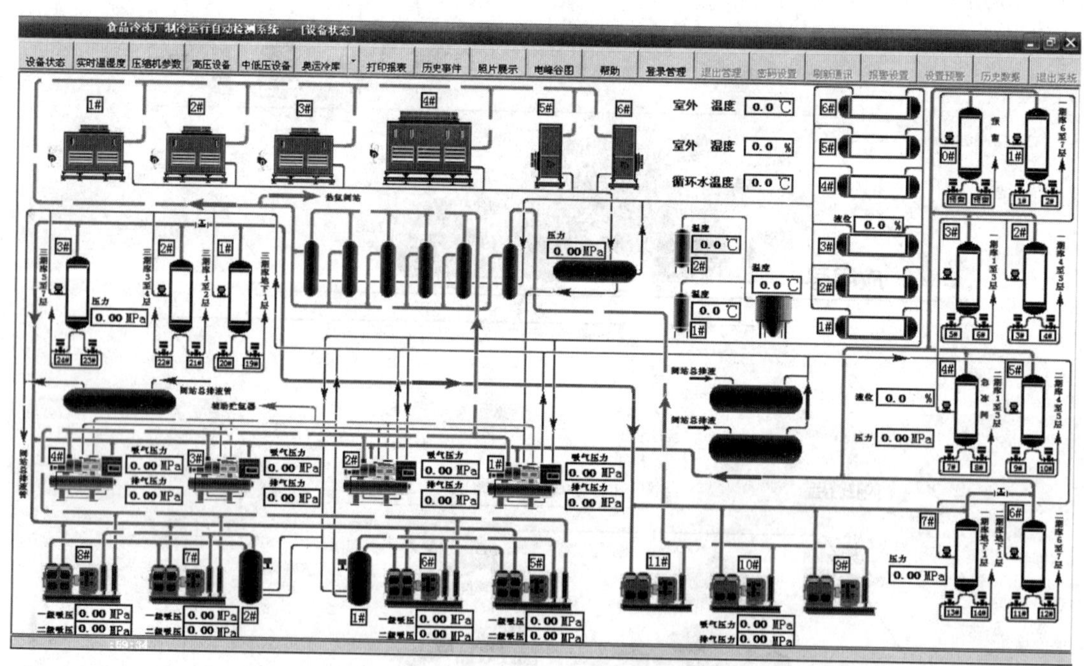

图 8-26 冷库自动控制云平台

4. 冷链云管理大数据中心

1) 可视化管理

通过冷链云管理大数据中心平台,可以实现全国冷库(及其他冷链设施)的联网监控。通过可视化全面管理的主界面,可以实现可视化安全管理(图 8-27)、可视化能效管理(图 8-28)。

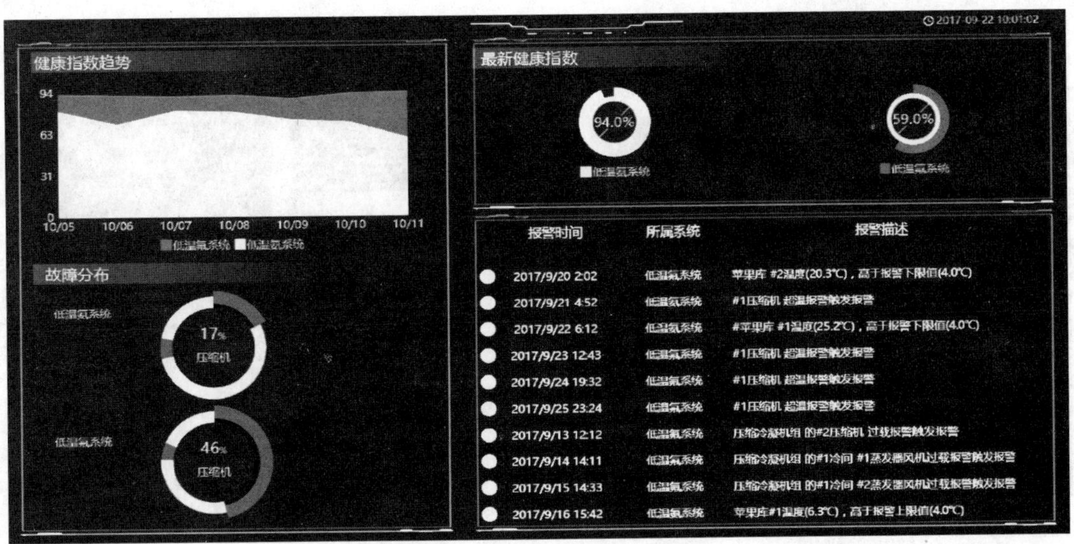

图 8-27　可视化安全管理

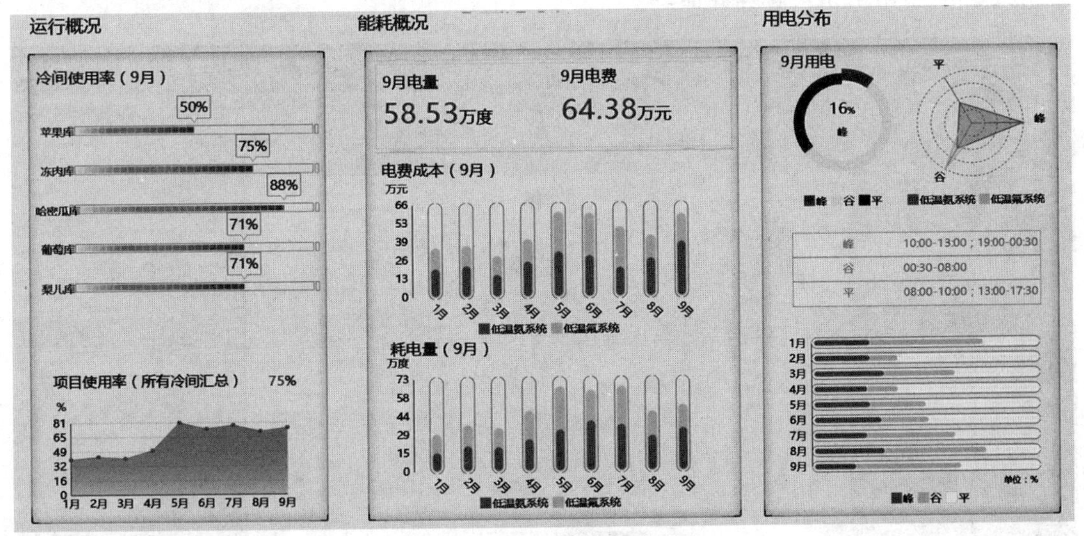

图 8-28　可视化能效管理

2）业主管理

图 8-29 给出了业主管理界面，可以针对管理痛点（如人工记录的制冷数据失真、杂乱、频率低，难以帮助发现问题等），通过 7×24 实时记录各类数据，并转化成清晰易懂的指标与图表等解决方案，实现冷链设施管理真正全面自动化、可视化、在线化、移动化、智能化，大幅提升管理效率与使用效果。

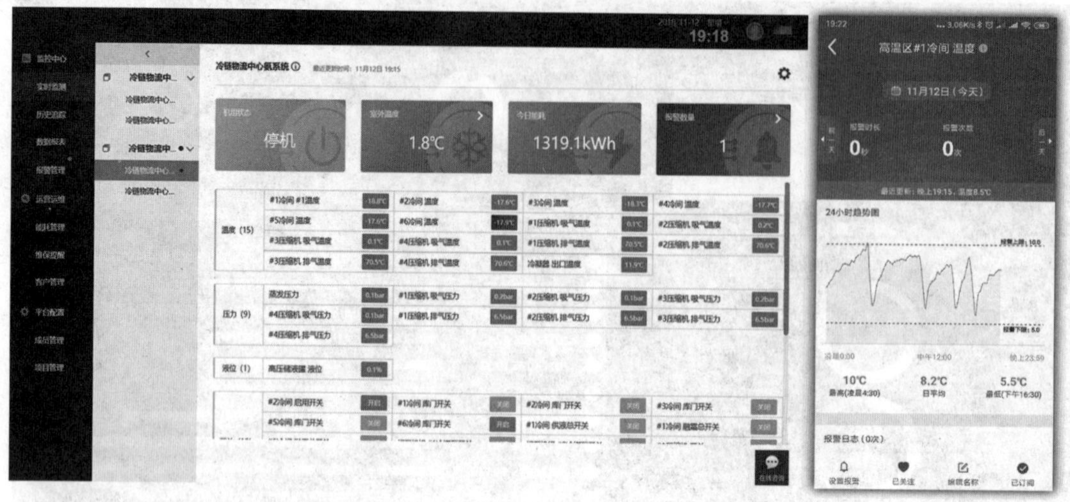

图 8-29　业主管理界面

3）租户管理

图 8-30 给出了租户管理界面。

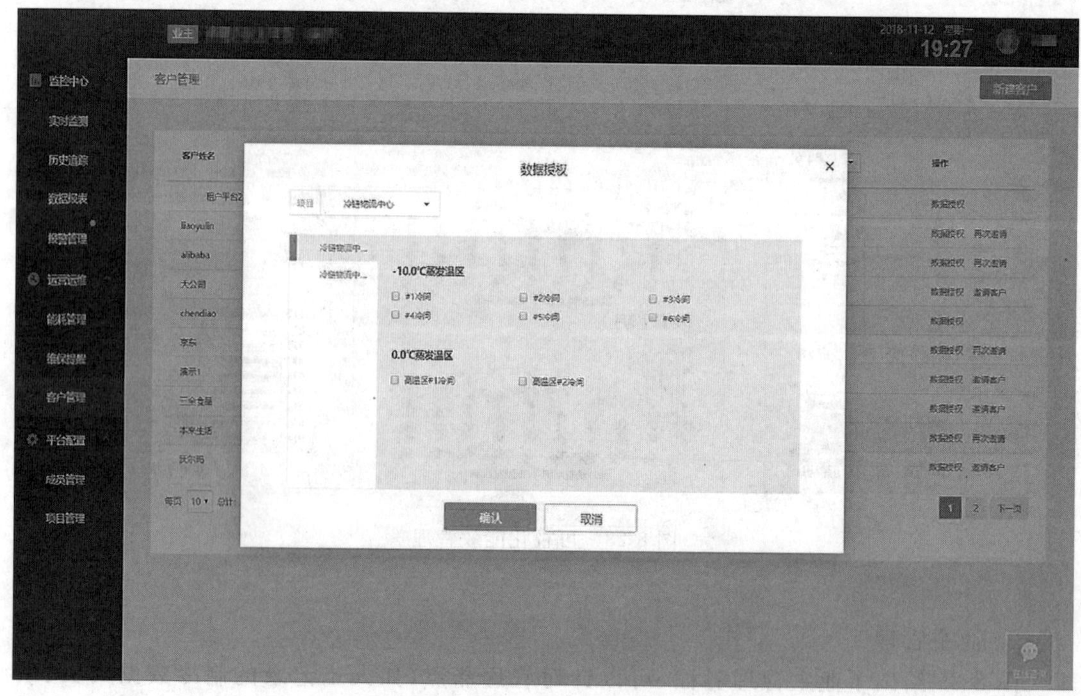

图 8-30　租户管理界面

（1）管理需求：冷库租赁方需要冷库温湿度数据对其开放。

（2）解决方案：通过华商冷云进行数据授权，让租户随时随地可追溯存货温湿度。

（3）使用效果：巩固双方合作关系，数据服务成为业主冷库的一大卖点。

4）综合特征与应用效果

综上所述，基于工业互联网的制冷工业物联网管理系统（图 8-31），具有通过专业数据精准管理（图 8-32）、可视化数据管理（图 8-33）和移动终端实时管理（图 8-34）等特征，为冷链基础设施和装备提供了良好的管理平台，将在提高冷链环境精准控制、降低冷链设施能耗、保障冷链设施安全运行等方面发挥越来越重要的作用。

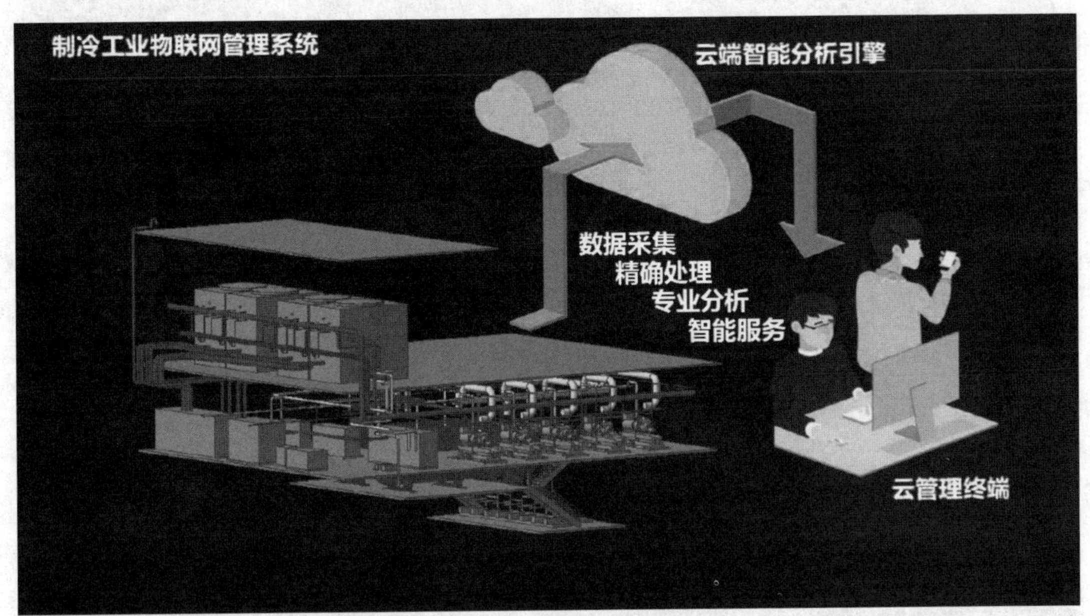

图 8-31　制冷工业物联网管理系统

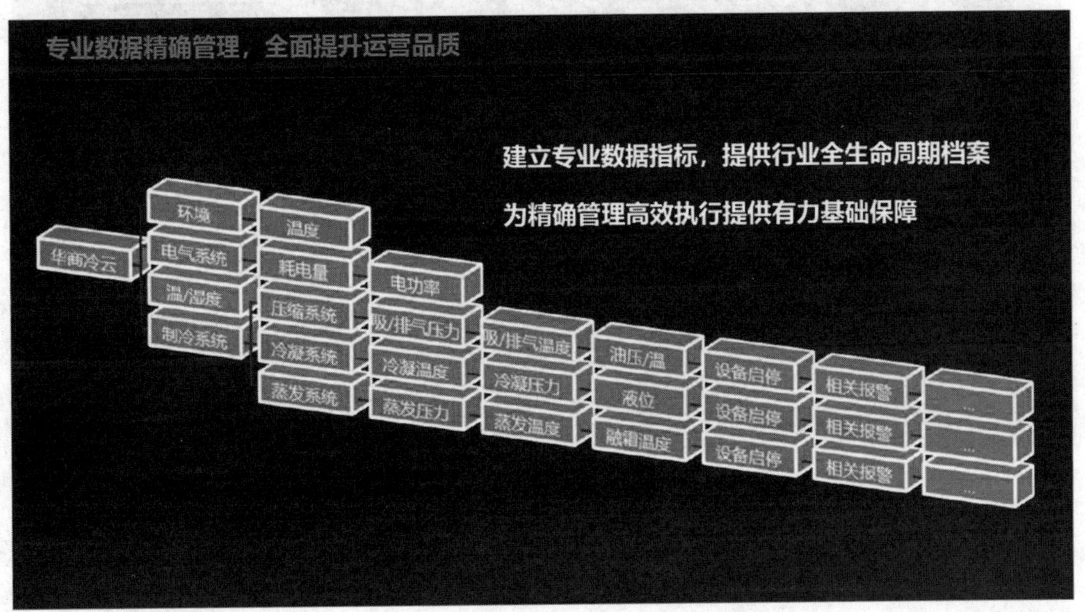

图 8-32　专业数据精准管理

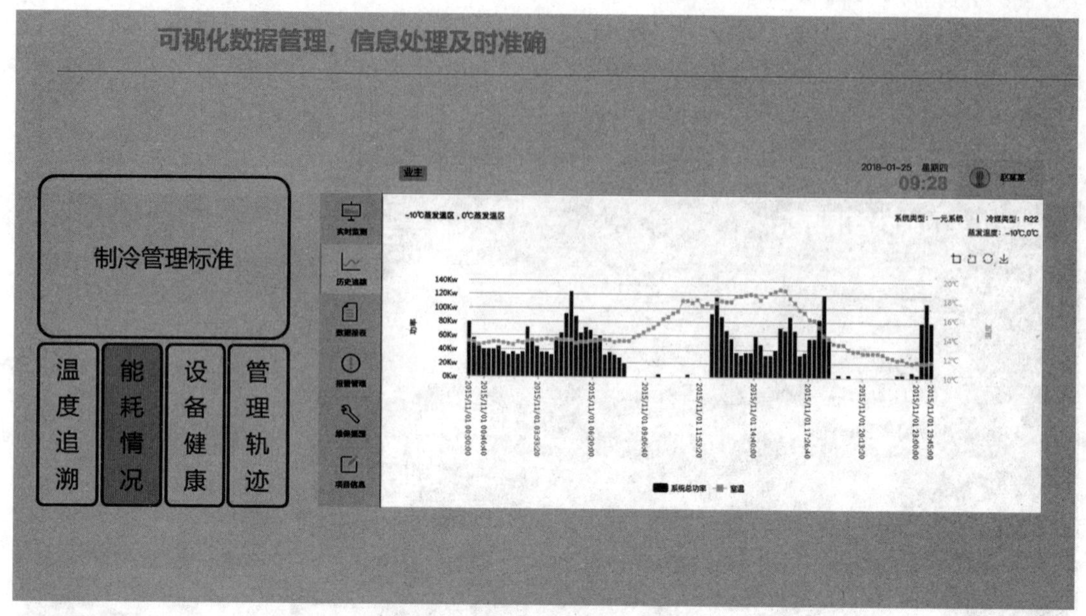

图 8-33 可视化数据管理

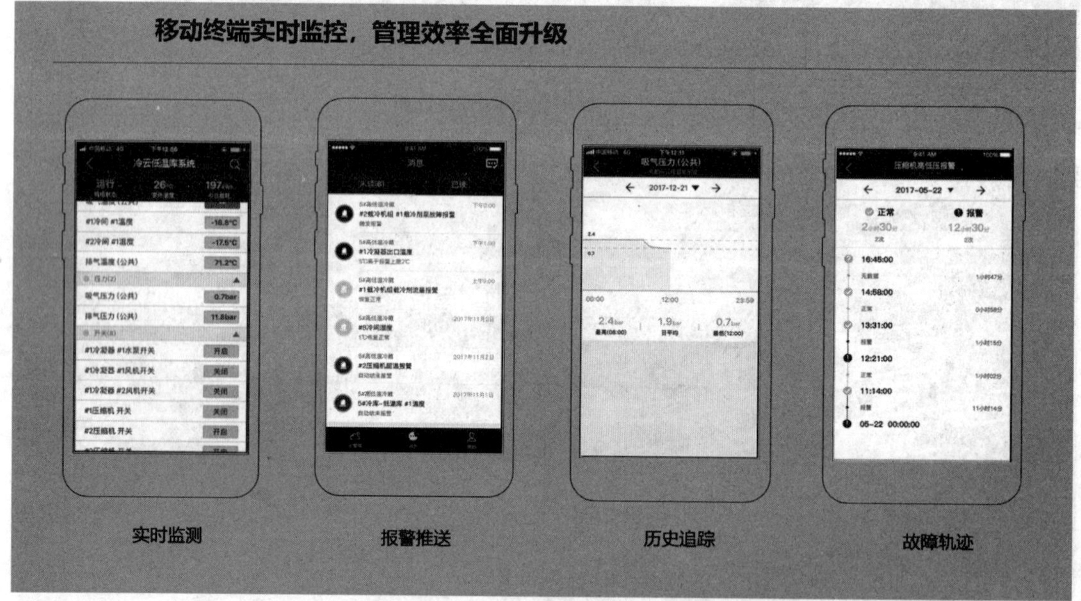

图 8-34 移动终端实时管理

【扩展阅读】

北斗卫星导航系统在农资物流中的优势及对策

【参考文献】

[1] 田长青，等. 中国战略性新兴产业研究与发展·冷链物流[M]. 北京：机械工业出版社，2020.

[2] 周远. 发展冷链装备技术，推动冷链物流业成为新的经济增长点[R]. 北京：中国科学院，2016.

[3] 孟猛，孙继华. 基于 RFID 的海南热带农产品冷库管理信息系统设计[J]. 物流技术，2015，34(16)：153-155.

[4] 王进成，高岳林. 基于改进的鸟群算法求解农产品冷链物流配送路径优化问题[J]. 安徽农业科学，2018，46(25)：1-4，8.

[5] 吴晓明，杨信廷，邢廷炎，等. 生鲜农产品配送中库存运输联合优化问题[J]. 计算机工程与设计，2016，37(3)：819-824.

[6] 钱建平，杨信廷，吉增涛，等. 农产品追溯系统的追溯粒度评价模型构建及应用[J]. 系统工程理论与实践，2015，35(11)：2950-2956.

[7] 吕昳苗，宁鹏飞. 基于物联网技术的冷链物流监测系统设计[J]. 物流工程与管理，2019，41(5)：80-83.

[8] 仇佳威. 冷藏车监控系统设计与开发[D]. 沈阳：沈阳工业大学，2019.

[9] 赵胜利，师宁，李泽萍，等. "互联网＋"背景下现代物流网络体系构建[J]. 科技管理研究，2019(13)：205-210.

[10] 贾嘉，王晓歌，部峪佼. 基于区块链的冷链物流技术支持[J]. 物流技术，2019，38(7)：25-27.

[11] 许伦辉，吴兴伟. 基于物联网技术的冷链物流现状及展望[J]. 科技创新与应用，2019(26)：146-149.

[12] 张诚，刘守臣. 区块链中电商冷链溯源系统 Petri 网建模与分析[J]. 企业经济，2020(1)：48-55.

[13] 马腾. 基于 NB-IoT 的农产品原产地可信溯源系统设计与实现[D]. 上海：上海海洋大学，2019.

[14] 郭斌. 基于 Zigbee 技术的果蔬冷链车载环境信息监测系统的研究与实现[D]. 乌鲁木齐：新疆农业大学，2010.

[15] 杨信廷，王明亭，徐大明，等. 基于区块链的农产品追溯系统信息存储模型与查询方法[J]. 农业工程学报，2019，35(22)：323-330.

[16] 张伟. 自动化冷库制冷自控与节能降耗介绍[J]. 制冷与空调，2013，13(6)：5-8.

【思考题】

1. 电子物流与传统物流有哪些区别？

2. 信息化技术对冷链物流有哪些促进作用?

3. 产品标识技术体系主要包括哪些内容?

4. 信息的近距离传输和远距离传输的主要方式各是什么?

【即测即练】

教学支持说明

▶▶ 课件与教学大纲申请

尊敬的老师：

您好！感谢您选用清华大学出版社的教材！为更好地服务教学，我们为采用本书作为教材的老师提供教学辅助资源。该部分资源仅提供给授课教师使用，请您直接用手机扫描下方二维码完成认证及申请。

任课教师扫描二维码
可获取教学辅助资源

▶▶ 样书申请

为方便教师选用教材，我们为您提供免费赠送样书服务。授课教师扫描下方二维码即可获取清华大学出版社教材电子书目。在线填写个人信息，经审核认证后即可获取所选教材。我们会第一时间为您寄送样书。

任课教师扫描二维码
可获取教材电子书目

清华大学出版社

E-mail: tupfuwu@163.com
电话：010-83470332/83470142
地址：北京市海淀区双清路学研大厦B座509室
网址：htt /www.tup.com.cn/
传真：10-83470107
邮编100084